Märkisches Jahrbuch
für Geschichte

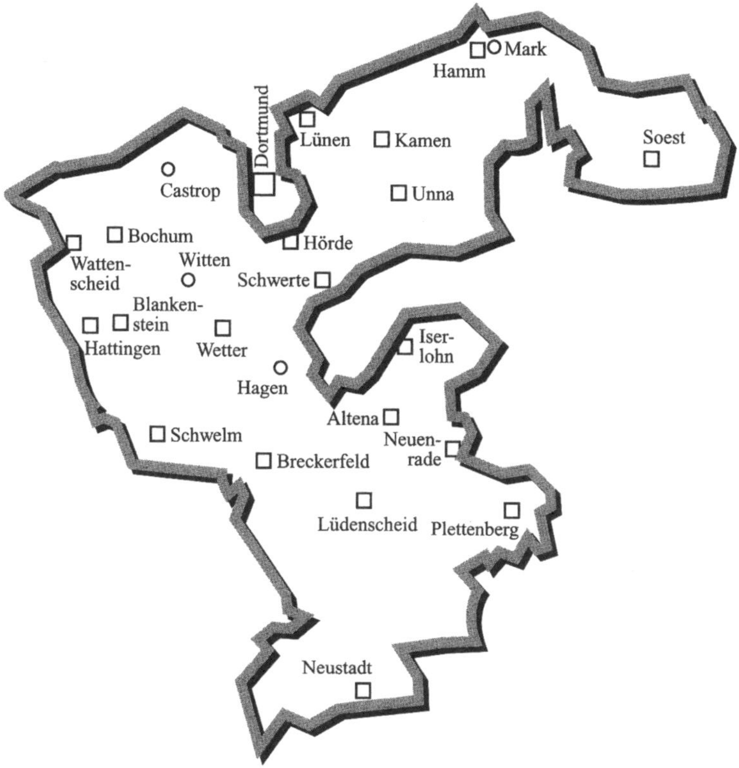

Die Grafschaft Mark um 1590

Märkisches Jahrbuch für Geschichte

Im Auftrage des Vereins
für Orts- und Heimatkunde
in der Grafschaft Mark
(Witten)

herausgegeben durch

Dietrich Thier

in Verbindung mit

Stefan Pätzold, Hardy Priester und Olaf Schmidt-Rutsch

117. Band

2017

Umschlagabbildungen:
© Verein für Orts- und Heimatkunde in der Grafschaft Mark, Witten

Bibliografische Informationen der Deutschen Nationalbibliothek:
Die Deutsche Nationalbibliothek verzeichnet diese Publikation in
der Deutschen Nationalbibliografie; detaillierte bibliografische
Daten sind im Internet über http:/dnb.dnb.de abrufbar.

1. Auflage Januar 2018

Umschlaggestaltung:
Volker Pecher, Essen

Satz und Gestaltung:
Dietrich Thier

Druck und Bindung:
Wilco B.V.
Vanadiumweg 9
Amerfoort (NL)

ISBN: 978-3-8375-1935-8

Alle Rechte vorbehalten
Klartext Verlag, Essen 2018
www.klartext-verlag.de

KLARTEXT Friedrichstr. 34–38, 45128 Essen
info@klartext-verlag.de, www.klartext-verlag.de
Jakob Funke Medien Beteiligungs GmbH & Co. KG

ISSN 1867-7827
© Verein für Orts- und Heimatkunde in der Grafschaft Mark
Witten

Inhalt des 117. Bandes

Aufsätze

Klaus Fröhlich
Gehört Maria zur Dorfkirche?
Gedanken eines Historikers zur Präsenz Mariens in der
evangelischen Dorfkirche Stiepel 7

Stephanie Pätzold
Armenversorgung in Wetter während der frühen Neuzeit –
im Spannungsfeld zwischen Barmherzigkeit,
nachgewiesener Armut und Ausgrenzung 31

Gerhard E. Sollbach
Holznot und Markenteilung in der Grafschaft Mark
im 18. Jahrhundert – Die Hagen-Hohwalder Mark 63

Ingrid Telsemeyer
Der Grabstein des Wittener Bergmanns Heinrich Herberg –
„Ein Erinnerungsort" 91

Thomas Parent
Auguste Victoria: Frau und Mutter, Landesmutter, Kaiserin.
Zur Biographie der Namenspatronin der
zweitletzten Zeche des Ruhrgebiets 103

Wulf Schade
Statt Integration organisierte Ausgrenzung und Verfolgung.
Zur Diskussion über die „Integration" der „Ruhrpolen" 155

Gerhard E. Sollbach
Naturschutz und nachhaltige Naturnutzung in der
vorindustriellen Epoche – Das Beispiel der Herdecker Mark 203

Günter Brakelmann
Das Reformationsjubiläum 1933 – Luther und seine Deutschen 213

Bericht über das Geschäftsjahr 2016 JHV 2017...243

Anschriften der Mitarbeiter am Jahrbuch 117 (2017)...............................248
Anschrift des Vereins..249
Anschrift der Redaktion des MJbG..249

KLAUS FRÖHLICH

Gehört Maria zur Dorfkirche?
Gedanken eines Historikers zur Präsenz Mariens in der evangelischen Dorfkirche Stiepel[1]

I n h a l t : 1. Der Stiepler Marienmythos, S. 8. – 2. Die christologisch-heilsgeschichtliche Orientierung der ersten Ausmalung, S. 14. – 3. Die „Marianisierung" der Kirche unter dem Patronat der Herren von der Recke, S. 17. – 4. Maria in der Dorfkirche nach der Reformation und heute, S. 27.

In dem großen Roman des Dreißigjährigen Krieges, *Der abenteuerliche Simplicissimus* von Christoffel v. Grimmelshausen, fand ich die folgende Geschichte:
Der Titelheld und Ich-Erzähler Simplicius (d.h. „der Einfältige") – ein Söldner in kaiserlichen Diensten – war 1637 nahe Soest von den evangelischen Hessen gefangen genommen und in die Festung Lippstadt gebracht worden. Dort freundete er sich mit dem evangelisch-reformierten Pfarrer an, der ihm den seelsorgerlichen Rat gab, das Kriegshandwerk aufzugeben und seine Talente zur Ehre Gottes und zum Nutzen der Menschen durch Studieren zu entwickeln. Er selbst, der Pfarrer, habe im niederländischen Leiden studiert, dem Simplicius mit seiner eher süddeutschen Mundart rate er aber mehr zu Genf als Studienort. *„[...] Jesus Maria!" antwortete ich, „Genf ist weiter von meiner Heimat als Leiden!" „Was vernehme ich?" sagte der Pfarrer mit großer Bestürzung, „ich höre wohl, der Herr ist ein Papist! O mein Gott, wie finde ich mich betrogen!" „Wieso, wieso, Herr Pfarrer," sagte ich, „muss ich darum ein Papist sein, weil ich nicht nach Genf will?" „O nein", sagte er, „sondern daran höre ich's, weil Ihr die Mariam anrufet."* Ich

---

1 Überarbeiteter, an einigen Stellen erweiterter und mit den Stiepel betreffenden Nachweisen versehener Vortrag, den ich am 8. Januar 2017 in der Dorfkirche Bochum-Stiepel im Rahmen der Reihe „Kirche, Kunst, Konzerte" gehalten und am 8. Juni 2017 im Stadtarchiv – Bochumer Zentrum für Stadtgeschichte als Begleitveranstaltung zur LWL-Ausstellung „Bildwelten – Weltbilder. Romanische Wandmalerei Westfalens in neuem Licht" wiederholt habe. Der Vortragsduktus ist weitgehend beibehalten worden.

sagte: „Sollte denn einem Christen nit gebühren, die Mutter seines Erlösers zu nennen? [...] ".²
Wäre ein solches Gespräch auch heute in Stiepel denkbar? – Nein? Nur deshalb nicht, weil die Stiepeler nicht zu den Reformierten gehören, bei denen bekanntlich jede Nennung oder Darstellung eines Heiligen in ihrer Kirche unter Verdacht steht, sondern zu den Lutherischen, die es damit vielleicht nicht so genau nehmen? Oder vielmehr, weil wir als Lutheraner keine Ursache haben, Mariens Namen aus der Kirche zu verbannen. Aber ich sehe auch keinen Grund, jede Litanei, die uns die Geschichte vorbetet, unbesehen nachzubeten. Wir sollten schon wissen, was wir meinen, wenn wir in dieser Kirche heute von Maria sprechen. In diesem Sinne habe ich mich auf die Suche nach der Geschichte begeben, die ich guten Gewissens erzählen kann, wenn ich gefragt werde: „Gehört Maria eigentlich zur Stiepeler Dorfkirche?"

1.

Frage ich in Bochum herum, höre ich meist die Antwort: *„Ja klar, da gab's doch früher so ein Marienbild. Das steht jetzt in der Stiepeler Wallfahrtskirche"* – so sagen die einen, es stehe *„in der katholischen Kirche in Linden"* – sagen die andern. So haben wir gleich zwei Stiepeler Madonnen, und damit auch zwei Geschichten. Welche ist wohl die, die zur Dorfkirche gehört? Heinrich Ostheide, der Stiepeler Pfarrer vor 150 Jahren, berichtet in seiner 1872 veröffentlichten Geschichte der Kirchengemeinde von einem *„wunderthätig Marienbild, zu dem von weither Wallfahrer kamen..."* In den 1820er Jahren habe es ein Kirchmeister *„auf eigene Hand"* verschenkt, und nun befinde es sich, wie er gehört habe, in der neu gegründeten katholischen Pfarrkirche in Linden.³

Wie es dort hingekommen sein soll, erzählt die Familientradition einer alteingesessenen Lindener Familie:

    Kurz nachdem Papst Pius IX. das Dogma von der „unbefleckten Empfängnis Mariens" verkündet hatte (1854), hätten die darüber erbosten protestantischen Stiepeler „die Maria" aus ihrer Kirche geholt, um sie in der Ruhr zu er-

---

2 GRIMMELSHAUSEN: Der abenteuerliche Simplicissimus, München 1956, ND Darmstadt 1962, S. 279 f.
3 H[EINRICH] OSTHEIDE: Geschichte der Kirchengemeinde Stiepel, Hattingen 1872, S. 38.

tränken. Das Standbild sei jedoch aufrecht die Ruhr abwärts getrieben und noch in Dahlhausen gesichtet worden. Aber als der Küster am nächsten Morgen in die Kirche kam, stand es wieder an seinem alten Platz neben dem Altar. Erschrocken holte der Küster den Pfarrer herbei, der zwei verschwiegene Presbyter hinzunahm, und zusammen beschlossen sie, die Beseitigung am Abend im Schutz der Dunkelheit geräuschlos noch einmal zu versuchen – Maria, in eine Decke gehüllt, und ab in die Ruhr. Niemand hatte etwas gesehen.
Doch am neuen Morgen fand der Küster die Maria schon wieder auf ihrem Platz in der Kirche. Mit schlotternden Knien holte der Küster den Pfarrer wieder herbei und die Presbyter– unfassbar! waren sie Zeuge eines Wunders? Schließlich sollte es sich ja um ein „wundertätiges Marienbild" handeln. Sie wagten es nicht, das Bildnis noch einmal anzurühren, aber sie waren sich einig: Die Maria muss weg, und die Gemeinde durfte kein Sterbenswörtchen erfahren. Denn angesichts einer solchen Erscheinung würden die Leute womöglich wieder katholisch. Einer der Presbyter erklärte sich bereit, Hilfe zu holen. Er mobilisierte einen Kumpel, den Lindener katholischen Gastwirt Dördelmann. Der kam am Abend mit seinem Bruder, und sie luden die Madonna, wieder im Schutz der Dunkelheit, ‚op de Stoetkaar' (auf die Sturzkarre) und fuhren sie nach Linden. Auf die ängstliche Besorgnis des Küsters hin, sie werde doch wohl nicht wiederkommen, sollen die beiden Katholiken nur gebrummt haben: *„Wann wie dä eenmoal in Linnen hätt, dann sall se schon doa bliewen."*[4]
Die Geschichte ist zu schön, um sie an dieser Stelle nicht zu erzählen.
Und was mehr ist – es ist was dran: Denn das katholische Lindener Gemeindearchiv vermerkt unter dem Jahr 1844 ganz amtlich: *„Den 5. Juli hat uns der Herr Vikarius Giese die Muttergottes von Stiepel verschenkt und ist am 6. in unsere Kapelle eingesetzt".*[5] (Die Lindener Katholiken hatten

---

4 Frei nach www.sagenhaftes-ruhrgebiet.de/Die_Lindener_Madonna (Aufruf 20.10.2016), entnommen aus Dirk Sondermann: Hattinger Sagenbuch, Essen 2007. Die Vorlage erzählt zwei Versionen der Geschichte, die in meiner Wiedergabe zusammengezogen sind.
5 Handschriftliche Aufzeichnung des verstorbenen Archivars WINFRIED SCHONEFELD u. d. T. „Die Stiepeler Madonna", Bl. 8. (Kirchengemeindearchiv Stiepel). – Der katholische

damals nur eine kleine Notkirche; zum Kirchgang mussten sie immer nach Niederwenigern gehen.) Aber 1866 konnten sie die Gottesmutter in feierlicher Prozession in ihre neu gebaute Kirche, die Liebfrauenkirche an der Hattinger Straße, überführen. Dort wird sie noch immer auf einem Seitenaltar verehrt. Die Lindener lassen sich nach meiner Erfahrung gar nicht so gern auf die Stiepeler Herkunft ihrer Marienstatue ansprechen. Sie sprechen lieber von ihrer „Lindener Madonna". Als Identitätsanker für die Dorfkirche ist sie damit freilich verloren.

Aber da ist ja noch ein zweites Marienbild: das Vesperbild, eine Pietà um 1430, die oben in der Kloster- und Wallfahrtskirche als das ursprüngliche, das echte *„ Gnadenbild der schmerzhaften Mutter von Stiepel"* verehrt wird.[6]

Die interessierte Literatur erklärt die eigentümliche Madonnenkonkurrenz so: Die Lindener Madonna stamme eigentlich aus der Propstei-Kirche in Bochum. Sie sei schon in den Reformationswirren des 16. Jahrhunderts nach Stiepel geraten und von dort vor 1844 an den katholischen Vikar Giese in Lütgendortmund verkauft worden.[7] Das Vesperbild dagegen habe derselbe Vikar Giese als das wahre Stiepeler Gnadenbild von dem Blankensteiner Bürgermeister Wünneberg erworben, aber nicht weiterverschenkt. Er habe es zurückbehalten für den Fall, dass in Stiepel irgendwann einmal wieder katholischer Gottesdienst gefeiert werden sollte. Dann müsse die Pietà dahin zurückkehren. Nach Gieses Tod soll sie dann, verborgen vor der Öffentlichkeit, mehr als 40 Jahre lang durch die Hände verschiedener katholischer Geistlicher in Polsum, Sterkrade und Rheine gegangen sein, bevor sie nach Erscheinen eines Artikels über die mittelalterliche Stiepeler Wallfahrt im Paderborner Bistumsblatt 1908 mit dieser aus der Familie Giese überlieferten Translationslegende wieder auftauchte.

Welch eine Fügung! 1902 ist tatsächlich erstmals wieder eine Messe in Stiepel gelesen worden, im Tanzsaal einer Gastwirtschaft. Der katholische Pfarrer Wächter in Blankenstein, Verfasser des Artikels im Bistumsblatt, der sich damals sehr um die „Remissionierung" des Ruhrtals bemühte, konnte die Besitzer des Vesperbildes leicht davon überzeugen, dass es – wie es das

---

Geistliche Heinrich Josef Giese (1792-1862), seit 1823 Schulvikar in Lütgendortmund, war ein eifriger Sammler katholischer Devotionalien.

6 [Johannes Kessels:] Der Marienwallfahrtsort Bochum-Stiepel in Vergangenheit und Gegenwart, Bochum 1949; Johannes Kessels: Marienkirche und Marienwallfahrtsbild zu Bochum-Stiepel, in: Leonhard Küppers (Hg): Die Gottesmutter. Marienbild in Rheinland und in Westfalen. Recklinghausen 1974, S. 346-348.

7 Kessels 1974 , wie Anm. 6, S. 342 f. mit kühnen Konjekturen zu der von Franz Darpe: Geschichte der Stadt Bochum, Bd. I, Bochum 1888, S. 51-55 nur angedeuteten möglichen Translationsgeschichte des 16. Jahrhunderts.

Vermächtnis des Vikars Giese gebot – doch nach Stiepel gehöre. An Fronleichnam 1920 ist es in die in der Zeit des Ersten Weltkrieges neu gebaute katholische Pfarrkirche St. Marien am Varenholt gebracht worden. Die Kirche wurde in der Folgezeit bald ein viel besuchtes Ziel von Prozessionen und Wallfahrten. Der zuständige Paderborner Bischof honorierte diese Bewegung 1930 mit der offiziellen Anerkennung als „*Wallfahrtskirche zur Verehrung der schmerzhaften Mutter*" von Stiepel.[8]

Abb. 1: Lindener Madonna, 15. Jh. Foto: Ev.-luth. Kirchengemeinde Bochum-Stiepel.

Abb. 2: Vesperbild in der Wallfahrtskirche, 15. Jh. Foto: Markus Siepmann, Mühlheim.

Die zwei Geschichten der Madonnen dienen, so unterschiedlich sie aussehen, ein- und demselben historischen Zweck: der Wiederbelebung des katholischen Gemeindelebens in den Ruhrdörfern 300 Jahre nach Einführung der Reformation. Ausgelöst ist dieses Bedürfnis durch das rasante Bevölkerungswachstum im Ruhrgebiet zur Zeit der Hochindustrialisierung, als am Ende des 19. und zu Beginn des 20. Jahrhunderts in den ländlichen

---

8 Zur Geschichte des Vesperbildes siehe KESSELS 1949, wie Anm. 6, S. 41-42 sowie KESSELS 1974, wie Anm. 6, S. 343, 346-347. Vgl. aber WINFRIED SCHONEFELD/KLAUS ZELM: Dorfkirche Bochum-Stiepel. Kulturdenkmal an der Ruhr, 4. Aufl, Bochum 2006, S. 3 f.

östlichen Provinzen Preußens zu Tausenden Arbeitskräfte für den Bergbau und die Schwerindustrie angeworben wurden. Da kamen aber Menschen, oft katholischen Bekenntnisses, namentlich, wenn sie aus Ermland, Westpreußen oder Oberschlesien stammten. Sie verlangten nach geistlicher Versorgung in ihrer angestammten Konfession. Während es in Linden schon in den 1860er Jahren zu einem Kirchneubau kam, dem die geschenkte Lindener Madonna wohl anstand, gelang es in Stiepel erst am Anfang des 20. Jahrhunderts, den katholischen Ritus wieder zu beleben. Die Nachrichten von einem Vesperbild, das das vergessene, aber „wahre" Gnadenbild einer jahrhundertealten Wallfahrt gewesen sein solle, dürfte sowohl der Gemeindebildung wie auch dem Kirchbau am Varenholt Auftrieb gegeben haben. Das wiederholte sich in gewisser Weise mit dem Zuzug der Vertriebenen und Flüchtlinge aus dem Osten nach dem Zweiten Weltkrieg. 1958 wurde in Essen das Ruhr-Bistum errichtet, ihm folgte in Stiepel die Gründung eines Klosters, bewusst an einem vermeintlich uralten Marienwallfahrtsort. Seit 1988 betreuen Zisterziensermönche die Wallfahrt *„zur schmerzhaften Mutter"*. Dies ist eine der vier Hauptaufgaben des neuen Klosters.

Es war vor allem Johannes Kessels (1909-1984), der um den Wiederaufbau der katholischen sozialen Dienste im zerstörten Bochum hochverdiente erste Caritasdirektor des Ruhrbistums, der in jener Zeit nach dem Zweiten Weltkriege mit Broschüren über den *„Marienwallfahrtsort Bochum-Stiepel"* und mehreren wissenschaftlichen Aufsätzen[9] die Wallfahrt zum *„Gnadenbild der schmerzhaften Mutter"* bis auf die Ursprünge der Dorfkirche zurückzuführen versucht hat. Er forschte in den verwandtschaftlichen Beziehungen der Gräfin Imma, der möglichen Stifterin der Stiepeler Kirche, wie auch in den Verbindungen ihrer Familie der Immedinger nach Anhaltspunkten dafür, dass Imma die auf ihrem Stiepeler Hof 1008 gegründete Eigenkirche von Anfang an als eine Marienkirche erbaut habe. Er interpretierte den Ausbau der Dorfkirche im 12. Jahrhundert zur Kreuzbasilika und die damit verbundene, 1952 aufgedeckte erste romanische Ausmalung konsequent im Sinne eines marianischen liturgischen Programms. Er entfaltete dabei ein beeindruckendes Panorama weitestreichender kirchen- und kunstgeschichtlicher, dogmatischer und liturgischer Bezüge, in dem sich die kleine Stiepeler Dorfkirche von damals, kirchenrechtlich nur ein Filial der Bochumer Peterskirche, kaum noch wiedererkennen lässt.

---

[9] Neben den Anm. 6 genannten Titeln ist zu nennen: JOHANNES KESSELS: Der mittelalterliche Wallfahrtsort Stiepel und sein Marienheiligtum, in: WILHELM TACK (Hg.): Festgabe für Alois Fuchs, Paderborn 1950, S. 113-139.

In diesem Kreuz-und-quer der Assoziationen, Analogien, Vergleiche und Schlussfolgerungen entdecke ich allerdings keinen wirklich belastbaren Beweis für die behauptete Frühgeschichte eines Marienheiligtums in Stiepel und eine jahrhundertealte Wallfahrtsbewegung. Einen starken Hinweis könnte die Formulierung der sogenannten Stiftungsurkunde von 1008 bilden, die Kirche sei *„zu Ehren der seligen Jungfrau Maria errichtet"*, sei eine Marienkirche von Anfang an, aber diese Urkunde ist, wie wir heute wissen, eine Fälschung, vermutlich von 1451[10]. Sie ist mit ihren Details für die Frühgeschichte von Stiepel nicht in Anspruch zu nehmen.

Das heißt nicht, dass es ein Marienpatrozinium, ein Marienbild, eine Wallfahrt nicht gegeben haben kann, es heißt nur, dass wir keinen Beleg dafür haben, dass wir dies oder das nicht nachweisen können – oder schlichter: „Nichts Genaues weiß man nicht".

Das gilt auch für die beiden Marienbilder, die Lindener Madonna ebenso wie das Stiepeler Vesperbild. Dass sie ursprünglich zur Dorfkirche gehört haben, wissen wir nur aus den eben erzählten Geschichten. Gewiss, wir haben die Bilder tatsächlich vor uns, können nach Stilmerkmalen bestimmen, dass beide aus dem marienseligen 15. Jahrhundert stammen, haben aber für ihre Herkunft, ihren Standort und Gebrauch in der Dorfkirche keinerlei Zeugnis, außer Ostheides vertrauensvoller Erklärung, es habe *„ein wunderthätig Marienbild"* in Stiepel gegeben, das vor seiner Zeit verschenkt worden sei.

Beide Geschichten der Stiepeler Madonnen, die seit mehr als hundert Jahren erzählt werden, tragen einen mythischen Charakter. Das ist in keiner Weise als Diffamierung zu verstehen. Mythen sind zwar keine historischen Wahrheiten, aber es sind oftmals die wirksameren Geschichten – wirksam zum Guten wie zum Schlechten. Sie erzählen von den Ursprüngen, sind Wurzelgrund jeder Religiosität, auch der unseren, sie orientieren die Gegenwart auf Ewigkeit hin. Mythen sind, wie es der spätantike Schriftsteller Sallustius ausgedrückt hat, „Geschichten, die nie gewesen sind, aber immer sein werden."

Der Internet-Führer auf der Homepage des Klosters scheint diesen Satz bestätigen zu wollen: *„Das Gnadenbild der schmerzhaften Mutter von Stiepel ist bis heute die Brücke zur ersterbauten Kirche in Stiepel"*.[11] Dieses Vesperbild steht wie keine andere Überlieferung für den Stiepeler Marienmythos. Der

---

10   Vgl. STEFAN PÄTZOLD: Immas Kirche? Das Stiepeler Gotteshaus im Mittelalter, in: Märkisches Jahrbuch für Geschichte 116 (2016), S. 7-20. Zur Patrozinienfrage ebenda, S. 13 sowie WINFRIED SCHONEFELD: Geschichte der Evangelischen Kirchengemeinde Stiepel, Bochum 1983, S. 12-14.

11   https://www.kloster-stiepel.org/kloster/klosterfuehrungen/klosterfuehrer/ (Aufruf 19.06.2017).

gehört allerdings weit mehr zur Identität der katholischen Wallfahrtskirche oben auf dem Berg als zu der evangelischen Dorfkirche unten im Tal.

2.

Ich wende mich nun den heute sichtbaren Marien-Zeugnissen in der Dorfkirche zu. Da nimmt mich jedes Mal, wenn ich die Kirche betrete, dieses Bild gefangen.

Abb. 3: Flucht nach Ägypten um 1170/1180. Foto: Markus Siepmann, Mühlheim.

Das Bild gehört zu der ältesten Ausmalung, die zusammen mit dem Umbau der ursprünglichen Saalkirche zur Kreuzbasilika im 12. Jahrhundert entstanden ist.¹² Es wird von den Kunsthistorikern um 1170/1180 datiert. Von dieser ältesten Ausmalungsschicht sind nur Bruchstücke erhalten: Die Bilder in und um die Nordapsis, in der Südapsis die Hand Gottes, aus der die sieben Gaben des Heiligen Geistes fallen, ferner die Ausmalung der Vierung mit dem Paradiesgarten und den Allegorien der 4 Paradiesströme sowie der Triumphbogen mit dem alttestamentlichen Opfer der Brüder Abel und Kain und darüber in der Blendarkade das Mittelbild – ein *„vollendeter"* Christus (Hebr. 5,9) mit Kreuznimbus, Segensgestus und Schriftrolle des Lehrers, der im gegebenen ikonografischen Kontext als der *„von Gott genannte Hohepriester nach der Ordnung des Melchisedek"* (Hebr. 5, 10), als der Hohepriester des Neuen Bundes, verstanden werden kann.¹³

Unser den ersten Blick fesselndes Bild auf der Ostwand des nördlichen Querschiffes liegt räumlich und theologisch auf der Ebene darunter, sozusagen auf dem profanen Niveau gegenwärtiger, irdischer Präsenz. Es zeigt Maria, das Kind auf dem Schoß, sie sitzt auf dem im schonenden Passgang daher trottenden Eselchen, Josef als fürsorglicher Führer vorneweg. Auch dieses Bild ist ein Marienbild, aber es ist kein Kult- oder Andachtsbild wie die beiden Madonnen in Linden und in der Wallfahrtskirche, die scheinbar kontextlos für sich stehen, von der besonderen Aura unveränderlicher Verehrenswürdigkeit umgeben. Dieses Marienbild hier steht in einem klaren Erzählkontext, mitten in einer zusammenhängenden Bildergeschichte, deren Text wir ebenso wie die Menschen vor 800 Jahren aus der biblischen Geschichte erinnern. Es ist ein Historienbild, es erzählt eine Episode der Weihnachtsgeschichte, allerdings keine der Episoden aus Lukas 2, mit der wir üblicherweise das Christfest

---

12   Die Erkenntnisse der Stiepeler Bauforschung sind nach neuestem Stand zusammengefasst in ANNA SKRIVER, KATHARINA HEILING: Bildwelten – Weltbilder. Romanische Wandmalerei in Westfalen (Denkmalpflege und Forschung in Westfalen 53) Darmstadt 2017, S. 268-271. Vgl. BERND FIGGEMEIER: Die Stiepeler Dorfkirche – Baugeschichte und Ausstattung, in: 1000 JAHRE DORFKIRCHE BOCHUM STIEPEL, hrsg. von der Evangelischen Kirchengemeinde Bochum-Stiepel, Bochum 2008 (im Folgenden: FESTSCHRIFT 2008), S. 111-136.

13   Zu der von Anna Skriver kürzlich vorgetragenen Interpretation der Mittelfigur als *„Gottvaterdarstellung in Gestalt Christi als präexistentem Logos"* (SKRIVER/HEILING: wie Anm. 12, S. 279-284) an dieser Stelle nur so viel: Skrivers Interpretation folgt einer vordergründigen narrativen Logik (Kain und Abel opfern nach Gen. 4, 3-4 nun mal Gott dem Schöpfer, also „Gottvater"), verkennt aber die zentrale symbolische Bedeutung der Triumphbogenszene für das christologisch ausgerichtete Bildprogramm der ersten Ausmalung. Mit Bezug auf den typologischen Zusammenhang von alttestamentlichem Opferritus (Gen. 14, 18) und dem Hohepriestertum Jesu *„nach der Ordnung des Melchisedek"*, wie der Hebräerbrief Psalm 110, 4 interpretiert, neige ich mehr zu einer soteriologischen Deutung, wie sie schon GÜNTHER WASCHK: Die Stiepeler Dorfkirche und ihre neuentdeckten Wandmalereien, o.O., o.J. [1957], S. 23-25 vorgenommen hat, ohne dessen ikonografische Spekulationen zu teilen.

beginnen, vom Kind in Windeln in der Krippe, den Hirten auf dem Felde und dem Engelsgesang „*Friede auf Erden*". Unser Marienbild hier ist viel erdennäher, realistischer, indem es sich auf die Bilder von Gewalt und Mord und Vertreibung bezieht, mit denen der Evangelist Matthäus im 2. Kapitel seine Version der Lebensgeschichte Jesu beginnen lässt. Die Situation der Maria auf dem Eselchen steht in Vers 14: „*Und Josef stand auf und nahm das Kindlein und seine Mutter zu sich bei der Nacht und entwich in Ägyptenland*". Den Fluchtgrund, den der Engel dem Josef mit dem Fluchtbefehl in Vers 13 genannt hat („*...denn es ist vorhanden, dass Herodes das Kindlein suche, dasselbe umzubringen.*"), zeigt das Bild davor als den vollendeten Kindermord zu Bethlehem, wie in Vers 16 beschrieben. Und davor, auf der linken Seite der Apsisnische, hat man bei der Aufdeckung der Fresken 1952 auch noch den zornigen Herodes auf seinem Despotenthron entdecken können (nicht mehr erhalten)[14].

Das Masssaker des Herodes konnte freilich nicht den Ausgangspunkt der mit der Bilderfolge der Nordapsis gemeinten Geschichte bilden. Tatsächlich haben die Experten der Denkmalpflege, die zuletzt die romanischen Fresken erneut untersucht haben, unter UV-Licht den Anfang des Bilderzyklus gefunden. Unter der heute noch erkennbaren Figur eines stehenden Christus in der Apsiskalotte, die einer etwa 80 Jahre jüngeren Malschicht entstammt, fanden sie den Abdruck einer nimbierten sitzenden Figur, die sie als Mutter Maria im Zentrum einer Anbetung der Weisen aus dem Morgenland deuten.[15] Der Text zu dieser Szene steht ebenfalls bei Matthäus 2 im Vers 11: „*und gingen in das Haus und fanden das Kindlein mit Maria seiner Mutter und fielen nieder und beteten es an.*"

Wir haben es bei der Erstausmalung in diesem nördlichen Abschnitt mit der Anfangsgeschichte des Lebens Jesu zu tun, die hier Bild für Bild ganz offensichtlich nach Matthäus erzählt wird. Darin spielt Maria an zwei Stellen eine Rolle: Einmal als Mutter Jesu, die das Kind den ehrfürchtigen Weisen präsentiert, zum anderen die Maria auf der Flucht.

Wie sich die Lebensbildergeschichte jenseits der Flucht nach Ägypten fortgesetzt hat – vielleicht über den ganzen romanischen Chor, der im 15. Jahrhundert abgerissen und durch den bis heute erhaltenen gotischen ersetzt wurde – und wie der Bilderzyklus schließlich Anschluss gefunden hat an die in der Südapsis erkennbare Hand Gottes, aus der die sieben Strahlen des Heiligen Geistes fallen – das alles wissen wir nicht. Es gibt aber andernorts

---

14 SKRIVER/HEILING: wie Anm. 12, S. 290, Abb. 348 die Befundskizze von 1952 in einer 1982 gefertigten Pause.
15 SKRIVER/HEILING: wie Anm. 12, S. 287 f; S. 310 Abb. 373 die Aufnahme unter UV-Licht.

in der Ausmalung romanischer Kirchräume Beispiele von Bildreihen des irdischen Lebens Jesu, wie wir sie hier wohl auch vermuten können.

Wichtig ist mir die Einsicht, dass die erste Ausmalung der Stiepeler Dorfkirche um 1170/1180 nicht marianisch war, nicht von der Marienlegende und -verehrung geprägt, sondern am Bibeltext entlang christologisch orientiert war: Das Leben Jesu, wie es in den Evangelien berichtet wird, als Grundlage der heilsgeschichtlichen Erwartung, die in den hochsymbolischen Darstellungen der Vierung und der Triumphbogenarkade ins Bild gesetzt erscheint.

3.

Die ikonografische Situation des 12. Jahrhunderts hat sich mit dem Umbau der Kirche dreihundert Jahre später und mit ihrer nahezu vollständigen malerischen Neuausstattung fundamental geändert: Die baulichen Veränderungen, die überwiegend der zweiten Hälfte des 15. Jahrhunderts zuzurechnen sind und denen die malerischen folgten, betrafen in der Hauptsache: Zum einen die Erweiterung der nördlichen und südlichen Querhausjoche nach Westen um jeweils ein Joch, wodurch sich die Bauform der romanischen

Abb. 4: Kreuzabnahme und Beweinung, 15. Jh. (Übermalung in der Nordapsis. Zustand nach Aufdeckung 1952) Foto: Stadt Bochum, Referat für Kommunikation.

Kreuzbasilika zur Hallenkirche wandelte, zum anderen den romanischen Chorraum. Er wurde vollständig abgebrochen und durch den höher gewölbten gotischen Chor ersetzt, den wir heute noch vorfinden.

Die grundsätzliche Änderung des Bildprogramms wird an der Nordapsis und ihrer Umgebung deutlich:

An der Nordwand des Querhauses neben dem Fenster war eine „Anna selbdritt" entstanden (Maria mit ihrer Mutter Anna und dem Jesuskind). Im Zentrum der Anlage, in der Nordapsis, überdeckte eine Kreuzabnahme mit Beweinung die romanische Anbetung der Könige und den bethlehemitischen Kindermord; an der Stelle der Flucht nach Ägypten soll eine thronende Madonna, umgeben von dienenden oder anbetenden Engeln getreten sein (keine Abbildung überliefert). Diese gotischen, in einer anderen Technik als die älteste Malschicht ausgeführten Malereien sind bei der Aufdeckung 1952 zutage gekommen, dann aber nach sehr unvollkommener fotografischer Dokumentation vollständig entfernt worden, um an die ältere romanische Freskenausmalung heranzukommen.[16]

Die Spuren, die wir kennen, weisen für die Umgestaltung des Nordapsisbereichs in der 2. Hälfte des 15. Jahrhunderts eine Abkehr von der biblischen Leben-Jesu-Thematik der ersten Ausmalung aus. An ihre Stelle traten Bilder aus dem apokryph und legendär überlieferten Marienleben. Keine dieser Szenen steht in der Bibel, die zentral positionierte Beweinung gehört aber zu den „sieben Schmerzen Mariens", die im 15. Jahrhundert liturgisch stark in den Vordergrund rückten und deren Gedächtnis zu feiern eine Kölner Synode 1423 den Kirchen des Bistums ausdrücklich empfohlen hatte. Diese Kreuzabnahme und Beweinung bildete den passenden Hintergrund, um nicht zu sagen: die Kulisse, für den 1414 erstmals urkundlich bezeugten Marienaltar[17], auf dem möglicherweise das etwa derselben Zeit entstammende Stiepeler Gottesmutter-Bild seinen Platz gefunden haben mag (das eine oder das andere).

Dieses heute nicht mehr sichtbare marianische Triptychon wurde flankiert von 2 großen, noch erhaltenen Gemälden:

(1) die Paradiesszenen an der Nordwand der Seitenschiffserweiterung[18].

---

16 FIGGEMEIER: wie Anm. 12, S. 124. Vgl. die kritischen Bemerkungen zur Aufdeckungs- und Restaurierungspraxis von 1952 bei SKRIVER/HEILING: wie Anm. 12, S. 315.
17 OSTHEIDE: wie Anm. 3, S. 54-55.
18 FIGGEMEIER: wie Anm. 12, S. 126-127.

Abb. 5: Erschaffung Evas, Sündenfall und Vertreibung, 15. Jh.
Foto: Markus Siepmann, Mühlheim.

Sie erzählen die dem Alten Testament entnommene Geschichte von der Erschaffung Evas, vom Sündenfall und der Vertreibung aus dem Paradies. Dies korrespondierte einst typologisch mit der Beweinung in der Nordapsis, dem Bild der „Schmerzensmutter", die den toten Sohn in den Armen hält. Die Eva des Alten Testaments galt nämlich als die Verursacherin, als die Mutter der Erbsünde. Ihr stand nach mittelalterlicher Überzeugung die „neue Eva" gegenüber – Maria, die den Erlöser zur Welt gebracht hat und nun den beweint, *der der Welt Sünde trägt*.

Zwischen dem Sündenfall auf dem einen Pol und der Schmerzensmutter auf dem anderen, steht in unserem Ensemble vermittelnd die „Anna Selbdritt", das Dreigenerationenporträt von Großmutter, Mutter und Kind, das Sündenfall und Erlösungstat miteinander verklammert: Die theologische Begründung für diese Bildfolge liefert die Lehre von der unbefleckten Empfängnis. Sie besagt, Maria sei in Gottes Heilsplan von vornherein als Mutter des Erlösers von aller Sünde ausersehen gewesen, und sie musste deshalb logischerweise selbst schon von ihrer Mutter Anna ohne Sünde empfangen und geboren sein. – Seit 1477 wird in Rom am 8. Dezember, neun Monate vor dem älteren Fest der Geburt Mariens, das Hochfest *Immaculata Conceptio* gefeiert. – Und nur so, ohne Sünde von Anfang an, konnte Maria die Königin des Himmels und die Mutter der Kirche werden, als die sie in Stiepel auf dem dritten, die romanische Flucht nach Ägypten überdeckenden Bild des Marienensembles erschien.

(2) Das andere erhaltene Bild, das das Marienszenario der Nordapsis nach Osten hin flankierte und die optische „Marianisierung" der Dorfkirche spektakulär ergänzte, ist der Drachenkampf des Heiligen Georg an der Nordwand des spätgotischen Chores.[19]

Abb. 6: Der Drachenkampf des Heiligen Georg, Ende 15. Jh.
Foto: Markus Siepmann, Mühlheim

Auf den ersten Blick fragt man sich, welchen Sinn das Georgsthema im Ambiente der Dorfkirche machen soll, vollends an so prominentem Ort wie dem Altarraum in unmittelbarer Nachbarschaft eines himmelwärts weisenden Sakramentshäuschens. Bedenkt man aber den Kontext der marienmystischen Ausgestaltung der Nordapsis und des nördlichen Seitenschiffes, scheint sich ein Zusammenhang zu erschließen:

Dargestellt ist – detailgetreu nach der *Legenda Aurea* – wie der Ritter Georg die Prinzessin und das Lamm, die dem Drachen zum Fraß vorgeworfen werden sollten, vor dem aus dem Sumpf aufsteigenden Untier rettete. Die Legende folgt dabei einem biblischen Vorbild, dem Erzengel Michael, der in der Vision der Offenbarung Kapitel 12 *„den großen Drachen, die alte Schlange,"* überwindet und dadurch das *„apokalyptische Weib"*, die Ver-

---

19 FIGGEMEIER: wie Anm. 12, S. 124-125.

körperung der Kirche Christi auf Erden in Gestalt der Maria mit dem Kind, vor der Schlange rettet, *„die da heißt der Teufel und Satanas"* (Off. 12,9)[20]

Dem frommen Betrachter im 15. Jh. mag dieser Zusammenhang der Georgsgeschichte mit der apokalyptischen Endzeitvision der Offenbarung wohl kaum bewusst gewesen sein. Aber die ikonischen Signale „Prinzessin + Lamm", die auf dem Stiepeler Bild so wenig wie auf kaum einer der zahllosen spätgotischen Darstellungen von Georgs Drachenkampf fehlen, konnte man durchaus als die irdischen Gegenbilder zur Jungfrau Maria und dem Christuslamm verstehen. Die Legende übersetzte so einen hochkomplexen exegetisch-dogmatischen Kontext in das für damalige Menschen Fassbare: in die Geschichte vom heiligen Georg als *Defensor Mariae* (Verteidiger, Beschützer Mariens)[21]. Der wagemutige Ritter, der sein Leben für Maria und Christus in die Schanze schlägt, gehört zum Kernbestand der Lehren aus der zu jener Zeit ungeheuer populären Georgslegende.

Und dieses Bilddetail auf der Nordwand des Chores kann zugleich helfen, die geheimnisvolle Marienanspielung zu entschlüsseln, die in den Schlusssteinen des Chorgewölbes ganz in der Nähe des Georgsbildes auffällt:

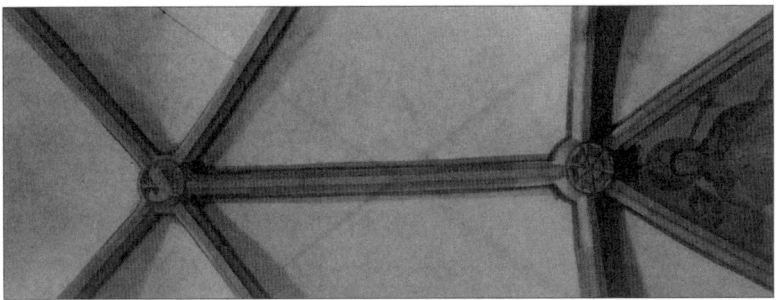

Abb. 7: Schlusssteine im Chorgewölbe, letztes Viertel 15. Jh.
Foto: Markus Siepmann, Mühlheim

die *Rosa mystica,* die sechsblättrige, dornenlose Marienrose auf dem einen Schlussstein, das Lamm mit der Siegesfahne auf dem anderen, beide ver-

---

20 Diese mittelalterliche, von der modernen Theologie nicht mehr geteilte Interpretation von Off. 12 hat auch Luther aufgenommen und verarbeitete sie (mit charakteristischer reformatorischer Wendung) in seinem Lied *Sie ist mir lieb die werte Magd* (1535) unter der Überschrift: *Ein Lied von der heiligen christlichen Kirche, aus dem xij. capitel Apocalypsis* (WA 35 (1923), S. 254-257).

21 Den Bedeutungszusammenhang von Georg und Maria erörtert Sigrid Braunfels-Esche: Sankt Georg. Legende, Verehrung, Symbol, München 1976, S. 121-125 anhand zahlreicher ikonografischer Beispiele aus dem 15. Jh.

bunden durch die zentrale Gewölberippe – die in Stein gehauene mystische Einheit von Mutter und Sohn.

Mit dieser der Welt der Marien- und Heiligenlegenden verpflichteten ikonografischen Ausstattung, die den Marienaltar und das wundertätige Muttergottesbild umgab, war im nördlichen Seitenschiff der Kirche ein Raum geschaffen, in dem die Riten und Gebräuche der Marienverehrung – Rosenkranzgebete und Marienlitaneien, Marienvespern und Prozessionen – Platz finden konnten. Wir haben allerdings keine Nachricht, ob und in welchem Maße hier in Stiepel davon Gebrauch gemacht wurde.

Das Seitenschiff konnte ein Zielpunkt auch für Wallfahrer und stille Beter sein, die nach Pfarrer Ostheides Bericht noch um die Mitte des 19. Jahrhunderts gekommen sein sollen, sei es, weil sie auf die Wunderkraft eines (zu Ostheides Zeit gar nicht mehr vorhandenen) Gnadenbildes vertrauten, sei es, weil sie auf die Heilwirkung der Wunderquelle, des „Hilgenpüttkens", setzten, das heute noch in einer kleinen Anlage auf dem Kommunalfriedhof nördlich der Kirche gepflegt wird. Die Reste einer mittelalterlichen Brunneneinfassung sind bei den Grabungsarbeiten der 50er und 60er-Jahre unter dem Boden der westlichen Seitenschifferweiterung gefunden worden.[22]

Wie kam es aber zur „Marianisierung" der Stiepeler Kirche im späten 15. Jahrhundert? Was waren die Umstände und Hintergründe solcher doch recht weitreichenden Veränderungen? – Ich suche sie in drei Bereichen: im kulturgeschichtlichen, im wirtschaftlichen, im politischen Bereich.

Kulturgeschichtlich gesehen, überrascht die marianische Ausrichtung der Umgestaltungen nicht in einer als apokalyptisch erlebten Zeit, die von Pest und Türkengefahr, von der Klimakatastrophe einer „kleinen Eiszeit" und Missernten, von Rechtsunsicherheiten und Bauernempörung, von Hexenfurcht und Glaubenszweifeln geprägt war. In solcher Zeit der Weltuntergangsstimmung und des Verlustes aller Sicherheiten hatten Marienmystik und Marienkulte in allen Denkformen und Zeremonien, namentlich auch in den Ritualen der Volksfrömmigkeit Hochkonjunktur. In der Kunst etwa war das Marienbild ikonografisch in eine latente Konkurrenz zum Christusbild getreten (die Kunsthistoriker zählen im 14./15. Jh. statistisch mehr Marien- als Christusbilder), unter dem Einfluss einer mystischen Mariologie erfuhr die Mariendarstellung eine Verinnerlichung zum Andachtsbild (Beispiel: Vesperbild der schmerzhaften Mutter in der Wallfahrtskirche Stiepel) und zugleich eine transzendentale Überhöhung zur „Königin des Himmels" und „Mater Dei" (Beispiel: Lindener Madonna). Allenthalben wurden Marienaltä-

---

22 DIETER HEIDE: Das Hilgenpüttken, in: FESTSCHRIFT 2008, wie Anm. 12, S. 164-165.

re als Nebenaltäre eingerichtet, vorzugsweise in den Nordseiten der Kirchen
– traditionell die Frauenseite! – an denen „Gnadenbilder" oder nach den
verschiedenen Marienlegenden oder örtlichen Traditionen gestaltete Bilder
verehrt wurden. – So wohl auch hier in Stiepel.

Ökonomisch, scheint es, konnte sich Stiepel den aufwändigen Kirchen-
umbau durchaus leisten. Unter den Urkunden des Kirchenarchivs findet sich
eine ganze Reihe von Memorial- und Altarstiftungen seit der Mitte des 14.
Jahrhunderts.[23] Das heißt, Gemeindeglieder räumten der Stiepeler Kirche „*auf
ewige Zeit*" Erträge von ihrem Grundbesitz ein und erwarteten dafür, dass
an bestimmten Tagen des Jahres für ihr Seelenheil gebetet wird oder See-
lenmessen zu Gunsten verstorbener Familienmitglieder und ganzer Familien
gelesen werden. Diese „*Seelgeräte*" – so nannte man die vertragsgemäß für die
jeweilige Kirche bestimmten und damit sozusagen „*im Himmel angelegten*"
irdischen Vermögenswerte – kamen zwar auf Erden zunächst dem Unterhalt
der Pfarrer zustatten, die die geistlichen Dienste zu leisten hatten, in Stiepel
bestimmten aber die Urkunden auffällig oft, dass die gestifteten Einkünfte
dem Kirchbau oder der Kichenausstattung zugutekommen müssten, falls der
verordnete Pfarrer den jeweiligen Gottesdienst nicht selbst und zur rechten
Zeit zelebrierte.

Ein schönes Beispiel für das Funktionieren eines anderen, aber ähnlich
einträglichen Geschäftsmodells liefert eine Urkunde von 1414, die erstmals
einen Marienaltar für Stiepel erwähnt.[24] Es ging um die Anschubfinanzie-
rung für die Einrichtung und Unterhaltung dieses Altars vor der Nordapsis:
Die Kirchmeister, für die Erhaltung und Mehrung des Kirchenvermögens
zuständig, kauften dieser Urkunde zufolge dem Heinrich Hasenkamp eine
ansehnliche „Kornrente" (3 Malter hartes Getreide jährlich) zugunsten des
Marienaltars ab. Hasenkamp behielt sich und seinen Erben das Recht vor, diese
Verpflichtung jedes Jahr an „Petri Stuhlfeier" (22. Februar) gegen Zahlung von
30 Rheinischen Gulden zurückzukaufen. Offenbar steckte Heinrich Hasenkamp
damals in Finanznöten und nahm bei seiner Kirche einen Kredit auf. Die Kirchmeister halfen ihm mit dem Rentenkauf für den Augenblick aus der Klemme,
dürften aber durchaus darauf gerechnet haben, dass die Hasenkamp'schen
niemals in der Lage sein würden, die 30 Gulden in guter landesüblicher Münze
aufzubringen, womit die Rente der Kirche „auf ewige Zeiten" gesichert wäre.

Zu den regelmäßigen Einnahmen der Kirchen kamen die mehr oder weniger freiwilligen Opfergaben (Oblationen) hinzu, die zu jeder sich bietenden

---

23 Vgl. OSTHEIDE: wie Anm. 3, S. 38-39 und Dokumentenanhang; SCHONEFELD: wie Anm. 10,
     Urkundenanhang; PÄTZOLD: wie Anm. 10, S. 16-20.
24 OSTHEIDE: wie Anm. 3, S. 54-55 und 130-131.

Gelegenheit eingesammelt wurden. Besonders einträglich konnte es werden, wenn für die jeweilige Kirche in Rom eine Ablassurkunde ausgewirkt werden konnte. Ein solcher Ablassbrief, an der Kirchentür propagiert, von den Kanzeln im ganzen Sprengel, womöglich im ganzen Bistum verkündet, konnte wie eine große Marketingkampagne für die jeweilige Kirche wirken und viel Geld in die Kassen spülen. Der Ablass versprach nämlich jedem Gläubigen, der die Kirche an festgelegten Tagen besuchte und eine Opfergabe hinterließ, den Erlass einer jeweils bestimmten Anzahl von „zeitlichen Sündenstrafen" – das sind die nach dem Ableben abzusitzenden Tage im Fegefeuer, bevor die Seele in den Himmel kommt. – Die Dorfkirche in Stiepel soll über einen solchen Ablass schon seit 1295 verfügt haben[25]: jeweils 8 Ablasstage für einen Besuch an Ostern oder Pfingsten, an den vier Marienfesten, an dem Tag der heiligen Cornelius und Cyprian (die in Stiepel als konkurrierendes Patrozinium in Betracht kommen!) sowie an Kirchweih.[26] Die Überlieferung der Urkunde ist allerdings recht unsicher, und über die Auswirkungen auf Kirchenbesuch und Opferkasten wissen wir schlechterdings nichts.

Die entscheidenden Impulse für die „Marianisierung" speziell der Stiepeler Dorfkirche finde ich aber im Bereich des Politischen[27]: Als Außenbesitz des Erzbistums Bremen (dem hatte Gräfin Imma, die mutmaßliche Stifterin der Kirche, ihren Besitz in Stiepel vermacht), dann seit dem 13. Jahrhundert als unteilbares Lehen der Edelherren zur Lippe, nahm die Herrschaft Stiepel immer eine Sonderstellung in der Grafschaft Mark ein, dem Reichsterritorium, das sich hier im südlichen Westfalen zur souveränen Landesherrschaft formierte. Das Problem der auf territoriale Geschlossenheit ihres Herrschaftsgebietes bedachten Landesherren, der Grafen von der Mark, war: Sie hatten in den Gebieten, die fremden Herren wie den Herren zur Lippe zu Lehen gingen, fast nichts zu sagen. Die Herrschaft Stiepel (und einige andere aus Kirchenbesitz hervorgegangene kleine Herrschaften in der Gegend) saß wie ein Pfahl im Fleisch der mächtigen Grafschaft. Die Grafen von der Mark

---

25 OSTHEIDE: wie Anm. 3, S. 38 nach JOHANN DIETRICH VON STEINEN: Westphälische Geschichte, 3. Theil, Lemgo 1757, S. 1086; KESSELS: 1974 wie Anm. 6, S. 334-335 lateinischer Text und Übersetzung mit Korrektur des Datums und des Ausstellers (1295 statt 1294, Bonifaz VIII. statt Benedikt VIII).

26 OSTHEIDE: wie Anm. 3, S. 38 setzt seinem knappen Referat hinzu: „[...] ich habe aber darüber keine Andeutung finden können." Von Cornelius und Cyprian als „Nebenpatrone" spricht Ostheide auf S. 37, von einem früh entfernten Nebenaltar in der Südapsis auf S. 86. KESSELS 1974, WIE ANM. 6, S. 305-307 unterstellt einen Patroziniumswechsel in der 1. Hälfte des 13. Jahrhunderts.

27 Zum Folgenden s. insbesondere: DIETER SCHELER: Pfarrkirche und Herrschaft Stiepel, in: FESTSCHRIFT 2008, wie Anm. 12, S. 167-176.

waren daher immer bemüht, die Rechte dieser fremden Herren in ihre Verfügung zu bringen, während die Lippeschen Lehensnehmer, die Inhaber der „Herrschaft Stiepel", darauf bedacht waren, solche Ansprüche abzuwehren und ihre Selbständigkeit zu behaupten.

Die Herrschaft Stiepel geriet nun 1418 durch Kauf an eines der bedeutendsten märkischen Adelsgeschlechter, an die Herren von der Recke.[28] Diese versuchten ihre Position zu stärken, indem sie sich dem Ausbau ihrer Patronatsrechte in der hiesigen Kirche widmeten, rechtlich keine selbständige Pfarrkirche, sondern ein Filial der Pfarrei Bochum. Dazu nutzten sie die schon vorliegenden Ansätze der Marianisierung und trieben sie, dem zeitgenössischen Frömmigkeitstrend folgend, entschlossen voran.

1452 fassten dieselben Kirchmeister, die vierzig Jahre zuvor die Finanzierung des Marienaltars durch die Hasenkamps beschafft hatten, wohl auf Verlangen des Patrons Godart von der Recke, sieben Altarstiftungen zusammen als Ausstattung einer ewigen Marienvicarie.[29] Damit wurde ein Hilfsgeistlicher im Priesterrang bestellt, der den ordinierten Pfarrer bei allen geistlichen Diensten der Kirche unterstützen und im Bedarfsfalle vertreten konnte. Das uneingeschränkte Berufungsrecht für diese Stelle übertrugen die Kirchmeister Godart (und seinen Nachfolgern), den sie als „wahren" Erb- und Gerichtsherren und *caput parrochianorum,* als Haupt der Pfarrgemeinde zu Stiepel, apostrophierten.

An dieser Stelle hat nun die sogenannte Stiftungsurkunde vom 6. April 1008 ihren Platz. Stefan Pätzold hat in der Festschrift zur 1000-Jahrfeier der Dorfkirche 2008 in überzeugender Weise dargelegt, dass diese Urkunde mit hoher Wahrscheinlichkeit eine Fälschung ist, die im Vorfeld der Vicariestiftung, etwa 1451, auf Veranlassung Godarts gefertigt wurde.[30] Die Urkunde behauptete nicht nur die Widmung des Kirchbaus *„zu Ehren der seligen Jungfrau Maria",* mit der das Marienpatrozinium auf die Gräfin Imma zurückgeführt wurde, sondern auch das Recht der Stifterin, *„die Seelsorge in besagter (Pfarr)Kirche uneingeschränkt auszuüben".* Damit beanspruchte die gefälschte Urkunde 1451 nicht mehr und nicht weniger als das umfassende Sorgerecht des Patrons sowohl für das Kirchenvermögen als auch für die Berufung der Pfarrer einer selbständigen Pfarrkirche zu Stiepel. Die

---

28　Constantin von der Recke-Volmerstein: Geschichte der Herren von der Recke, Breslau 1878, S. 210.

29　Ostheide: wie Anm. 3, S. 55-56 zitiert einen korrupten lateinischen Text, Schonefeld: wie Anm. 10, S. 41 und 113 referiert die Urkunde aus dem Pfarrarchiv Stiepel, Scheler, wie Anm. 27, S. 170-171 analysiert den rechtlichen Gehalt.

30　Stefan Pätzold: Der Stiepeler Stiftungsbrief von 1008 – eine Fälschung?, in: Festschrift 2008, wie Anm. 12, S. 29-53.

Urkunde unterstrich und stützte insofern alle die Punkte in der Stiepeler Kirchenverfassung, auf die es Godart von der Recke zur Sichtbarmachung und Anerkennung seiner Ansprüche als souveränem Erb- und Gerichtsherrn der „*Herrlichkeit Stiepel*" ankommen musste.

Godart von der Recke hat zu seiner Zeit als Patron den Umbau der Kirche und ihrer Ausstattung zu Ehren der Gottesmutter und Himmelskönigin Maria vorangetrieben, sein Sohn und Nachfolger Adrian hat das Werk bis zum Ende des Jahrhunderts vollendet. Das Ergebnis folgte nicht nur einem allgemeinen frömmigkeitsgeschichtlichen Trend der vorreformatorischen Zeit, sozusagen einer Mode, sondern machte vor dem genannten politischen Hintergrund zugleich die Identität kenntlich, mit der die Patronats- und Gerichtsherren aus dem selbstbewusst auftretenden Hause von der Recke wahrgenommen sein wollten – wie Georg, als Ritter im Dienste Mariens.

Auch so kann man das auf den ersten Blick befremdlich wirkende Wandbild von Georgs Drachenkampf lesen. Der heilige Georg, einer der 14 Nothelfer, galt im Mittelalter als der Ritterheilige schlechthin. Sein Bild, sei es zu Pferd im Kampf mit dem Drachen, sei es zu Fuß in Siegerpose mit Schild und Siegesfähnchen, signalisierte alle die Rittertugenden, die der Auftraggeber zu verkörpern und im Dienst für seine Dame einzusetzen verspricht. Auf unserem Bild ist die begünstigte Dame die Prinzessin mit ihrem Lamm, die, wie dargelegt, hier für Maria und Christus stehen. Ein solches ritterliches Standesbewusstsein scheint bei den von der Reckes besonders ausgeprägt gewesen zu sein: Godart führte sich in der Marienvicarie-Urkunde 1452 mit einer für seine Identifizierung ganz überflüssigen Formulierung als legitimer Sohn und Erbe des mit dem Ritterschlag versehenen („*armate milicie miles"*) Hermann von der Recke ein. Von Hermann, der die Herrschaft Stiepel 1418 erworben hatte, wird an anderer Stelle gesagt, dass er in seiner Jugend 1397 zu den heiligen Stätten nach Jerusalem gepilgert sei und dort den Ritterschlag erhalten habe. Auch Godarts Sohn und Nachfolger Adrian (gestorben 1511), der zwei Generationen nach Hermann die „Marianisierung" der Stiepeler Kirche vollendete und möglicherweise auch das Georgsbild anbringen ließ, wurde als „*Ritter von Jerusalem*" bezeichnet.[31] Das ist nun freilich ein Identitätsausweis besonderer Art, der auf ein enges Verhältnis zu Maria verweisen kann, wie der ausführliche niederdeutsche Bericht von der Pilgerfahrt einer Gruppe westfälischer Adliger nach Jerusalem aus dem Jahr 1519[32] nahelegt:

---

31 VON DER RECKE-VOLMERSTEIN, wie Anm. 28, S.211 UND 213. Für den kulturgeschichtlichen Kontext s. HELMUT LAHRKAMP: Mittelalterliche Jerusalemfahrten und Orientreisen westfälischer Pilger und Kreuzritter, in: WESTFÄLSICHE ZEITSCHRIFT 106 (1956), S. 269-346.
32 HOOGEWEG: Eine westfälische Pilgerfahrt nach dem h. Lande vom Jahre 1519, in: WEST-

Vermutlich alle Teilnehmer, darunter aber sicher zwei von der Recke, ließen sich am Tage Mariae Himmelfahrt vom Franziskaner-Guardian, dem Hüter der heiligen Stätten, in der Grabeskirche zu Jerusalem zu „*Rittern des allerheiligsten Grabes*" schlagen „*in dem namen des + vaders und des + sones und des + hilligen gestes und in dem namen der gebenedieder moder Marien + unde in der ere sunte Franciscus + und sent Jorgens +*."

Ich bin versucht, das Bild auf der Nordwand des gotischen Chores der Stiepeler Kirche als ein etwas groß geratenes Stifterbild derer von der Recke zu verstehen. Die gotische Ausstattung der Stiepeler Kirche zeigt das Gewicht, das ein Kirchenpatronat für die symbolische Präsenz des Erb- und Gerichtsherrn in seiner Herrschaft hatte. Wo, wenn nicht in seiner Patronatskirche, konnte er das, was er war und als der er respektiert sein wollte, den Untertanen und der umgebenden Welt sichtbar machen. Schließlich, im Jahre 1511, haben die Herren von der Recke erreicht, was sie in hundert Jahren zäher Konkurrenz zu den Landesherren gesucht hatten: die verbriefte Anerkennung ihrer Unterherrschaft als „*eygen heirlichheid*" durch die Grafen von der Mark.[33] Diese „Eigenherrlichkeit" hatte 300 Jahre Bestand, bis zum Untergang des Alten Reiches in Napoleonischer Zeit.

4.

Die Reformation, die in Stiepel spät, erst nach 1596, Eingang gefunden hat, ließ die marienzentrierte Ausstattung der Kirche lange Zeit unangetastet. Stiepel war eine lutherische Gemeinde geworden und lernte, wie es scheint, mit der Marientradition auf eine pragmatische Weise umzugehen.[34] Allerdings ist diese Kirche seither kein Ort besonderer Marienverehrung mehr gewesen. Denn:
- Die Malereien wurden 1698 übertüncht, wie es in der Zeit der Aufklärung an vielen Orten geschah (uns aber die Kunstwerke der vergangenen Zeiten ungewollt rettete);
- Der Marienaltar verblieb an seinem Platz, bis er 1740 einem neuen Gestühl weichen musste;

FÄLISCHE ZEITSCHRIFT 47 (1889), S. 165-208 und 48 (1890), S. 55-84; das folgende Zitat ebenda, S. 69. Die Rückreise am folgenden Tage führte die Gruppe auch noch „*an dey stede, dar sent Jorgen geboren wort und gemertelt ist und syn hovet affgeslagen*" (S. 70).
33 SCHELER, wie Anm. 27, S. 173.
34 OSTHEIDE, wie Anm 3, passim; SCHONEFELD: wie Anm. 10, S. 14-21.

- die Einkünfte der Marienvicarie kamen, wenn kein Hilfsgeistlicher bestellt wurde, der Verbesserung des pfarrherrlichen Einkommens zugute, bis sie der Patron Friedrich Matthias von Syberg 1691 auf Dauer zur Versorgung der Pfarrwitwen bestimmte.[35]
- Das „wunderthätige Marienbild", von dem Ostheide spricht (oder waren es zwei?), spielte anscheinend selbst in den Übungen der Volksfrömmigkeit eine immer geringere Rolle und soll irgendwann im ersten Drittel des 19. Jh., fast unbemerkt und wohl auch nicht vermisst, in die Obhut des katholischen Lütgendortmunder Schulvikars Heinrich Joseph Giese (1792-1862) geraten sein.[36] Giese war, wie es scheint, ein Liebhaber und Sammler von Heiligenbildern und Zeugnissen katholischer Tradition in dieser Gegend, die er zu bewahren und womöglich wiederzubeleben suchte.
- Irritierend scheint, dass 1698 das Kirchensiegel nach altem Vorbild neu geschnitten worden ist.

Abb. 8: Kirchensiegel 1689. Foto: Ev.-luth. Kirchengemeinde Bochum-Stiepel.

Es zeigt das Bild der thronenden Gottesmutter im Strahlenkranz. Das Siegel ist – vermutlich weil der alte Siegelstock beschädigt war – von dem

---

35 SCHONEFELD: wie Anm. 10, S. 43-45.
36 KESSELS 1974, wie Anm. 6, S. 343, 346-347

streng lutherischen Patron Friedrich Matthias von Syberg zum Zweck der kirchlichen Vermögensverwaltung in Auftrag gegeben worden, kann aber kaum als Rückkehr zu katholischen Gebräuchen verstanden werden. Es diente der Rechtssicherheit, indem es die Stiepeler Kirche durch ein unverwechselbares Zeichen bei ihren Rechtsgeschäften eindeutig kenntlich machte.

Von demselben Gedanken, wenn auch mit einem sentimentalischen Unterton, hat sich wohl auch das Presbyterium leiten lassen, als es 1998 bei der Konzipierung des gegenwärtig gültigen Kirchensiegels erneut auf das alte Zeichen der thronenden Gottesmutter zurückgriff. Das Presbyterium hat damit aber zugleich auch zum Ausdruck gebracht:

Maria gehört zur Dorfkirche!

Wenn ich mich heute in der Stiepeler Dorfkirche nach Maria umsehe, so entdecke ich nicht die Himmelskönigin und nicht die „allerseligste Jungfrau" im Kreise anbetender Engel. Ich entdecke vielmehr eine sehr irdische, eine menschliche Maria, die voll und ganz in unsere Zeit gehört: Maria auf der Flucht, Eva-Maria, die Vertriebene, die Prinzessin Maria und ihr Lamm, vom Ungeheuerlichen bedroht – sämtlich Bilder elementarer Schutzbedürftigkeit.

Und endlich, im Sakramentshäuschen entdecke ich

Abb. 9: Maria unter dem Kreuz.
Foto: Markus Siepmann, Mühlheim

die Maria, mit der wir Christen gemeinsam unter dem Kreuz stehen. –

Zum guten Schluss ist die Pointe der Einstiegsgeschichte von Simplicius, dem Einfältigen, und dem Pfarrer in Lippstadt nachzutragen: Als der reformierte Pfarrer nämlich weiter in ihn drang, „*er solle Gott die Ehre geben und gestehen, welcher Religion er beigetan sei?*" antwortete Simplicius: „*Der Herr Pfarrer hört ja wohl, dass ich ein Christ bin* [...] *Im übrigen aber gestehe ich, dass ich weder petrisch* [d.h. katholisch] *noch paulisch* [d.h. evangelisch] *bin, sondern allein simpliciter glaube, was die zwölf Artikel des allgemeinen heiligen Christlichen Glaubens in sich halten.*"

Stephanie Pätzold

Armenversorgung in Wetter während der frühen Neuzeit – im Spannungsfeld zwischen Barmherzigkeit, nachgewiesener Armut und Ausgrenzung

Inhalt: 1. Einleitung: An der Schwelle zur frühen Neuzeit: Die Einstellung zur Armut im Wandel, S. 31. – 2. Ein Überblick über bisherige Literatur zur Armenversorgung in Wetter, S. 39. – 3. Die Armenversorgung in Wetter während der frühen Neuzeit – geschöpft aus den Quellen des Stadtarchivs von 1652 bis 1832, S. 44. – 4. Der Blick auf den Einzelfall: der Messerfabrikant Adolf Wilshaus, S. 56. – 5. Fazit: Von der Barmherzigkeit zur nachgewiesenen Armut? S. 59.

1.

Armut und soziale Ungleichheit, die Frage, aus welchen Ursachen sie resultieren und wie man sie überwinden kann, sind Themen, die nach wie vor die Gesellschaft bewegen. In Deutschland etwa hat die Bundesregierung unter Federführung des Bundesministeriums für Arbeit und Soziales 2001 begonnen, in regelmäßigen Abständen eine Bestandsaufnahme der sozialen Lage in Deutschland durchzuführen und einen Armuts- und Reichtumsbericht vorzulegen. Der fünfte Armuts- und Reichtumsbericht ist im April 2017 veröffentlicht worden.[1] Erklärtes Ziel der Verfasser ist, die Verbesserung der Informationslage über Armut und Reichtum, vor allem aber die Entwicklung von grundlegenden politischen Handlungsoptionen zur Vermeidung und Be-

---

[1] Der Bericht kann in Kurz- oder Langfassung abgerufen werden unter http://www.armuts-und-reichtumsbericht.de/DE/Bericht/armuts-und-reichtumsbericht.html [abgerufen am 25.09.2017].

kämpfung von Armut und Ungleichheit.² Mithin ist Armut – und die Frage, wie man ihr begegnet, – also nach wie vor für Politik und Wissenschaft ein ebenso aktuelles wie bedeutsames Thema.

Auch Historiker beschäftigen sich schon seit langem, immer wieder erneut und unter verschiedenen Fragestellungen mit Armut und Armenfürsorge. Gerade in den Achtziger und Neunziger Jahren war die Armut ein zentrales Forschungsthema der historischen Sozialwissenschaft, das seitdem nicht an Aktualität verloren hat, so dass es inzwischen eine „*kaum überblickbare Anzahl von Forschungen über Arme und zur Armenfürsorge*" gibt.³ Einen umfassenden Überblick über die Fachliteratur zu geben, ist im Rahmen dieses Aufsatzes nicht möglich, lediglich der Verweis auf einige Standardwerke und einige wenige neuere Arbeiten zum Thema, in denen sich die einschlägige Literatur findet.⁴

In den riesigen Kanon aus Arbeiten zum Thema Armut reiht sich auch die hier vorliegende kleine Lokalstudie über die Armenversorgung in Wetter während der frühen Neuzeit ein. Dazu sind allerdings noch einige kurze Vorbemerkungen nötig. Wer sich mit der Armenversorgung in Wetter oder irgendeinem anderen Gemeinwesen der frühen Neuzeit befasst, wird in den einschlägigen Quellen zu diesem Thema rasch auf den Umstand stoßen, dass zwei Themen miteinander verknüpft werden, die der heutige Leser wohl

---

2 S. hierzu; http://www.armuts-und-reichtumsbericht.de/DE/Bericht/Der-fuenfte-Bericht/Auftrag-und-Ziel/auftrag-und-ziel.html [abgerufen am 25.09.2017].

3 So formulieren es ANKE SCZESNY, ROLF KIESSLING und JOHANNES BURKHARDT (Hgg.): Prekariat im 19. Jahrhundert. Armenfürsorge und Alltagsbewältigung in Stadt und Land, Augsburg 2014 (= Materialien zur Geschichte der Fugger 7), S.13.

4 Zu nennen sind hier CHRISTOPH SACHSSE, FLORIAN TENNSTEDT, Geschichte der Armenfürsorge in Deutschland vom Spätmittelalter bis zum Ersten Weltkrieg, Stuttgart 1980; ROBERT JÜTTE, Obrigkeitliche Armenfürsorge in deutschen Reichsstädten der frühen Neuzeit. Städtisches Armenwesen in Frankfurt am Main und Köln, Köln 1984 (= Kölner historische Abhandlungen 31); Bronislaw Geremek: Geschichte der Armut. Elend und Barmherzigkeit in Europa, München 1988; WOLFGANG VON HIPPEL, Armut, Unterschichten, Randgruppen in der frühen Neuzeit, München 1995 (= Enzyklopädie deutscher Geschichte 34); OTTO GERHARD OEXLE (Hg.), Armut im Mittelalter, Ostfildern 2004 (= Vorträge und Forschungen 58); SEBASTIAN SCHMIDT (Hg.), Arme und ihre Lebensperspektiven in der Frühen Neuzeit, Frankfurt a.M. u.a. 2008 (= Inklusion/Exklusion. Studien zur Fremdheit und Armut von der Antike bis zur Gegenwart 10); HANNES LUDYGA, Obrigkeitliche Armenfürsorge im deutschen Reich vom Beginn der Frühen Neuzeit bis zum Ende des Dreißigjährigen Krieges (1495-1648), Berlin 2010 (= Schriften zur Rechtsgeschichte 147); KONRAD KRIMM/DOROTHEE MUSSGNUG/THEODOR STROHM (Hgg.), Armut und Fürsorge in der Frühen Neuzeit, Ostfildern 2011 (= Oberrheinische Studien 29) sowie KLAUS BERGDOLT/LOTHAR SCHMITT/ANDREAS TÖNNESMANN (Hgg.), Armut in der Renaissance, Wiesbaden 2013 (= Wolfenbütteler Abhandlungen zur Renaissanceforschung 30).

nicht ohne weiteres zusammenbringen würde: Edikte zur Frage der Armenversorgung und deren Gestaltung beinhalten häufig auch Bestimmungen zur Ausgrenzung bestimmter Gruppen von Menschen. In diesem Umstand wird deutlich, dass die Einstellung zur Armut und der Umgang mit Armen keine historische Konstante, sondern dem Wandel unterworfen ist. Und während in vielen anderen Bereichen häufig völlig zu Recht betont wird, dass die Epochengrenzen verabredungsgemäß gesetzt wurden und für viele Lebensbereiche keine Veränderung brachten, so gilt dies für den Blick auf die Armut tatsächlich nicht. Die Einstellung zur Armut erfuhr an der Schwelle zur Neuzeit einen beträchtlichen Wandel, der hier in aller Kürze – und damit notwendigerweise vereinfachend – dargestellt werden soll.

Im Mittelalter galt das Geben von Almosen als Christenpflicht, die den Akten der Barmherzigkeit zugerechnet wurde. Praktiziert wurde das Almosengeben massenhaft, von kirchlichen Einrichtungen, aus Stiftungen heraus, deren Austeilung der Kirche oblag, aber auch von Privatpersonen – vom einfachen Bauern bis zum König.[5] Das Reichen von Almosen war für einen Menschen des Mittelalters ein völlig normaler und vertrauter Akt, denn Armut war in der Stadt wie auf dem Land nichts Ungewöhnliches, man hatte sie ständig vor Augen.[6] Praktizierte Nächstenliebe gehörte zu den verbindlichen Grundwerten des Christentums. Thomas von Aquin umschrieb das Almosen als „*jenen Dienst, den wir einem Bedürftigen aus Mitleid um Gottes Willen erweisen*".[7] Die Gabe musste aus misericordia, Mitleiden, gereicht werden, um vor Gott verdienstlich zu sein. Thomas von Aquin zählte das Almosen unter die Gebote, nicht unter die Ratschläge und ordnete es unter das Gebot der Nächstenliebe ein. In seiner Summa Theologiae zitierte er dementsprechend Basilius von Cäsarea: „*Dem Hungrigen gehört das Brot, das du zurückhältst; dem Nackten das Kleid, das du im Schranke verwahrst; dem Barfüßigen der Schuh, der bei dir verfault, dem Bedürftigen das Silber, das du vergraben hast. Du tust ebenso vielen Unrecht als du hättest geben*

---

5   S. dazu ALEXANDER WAGNER: „Gleicherweiß als wasser das feuer, also verlösche almuse die sünd". Frühneuzeitliche Fürsorge- und Bettelgesetzgebung der geistlichen Kurfürstentümer Köln und Trier, Berlin 2011 (= Schriften zur Rechtsgeschichte 153), S. 35.
6   Zu dem Schluss „Die Armut ist eine soziale Konstante der mittelalterlichen Stadt" kommt etwa ERICH MASCHKE: Die Unterschichten der mittelalterlichen Städte Deutschlands, in: DERS. und JÜRGEN SYDOW (Hgg.): Gesellschaftliche Unterschichten in den südwestdeutschen Städten, Stuttgart 1967 (= Veröffentlichungen der Kommission für geschichtliche Landeskunde in Baden-Württemberg), S. 71.
7   S. JOHANNES GRÜNDEL: Art. Almosen, in: Lexikon des Mittelalters Bd. 1, München 1980, Sp. 450f.

können."⁸ Der Almosenbegriff war weit gefasst, die Sieben Werke der Barmherzigkeit fielen darunter: die Versorgung Hungernder und Dürstender, die Beherbergung Fremder, das Bekleiden von Nackten, das Besuchen von Kranken und Gefangenen und die Totenbestattung. Für den Spender des Almosens hatte das Geben einen doppelten Nutzen. Erstens galten die so genannten freiwillig übernommenen Bußwerke, insbesondere Gebet, Fasten und Almosen als die geeignetsten Mittel, Genugtuung bzw. Vergebung für begangene Sünden zu erwirken.⁹ Zweitens war der Almosenempfänger im Austausch zur Almosengabe dazu verpflichtet, für seinen Wohltäter zu beten. Aus diesen beiden Quellen – Sündenvergebung und Fürbitte durch den Almosenempfänger – speiste sich der Nutzen für den Spender, beides diente zur Absicherung seines Seelenheils.¹⁰ Wie hoch der Wert solcher Fürbitten durch den Spender veranschlagt wurde, davon zeugen zahllose Testamente mit Stiftungen für Arme, für Kranke, aber auch zu Gunsten der Ausstattung von Kirchen oder Klöstern, die mit regelmäßigen Seelmessen, dem Gedenken an und dem Beten für den Spender verknüpft wurden.¹¹

Für den auf der anderen Seite des Aktes der Barmherzigkeit stehenden bittenden Bedürftigen war das Almosen, das ihm gespendet wurde, Hilfe zu seiner Versorgung mit dem zu seiner Existenz Notwendigen. Trotz der Christenpflicht, Almosen zu spenden, hatte der Bittende keinen Anspruch darauf, der Spender entschied über das Ob und Wieviel einer Gabe. Obgleich also Almosen in großer Zahl gereicht wurden, konnte auf diese Weise für die Armen keine verlässliche, geregelte Versorgung erzielt werden.¹²

Obgleich die christliche Glaubenslehre die Armut durch Idealisierung von Armut und Barmherzigkeit aufwertete – auch der Stand der pauperes (der auf ihrer Hände Arbeit angewiesenen Armen) und der egentes (Bedürftige,

---

8   „*Est panis famelici quem tu tenes, nudi tunica quam in conclavi conservas, discalceati calceus qui penes te marcescit, indigentis argentum quod possides inhumatum. Quocirca tot injuriaris quot dare valeres.*" Hier zitiert nach TIM LORENTZEN: Johannes Bugenhagen als Reformator der öffentlichen Fürsorge, Tübingen 2008, S. 78 mit Fußnote 65.
9   S. LORENTZEN: Johannes Bugenhagen (wie Anm. 8), S. 78ff. Der Gedanke, dass das Almosengeben Sünden tilgt, ist biblisch: Wie das Wasser ein brennendes Feuer löscht, so tilgt das Almosen die Sünden (Jesus Sirach 3,30). Dieses Bibelzitat ist für die Arbeit WAGNERS: Gleicherweiß (wie Anm. 5) titelbildend geworden.
10 Vgl. WAGNER: Gleicherweiß (wie Anm. 5), S. 39
11 Auf diesen Umstand weist LORENTZEN: Johannes Bugenhagen (wie Anm. 8), S. 81f. hin.
12 S. etwa WAGNER; Gleicherweiß (wie Anm. 5), S. 33ff. Vgl. auch die Definition von Robert Jütte, der das Almosengeben nach thomistischer Auffassung als „*einzelnen Akt, der einen bestimmten, im Augenblick deutlich sichtbaren Mangel ohne Berücksichtigung seines Ursprungs aufheben soll*" betrachtet. JÜTTE, Obrigkeitliche Fürsorge (wie Anm. 4), S. 23.

die auf Almosen angewiesen waren), gehörte nach mittelalterlich-christlicher Auffassung zur gesellschaftlichen Ordnung und erhielt seinen besonderen Wert dadurch, dass er Anlass gab zu verdienstvollem Tun – scheint der Nutzen stärker auf der Seiten des Spenders zu liegen, wenn auch beide Seiten selbstverständlich von dem System profitierten.[13] Trotz der positiven Sicht auf Armut wollte auch im Mittelalter niemand gern arm sein. „*Betteln war schwer. Selbst in der mittelalterlichen Gesellschaft, die von der sündentilgenden Kraft des Almosens überzeugt war, hatte es der Bettler nicht so leicht, wie ihm häufig unterstellt wurde. [...] Almosen geben ist leichter, als Almosen nehmen, konstatierte ein Sprichwort.*"[14]

Bis ins Spätmittelalter hinein definierten beispielsweise Stifter die „Armen", die sie bedenken wollten, nicht näher, der Sammelbegriff „*pauper*" reichte aus, unterschiedliche Erscheinungsformen von Bedürftigkeit wurden nicht klassifiziert. Erst im 14. Jahrhundert taucht ein Begriff in zunehmender Häufigkeit in den Quellen auf, der eine spezielle Gruppe von Armen aus der der übrigen herausnimmt: die sogenannten „*Hausarmen*", die „*pauperes domestici*". Damit gemeint sind solche Arme, die nicht bettelnd herumziehen, sondern in der jeweiligen Stadt bzw. dem jeweiligen Dorf wohnen, als Mitbürger bekannt sind und die durch Unglücksfälle, Krankheit oder hohes Alter in Not geraten sind. Mit der zunehmenden Zahl von Stiftungen zu Gunsten der Hausarmen wurde es zunehmend üblicher, andere Bedürftige von der Teilhabe am Almosen auszuschließen. Ein frühes Beispiel dafür ist der Nürnberger Kaufmann Marquard Mendel, der 1388 die Zwölf-Brüder-Stiftung gründete, die 12 ursprünglich im Handwerk tätigen Arbeitern, die durch Gebrechlichkeit nicht mehr in der Lage waren, ihr Handwerk auszuüben, einen gesicherten Lebensabend ermöglichen sollte. Ausdrücklich verschlossen bleiben sollte sie hingegen „*Müßiggängern, offenen Bettlern und Spielleuten*". Damit werden die Armen in zwei Gruppen aufgeteilt: die unverschuldet in Not geratenen ehrenwerten Armen, denen Christenmenschen Hilfe zu gewähren hatten und diesen gegenüber zwielichtige Arme, „professionelle Bettler", deren Anspruch auf Hilfe auf einmal in Frage gestellt wurde.[15] „*Paradoxerweise*

---

13 UTA LINDGREN: Art. Armut, in: Lexikon des Mittelalters Bd. 1, München 1980, Sp. 984ff., sowie WAGNER: Gleicherweiß (wie Anm. 5), S. 33f.

14 So Ernst SCHUBERT: Der „starke Bettler": das erste Opfer sozialer Typisierung um 1500, in: Zeitschrift für Geschichtswissenschaft 48 (2000), S. 869-893, hier S. 871f.

15 S. zu dieser Entwicklung und ebenso zur Mendelschen Zwölf-Brüder-Stiftung ERNST SCHUBERT: „Hausarme Leute", „starke Bettler": Einschränkungen und Umformungen des Almosengedankens um 1400 und um 1500, in OTTO GERHARD OEXLE (Hg.): Armut im Mittelalter, Ostfildern 2004 (= Vorträge und Forschungen 58), S. 283-348, hier S. 294-299.

wurde gerade am Ausgang des Mittelalters, als das soziale Engagement des Stadtbürgertums im Rahmen der persönlichen Jenseitsvorsorge am größten war, zugleich harsche Kritik am Bettel laut. Im berühmten Narrenschiff des Sebastian Brant, 1494 in Basel gedruckt, konnte man einen heftigen Angriff ‚Von bettleren' lesen, der ganz der Stimmung der Zeit entsprach: „Baetler beschyssen alle landt", heißt es dort [...]".[16] Mit dieser Entwicklung wurden Begriffe, die bisher keinen negativen Beiklang hatten, nach und nach zu Schimpfwörtern – so der Begriff „Bettler", aber auch „Müßiggänger", der bis in das 15. Jahrhundert hinein jemanden bezeichnete, der behaglich von seinem Vermögen leben konnte, ohne arbeiten zu müssen. Erst im 16. Jahrhundert hatte sich eine Einstellung verfestigt, die sich in dem Sprichwort „Müßiggang ist aller Laster Anfang" widerspiegelt – nun mit deutlich negativer Konnotation des „Müßiggangs".[17]

Die Frage, ob der um Almosen bittende Mensch nicht kräftig genug sei, seinen Lebensunterhalt durch Arbeit zu erwerben, war nicht neu, sie wurde schon in der Antike aufgeworfen, so war beispielsweise in Byzanz 382 eine Kontrolle der Armen auf Arbeitsfähigkeit erfolgt. Das Römische Recht hatte Bestimmungen gegen den „*starken Bettler*", den „*mendicus validus*" ausgebildet, die um 1500 von Humanisten und Juristen rezipiert wurden. Hinzu kam, dass die Reformatoren die Verdienstlichkeit des Almosens als formale Werkgerechtigkeit ablehnten[18], damit verlor das Almosen die sündentilgende Kraft, die es während des Hochmittelalters quasi als „Jenseitsversicherung" so ungeheuer attraktiv gemacht hatte.[19] Zudem wurde im Verlauf des 15. Jahrhunderts auf Betreiben der Stadträte in immer mehr Städten das Betteln

---

16 S. LORENTZEN: Johannes Bugenhagen (wie Anm. 8), S. 90.
17 S. ERNST SCHUBERT: Duldung, Diskriminierung und Verfolgung gesellschaftlicher Randgruppen im ausgehenden Mittelalter, in SIGIRD SCHMITT, MICHAEL MATHEUS (Hgg.): Kriminalität und Gesellschaft in Spätmittelalter und Neuzeit, S. 47-69, hier S. 49.
18 Wobei allerdings parallel auch Luther schon den Rückgang des christlich-bürgerschaftlichen Engagements in der Armenversorgung beklagte: „*Zuvor, da man dem Teufel diente, standen alle Beutel offen, im Papsttum war jedermann barmherzig und milde, da gab man mit beiden Händen fröhlich und mit großer Andacht, den falschen Gottesdienst zu erhalten. Jetzt, da man billig sollte milde sein, gerne geben und sich dankbar erzeigen gegen Gott für das heilige Evangelium, will jedermann verderben und Hungers sterben, niemand nichts geben, sondern nur erhalten.*" Zitiert aus HEINRICH POMPEY: Das Engagement für Arme im ausklingenden Mittelalter und in der frühen Neuzeit: Katholische und reformatorische Prägungsfaktoren des neuen kommunalen und staatlichen Armenwesens am Beispiel der Stadt Straßburg mit Vergleichen zu Freiburg i. Br., in: KRIMM, MUSSGNUG, STROHM (Hgg.): Armut und Fürsorge (wie Anm. 4), S. 41-68, hier S. 67 mit Fußnote 196.
19 S. WAGNER, Gleicherweiß (wie Anm. 5), S. 68ff. Zu dieser Entwicklung vgl. auch LORENTZEN, Johannes Bugenhagen (wie Anm. 8), S. 114ff.

innerhalb der Kirche verboten und damit vor die Kirche verlagert. Ebenfalls waren es städtische Obrigkeiten[20], die in Almosenordnungen Wert darauf legten, dass in erster Linie die Hausarmen zu versorgen seien. Die Ausschließung fremder Bettler[21] von der städtischen Almosenverteilung verfolgten im 15. Jahrhundert immer mehr Stadträte, immer häufiger wurden fremde Bettler aus Städten ausgetrieben oder gar nicht mehr hineingelassen.[22] Die Almosen- und Bettelordnungen der Städte verdeutlichen, dass die Stadträte verantwortlich für die Almosenverteilung geworden sind; die städtischen Statuten beeinflussten die Reichsgesetzgebung, insbesondere die Reichspolizeiordnungen, die ihrerseits unmittelbare Rückwirkungen auf die entstehende Gesetzgebung in fürstlichen Herrschaften hatte.[23] Ernst Schubert formulierte: *„Um die neuen Diskriminierungen von Randgruppen im 16. Jahrhundert zu verstehen, ist die neue Form, in der sich diese Diskriminierung vollzieht, zu berücksichtigen: das Gesetz"*[24] und fügt abschließend hinzu: *„Wie bei der Entwicklung des Begriffs ‚Hausarmer' ist auch bei der des ‚starken Bettlers' zu erkennen: Ohne Überführung in die obrigkeitliche Gesetzgebung wären die langfristig Mentalitäten tragenden, den Almosengedanken verändernden Folgen ausgeblieben."*[25]

---

20 Zur Rolle der Obrigkeiten und zur Kommunalisierung der Armenfürsorge s. auch ALWIN HANSCHMIDT: Armut und Bettelei, Armenpolizei und Armenfürsorge in der Stadt Münster im 17. Jahrhundert, in: FRANZ JOSEF JAKOBI, RALF KLÖTZER, HANNES LAMBACHER (Hgg.), Strukturwandel der Armenfürsorge und der Stiftungswirklichkeiten in Münster im Laufe der Jahrhunderte, Münster 2002 (= Studien zur Geschichte der Armenfürsorge und der Sozialpolitik in Münster 4) S. 27-93, hier bes. S. 28ff.
21 Die Gabe an vom Almosen auszuschließende Personen galt als so problematisch, dass der Reformator Johannes Bugenhagen (1485-1558) sich sogar genötigt sah, das Gewissen von Diakonen, die für die Verteilung von Geld aus dem Armenkasten zuständig waren, seelsorgerlich zu entlasten, falls sie doch einmal Betrügern oder Müßiggängern etwas gegeben hätten. Sie sollten sich in solchen Fällen darauf berufen können, dass sie *„vmb Gotts willen"* gegeben hätten und auf die christliche Liebe hinweisen. S. LORENTZEN: Johannes Bugenhagen (wie Anm. 8), S. 322f. und S. 428. Der Nördlinger Rat ließ sogar 1541 die freitägliche Ausgabe von Brotspenden einstellen mit der Begründung, dadurch würden nur arbeitsunwillige Bettler aus dem ganzen Land angezogen und überdies seien kaum noch Tagelöhner und Bedienstete zu bekommen, da *„sich Jedermann uff den bettel"* als Einkommensquelle verlasse. S. ANNEMARIE KINZELBACH: Armut und Kranksein in der frühneuzeitlichen Stadt. Oberdeutsche Reichsstädte im Vergleich, in: KRIMM, MUSSGNUG, STROHM (Hgg.): Armut und Fürsorge (wie Anm. 4), S. 141-176, hier S. 152f.
22 SCHUBERT: Der „starke Bettler" (wie Anm. 14), S. 876ff.
23 SCHUBERT: „Hausarme Leute" (wie Anm. 15), S. 324f.
24 SCHUBERT: Duldung (wie Anm. 17), S. 66.
25 SCHUBERT: „Hausarme Leute" (wie Anm. 15), S. 335.

Die Gesetzgebung schrieb Misstrauen und Vorurteile[26] gegenüber bestimmten Gruppen – besonders den fremden Bettlern – fest, die sich schon vorher ausgebildet hatten, so wurden etwa auf dem Lindauer Reichstag (1496/97)[27] die „starken (und deshalb betrügerischen) Bettler" angeprangert, weil sie *„den andern armen das brot vor dem maul wegnehmen"*[28]. Mit „den andern armen" sind hier eindeutig die echten, die würdigen Armen gemeint. In dem Moment, in dem man begann, würdige von unwürdigen Armen zu unterscheiden, ja den unwürdigen Armen gar betrügerisches Erschleichen des Almosens zu unterstellen, wurde es wichtig, zu überprüfen, welcher Gruppe ein Bittender zuzurechnen war. Das erschwerte die Situation besonders für den ortsfremden, herumziehenden Bettler, dessen Notlage im Zweifel nicht gleichermaßen nachvollziehbar war, wie die des Eingesessenen und der sich daher eher dem Vorwurf des betrügerischen Bettels ausgesetzt sah.

Während im Hochmittelalter – sicher auch auf Grund der sündentilgenden Kraft, die dem Almosen zugeschrieben wurde – ohne Prüfung oder Kontrolle der Gebende einem um das Almosen Bittenden – unabhängig von der Frage, ob er aus dem Ort stammte oder ein herumziehender Fremder war – aus

---

26 Dass es sich dabei tatsächlich um Vorurteile handelte, belegen einzelne Untersuchungen zum Thema. *„In nennenswerter Zahl hat es die starken Bettler unter den Scharen armer, almosenheischender Menschen gar nicht gegeben. Eine von R. Scribner durchgeführte Untersuchung von etwa 300 Urfehden, die in württembergischen Malefizakten des späten 15. und frühen 16. Jahrhunderts Vaganten betrafen, also eine Personengruppe, die nach Meinung der Obrigkeiten vor allem aus arbeitsfähigen Müßiggängern bestand, ergab, daß allenfalls für 14 Menschen die Beschreibung vom starken Bettler einigermaßen paßte."*, so SCHUBERT: Der „starke Bettler" (wie Anm. 14), S. 870 mit Fußnote 9.

27 Hannes Ludyga sieht in dieser Reichsversammlung „*den eigentlichen Beginn einer modernen obrigkeitlichen Armenfürsorge auf Reichsebene in der Frühen Neuzeit*" und bezeichnet die dort gefassten Beschlüsse als „*Lex fundamentalis*" für die Armenfürsorge. Die Beurteilung des Bettels auf dem Reichstag fiel negativ aus. Es wurde festgelegt, dass „*betler, so gesunt sein […] arbaiten möchten*", da ansonten „*an taglönern unt andern arbeitern mangel und erhöhung des lons geschicht*". Entscheidenden Bedeutung für die obrigkeitliche Armenfürsorge hatte Artikel 21 des Lindauer Reichsabschieds, der bestimmte: „*Item, sol ein yede oberkait der bettler halber ernstlich insehens tun, damit nyemants zu betteln gestattet werde, der nit mit swacheyt oder gebrechen seins leybs beladen und des nit notdürftig sey, das auch der bettler kinder zeytlich, so sie ire brot zu verdienen geschickt sin, von inen genommen und zu hantwerken oder sunst zu dynsten gewyst werden, damit sie nit also für und für dem bettel anhangen, des ein yede oberkait ordenung fürnemen und uf die nechsten versamelung fürbringen soll, davon wyter zu handeln. Doch sollen die armen schüler, so der lere nachziehen, hierinne nit begriffen sin.*" Vgl. LUDYGA, Armenfürsorge (wie Anm. 4), S. 38f. Tatsächlich gehörten auch Schüler und Studenten zum Kreis der Menschen, die durch die Lande zogen und ihren Lebensunterhalt durch das Bitten um Almosen bestritten.

28 Zitiert nach SCHUBERT: „Hausarme Leute" (wie Anm. 15), S. 323.

Barmherzigkeit eine Gabe zukommen ließ, führte die „Kommunalisierung des Armenrechts"[29] zu Beginn der frühen Neuzeit zur Überprüfung der Armen und der Festlegung, wem das Almosen zustand und wer von dessen Genuss auszuschließen war.

2.

Die Armenversorgung in Wetter ist schon von zwei Autoren im Rahmen von Überblicksdarstellungen behandelt worden. Der erste, der sich mit dem Thema befasste, war der Unternehmer und Politiker Friedrich Harkort[30] (1793-1880), der sich selber praktisch (Einrichtung einer Krankenkasse und später einer Invaliden- und Altersversorgungskasse für die Arbeiter seiner Fabrik) wie theoretisch mit der Entwicklung sozialer Sicherungssysteme[31] befasste. In seiner 1856 erschienenen „Geschichte des Dorfs, der Burg und der Freiheit Wetter" ist ein kurzer Abschnitt dem Armenwesen gewidmet, der hier zitiert werden soll: *„Das Armenwesen. Die Mittel der Kirchengemeinden sind gering und durch geleistete Unterstützungen, welche die Einnahme überschritten, entstanden Schulden, welche durch Stundung aller Ausgaben gedeckt werden sollen. Aus diesem Grunde hat die politische Gemeinde die Verwaltung, so wie die Herbeischaffung der Mittel übernehmen müssen. Nach Möglichkeit*

---

29 Diesen Begriff führt SCHUBERT: „Hausarme Leute" (wie Anm. 15), S. 301 ein.
30 Zu Friedrich Harkort als einem der Wegbereiter der industriellen Entwicklung des Ruhrgebietes gibt es zahlreiche Publikationen, die hier nicht alle aufgeführt werden können. Einen recht aktuellen Überblick über die vorhandene Literatur gibt DIETRICH THIER: Friedrich Harkort. Es kann und darf nicht alles beim Alten bleiben, Erfurt 2007.
31 Auch im 18. und 19. Jahrhundert wurde die Versorgung von Armen wieder heftig diskutiert und bedacht. Teils waren die Themen identisch geblieben – so stellte etwa der Bischof von Bamberg und Würzburg 1787 seinen Landeskindern zwei Preisfragen, in denen es um die künftige Einrichtung des Armenwesens auf dem Lande ging. In den fast durchgängig suggestiv gestellten Fragen ging es beispielsweise darum, ob es einen Unterschied zwischen wahren Armen und Scheinarmen gäbe und worin dieser bestehe. Der erneuten Thematisierung lag dabei eine von den Zeitgenossen wahrgenommene Verschärfung des Armuts- und Bettelproblems zu Grunde, die im späten 18. Jahrhundert einsetzte und ihre Fortsetzung bis hin zu den zeitgenössischen mit dem Begriff „Pauperismus" bezeichneten strukturell bedingten Verelendungserscheinungen der 1830er und vor allem 1840er Jahre, jener Massenarmut der „Labouring Poor" fand. So GEORG SEIDERER: Bettel und Armut im Übergang vom 18. zum 19. Jahrhundert, in: SCZESNY, KIESSLING, BURKHARDT (Hgg.), Prekariat (wie Anm. 3), S. 21-37, hier besonders S.22f. und S. 32.

sucht man die Geldspenden zu vermeiden, zahlt dagegen Miethe, Gartenpacht und Kleidung nach Bedürfniß. Ungefähr 700 Thlr. werden jährlich dazu verwendet und im Verhältnis genießen die Fabrikarbeiter die geringste Unterstützung, wahrscheinlich als Folge der Krankenkassen. Die Invaliden= und Altersversorgungs=Anstalt wird größere Ersparnisse herbeiführen.
    Das Verhältnis der Armen zur Bevölkerung beträgt ungefähr 5%. Unterstützung ohne irgend eine Gegenleistung sollte nie bewilligt werden, deshalb organisire [sic] *man die Handarbeit für die sich meldenden Armen! Das Unglück verdient Hülfe; Faulheit und Müßiggang dagegen Zwang und Strafe."*[32]

Auch wenn Friedrich Harkort in seiner kurzen Abhandlung über das Armenwesen stärker seine Gegenwart und fast gar nicht die Vergangenheit in den Blick nimmt, so verdeutlichen doch selbst die wenigen Zeilen, wie selbstverständlich inzwischen die Auffassung geworden war, dass nur unverschuldet in Armut geratene Menschen Anspruch auf Hilfe hätten und dass überdies Unterstützung nicht ohne Gegenleistung gewährt werden sollte. Noch deutlicher zeigt sich diese Position Harkorts in einer zweiten Schrift aus dem Jahr 1856: Über Armenwesen, Kranken- und Invalidenkassen.[33] In diesem Text beschäftigt er sich mit den Versorgungssystemen verschiedener Länder im Vergleich und versucht, ein Modell für eine Kranken- bzw. Invalidenkasse herauszuarbeiten, das einerseits eine ausreichende und sichere Versorgung der Mitglieder ermöglicht, diese auf der anderen Seite aber nicht zu stark finanziell belastet. Diesen Überlegungen stellt Friedrich Harkort eine Art kurzen historischen Abriss voran, der die Armenversorgung in der Geschichte und die Rolle der Kirche thematisiert: *„Das Christentum, als die Religion der Liebe, überwies bei seiner Gründung die Armenpflege der Privatwohlthätigkeit, welche später an das Priestertum überging. […] man ließ die Kirche im Mittelalter walten und diese vernachlässigte den richtigen Grundsatz: von dem Almosenempfänger eine, seinen Kräften angemessene, Gegenleistung zu fordern. […] Auch in unserem Vaterlande ist die Armen- und Krankenpflege eine der schwierigsten Aufgaben für die Gemeinden und die Gesetzgebung um so mehr, da letztere kein durchgreifendes Princip feststellte. Da wo die kirchliche Unterstützung nicht ausreicht, soll die politische Gemeinde eintreten, allein beide handeln nur in den wenigsten Fällen in nöthiger Uebereinstimmung. Die Kirche sorgt nur für die ihr Angehörigen, ohne das Bedürfnis streng zu untersuchen und ohne eine Gegenleistung zu*

---

32 FRIEDRICH HARKORT: Geschichte des Dorfs, der Burg und der Freiheit Wetter als Beitrag zur Geschichte der Grafschaft Mark, Hagen 1856, S. 47f.
33 FRIEDRICH HARKORT: Über Armenwesen, Kranken- und Invalidenkassen, Hagen 1856.

fordern und die Gemeinde hat große Verpflichtungen, während ihr die Correctivmittel fehlen."

Das Recht auf Unterstützung fordern zu können, schafft ohne scharfe Controlle vermehrte Ansprüche und verringert die Anstrengungen zur Selbsthülfe. Bei erloschenem Ehrgefühl ist es leichter, die Hand nach Almosen auszustrecken, als wie im Schweiße des Angesichts das eigne Brod zu verdienen. Auch die Bettler haben ihre Ahnen, die, wie die Kirchenbücher ergeben, das freie Gewerbe auf viele Generationen den Nachkommen vererbten.

Das Übel wächst überall und die Gemeinden sind in Gefahr, der Last zu erliegen. […] Die Trägheit ist die Mutter der Bettler und Vagabonden. Wer nicht arbeiten will, muß dazu gezwungen werden. Arbeitshäuser[34] thun noth, dorthin bringe die Kommüne ihre Taugenichtse und Zucht und Beschäftigung mögen gehandhabt werden, wie es jetzt mit den Strafgefangenen nach dem System Wentzel's[35] geschieht. Die Zahl wird gar bald abnehmen, wenn kein gesunder Bettler ferner geduldet ist."[36]

Die Ausführungen Harkorts, die dem heutigen Leser in dieser generalisierenden Form hartherzig zu sein scheinen mögen, entsprechen dem damaligen Zeitgeist. Sie verdeutlichen überdies, dass sich der Wandel in der Bewertung von Armut, der um 1500 einsetzte, sich in der Gesellschaft in der Mitte des 19. Jahrhunderts weitgehend durchgesetzt hatte. In der Argumentation Friedrich Harkorts finden sich die wesentlichen Entwicklungen in der Sicht

---

34 Die von Harkort angesprochenen Zucht- und Arbeitshäuser gab es während der frühen Neuzeit in ganz Europa. Zu Beginn des 17. Jahrhunderts wurden die ersten dieser Einrichtungen im Bereich des heutigen Deutschland gegründet, das erste in Lübeck 1601/1602. Der Arbeitsalltag in einem solchen Zucht-/Arbeitshaus war lang, er dauerte im Durchschnitt 12-13 Stunden. Vgl. LUDYGA: Armenfürsoge: (wie Anm. 4), S. 309ff. Bei Ludyga findet sich auch weiterführende Literatur zum Thema Zucht-/Arbeitshäuser.
35 Mit dem „System Wentzel's" ist das Gesetz betreffend die Beschäftigung der Gefangenen außerhalb der Anstalt vom 11. April 1854 gemeint, das nach seinem Initiator August Wentzel (1799-1860) auch als „lex Wentzel" bezeichnet wurde. Wentzel war Jurist und Politiker, Präsident des Appellationsgerichts Ratibor und Mitglied des Preußischen Abgeordnetenhauses und als solcher ein Kollege Friedrich Harkorts. Zur lex Wentzel s. z. B. ULRIKE THOMS: Anstaltskost im Rationalisierungsprozeß. Die Ernährung in Krankenhäusern und Gefängnissen im 18. und 19. Jahrhundert, Stuttgart 2009, S. 121. S. ferner auch DÉSIRÉE SCHAUZ: Strafen als moralische Besserung. Eine Geschichte der Straffälligenfürsorge 1777-1933, München 2008, S. 54. Wer sich näher über die Ideen August Wentzels zum Strafvollzug informieren möchte, findet weitergehende Ausführungen bei THOMAS BERGER: Die konstante Repression. Zur Geschichte des Strafvollzugs in Preußen nach 1850, Frankfurt 1974 S.133-142. Dass Friedrich Harkort und August Wentzel sich kannten und als Abgeordnete zusammen arbeiteten, lässt sich LOUIS BERGER: Der alte Harkort. Ein Westfälisches Lebens- und Zeitbild, Leipzig 1890, S. 509 und 538 entnehmen.
36 So HARKORT: Armenwesen, wie Anm. 33, S. 2-6.

auf die Armut wieder, die sich um 1500 ausgeformt hatten – von der generalisierten Unterstellung, Bettler und Vaganten seien arbeitsscheu über die Forderung, sie dafür zu strafen und zur Arbeit zu zwingen bis hin zu dem Ruf nach strenger Kontrolle der vorgeblichen Bedürftigkeit der möglicherweise eigentlich arbeitsfähigen Bettler.

Der zweite Autor, der die Armenversorgung in Wetter relativ ausführlich thematisierte, ist – knapp 100 Jahre nach Friedrich Harkort – Ernst Denzel in seiner Wirtschafts- und Sozialgeschichte der Stadt Wetter.[37] Unter dem Titel *„Die Behandlung der sozialen Probleme. Bemühungen von Kirche und Staat. Die Reformen Friedrich Harkorts. Armenpflege und Altersversorgung"* widmet er fünf Seiten unter anderem dem Thema der Armenfürsorge in der Stadt Wetter.[38] Denzel beginnt seine Darstellung mit dem Mittelalter: *„Im Mittelalter ist fast ausschließlich die Kirche der Träger der sozialen Hilfsmaßnahmen für Arme und Kranke, soweit nicht Familie und Nachbarschaft das Notwendige tun. Wer arm und arbeitsunfähig ist, lebt vom Bettel, von den Almosen, die ihm in Betätigung der christlichen Liebe und Barmherzigkeit gereicht werden."*[39]

Auf den folgenden zwei Seiten skizziert Denzel die Armenversorgung in der frühen Neuzeit bis zur Zeit Friedrich Harkorts. Die Quellen, die er verwendet, sind zum einen Harkorts Geschichte des Dorfs, der Burg und der Freiheit Wetter und zum anderen im Stadtarchiv Wetter verwahrte Akten, aus denen tendenziell eher unsystematisch einzelne Faktoren der Wetterschen Armenversorgung herausgegriffen, zusammengestellt und beschrieben werden. So skizziert Denzel die obrigkeitliche Armenversorgung: *„Die brandenburgische Regierung hat schon im 17. Jahrhundert regelnd in das Armenwesen eingegriffen und Friedrich Wilhelm I. verlangt in einer Verordnung vom 10.02.1715, daß ‚die wahren Armen versorget, die müßigen Bettler zur Arbeit angehalten, die Frembde und Vaganten nicht über die Gräntze in unßer Land gelaßen' werden. Hier wird also die eigene Arbeitsleistung des Hilfsbedürftigen als das wesentliche Mittel zur Überwindung des Notstandes herausgehoben und mit der mittelalterlichen Auffassung, die das Bettelwesen weitgehend sanktioniert, gebrochen."*[40] Weiter beschreibt Denzel, dass es

---

37 ERNST DENZEL: Wirtschafts- und Sozialgeschichte der Stadt Wetter, Wetter 1952. Der Text erschien gleichzeitig als ERNST DENZEL: Wirtschafts- und Sozialgeschichte der Stadt Wetter, in: Beiträge zur Geschichte Dortmunds und der Grafschaft Mark 49 (1952).
38 DENZEL: Wirtschafts- und Sozialgeschichte, wie Anm. 37, S. 147-151.
39 Ebd, S. 147.
40 Ebd.

einen Armenfonds und Armenhäuser gegeben habe, welche Einkünfte der Armenprovisor jährlich einziehen konnte, und über welche Art der Einkünfte zum Zweck der Armenversorgung die reformierte Gemeinde verfügte.

Daran anschließend thematisiert Denzel die Phase der Industrialisierung und insbesondere den Einsatz Friedrich Harkorts in diesem Bereich: „*Er [= Friedrich Harkort, S.P.] untersucht das Wesen der Armut und ihre Ursachen und kommt zu dem Schluß, daß Armut nicht nur auf äußere Ereignisse wie Krankheit und Invalidität, Arbeitslosigkeit und Teuerung zurückzuführen ist, sondern daß sie auch auf menschlicher Unzulänglichkeit, wie Mangel an Sparsinn, Unwissenheit und Trägheit beruht. [...] Der Staat soll nur den gesetzlichen Rahmen schaffen, damit die Selbsthilfe der über ihr wahres Wohl aufgeklärten Menschen sich frei entfalten kann. Diese Gedanken hat er nicht nur jahrzehntelang in zahlreichen Schriften und Reden entwickelt und propagiert, sondern auch selbst in die Tat umgesetzt. Wie er die soziale Frage als Ganzes sieht, strebt er auch eine totale Lösung an, die er in einzelnen Stufen zu erreichen sucht. Er beginnt 1820 in seiner Wetterschen Fabrik mit der Krankenkasse [...] als dem Nächstliegenden.*"[41] Es folgen ein recht positiver Blick auf die Entwicklung der Armen- wie der Altersversorgung bis zum Beginn des 20. Jahrhunderts und ein eher düsterer auf die Gegenwart Denzels, bevor sich als nächstes Kapitel „Gesundheitswesen und Krankenfürsorge" anschließt: „*Solange die Wettersche Industrie in voller Blüte steht und nicht katastrophale Erschütterungen von außen hereinbrechen, vermag die Bevölkerung den normalen Schwankungen des Wirtschaftslebens ohne Schaden zu widerstehen. Der im Jahre 1909 wieder zur Stadt erhobene Ort steht vor dem ersten Weltkrieg auf gesicherteren finanziellen Grundlagen als je zuvor. Zwei verlorene Kriege mit ihren Folgen haben diese Grundlagen zerstört. Die lang dauernde Wirtschaftskrise mit ihrer Massenarbeitslosigkeit zwischen den Kriegen führt tausende von Unterstützungsempfängern der öffentlichen Fürsorge zu. Die in guten Zeiten gesammelten Fonds schmelzen dahin. Auch das Erbe des zweiten Weltkrieges hat der Stadt Lasten aufgebürdet, die sie nur zum geringsten Teile selbst zu tragen vermag. Hierbei nimmt die Flüchtlingsbetreuung den breitesten Raum ein.*"[42] Soweit Ernst Denzel zum Thema der Armenversorgung in Wetter, für den diese allerdings auch nur ein Nebenthema der Wirtschaftsgeschichte Wetters darstellte.

---

41 Ebd., S. 149.
42 Ebd., S. 150f.

3.

Es scheint also nach wie vor durchaus lohnenswert zu sein, erneut einen Blick auf die Quellen zu werfen, die im Stadtarchiv Wetter zum Bereich der Armenversorgung verwahrt werden. Auch an den Anfang dieser Untersuchung kann man die stereotyp-rituelle Klage stellen, mit der Historiker gern ihre Abhandlungen einleiten: den Mangel an Quellen. Nur allzu gern hätte man eine früher einsetzende, dichtere, geschlossenere Überlieferung. Ebenso stereotyp folgt die Einsicht, dass man sich mit dem Mangel abzufinden hat. Da es im Rahmen eines Aufsatzes nicht möglich ist, die vorhandenen (wenn auch wenigen) Quellen im Einzelnen ausführlich zu behandeln, sollen sie im folgenden zusammen – und ausgewählte auch in Auszügen – vorgestellt werden.

Der in Abschnitt eins beschriebene Wandel im Umgang mit Armut war zu der Zeit, aus der sich die ersten Quellen zur Armenversorgung im Stadtarchiv Wetter finden, bereits vollzogen. Erst in der Mitte des 17. Jahrhunderts setzt die Überlieferung ein und das zunächst auch eher spärlich. Aus dem Jahr 1652 ist das erste Dokument erhalten, es handelt sich dabei um einen vor dem Richter zu Wetter Caspar Reinermann geschlossenen Vergleich zwischen Drost, Richter, Pfarrer, Bürgermeister, Rat und Kirchmeister auf der einen und Johannes vom Broche und seinem ältesten Sohn auf der anderen Seite über die Bezahlung der den Armen von den beiden letztgenannten zustehenden Gelder.[43] Johannes von dem Broche hatte die Interessen [= Zinsen] verschiedener „*Capitalien*", die den Armen Wetters zustanden, nicht zahlen können, weil seine „*güter gahr verschüldet undt in den continuirlichen Kriegslaufften*" die Zinsen nicht hätten eingefordert werden können. Nun verpflichtete sich sein ältester Sohn, wie sein Vater Johannes von dem Broche, „*die elterliche Güter nach bestem Vermögen zu redimiren* [= die Schulden abzulösen]" und versprach, dass er die Zahlung der „*jährlich lauffenden Interessen uber sich nehmen wolle, [...] damit die Armen der jährlichen Interessen versichert werden mochten.*" Dies verdeutlicht, dass es sich zwar um die erste im Stadtarchiv zum Thema der Armenversorgung überlieferte Quelle handelt, es aber eine funktionierende und sich offenkundig aus verschiedenen Quellen speisende Armenversorgung in Wetter zu dieser Zeit selbstverständlich – und wie zu erwarten – bereits gab.

Lediglich zwei weitere Akten zum Thema der Armenversorgung finden sich aus dem 17. Jahrhundert im Stadtarchiv Wetter. Aus dem Jahr 1685 hat

---

43 StA Wetter, A-VI-156.

sich eine „Obligation des Magistrats über 25 Reichstaler für die lutherische Kirche zu Gunsten der Hausarmen" erhalten.[44] In diesem Text wird somit erstmals in Wetter belegbar der Begriff der „Hausarmen" verwendet: *„Wir Bürgermeister und Rath der Freyheit Wetter thun kundt, zeugen undt bekennen vor uns und der sämptlichen Gemeine, daß nach dehme in Anno 1682 bey gehaltener Kirchen- und Armen Rechnung Herr Pastor Vieffhaus den haußarmen alhier ein ansehentliches in Capiatali und Interesse schuldig blieben."* Allerdings sei ihrerseits die Gemeinde dem Herrn Pastor Vieffhaus Zahlungen in etwa identischer Höhe schuldig geblieben. Insgesamt schulde daher also die Gemeinde den Hausarmen einen Betrag von 25 Reichstalern. *„Und weilen* [zu ergänzen: wir] *dieße Gelder alsobald wegen anderen, der Gemeine zufallenden Beschwernißen nicht erlegen und bezahlen können, so geloben und versprechen wir den haußarmen alhier oder dem zeitlichen Provisore* [dem Armenprovisor] *jährliches und alle Jahr, davon daß 1686te Jahr auff Martini daß erste erste sein soll, so lange dieselbe ohnabgelößet stehen bleiben, landläufige Interessen zu bezahlen."* Die Gemeinde verpflichtete sich also, so lange sie nicht in der Lage wäre, die 25 Reichstaler zu Gunsten der Hausarmen an den Armenprovisor zu zahlen, immerhin die für diesen Betrag üblichen Zinsen abzuführen. Auch dieses Stück verdeutlich, dass sich die Armenversorgung in Wetter aus verschiedenen Quellen speiste, zeigt aber auch, dass der grundsätzlich bestehende Anspruch der Armen auf bestimmte Zahlungen sich nicht immer ohne weiteres durchsetzen ließ – und dass man an diesem Punkt auch recht flexibel bereit war, Zugeständnisse zu machen.

Der letzte Text des 17. Jahrhunderts, eine *„Quittung des Johann Blanckenagel* [Johann Blanckenagel war Armenprovisor in Wetter, S.P.] *über Zahlung von Zinsen für 2 Kapitalien, die die Freiheit den Armen und Pastor Vieffhaus schuldig ist"*[45], soll hier lediglich kurz erwähnt, nicht näher beschrieben werden.

Aus dem 18. Jahrhundert ist eine deutlich größere Anzahl von Quellen zum Wetterschen Armenwesen überliefert. Die größte Gruppe bilden diejenigen Texte, in der Regel königliche Edikte, die die Regelung des Armenwesens und die Bekämpfung des Bettels zum Inhalt haben; zu dieser Gruppe werden auch jene Texte hinzugenommen, die rein ausschließenden Charakter haben, also lediglich der Abwehr herumziehender fremder Bettler dienen: Aus dem Jahr 1713 ein Edikt zur *„Besetzung der Stadttore zum Schutz gegen*

---

44 StA Wetter, A-IV-224.
45 StA Wetter, A-IV-648.

Packjuden, Bettler und Zigeuner"[46], 1715 ein *„königlicher Befehl wegen der Diebe, Landstreicher und Bettler"*[47], ebenfalls aus dem Jahr 1715 ein *„königliches Patent über die Bekämpfung des Bettelns und die Regelung des Armenwesens"*[48], 1718 ein *„königliches Patent, daß vagierende Bettler sollen arrestiert werden"*, ebenfalls 1718 ein *„königliches Patent zur Arretierung der Bettler und deren Ablieferung"*[49], 1738 ein königliches *„Verbot, Bettler und Packjuden ohne Pässe auf Fähren zu setzen"*[50], 1748 ein *„Erneuertes Edict, wie die Armen versorgt, die Bettler bestraft werden sollen"*[51] und schließlich 1764 eine *„Regelung des Armenwesens, der eine Auflistung der Armenrenten der lutherischen Gemeinde zu Wetter im Jahr 1764 beigegeben ist."*[52]

Zunächst soll der Blick kurz auf das erste ausschließende Edikt des 18. Jahrhunderts gehen, dasjenige, das 1713 zur Besetzung der Stadttore zum Schutz gegen Packjuden, Bettler und Zigeuner erlassen wurde[53]: *„Demnach man mißfällig in Erfahrung bringet, daß der ergangenen vielfältigen, auch poenalisierten* [also mit Androhung von Strafen versehenen] *Verordnungen ungeachtet, dennoch hie und wieder im Lande Packjuden, starcke Bettler, Zigeuner und anderes dergleichen unnutzes Gesindel sich einfinden, bey itzigen contagieusen*[54] *Zeiten aber allerdings dem publico daran gelegen, daß steiff und fest auff die desfals ausgelaßenen geschärffte Edicte gehalten werde. Alß wird nahmens seiner königlichen Majestät in Preußen unßers allergnädigsten Herrn allen Stadts Magistraten des Herzogthumbs Cleve und graffschafft Mark, wo durch die Militz die Thoren nicht besetzet werden, alles Ernstes und bey Vermeidung unausbleiblicher allenfals Leibesstraffe anbefohlen, alsofort nach dehme dießes praesentirt sein wirdt, die anstalt zu machen, daß täglich bey jedem Thor drey wehrhaffte Bürger gestellet werden*

---

46 StA Wetter, A-IX-17.
47 StA Wetter, A-IX- 103. Dieser königliche Befehl ist auch insofern sehr interessant, als im Titel Landstreicher und Bettler in einem Atemzug mit Dieben genannt werden. Damit werden herumziehende Bettelnde, die im Mittelalter noch ganz selbstverständlich mitversorgt wurden, kriminalisiert und der Unterstellung Vorschub geleistet, es handle sich bei ihnen um Personen, die auf betrügerische Weise versuchen, sich Almosen zu erschleichen, wenn sie offenkundig mit den Dieben, also tatsächlich kriminellen Personen gleichgesetzt werden.
48 StA Wetter, A-VI-53.
49 StA Wetter, A-X-154.
50 StA Wetter, A-IX-89.
51 StA Wetter, A-VI-158.
52 StA Wetter, A-VI-140.
53 StA Wetter, A-IX-17.
54 „Contagieus" bedeutet „ansteckend", ist an dieser Stelle vielleicht am ehesten als „gefährlich" zu übersetzen.

möge, mitt der ordre umb alle ankommende Packjuden und sonsten andere mit keinem genugsamen Paß[55] *versehene frembde Persohnen abzuweißen, und in die Stadt nicht einzulaßen, übrige aber, so Päße auffweißen können, so lange biß daran selbige examiniret und gültig befunden werden, abzuhalten, auch hiemit so lange zu continuieren, biß darahn hirunter anderwertig verfüget werde*[...]."

Laut Vermerk auf der Rückseite erreichte dieses Schreiben Wetter durch einen Boten aus „*Lühnen, worauff auch fort die Wacht bestellet*". Interessant ist ein „*pro memoria*", das sich ebenfalls auf der Rückseite des Schreibens findet, und – als Nebenbefund - zeigt, dass die Bewohner von Dorf und Freiheit Wetter sich im Jahr 1713 noch mitnichten als eine Einheit betrachteten: „*Weil die Dorffleute Wacht zu halten sich opponiret* [= geweigert], *so sein die gantze Bürgerey an die Kirchtische zu erscheinen citiret, den 8ten Januar 1714 und resolviret* [= beschlossen worden], *daß die Dorffleute eben so wohl* [zu ergänzen: Dienst] *in der Freyheit an der Pforte vermög königlicher Verordnung zu thun schuldig* [...] *Worauff dann auch auff Bürgerschafft und Rath Befehl Jan Trimmerhoff im Dorff vom Freyheit Diener citiret und die Wacht an der Pforte in der Freyheit gehalten, den 9ten Januar. Auff geschehene Citation Philip Schulte compariret* [hat P. S. sich eingefunden/gestellt] *und als ein alter Bürger aus dem Dorff an der Freyheit Pforte mit Gewehr wacht gehalten.*

Der Text zeigt zweierlei: Erstens hatte sich die Situation für herumziehende arme Leute deutlich verschlechtert. Hatten sie zeitweilig immerhin noch die Erlaubnis erhalten, für eine gewisse Zeit innerhalb einer befestigten Siedlung zu betteln, bevor sie diese wieder zu verlassen hatten, sollten sie nun gar nicht mehr hineingelassen, sondern direkt von Torwachen abgewiesen werden. Zweitens aber wird im Text erwähnt, dass bisherige Anweisungen, Bettler direkt am Tor abzuweisen, trotz Strafandrohungen von der Bevölkerung missachtet wurden. Die obrigkeitlichen Anweisungen hatten es offenbar also in den gut 200 Jahren, die seit dem Beginn der obrigkeitlichen Regelung des Armenwesens vergangen waren, nicht vermocht, die althergebrachte Praxis zu beseitigen, auch fremde Menschen mit zu versorgen.

---

55   Diese Forderung ist insofern als eher unrealistisch zu betrachten, als es erst zu Beginn des 19. Jahrhunderts (1803) für die Bewohner der Grafschaft Mark verpflichtend wurde, einen Pass bei sich zu tragen, wenn sie sich von ihrem Heimatort entfernten. S. dazu DIETRICH THIER: Die Bochumer Immediat-Sicherheitskommission und die Diskussion über die öffentliche Sicherheit in der Grafschaft Mark um 1800, in: MJbG 116 (2016), S. 125-157, hier S. 136f.

Auch das erste in Wetter überlieferte königliche Patent über die Bekämpfung des Bettels und die Regelung des Armenwesens aus dem Jahr 1715[56] soll hier – exemplarisch für alle weiteren, denn im wesentlichen änderte sich in den folgenden Jahrzehnten an den Bestimmungen nichts – in Auszügen behandelt werden. Zunächst wies König Friedrich Wilhelm in Preußen darauf hin, dass bereits sein Vater seligen Angedenkens in den Jahren 1696, 1698, 1701 und 1708 Regelungen getroffen habe, wie in Städten und auf dem Land im Königreich die *„wahr armen versorget, die müßige* [sic] *Bettler zur arbeit angehalten, die frembde und vaganten nicht über die gräntze in unser Land gelaßen"* werden sollten. Da aber *„dennoch diesen christlichen und heilsamen Verordnungen nicht gebührend nachgelebet worden, daher geschehen, daß die Bettler jung und alt, Männer und Weiber, erwachsenen Mägdgen und Jungen, frembd und Einheimische so wohl in Stätten aus auff dem platten lande, in denen dörffern, hauffenweise herumb vagieren, ja gar biß in unsere hießige Residentzien eindringen, und so wohl Uns selbst als andere auff denen Straßen anlauffen, auch denen einwöhnern vor den Thürn und in Häußern mit ihrem importunen* [ungelegenen, unpassenden] *und unverschämten Bettelen höchst beschwerlich fallen, wodurch die Stätte und Dorffschaften, so sönst Ihre eigene armen versorget, zu fernerer Verpflegung müde, überdrüßig und die guthhertzigen zum beytrag in die armen büchsen incapapel* [=unfähig] *gemacht worden, weshalb das Bettelen und die darauß unter Jungen und Alten entstehende Lasten mehr als Jemahls überhand genommen. Wann nun solches zu großer Beschwerde des Landes gereichet und wir die eingerissene Beetteley nicht dulden, sondern diese mit Nachdruck remedyret* [= beseitigt] *wißen wollen, so haben wir obbemelte ernstliche Edicte, in specie die vom 18. Martii 1701 und 19. Septembris 1708 hiemit und krafft dieses renovieren, wiederholen und schärffen wollen, verordnen und befehlen demnach:*
1. Daß von dato kein Bettler, er sey einheimisch oder frembd, Soldat oder Bürger, in Stätten und Dörffern sich beym Betteln mehr sollen betreffen laßen, die frembde Bettler und Vaganten, die bißhero unser Landt durchstrichen und gebettelt haben, sofort sich weg und in Ihre Heymath begeben oder gewärtig sein sollen, daß sie auffgegriffen, 4 Wochen zur Arbeit angehalten und mit Waßer und Brot gespiset weren, hernach aus dem Lande verwiesen, da sie aber wiederkommen, einen Staupenschlag bekommen sollen." Ferner sollten alle, die einen solchen Fremden länger als eine Nacht beherbergen,

---

56 StA Wetter, A-VI-53.

mit 10 Reichstalern in den Städten, mit 5 auf den Dörfern bestraft werden, von denen die Hälfte der Denunziant, die andere Hälfte die örtliche Armenkasse bekommen sollte. Wer kein Vermögen hatte, musste ebenfalls mit einer Leibesstrafe rechnen.

2. Kein fremder Bettler sollte über die Grenze gelassen werden, *„außer abgebrandte, Religion und Kriegs halber Vertriebene"*, die sich als solche auszuweisen hätten. Bettler und Vaganten hingegen seien sofort abzuweisen, ebenfalls unter Androhung von Strafen.

3. Die Obrigkeiten werden – unter Androhung des *„Verlustes ihrer Dienste"* verpflichtet, Bettler aufzugreifen, in die nächste Stadt abzuliefern und sie dort vom Armenprovisor examinieren zu lassen. Wäre der Bettler einheimisch, solle er direkt abgestraft werden, hätte aber ein Armer aus Not und Mangel an Verpflegung betteln müssen, so sei die Obrigkeit der Stadt, in die er gehört, mit einer Geldstrafe zu belegen. Fremde Bettler, die zum wiederholten Mal aufgegriffen wurden, sollten ins Zuchthaus oder direkt über die Grenze gebracht und vorher mit einer Strafe belegt werden.

4. Niemand soll einem Bettler, der an die Tür klopft, etwas geben. Diese seien vielmehr direkt der Obrigkeit anzuzeigen, die sie dann examinieren solle.

5. *„Die Abgebrandt, Religion und Kriegs halber Vertriebenen […] und beglaubigte Atteste haben, sollen bey der armen Casse jedes Orts sich melden, mit dem Jenigen, was Ihnen gereichet wirdt, vergnüget seyn"* und nicht – wie bisher geschehen, ohne *„Concession"* herumlaufen und betteln. Außerdem sollten ihre Zeugnisse – wegen geschehenen Mißbrauchs – nicht länger als ein Jahr nach Ausstellung gelten.

6. Damit die einheimischen Armen ordentlich versorgt werden können, sollen in allen Städten *„gewiße Inspectoren"* [die Armeninspektoren] bestellt werden *„als einer von dem Predigt Ambt, einer von dem Magistrat und ein gewißenhafter Verordneter oder Bürger, jedoch ohne einige Besoldung, welche auff ein oder 2 Jahr miteinander gewechselt werden."*

7. *„Sollen sie denen Jungen und starcken Mannes und Frauens Persohnen, wie auch erwachsenen armen Kindern arbeit zu verschaffen bemühet seyn. Denen, die schwacher Leibes Constitution oder alters halber noch etwas zu thun, aber vollkommentlich sich nicht nehren können, etwas zu Hülffe reichen, denen die Krankheit, Gebrechlichkeit oder hohen Alters halber nichts verdienen können, denen Vatter und Mutterloßen Waisen, so viel als sie zu ihrer nötigen Subsistence bedürffen, aus denen allmoßen reichen, und zwar bey denen kleinen Städten bey 5 bis 10, bey denen größerem bey 20 Thaler Straffe. Auch sollen jedes Orts Inspectoren und Prediger dahin sehen, daß*

besonders die armen, so allmoßen genießen, in Ihrem Christenthumb beßer unterrichtet und angeführt, Inngleichen die armen Kinder ohne Entgelt von denen Schulmeistern informiret werden."

8. Arme, die in ihren Städten keine ausreichende Versorgung erhalten, sollen dies ihren Predigern, Beichtvätern oder dem Magistrat klagen. Magistrat und Armenvorsteher sollen sich dann der Sache annehmen und Vorschläge machen, wie solchen Armen besser geholfen werden könnte, Amtspersonen, die darin säumig sind, sollen dafür abgestraft werden.

9. Alle Gerichte sind verpflichtet, die in ihren Sprengeln wohnenden Armen mit Arbeit zu versehen, soweit diesen Arbeiten möglich ist und diejenigen, die nicht (mehr) arbeitsfähig sind, den jeweiligen Magistraten anzubefehlen, damit sie versorgt würden.

10. Die unversorgten Armen auf dem Land sollen ihre Not den Landräten oder Inspektoren klagen, die Pastoren der Orte sollen den Armeninspektoren monatlich berichten, wie es um die Armenversorgung bestellt ist, wenn es an etwas fehle, so ist dies zur Anzeige zu bringen und Abhilfe zu schaffen. Darin säumige Prediger und Gerichtsobrigkeiten sind zu bestrafen.

11. *„Und weil in den Klinge Beutel oder gesetzten Becken, welche zu behueff des armen wesens an einem oder anderem Orthe von neuem angeordnet worden, wenig einkömpt, so soll eine monathliche Collecte in denen Stätten und auff dem Lande (nach dem Exempel unserer hiesigen Residentien alda es bey jetziger Veranstaltung bleibt) von Hauß zu Hauß durch den jüngsten Armen Vorsteher und einen aus der Bürgerschafft und Gemeinde des 1. Sonntag jedes Monaths gesammlet und alles accurat auffgeschrieben werden, was Magistrate, Herrschafften, Pensionarii und Verwalter, item Prediger, Müller, Schöffer, Bürger und Bauer dazu gibt, da dann der geringste Einwöhner, wann Er auch ein Taglöhner, Geselle oder Magd wäre, nicht ermangeln wirdt, 2 oder 3 dreyer zu geben und bleibet von sothander Collecte vor die frembde Armen das dritte theil. Es sollen auch die Prediger die Collecte Sonntages zuvor von denen Cantzeln abkündigen und die Gemeinde zu einem milden Beytrag fleißig ermahnen, und sie ihrer christlichen Schuldigkeit erinnern."*

12. *„Wir wollen zwar aus sölcher Collecte keinen Impost* [=verbindlich zu zahlende Steuer] *machen, sondern es soll Jedem frey stehen, was Er geben will, alleine die, welche sich zu ihrer christlichen Schuldigkeit gar nicht anschicken wollen, sollen durch Ihre Prediger und Beichtvätter ermahnet werden."* Für den Fall, dass jemand sich trotzdem nicht bereit fände, etwas zu der Kollekte zu geben, sollte der Magistrat die Macht haben, einem jeden nach Proportion seines Vermögens einen bestimmten Betrag als christliches Almosen aufzuerlegen. Sollte der Verstockte sich dann immer noch nicht

zu einer Zahlung bereit finden, so solle ihm eine Strafe wegen vorsätzlicher Missachtung des königlichen Gebotes auferlegt und das daraus einkommende Geld der Armenkasse zugeleitet werden.

13. Die Rechnung von dem, was aus dieser Kollekte eingeht, ist einmal jährlich abzulegen.

14. Von Geldstrafen, die aus verschiedenen Strafbeständen heraus eingezogen werden, sollen in den Städten 2 Taler, auf dem Land 1 Taler an die Armenkasse abgeführt werden.

15. Allen Amtspersonen wird anbefohlen, diese Verordnung zur Geltung zu bringen und Bericht darüber zu geben, ob und wie dies geschehen sei.

16. „*Sollen die Prediger in Stätten und aufm Lande dieses unser Patent alle Jahre den 1ten Sonntag post Trinitatis und an einem Bußtag, der im Monath December einfällt, ableßen und darbey auch sonst, wann es der Text an die Hand gibt, die Gemeinde zu einer willigen beysteur vor die auffordern, und damit so lang continuieren, biß es durch eine andere Verordnung wieder geändert oder auffgehoben wirdt.*"

17. „*Damit nun dieses unser Edict in unserm Königreich und Landen zugleich könne publiciret werden und keiner mit der Unwißenheit sich entschüldigen möge, so soll es durch die Landreuter an die Land- und Steuerräte und Magistrate gebracht und mit einem Befehl aus unseren Consistoriis an die Inspectores und durch diese mit der gewöhnlichen Currende* [= Umlauf in Kirchensachen, die vor allem auf dem Land von Küstern und Schulmeistern von einem Dorf zum nächsten getragen werden] *an Ihre Pfarrer übersendet werden. Die Landreuter sollen auff ein Exemplar nebst Benennung der Zeit die Insinuation* [= Eingabe] *attestiren und selbiges binnen 4 Wochen bey Verlauf ihrer Dienste anhero schicken.*"

18. „*Letztens soll dieses unser Edict bey allen und jeden Gerichts obrigkeiten zu Ihrer festen Erinnerung angeschlagen werden, und die bey der es nicht gefunden wirdt, jedesmahls 10 Reichsthaler Straff erlegen.*"

19. Ferner sollten in allen die Armen und Bettler betreffenden Belange die Edikte von 1701 und 1708 befolgt werden – bzw. so formuliert es das Edikt: „*wollen sölche in allerunterthänigstem Gehorsahm genau nachgelebet wißen*".

Dass das Edikt in Wetter befehlsgemäß verkündet wurde, ist einem Vermerk darunter zu entnehmen: „*publicatum in Ecclesia Wetterensi Dom. Jubilate, den 12. Maii 1715, WH Trippler pastor loci*", damit dokumentierte der Pfarrer von Wetter, Wennemar Heinrich Trippler, geboren ca. 1655, gestorben am 22. März 1741 und seit 1679 lutherischer Pfarrer in Wetter[57], dass er seiner Pflicht gehorsam nachgekommen war.

Das Edikt verdeutlicht zum einen, dass fremden Bettlern generell unterstellt wurde, betrügerisch das Almosen zu erheischen. Ihnen sollte nichts gegeben, sie sollten direkt aus den Orten ferngehalten werden, waren gegebenenfalls zu Arbeiten zwangsweise heranzuziehen und dem Risiko von Leibesstrafen ausgesetzt. Andererseits erkennt auch das königliche Edikt nach wie vor die grundsätzliche Verpflichtung von Christen an, Arme zu versorgen. In erster Linie ist dabei an die Hausarmen gedacht, die starken Bettler sollen von jeglicher Versorgung ausgeschlossen werden. Neben diesen beiden Gruppen aber gibt es auch Fremde, für die ebenfalls eine christliche Verpflichtung zur Unterstützung besteht. Das sind solche Fremden, die ihrer Religion oder kriegerischer Ereignisse wegen aus ihrer Heimat vertrieben wurden – und für die aus genau diesem Grund auch die eigentlich eingeforderte Versorgung der Armen durch ihren jeweiligen Abstammungsort nicht eingefordert werden kann. Diese Fremden allerdings müssen ihren Versorgungsanspruch nun nachweisen – durch möglichst aktuelle Zeugnisse, die belegen, dass sie zur Gruppe der „würdigen Armen" zählen, deren Versorgung sich Christenmenschen nicht entziehen durften. Überdies entscheidet inzwischen nicht mehr jeder einzelne persönlich, ob und – falls ja – wie viel er einem Armen zu geben bereit ist, sondern die Armenfürsorge ist inzwischen erkennbar institutionalisiert. Durch die Obrigkeit werden bei verschiedenen Gelegenheiten Geldmittel zur Versorgung der Armen gesammelt, trotz behaupteter Freiwilligkeit der Gabe aber auch im Zweifelsfall eingetrieben, und diese Mittel verteilen die von der Obrigkeit dazu eingesetzten und befugten Amtspersonen. Die persönliche Gabe aus christlich oder sonstwie motiviertem Mitgefühl ist nicht mehr erwünscht, wenn es um fremde, herumvagierende Bettler geht, sogar verboten. Aus der obrigkeitlich kontrollierten Armenkasse werden jetzt jene Armen unterstützt, die entweder zu der Gruppe der Hausarmen zu zählen sind oder denen es gelingt, sich als fremde, aber würdige Arme zu präsentieren, ihre „wahre Armut" also offiziell nachweisen können.

Neben diesen doch recht zahlreichen Edikten des 18. Jahrhunderts zur Versorgung der würdigen Armen und zum Umgang mit den so genannten „starken Bettlern" finden sich noch weitere Quellen im Stadtarchiv Wetter, allerdings keine in vergleichbarem Umfang. Zu nennen sind hier die

---

[57] S. FRIEDRICH WILHELM BAUKS: Die evangelischen Pfarrer in Westfalen von der Reformationszeit bis 1945, Bielefeld 1980 (= Beiträge zur Westfälischen Kirchengeschichte 4), Bauks-Nr. 6379.

„*Einziehung der lutherischen Gemeinde für Armenrenten*" aus dem Jahr 1720[58], das königliche Patent über „*die Versorgung der Armen mit Medizin*" des Jahres 1727[59], das Verzeichnis der Personen aus Volmarstein, an die vom Volmarsteiner Magistrat Brot verteilt wurde aus dem Jahr 1730[60], das Kautionsversprechen des Henrich Östereyeker für die Miete des an Jürgen Hülsberg, genannt Habermann, verpachteten Armenhauses der lutherischen Gemeinde 1735[61], die Anforderung eines Berichtes über milde Stiftungen von 1736[62], der „*königliche Befehl betreffend die Brüchtenprotokolle und den an Arme des Ortes zu zahlenden Anteil an Strafgeldern*" 1738[63], der Bericht über milde Stiftungen des Jahres 1767[64] und schließlich die Abnahme der Armenrechnung der reformierten Gemeinde von 1770-1772[65]. Mit den hier aufgeführten, sehr unterschiedlichen Texten zur Armenversorgung endet die Überlieferung des 18. Jahrhunderts.

Auch aus dem ersten Drittel des 19. Jahrhunderts haben sich Texte zur Armenversorgung in Wetter im Stadtarchiv erhalten. Aus den Jahren 1800-1810 findet sich eine Akte zur Armensache des Messerfabrikanten Adolf Wilshaus[66], 1802 wurde Brotkorn von der Ostsee für die Armen beschafft[67] und der Armenprovisor Friedrich Caspar Schulte für die Armenrechnung 1789/90 entlastet[68], 1803 stellte eben jener Messerfabrikant Adolf Wilshaus aus Wetter einen Antrag an den Magistrat auf Befreiung von der Accise wegen Armut[69], ebenfalls aus dem Jahr 1803 hat sich eine Quittung über Armenbrote[70] erhalten, aus den Jahren 1805-1812 eine Akte über den lutherischen

---

58 StA Wetter, A-VI-54.
59 StA Wetter, A-XII-5.
60 StA Wetter, A-VI-132.
61 StA Wetter, A-VII-64.
62 StA Wetter, A-VI-63. Zu einem Bericht über mögliche milde Stiftungen in Wetter ist es übrigens nie gekommen. Die „Evangelisch Lutherischen Consitoriales zu Wetter" zeigten viel mehr an, dass sie mit der Aufgabe, einen Bericht über die milden Stiftungen zu verfassen in der vorgegebenen Zeit keinesfalls fertig werden könnten, „indehm selbige eines Theils aus denen alten Kirchen Briefschafften mit großer Mühe ausgesuchet werden, theils selbige nicht wohl zu lesen sein werden", zumal es sehr viele solcher „Briefschafften" gebe. Daher baten sie, der Aufgabe nicht nachkommen zu müssen.
63 StA Wetter, A-VII-83.
64 StA Wetter, A-VI-83.
65 StA Wetter, A-VI-85.
66 StA Wetter, B-44.
67 StA Wetter, A-VI-105.
68 StA Wetter, A-VI-10.
69 StA Wetter, A-IV-732.
70 StA Wetter, A-XIII-1-33.

Armen-Gasthaus-Fonds zu Herdecke[71], aus dem Jahr 1806 stammen ein Edikt, dass Landstreicher und Bettler nach Hamm abzuliefern seien[72] und ein Bericht des Magistrats an den Kriegs- und Domänenrat Eversmann als Reaktion auf ein Beschwerdeschreiben des Oberbergrats Cappel über die Unsicherheit und die Belästigung durch Bettler in Wetter[73]; in dem Schreiben finden sich auch Bemerkungen über die Bequemlichkeit der Prediger in Armensachen. Aus dem Jahr 1809 sind die Berufsscheine des Messerfabrikanten Friedrich Tappe als Armenvorstand des Evangelischen Consistoriums überliefert[74], aus der Zeit von 1809-1811 die Erteilung der Armen-Atteste auf Vorschlag des Predigers Müller[75], von 1810 die Anforderung der Einsendung der rückständigen Armen- und Kirchenrechnungen der reformierten Gemeinde zu Wetter[76], von 1811 ein Armentestat des Predigers Hengstenberg für C. H. Moll[77], aus dem Jahr 1812 stammt eine Bescheinigung der Munizipialräte in Herdecke über Armut und Prozesskosten-Zahlungsunfähigkeit des Caspar Schmitz[78], eine Akte über den Armenstock der Herdecker reformierten Gemeinde[79], die Bitte des Predigers Miller zu Wetter, das Pflichtsalz des Sekretärs Graeber aus den Armenmitteln zu bezahlen[80] sowie ein Schreiben über die Verpachtung des in der Rettelmühle gelegenen Steinbruchs und eines Armendrusches[81], 1819 wurde der kleine Armengarten verpachtet[82], aus dem Jahr 1820 hat sich ein Brief des Predigers Müller über die Verpachtung von Kirchen- und Armengrundstücken erhalten[83], aus dem Jahr 1821 eine Auflistung der Gaben der Hochzeitsgäste des Hermann Hüttemann und der Caroline Nölle an den Armenvorsteher[84], aus den Jahren 1821/22 die Auflistung der Ausgaben für die Armen[85], in den Jahren 1820-1825 wurde das Armenhäuschen[86], 1826 die

---

71 StA Wetter, B-90.
72 StA Wetter, A-IX-47.
73 StA Wetter, A-IX-59.
74 StA Wetter, B-2563.
75 StA Wetter, B-46.
76 StA Wetter, B-39.
77 StA Wetter, B-46a.
78 StA Wetter, B-47.
79 StA Wetter, B-93.
80 StA Wetter, B-48.
81 StA Wetter, B-65.
82 StA Wetter, B-188.
83 StA Wetter, B-44a.
84 StA Wetter, B-166.
85 StA Wetter, B-165.
86 StA Wetter, B-183.

Armenwiese zu Wetter verkauft[87], aus dem Jahr 1826 hat sich ein gebundenes Heft, in dem Armen-Einnahmen und –Ausgaben verzeichnet sind, erhalten[88] und schließlich aus dem Jahr 1832 Unterlagen über die Verpachtung des Armenwaldes[89].

Auch aus dem ersten Drittel des 19. Jahrhunderts findet sich im Stadtarchiv in Wetter eine recht erkleckliche Anzahl an Schriftstücken, die sich mit der Armenversorgung beschäftigen. Aus dieser Zeit stammen die ersten in Wetter belegten Armentestate, die es ermöglichen, einen Einblick in Einzelschicksale zu nehmen. Neben den Klagen über die starken Bettler finden sich die Verteilung von Brot oder Getreide an Arme ebenso wie einzelne Einnahmequellen der Armenkasse. Einkünfte aus den schon im 17. Jahrhundert erwähnten Armenrenten werden ebenso benannt wie Gelder aus der Verpachtung von Armenhaus, Armenwiese und Armenwald[90]. Die Armen-Einnahmen- und Ausgabenrechnung des Jahres 1826 benennt als Einnahmen das Geld aus dem Armenstock, der einmal im Monat geleert wurde, allerdings bei jeder Entnahme einen guten Teil an *„alten/unbrauchbaren"* Münzen enthielt.[91] Außerdem war die Sammlung bei Hochzeiten zu Gunsten der Armen offenbar üblich, denn die Armenrechnung des Jahres 1826 hat dafür eine eigene Seite *„Einnahmen an Hochzeiten"*, bei sieben Hochzeiten im Jahr 1826 wurde in Wetter demnach für die Armen gesammelt.[92] Besonders die Sammlungen durch die Kirche blieben für die Versorgung der Armen eine wesentliche Grundlage. Sie wurden in der Kleve-Märkischen Kirchenordnung des Jahres 1687 festgeschrieben. Die Paragraphen CXXVIII - CXXXV sind den Armenpflegern und ihren Aufgaben gewidmet. Demnach sollen die Armenpfleger in allen Gemeinden von der Obrigkeit ausgewählt werden und niemand soll sich dieser Aufgabe entziehen können (§ CXXVIII). Die Armenpfleger sind gehalten, innerhalb und außerhalb der Gemeinde fleißig Almosen zu sammeln und nach Gebrauch der jeweiligen Gemeinde an Arme auszugeben und über beides Rechnungen zu führen (§ CXXIX). Das Almosen soll in den Gottesdiensten an Sonn- und Festtagen gesammelt

---

87 StA Wetter, B-184.
88 StA Wetter, B-167.
89 StA Wetter, B-192.
90 Schon ERNST DENZEL, Wirtschafts- und Sozialgeschichte (wie Anm. 37), S.148, wies zurecht darauf hin, dass anders als man denken könnte, das Armenhaus nicht etwa Armen zum Wohnen zur Verfügung gestellt wurde, sondern dass ein Teil der Pacht zur Versorgung der Armen verwendet wurde. Das gilt gleichermaßen für den genannten Armengarten, die Armenwiese und den Armenwald.
91 StA Wetter, B-167.
92 StA Wetter, B-167.

werden und wird dann direkt in den Armenkasten gelegt (§ CXXX). Damit jeder Kirchgänger seinem Vermögen nach umso williger spendet, sollen die Pfarrer die Kirchgänger dazu fleißig ermahnen und auch die Lehre von den Almosen aus Gottes Wort in ihre Predigten einfließen lassen (§ CXXXII). Von den gesammelten Almosen sollen Gesunde und Starke nichts bekommen, sondern nur Elende, Schwache, Alte, Witwen, Waisen, bedürftige Studenten und Schüler. Fremden Armen soll nicht leichtfertig etwas gegeben werden, da das gesammelte Almosen in erster Linie dazu gedacht ist, die Armen der Gemeinde zu unterhalten (§ CXXXIII).[93]

4.

Am Ende der Untersuchung zum Armenwesen in Wetter soll noch einer der von Armut betroffenen Bewohner Wetters in den Blick genommen werden, deren im 18. Jahrhundert mehrere Erwähnung finden, da Armentestate für sie ausgestellt wurden. Die Wahl ist dabei auf Adolf Wilshaus gefallen, weil es zu ihm eine im Vergleich mit den anderen recht umfangreiche Überlieferung gibt und weil sich überdies auch ein von ihm verfasstes Schreiben erhalten hat, so dass man diesen Armen nicht ausschließlich aus dem Blickwinkel der Obrigkeit sieht.[94]

Zunächst findet sich die Bestätigung, dass Adolf Wilshaus vor dem Gericht in Hagen den Armeneid geschworen hat: *„Hagen, den 14. März 1800. Zu dem bestimmten Termin zur außschwörunge des armen Eides erschien der Adolph Wilshaus und hat denselben nach Vorschrift der Gerichtsordnung außgeschworen.*
Adolph Wilshaus
F. Davidis.“[95]

Mit Schreiben vom ersten November 1800 ließ daraufhin seine königliche Majestät dem Messerfabrikanten Adolph Wilshaus eröffnen, dass, da er zum Armenrecht zugelassen sei, die in Sachen wider den Rektor Graeber, Schulte

---

93 S. Die Klevisch=Märkische lutherische Kirchenordnung vom Jahre 1687, ediert von WILHELM ROTSCHEIDT, in: Monatshefte für Rheinische Kirchengeschichte 35 (1941), S. 1-32, hier S. 25f.

94 Erhalten haben sich die Armensache Messerfabrikant Adolf Wilshaus, Wetter, 1800-1810, StA Wetter B-44 sowie der Antrag des Adolf Wilshaus an den Magistrat um Befreiung von der Accise wegen Armut aus dem Jahr 1803, StA Wetter, A-IV-732.

95 S. Armensache Wilshaus, StA Wetter B-44.

und Magistratspersonen zu Wetter anfallenden Gebühren niedergeschlagen wären und er „*lediglich schuldig sey, die Stempel=Gebühren mit 16 Stüber, 3 Pfennige zu bezahlen, welche daher binnen 14 Tagen an den Sportul-Rendanten Schumacher portofrey übermacht werden müssen*".[96]

Am 20. September 1803 verfasste Adolf Wilshaus einen Brief an den Magistrat, der eher als Forderung der Accisefreiheit denn als Bitte um dieselbe aufgefasst werden kann: „*Wohl gebohrner Herr, nach einhalt eines allergnädigsten Rescript, de dato Berlin den 18. September 1803 allhier angekommen, daß in betref der von uns geforderten Nahrunges Gelder bezahlt werden sollen, iedoch aber daß die armen mitglieder hieselbst darauß frey gelaßen werden sollen, mithin meldet sich also der Adolph Wilshaus, daß er außweiße eines allergnädigsten Rescript von hochlöblicher Landesregierung Emmrich und wohllöblichen Landgerichts Hagen daß armen Recht an sich gebracht und daß er als eine alte persohn wie majestaet bekannt, und so muß ich auch dieses bemercken, daß weil ich schwach und alters halber soviel nicht gewinnen und gewerben kann, daß ich nach Abzug meines Unterhalts solche Abgaben nicht bezahlen kann, also muß ich dahin antragen, daß mir majestaet von den geforderten außschlägen wie auch geld überall befreyet machen. Wo mir dieses abgeschlagen, so bin ich genöhtiget, mich überall= weiter zu beschweren. Wetter, den 20. September 1803 Adolph Wilshaus.*"[97]

Dass der Brief eigenhändig von Wilshaus geschrieben wurde, ist wahrscheinlich. Es zeigt sich ein im Formulieren wie im Schreiben eher ungeübter Verfasser, die große und ungelenke Schrift würde durchaus zu einem älteren Menschen passen, hinzu kommt, dass der wohl verarmte Messerfabrikant sich kaum die Dienste eines professionellen Schreibers hätte leisten können.

Die Reaktion des Magistrats fiel übrigens nicht zu Gunsten von Wilshaus aus: Dieser könne vom Beitrag zu den Nahrungsgeldern keineswegs frei gesprochen werden, habe mithin zu gewärtigen, dass das Geld eingetrieben werde. Der Magistrat geht sogar so weit zu schreiben, dass er, wenn Wilshaus in Prozessangelegenheiten das Armenrecht erhalten habe, „*solches nicht anders als erschlichen, mithin als ungültig betrachte.*"[98] Leider ist nicht überliefert, ob Adolf Wilshaus sich „*überall weiter beschwert*" oder die Accise entrichtet hat. Möglicherweise stellte sich der Magistrat auch darum so vehement gegen Wilshaus, weil dieser sich offenkundig im Streit mit dem Magistrat befand, waren dem Messerfabrikanten doch 1803 Gebühren erlassen worden, die in einer Sache unter anderem gegen Mitglieder des Magistrats zu Wetter

---

96 Ebd.
97 StA Wetter, A-IV-732.
98 Ebd.

angefallen wären. Leider schweigen an diesem Punkt die Quellen, so dass es müßig ist, darüber zu spekulieren.

Im Jahr 1810 jedenfalls fand Adolf Wilshaus zwei Personen, die bereit waren zu bezeugen, dass er nach wie vor in schlechten wirtschaftlichen Verhältnissen lebte: *„Wir, endes Unterschriebene, bezeugen dem Adolph Wilshaus, daß der selbe in schlechten Umständen lebe, daß seine Schulden sein ganzes Vermögen übersteigen. Und da er eine alte 69jährige kränckliche Persohn ist, nicht viel verdienen kann, da seine Meßergerätschaft alters halben gewiß außgeschlißen und verdorben ist, keine Mithelfer an der Arbeit deshalb haben kann, so kann er von seinem Verdienst nichts überighalten, Procceskosten zu bezahlen. Außweiße den beyliegenden Akten ist derselbe in königlichen preüßischen Regierunge den 14. März 1800 zum Armenrechte gelaßen, numero aber nach diesen neuen landesherrlichen Verordnungen sollen die Armen Ateste von den Mahren* [= Maire, da es sich um die Zeit unter französischer Herrschaft handelt, von dieser ist auch die Rede wenn im Schreiben von neuen landesherrlichen Verordnungen gesprochen wird] *des ordts bestättiget werden.*
Welches wier hiemit gebähten haben wollen.
Wetter, den 9. April 1810
Wilshaus
Class als Zeuge
Henrich Peter Hegemann alls Zeuge,"[99]

Auch hier ist wieder die große, ungelenke Schrift zu erkennen, der des Briefes von 1803 so ähnlich – zumal einzelne Worte in beiden Schriftstücken verwendet werden und somit ein direkter Vergleich möglich ist – dass davon auszugehen ist, dass dieselbe Person, vermutlich der Messerfabrikant selbst, auch dieses Schreiben verfasst hat.

Wie auch immer der Fall zu bewerten ist, so bleibt doch festzuhalten, dass Adolf Wilshaus nicht als demütiger Bittsteller für seine Belange eintrat. Das mag natürlich auch in seinem Charakter begründet gewesen sein, es zeigt andererseits aber, dass Hausarme, die ihre Armut belegen konnten, mit einem anderen Selbstbewusstsein auftreten konnten als der mittelalterliche Almosenempfänger, dies mag man als eine positive Seite an der Entwicklung in der Armenversorgung sehen. Arme hatten nun ein Recht auf Versorgung und konnten selbstbewusst für ihre Rechte eintreten.

---

[99] StA Wetter B-44.

5.

Verschiedene Schlüsse lassen sich aus der Betrachtung der Armenversorgung in Wetter und der Frage, inwieweit der Wandel in der Sicht auf die Armut sich auch hier niedergeschlagen hatte, ziehen. So waren zwar die Bettler in der frühen Neuzeit aus den Kirchen verbannt, doch die Kirche nahm nach wie vor eine zentrale Rolle bei der Versorgung der Armen ein. Die Gaben, die im Armenstock oder bei Kollekten gesammelt wurden, die bei familiären Anlässen – wie Hochzeiten –, in die die Kirche involviert war, zusammengebracht wurden, machten neben den Einnahmen aus Armenrenten, aus der Verpachtung von Armenhaus, -garten, -wald, -wiese und dem Anteil der Armen an Strafgeldern nach wie vor den Großteil dessen aus, was aus den genannten verschiedenen Quellen in der Armenkasse landete. Die Pfarrer verwiesen nach wie vor auf die Christenpflicht, zu Gunsten von Armen zu spenden.

Andererseits lässt sich festhalten, dass die seit 1400/1500 auftauchenden Begriffe „Hausarme" oder „starke Bettler" – verknüpft mit den dahinter stehenden Vorurteilen – in der frühen Neuzeit in Wetter wie anderswo gängig verwendet wurden. Doch wieviel oder wie wenig sagt das aus? Sicherlich hatte sich tendenziell die Armenversorgung zu Gunsten der Hausarmen verschoben. Gerade die Hausarmen profitierten von dem neuen Blick auf die Armut, denn ihre Versorgung wurde damit für die jeweilige Obrigkeit verpflichtend. Sie waren nun nicht mehr auf reine Barmherzigkeit angewiesen, sondern hatten ein Recht auf Versorgung, das sie einfordern konnten. Adolf Wilshaus, der Messerfabrikant aus Wetter, tritt dem Magistrat gegenüber nicht wie ein demütiger Bittsteller auf, sondern als jemand, der selbstbewusst sein Recht einfordert. Das belegen auch die bedauerlich wenigen erhaltenen Armenrechnungen aus Wetter. Die als wahrhaft Bedürftige eingestuften Hausarmen erhielten Monat für Monat einen feststehenden Betrag, mit dem sie rechnen konnten und um den sie nicht betteln mussten. So wurden in den Jahren 1821 und 1822 monatlich bestimmte Personen mit einem feststehenden Betrag bedacht: Die Witwe Oestreich erhielt regelmäßig 48 Stüber, Gerhard Brantenberg wurde ebenfalls mit 48 Stüber pro Monat bedacht, während der Unteroffizier Clas jeweils einen Taler bekam. Neben diesen feststehenden und regelmäßigen Unterstützungszahlungen stehen nach Bedarf vergebene, derer Empfänger monatlicher Unterstützung ebenso gewürdigt werden konnten, wie Personen, die nicht regelmäßig aus der Armenkasse unterstützt wurden. So erhielt Sibilla Mertens im Januar 1822 für zwei Bücher für ihr Kind 6 Stüber und im Februar desselben Jahres einen Taler für ein Paar neue Kinderschuhe, und die Witwe Oestreich bekam im November 1822 zusätzlich zu ihren 48 Stübern 1 Taler 36 Stüber „*für Garten Pacht*".[100] Und noch 1826 tauchte – inzwischen nicht mehr Gerhard Brantenberg selbst, wohl aber dessen Witwe, – monatlich als Empfängerin von 24 Stübern aus der Wetterschen Armenkasse auf.[101] Diese Hausarmen in Wetter bekamen nicht mehr ab und an aus Gnade ein Almosen gereicht, sondern hatten ganz offenkundig Anspruch auf eine monatliche Unterstützung mit einem feststehenden Betrag und konnten daneben, wenn Bedarf bestand, mit weiteren pekuniären Zuwendungen rechnen.

Der besonderen Förderung der Hausarmen scheint als andere Seite der Medaille die Ausgrenzung fremder, umherziehender Bettler gegenüberzustehen. Diese sind die Opfer der Entwicklung. Während die Rechte der Hausarmen auf Versorgung gestärkt werden, haben die fremden, herumziehenden Menschen, deren es in der erstaunlich mobilen Gesellschaft im späten Mittelalter und auch noch der frühen Neuzeit viele gab[102], nun mit Vertreibung, Leibesstrafen, Einweisung in Arbeits- oder Zuchthäuser zu rechnen. Sie unterliegen dem Generalverdacht des Müßiggangs, ja des betrügerischen Bettels, und werden damit kriminalisiert.

Allerdings blieb im Bewusstsein, dass auch Fremde durchaus in Notlagen geraten oder in ihren Heimatorten keine Versorgung finden konnten. Ausdrücklich von der Ausgrenzung ausgenommen werden nämlich Personen, deren Heimatort abgebrannt war oder die wegen ihrer Religionszugehörigkeit oder kriegerischer Handlungen wegen keine Versorgung an ihrem Herkunftsort zu erwarten hatten. Damit ist ein weiterer Punkt angesprochen: Da nicht mehr die Barmherzigkeit des Einzelnen, sondern obrigkeitliche Institutionen über die Vergabe von Almosen entschieden, musste Armut nun belegbar, nachweisbar werden[103]. Nicht mehr der persönliche Glaube an die individuelle Not des Gegenübers war entscheidend, sondern das Armenattest, mit dem die Notlage beweisbar wurde – und das man im übrigen auch Hausarmen

---

100 Diese wenigen Beispiele sind entnommen der „Ausgabe der Armen 1821-1822", StA Wetter, B-165.
101 S. „Armen - Ausgabe und Einnahme 1826, StA Wetter, B-167.
102 Vgl. dazu etwa ERNST SCHUBERT: Fahrendes Volk im Mittelalter, Bielefeld 1995.
103 SCHUBERT: „Hausarme Leute" (wie Anm. 15), S. 343, brachte die Prüfung folgendermaßen auf den Punkt: „*Die verständliche Ansicht, daß Hausarme, die dem Bürger näher stehen, als erste das Almosen verdienen, wird vereinfacht und damit vergröbert: Bettelnde Menschen sollen geprüft und nach Maßgabe dieser Prüfung als des Almosens würdig oder unwürdig klassifiziert werden.*"

ausstellte, wie die Bestände des Stadtarchivs Wetter belegen[104]. Bei Vorlage eines solchen – und halbwegs aktuellen – Attestes konnten auch Fremde Hilfe in Notsituationen erwarten.

Und schließlich bleibt festzuhalten, dass sich trotz aller obrigkeitlicher Repressalien gegen den Bettel Bettelverbote beziehungsweise Verbote, fremden Bettlern etwas zu geben, und Gebote, sie direkt der Obrigkeit anzuzeigen, nie wirklich durchsetzen konnten. Selbst wenn die Bilder vom starken und betrügerischen Bettler die Einstellung der Gesellschaft zum Betteln verändert haben mögen, so zeigen schon die permanenten Wiederholungen dieser Gesetze – oft auch mit dem Verweis darauf, dass ihnen bisher nicht Folge geleistet wurde, – dass es allenfalls in Ansätzen gelang, die neue Haltung durchzusetzen, zumal Not und Arbeitslosigkeit, die rasch zu einem Leben auf der Straße führen konnten, zwar von den Bettelordnungen ausgeblendet wurden, den Menschen aber durchaus bewusst gewesen sein dürften – das Handwerk ernährte mitnichten immer seinen Mann.[105] Sonst ließe sich kaum erklären, dass trotz der bereits 1713 anbefohlenen dauerhaften Bewachung der Stadttore zur direkten Abweisung von Bettlern und anderen unerwünschten Personen, noch 1806 der Oberbergrat Cappel sich über die Unsicherheit und Belästigung durch Bettler in Wetter bei der Kriegs- und Domänenkammer beklagen konnte. Noch in den 1950er Jahren zeugten die „Betteln und Hausieren verboten"-Schilder davon, dass der Bettel mitnichten abgeschafft worden war, und jeder, der eine größere Stadt besucht, eine Kirche betritt oder sich in einem großen Bahnhof aufhält, kennt bis heute die Frage nach etwas Kleingeld, auf die hin man ohne strenge Prüfung der Situation des Gegenübers etwas gibt – oder eben nicht, aber doch keinesfalls die Polizei ruft, um den Bittenden zur Anzeige zu bringen. *„Das Almosenheischen wurde schwerer. Hartherzige begegneten ihm [= dem starken Bettler] mit neuen Argumenten. Epochenwandel. Aber Mildtätige gaben ihm, von Aufklärern des 18. Jahrhunderts heftig beklagt, weiterhin ohne Prüfung seiner Person Brot oder Käse oder – sehr mildtätig – Hering. Bei allen Einstellungswandlungen, bei allen Unterschieden verbindet Mittelalter und frühe Neuzeit die Unlösbarkeit des*

---

104 Etwa, wenn zwei Mitbürger die nach wie vor bestehende Armut des Adolf Wilshaus bezeugen (StA Wetter, B-44.) oder der Prediger Hengstenberg zu Wetter sich in einem Armenattest sehr engagiert für die Interessen des verarmten C. H. Moll einsetzte (StA Wetter, B-46a.).
105 S. dazu SCHUBERT: „Hausarme Leute" (wie Anm. 15), S. 292: *„Allenfalls nur in Ansätzen gelang es dem neuen Fürstenstaat, diese Gesetzgebung, die von den Untertanen negiert oder bewußt unterlaufen wurde, durchzusetzen."*

Armutsproblems."[106] Zu stark stand wahrscheinlich den Mitmenschen eben doch die Not der Bettelnden vor Augen, ebenso wie die Erkenntnis, dass vom Bettel leben zu müssen, kein leichtes Schicksal war. Der Zusammensteller der Schwanksammlung „Das Rollwagenbüchlein" Georg (Jörg) Wickram (geboren um 1505, gestorben um 1560) fasste diese Erkenntnis in folgende Worte: *„Inn aller gantzen welt ist ein armer mann unwert, er kum gleich wo er wöll, hab auch nie von keinem vernommen so sich seiner armut gefröwet oder getröst hab"*[107]. Dem ist nichts hinzuzufügen.

---

106 So SCHUBERT, Duldung (wie Anm. 17), S. 68.
107 Hier zitiert nach ERNST SCHUBERT: Randgruppen in der Schwankliteratur des 16. Jahrhunderts, in: BERNHARD KIRCHGÄSSNER, FRITZ REUTER (Hgg.): Städtische Randgruppen und Minderheiten, Sigmaringen 1986 (= Veröffentlichungen des Südwestdeutschen Arbeitskreises für Stadtgeschichtsforschung 13), S. 129-160, hier S. 142 mit Fußnote 91.

Gerhard E. Sollbach

Holznot und Markenteilung in der Grafschaft Mark im 18. Jahrhundert – Die Hagen-Hohwalder Mark

I n h a l t : 1. Markwald und Markgenossen, S. 63. – 2. Intensivierung durch Privatisierung, S. 64. – 3. Sicherung der Holzversorgung, S. 67. – 4. Behördlicher Widerstand, S. 69. – 5. Hohwalder Mark, S. 71. – 5.1 Verlust von Markengrund, S. 73. – 5.2 Beginn des Teilungsgeschäfts, S. 76. – 5.3 Wiederaufnahme, S. 78. – 5.4 Finale Decision, S. 79. – 5.5 Rechte und Begehrlichkeiten, S. 82. – 5.6 Freie Hude und Laubsammeln, S. 83. – 5.7 Anmaßliche Beschwerde, S. 85. – 5.8 Aufteilung, S. 88. – 5.9 Gewinner, S. 90.

1.

Ab Mitte des 18. Jahrhunderts begann in Preußen die vom Staat angeordnete und durchgeführte Aufteilung der (Wald-)Marken. Bei den Marken handelte es sich um genossenschaftlich besessene, genutzte und verwaltete Flächen, die es vom Mittelalter bis ins 19. Jahrhundert auch überall in Westfalen gegeben hat.[1] Sie bestanden aus Hoch- und Strauchwald, hatten aber auch Gras-, Heide- und Ödflächen. Die Marken dienten in der agrarisch geprägten vorindustriellen Epoche als landwirtschaftliche Ergänzungsflächen, deren Bedeutung für die gesamte damalige ländliche Bevölkerung von größter und für die landärmeren Teile sogar von existenzieller Bedeutung war.[2] Aus der Mark besorgten sich die in der Mark Berechtigten, die Markgenossen (verschiedentlich auch Markerben oder bloß Erben genannt) das als Rohstoff für Bauten, Brand und Gerätschaften unentbehrliche Holz. Außerdem wurde

---

1   Zu den Marken in Westfalen s. Heinrich Schotte, Studien zur Geschichte der westfälischen Mark und Markgenossenschaft mit besonderer Berücksichtigung des Münsterlandes, Münster 1908 (Münstersche Beiträge zur Geschichtsforschung, NF X)VII.
2   Stefan Brakensiek, Marken und Gemeinheiten in Westfalen und Niedersachsen. Verwaltung-Bewirtschaftung-Nachhaltigkeit, in: Kloster-Stadt-Region. Festschrift für Heinrich Rüthing, hg. v. Johannes Altenberend in Zusammenarbeit mit Reinhard Vogelsang, Bielefeld 2002, S. 309.

der Markwald im Herbst zur Bucheckern- und Eichelmast der Schweine genutzt, damit sich die Bevölkerung mit dem nötigen Fleisch- und Fettvorrat versorgen konnte. Da die meisten Höfe, vor allem aber die kleinbäuerlichen Betriebe, nicht über ausreichend Futterquellen für die Schweine verfügten, war die herbstliche Schweinemast in der Mark für sie die sogar einzige Möglichkeit, ihre Schweine einigermaßen schlachtreif zu bekommen.[3] In der übrigen Jahreszeit diente die Mark als Weide für das Vieh (sogenannte freie oder wilde Hude). Auf die Mark als Viehweide waren wiederum vor allem die Kötter auf Grund ihres geringen Landbesitzes dringend angewiesen.[4] Nutzungsberechtigt in einer Mark waren aber nur die Besitzer von mit Markrechten ausgestatteten Hofstellen. Das Markrecht haftete nämlich nicht an der Person, sondern an dem Gut. In Westfalen hießen die Markrechte allgemein „Schare". Die Aufsicht über die Mark und vor allem die Kontrolle über ihre Nutzung nahmen von den Markgenossen bestellte Markbeamte (Scherherren/Scherren, Geschworene) wahr. Verstöße gegen die Markordnung wurden von dem Markgericht (Holzgericht; Holting) der Markgenossen geahndet, das von einem durch die Markgenossen bestellten (Holz-)Richter geleitet wurde, aber ausschließlich für die Markdelikte zuständig war und lediglich Geldstrafen verhängen konnte.[5]

2.

Die auch in verschiedenen deutschen Staaten im 18. Jahrhundert angestellten Überlegungen bezüglich der Auflösung der Marken und deren Aufteilung unter den Markgenossen in privateigentümliche Parzellen hatte wesentliche Impulse von der als „Enclosure Movement" bezeichneten Auflösung der Allmenden (commons) in der britischen Landwirtschaft im 17. und

---

3   WERNER RÖSENER: Bauern im Mittelalter. München ⁴1991, S. 109f., 113f., und 147-149; WILHELM ABEL: Geschichte der deutschen Landwirtschaft vom frühen Mittelalter bis zum 19. Jahrhundert, ³1978, S. 185; KARL-ERNST BEHRE, Die Ernährung im Mittelalter, in: BERND HERRMANN (Hg.), Mensch und Umwelt im Mittelalter, Stuttgart ³1978, S. 77; speziell zum damaligen hohen Wert der Schweinemast in der Mark s. RALF GÜNTHER: Der Arnsberger Wald im Mittelalter. Forstgeschichte als Verfassungsgeschichte, Arnsberg 1994, S. 62ff.

4   So gehörten die Kötter zu der Gruppe, die im Zusammenhang mit der Aufteilung der Hagen Hohwalder Mark mit äußerster Hartnäckigkeit für den Erhalt der freien Hude kämpften – s. unten.

5   S. z. B. die entsprechenden Bestimmungen des Weistums der Garenfelder Mark (Hagen-Garenfeld) von 1553 - LAV NRW Abt. Westfalen: Haus Busch Akte Nr. 357.

18. Jahrhundert[6] erhalten, bei der vorher gemeinschaftlich genutztes Land von privater Seite eingefriedet und intensiver genutzt wurde, was entsprechende Ertragssteigerung bewirkt hatte. Zu den bedeutendsten damaligen Agrarschriftstellern im deutschen Raum, die sich an dieser in Großbritannien vollzogenen landwirtschaftlichen Neuerung orientierten, gehörten z. B. Johann Heinrich Gottlob von Justi (1717-1771)[7] sowie der „Vater der rationellen Landwirtschaft", Albrecht Daniel Thaer (1752-1828)[8]. Der rationalistischen und utilitaristischen Sichtweise der Aufklärung widersprach das System der Markwirtschaft mit seiner als problematisch eingeschätzten Gemeinschaftsnutzung, die auf Grund von Eigensucht, Raubbau und Vernachlässigung der Mark durch die Markgenossen zwangsläufig zu einer Bodendegradation und „Verwüstung" der Marken führe. Es wurde daher von den meisten Agrarschriftstellern der Zeit als überholt und unwirtschaftlich abgelehnt. Von einer Aufteilung und Überführung des Markengrunds in das Privateigentum versprach man sich eine intensivere Nutzung, insbesondere der bisher nur extensiv und ackerbaulich gar nicht genutzten Öd-, Heide- und Grünlandflächen. Diese Auffassung entsprach auch der für die Aufklärung typischen Hochschätzung des Privateigentums und Eigennutzes. Entsprechend dem von dem Kameralismus hergestellten Zusammenhang zwischen dem individuellen und staatlichen Interesse und auf Grund der Tatsache, dass die Landwirtschaft als der damals wichtigste Wirtschaftszweig die Grundlage auch des staatlichen Wohlstands bildete, würde, so lautete die Argumentation der Kameralisten, eine intensivere Nutzung des ehemaligen Markengrunds eine vermehrte landwirtschaftliche Produktion bewirken. Diese wiederum hatte ein erhöhtes staatliches Steueraufkommen zur Folge und käme somit auch der Staatswohlfahrt zugute. Spätestens im ausgehenden 18. Jahrhundert waren sich die Agrarreformer einig, dass die Auflösung der Marken und sonstigen Gemeinschaftsgründe und deren Privatisierung Ausgangspunkt und Voraussetzung für eine Intensivierung der landwirtschaftlichen Produktion sei. In den

---

6 Als „Enclosure Movement" wird die Auflösung der Allmenderechte in der britischen Landwirtschaft bezeichnet, bei der vorher gemeinschaftlich genutztes Land von privater Seite eingefriedet und intensiver genutzt wurde. Erste Ansätze finden sich bereits zwischen 1450 und 1630. Durch den englischen Bürgerkrieg Mitte des 17. Jahrhunderts wurden die Einhegungen erheblich beschleunigt. Ihren Höhepunkt hatten die „enclosures" dann zwischen 1760 und 1832.

7 S. z. B. die 1758 erschienene 2. Auflage seines kameralistischen Hauptwerks „Staatswissenschaft oder systematische Abhandlung aller oeconomischen und Cameralwissenschaft, die zur Regierung eines Landes erfordert werden" und die 1760 herausgebrachten „Grundfeste zu Macht und Glückseligkeit der Staaten", in denen Justi die Vorteile von Gemeinheitsteilungen herausstellt.

8 S. z. B. dessen Werk „Grundsätze der rationellen Landwirthschaft", 4 Bde., 1809-1812

Staatsverwaltungen, auch in Preußen,[9] betrieben Reformbürokraten daher eine Politik, die auf die Durchsetzung des allgemeinen Besitzindividualismus und im Zusammenhang damit auf die Auflösung aller gemeinschaftlich genutzten landwirtschaftlichen Flächen zielte.[10] Im Königreich Preußen, das seit 1740 von einem überzeugten Anhänger der Aufklärung regiert wurde, ist dann auch ab der Mitte des 18. Jahrhunderts die Aufteilung aller Marken in Angriff genommen worden. Wegen der vermeintlichen Unwissenheit der Bauern war man hier allerdings der Meinung, dass diese Maßnahme durch den Staat, als „Reform von oben", erfolgen bzw. dekretiert werden müsse. Auf diese Weise sollten nach dem Willen des preußischen Königs nicht nur neues Acker- und Wiesenland, sondern auch landwirtschaftliche Flächen zur Ansiedlung der (wachsenden Zahl) der – landlosen – Bevölkerung und damit zusätzliche Steuerzahler gewonnen werden. Das geht aus einer Anweisung Friedrichs II. vom 13. März 1750 an das Generaldirektorium in Berlin hervor, in der die oberste preußische Regierungsbehörde beauftragt wurde zu ermitteln, ob es nicht „faisable und besser" sei, die Marken und Gemeinschaftsweiden an die Bauern zu verteilen, „weil fast nicht zu zweifeln" sei, dass dadurch vielerorts „ein considerables" zu Äckern und Wiesen und für Neusiedler „cultivable" gemacht werden könne.[11]

---

9 S. unten das von dem preußischen Kriegs- und Domänenrat Everhard Otto v. Schwachenberg im September 1746 an König Friedrich II. gesandte Memorandum, in dem der Verfasser die Teilung der Marken vorschlägt und mit den vielen sich aus dieser Maßnahme für den Staat ergebenden Vorteilen begründet.

10 STEFAN BRAKENSIEK, Die Auflösung der Marken im 18. und 19. Jahrhundert. Probleme und Erkenntnisse der Forschung, in: UWE MEINERS U. WERNER RÖSENER (Hg.), Allmenden und Marken vom Mittelalter bis zur Neuzeit, Cloppenburg 2004, S. 158. Zu der Thematik insgesamt und ausführlich s. SIGMUND VON FRAUENDORFER, Ideengeschichte der Agrargeschichte und Agrarpolitik im deutschen Sprachgebiet Bd. 1, München-Basel-Wien 1957, S. 155-198; WILHELM ABEL, Geschichte der deutschen Landwirtschaft vom frühen Mittelalter bis zum 19. Jahrhundert, Stuttgart 31978, S. 288-299; HANS-HEINRICH MÜLLER, Akademie und Wirtschaft im 18. Jahrhundert, Berlin 1975; WALTER ACHILLES, Deutsche Agrargeschichte im Zeitalter der Reformen und der Industrialisierung, Stuttgart 1993, S. 91-101; REINER PRASS, Reformprogramm und bäuerliche Interessen, Göttingen 1997, S. 28-49; speziell zur Politik und den konkreten Maßnahmen Friedrichs II. bezüglich der Marken- und sonstigen Gemeinheitsteilungen sowie der Flurbereinigung s. RUDOLPH STADELMANN, Preußens Könige in ihrer Thätigkeit für die Landescultur 2. Theil: Friedrich der Große, Leipzig 1882 - ND Osnabrück 1965 (Publicationen aus den Königlich Preußischen Staatsarchiven 11), S. 83-101

11 Zit. nach dem Abdruck in: R. STADELMANN, Preußens Könige in ihrer Thätigkeit für die Landescultur 2. Theil: Friedrich der Große, Nr. 88, S. 292

3.

Für die Grafschaft Mark und besonders für dessen südlich der Ruhr gelegenen Teil, das Süder- oder Sauerland, kam noch ein weiteres Argument in Betracht, das eine Auflösung der Marken als im – wirtschaftlichen und vor allem finanziellen – Interesse des Staates liegend rechtfertigte oder vielmehr notwendig machte. Das war die langfristige Sicherung des Holz- bzw. Holzkohlenbedarfs für die dort ansässigen zahlreichen Stahl erzeugenden und Eisen verarbeitenden Betriebe.[12] Auch das Märkische Forstamt erachtete es Ende der 1760er Jahre als eine „höchstnötige und dem Land erspriesliche Sache", den Fabriken im Sauerland und besonders auch den Drahtrollen in Altena den benötigten Holzbedarf zur Fortsetzung ihrer ununterbrochenen Arbeit sicherzustellen.[13] Das Forstamt hat in der zweiten Hälfte des 18. Jahrhunderts in Eingaben an die Regierung immer wieder vor einer drohenden Holznot in der Grafschaft Mark gewarnt, da die königlichen Wälder bei weitem nicht die benötigten Holzmengen liefern könnten.[14] Diese Besorgnis ist verständlich, wenn man bedenkt, dass Holz in dieser Region seinerzeit fast der einzige Energielieferant war. Tatsächlich ist der Holzverbrauch der märkischen Protoindustrie gewaltig gewesen. So begründete der preußische Kriegs- und Domänenrat Everhard Otto von Schwachenberg in einem im September 1746 an König Friedrich II. gesandten Memorandum die Notwendigkeit einer Aufteilung der Marken und den Übergang der Parzellen in das Privateigentum u. a. auch damit, dass angesichts der fortschreitenden Ruinierung der genossenschaftlichen Waldmarken in Folge der nachlässigen Aufsicht und Verwaltung durch die Markbeamten in Kürze ein allgemeiner Holzmangel[15]

---

12 Zur damaligen (Klein-)Eisenindustrie im Sauerland s. die Darstellung des Fabrikenkommissars für die Grafschaft Mark, FRIEDRICH A. A. EVERSMANN, „Uebersicht der Eisen- und Stahlerzeugung auf Wasserwerken in den Ländern zwischen Lahn und Lippe (Dortmund 1804), S. 198-293.
13 Schreiben v. 1.3.1768 an den Geheimen Oberfinanzrat in Berlin – LAV NRW Abt. Westfalen: Märkisches Forstamt Akte 10.
14 S. z. B. die Schreiben v. 1.3.1768 an den Geheimen Oberfinanzrat in Berlin sowie v. 10.2.1770 an den König – beide: LAV NRW Abt. Westfalen: Märkisches Forstamt Akte 10.
15 Zu dem von zahlreichen Autoren im 18. Jahrhundert beklagten – tatsächlichen oder vermeintlichen – Holzmangel s. JOACHIM RADKAU, Holzverknappung und Krisenbewusstsein im18. Jahrhundert, in: Geschichte und Gesellschaft 9 (1983), S. 13-43; DERS., Zur angeblichen Energiekrise des 18. Jahrhunderts. Revisionistische Betrachtungen über die Holznot, in: Vierteljahrsschrift für Sozial und Wirtschaftsgeschichte 73, (1986), S. 1-37. Eine Tatsache ist jedoch die durch zahlreiche zeitgenössische Zeugnisse dokumentierte Verwüstung der Waldmarken vor allem in der zweiten Hälfte des 18. Jahrhunderts. Bereits 1754 bekannten z. B. die Markgenossen der Herdecker Mark vor der Markenteilungskom-

nicht nur zum Schaden des Landmannes entstände, dem das benötigte Bau- und Brennholz fehle, sondern dadurch auch die vielen „Stahl- und Eisen Fabriquen" sowie die Tätigkeit der „ergiebig florierenden Bergwerke" in dieser Region empfindlich geschädigt würden. Dagegen würden die Eigentümer der aufgeteilten Markgründe, so argumentierte der Verfasser, nicht nur Fleiß darauf verwenden, ihr Privateigentum zu verbessern, sondern auch „das Gehöltz zu conserviren".[16] Die „Conservation" der vielen und „wichtigen" mit der Stahlerzeugung und der Stahl- und Eisenverarbeitung befassten Betriebe im Süden der Grafschaft Mark war auch wegen ihrer Bedeutung für die staatlichen Steuereinnahmen ein besonderes Anliegen Friedrichs II., wie er in einem vom 28. Dezember 1754 datierenden königlichen Reskript die zuständige Kriegs- und Domänenkammer in Kleve wissen ließ. Es sei daher „eines der wesentlichen Stücke", führte der König in dem Schreiben weiter aus, dass in der dortigen Gegend mit den Wäldern gut gewirtschaftet werde, was aber in den genossenschaftlichen Marken nicht geschehe. Deshalb sei vorgeschlagen worden, die Marken zu teilen, weil dann ein jeder „auf die Erhaltung und Verbeßerung seines wahren Eigenthums beflissen seyn wird".[17] Die für die Grafschaft Mark zuständige Regierungsbehörde in Kleve wurde beauftragt, die Vorarbeiten für die Teilung sämtlicher Marken in der Grafschaft in Angriff zu nehmen. Dazu gehörte zunächst das Einholen von allgemeinen Informationen über die einzelnen Marken wie z. B. deren Größe und die Zahl der jeweiligen Markberechtigten.[18] Noch vor Ausbruch des Dritten Schlesischen Krieg (besser bekannt als der Siebenjährige Krieg) ist in der Grafschaft

---

mission, dass ihre Mark von Hochwald schon „mehrentheils" entblößt sei – Protokoll v. 1.10.1754 – LAV NRW Abt. Westfalen: Märkisches Forstamt Akte 7. Gegen Ende des 18. Jahrhunderts beschrieb der lutherische Pfarrer und Stiftsprediger in Elsey (heute Teil von Hagen-Hohenlimburg), Johann Friedrich Möller, die in der dortigen Grafschaft Limburg gelegene Reher Mark als „aus weiten, holzleeren Landen" bestehend – J. F. MÖLLER, Bemerkungen über die Reher Mark [1797], S. 7 (Manuskript als Fotoabzug im Stadtarchiv Hagen, HHX 197).

16 LAV NRW Abt. Westfalen: Märkisches Forstamt Akte 7. E. O. v. Schwachenberg wohnte auf dem von ihm 1743 angekauften Haus Hove und 1748 erwarb er auch den Rittersitz Haus Schlebusch (Oberer Schlebusch), beide auf dem Gebiet der heutigen Stadt Wetter/Ruhr gelegen – KARL SCHWERTER, Haus Schlebusch – ein vergessener Rittersitz, in: Westfalenland – Beilage zum Westfälischen Tageblatt, Nr. 19, 1926.
17 LAV NRW Abt. Westfalen: Märkisches Forstamt Akte 7.
18 S. z. B. die entsprechende Anweisung vom 5.2.1755 des Waldförsters in der Grafschaft Mark, Johann Conrad Rehorst, an den Unterförster Schraberg im Ardey – LAV NRW Abt. Westfalen: Stift Herdecke Akte 194.

Mark bereits mit der Teilung von drei Marken begonnen worden.[19] Da man nach dem Bekanntwerden der geplanten Markenteilung von Amts wegen aber befürchten musste, dass die Markgenossen sich zuvor noch rasch und ausgiebig in der Mark bedienen und vor allem den wertvollen Hochwaldbestand kahlschlagen würden, ordnete ein königliches Reskript vom 12. Juni 1756 die Schließung sämtlicher Marken in der Grafschaft Mark an. Notwendige Holzanweisungen sollten in Zukunft hier nur noch durch die zuständigen königlichen Forstbeamten unter Hinzuziehung der jeweiligen Holzrichter und Scherren vorgenommen werden dürfen.[20] Allerdings ist diese Bestimmung in der Folgezeit – sicherlich auch kriegsbedingt – von den Markgenossen nicht beachtet worden. Wie nämlich aus einer Anweisung vom 16. Januar 1762 des für die Grafschaft Mark zuständigen Waldförsters Pieper an den Unterförster Overwin des Amtes Unna hervorgeht, störten sich die Markgenossen „gar nicht" an der genannten königlichen Verordnung vom 12. Juni 1756, sondern fuhren „mit der Verwüstung der Marcken willkürlich" fort.[21]

4.

Das Kriegsgeschehen unterbrach dann allerdings den staatlichen Reformversuch der Markenteilung.[22] Erst zwei Jahre nach dem Kriegsende erging am 11. Juni 1765 die mündliche Order Friedrichs II. an das Generaldirektorium, dass die Marken und Gemeinschaftsweiden nunmehr aufgelöst und unter die bisherigen Nutzer aufgeteilt werden sollten.[23] In einem daraufhin von dem Generaldirektorium am 28. Juni 1765 an alle preußischen Provinzialregierungen gesandten Zirkular wurden diese Regierungsbehörden nachdrücklich angewiesen, es sich „so viel wie möglich" angelegen sein zu lassen, die „landesväterliche Intention" zu erfüllen und die Markenteilun-

---

19 Das geht aus einem königlichen Reskript v. 12.6.1756 an den Hofjäger und den Waldförster in der Grafschaft Mark hervor – LAV NRW Abt. Westfalen: Märkisches Forstamt Akte 7.
20 LAV NRW Abt. Westfalen; Stift Herdecke Akte 194.
21 LAV NRW Abt. Westfalen: Märkisches Forstamt Akte 7.
22 Am 16.6.1762 z. B. teilte der oberste staatliche Forstbeamte in der Grafschaft Mark, der Waldförster Pieper, dem Unterförster des Amtes Unna mit, dass der König zwar die Teilung sämtlicher Marken beschlossen habe, „dieses Geschäffte" aber während des Kriegs „nicht gar wohl" geschehen könne und daher „bis zu ruhigeren Zeiten" ausgesetzt werden müsse – LAV NRW Abt. Westfalen: Märkisches Forstamt Akte 7.
23 Abgedruckt in: R. STADELMANN: Preußens Könige in ihrer Thätigkeit für die Landescultur 2. Theil: Friedrich der Große, Nr. 159, S. 343.

gen vorzunehmen.[24] Doch die regionalen Behörden im Land hatten vielfach Bedenken wegen der Praktikabilität und nicht zuletzt auch hinsichtlich des Nutzens der Gemeinheitsteilungen und taten das auch in Eingaben an den König kund. Vor allem die mit den Marken und der Markwirtschaft vor Ort vertrauten Beamten standen dem Vorhaben der Markenteilung kritisch bis direkt ablehnend gegenüber. Bereits im Februar 1747 hatten die beiden obersten Forstbeamten in der Grafschaft Mark, der Hofjäger Johann Wissel und der Waldförster Johann Conrad Rehorst, in ihrem Gutachten zu dem bereits erwähnten Vorschlag des Kriegs- und Domänenrats E. O. von Schwachenberg dem König ihren „festen und gegründeten" Schluss mitgeteilt, dass eine generelle Teilung aller Marken in ihrem Distrikt nicht nur wegen der sich dabei ergebenden zahllosen Schwierigkeiten nahezu unmöglich und überhaupt auch unnötig sei, sondern dem staatlichen bzw. königlichen Interesse wie auch dem Allgemeinwohl „ohnaußbleiblich nachtheilig" sein werde und die Ruinierung der Marken durch die Aufteilung nur noch beschleunigt würde[25] – womit sie übrigens Recht behalten sollten, wie weiter unten am Beispiel der Hagen Hohwalder Mark aufgezeigt wird. Das Märkische Forstamt schlug statt dessen den Erlass einer allgemeinen Markordnung für die Grafschaft Mark vor, die sowohl für die ungeteilten als auch für die geteilten Marken Gültigkeit haben und dem Landesherrn bzw. den königlichen Forstbeamten die Befugnis einräumen sollte, über die in das Privateigentum übergegangenen früheren Markengründe die Kontrolle ebenfalls auszuüben und auch für diese Waldflächen verbindliche Anordnungen zu treffen, durch die eine nachhaltige Nutzung des Waldes und damit eine dauerhafte Holzversorgung sichergestellt würde. Ein entsprechender Entwurf ist von dem Forstamt auch angefertigt und im Juni 1769 an den König gesandt worden.[26] Doch obwohl das Forstamt in der Folgezeit mehrmals in Berlin wegen der General-Markenordnung anfragte und auf deren Erlass unter Hinweis darauf drängte, dass die Eigentümer von aufgeteiltem Markengrund damit „schalten und walten" würden, wie sie wollten, und ihre Anteile „von bestem Holtz muthwilliger Weise entblößten",[27] ist es zum Erlass der generellen Markordnung nicht

---

24 Zit. nach dem Abdruck in: Novum Corpus Constitutionum Prussico-Brandenburgensium Praecipue Marchicarum [...] Bd. 3, 1765, Nr. 69, S. 972.
25 LAV NRW Abt. Westfalen: Märkisches Forstamt Akte 7.
26 „Project einer Generalen Marcken Ordnung oder Forst Reglement vor die getheilte und ungetheilte Marcken Berge und Holtzungen der Grafschafft Mark" – LAV NRW Abt. Westfalen: Märkisches Forstamt Akte 10.
27 Von dem Waldförster Pieper unterzeichnete Eingabe v. 10.2.1770 an den preußischen König – LAV NRW Abt. Westfalen: Märkisches Forstamt Akte 10.

gekommen. Der Regierung ging vor allem wohl der vorgeschlagene staatliche Eingriff in das Privateigentum doch zu weit.

Zu den staatlichen Behörden, die große Vorbehalte gegen die angeordnete Markenteilung hegten, gehörte aber auch die seinerzeit für die Grafschaft Mark zuständige Kriegs- und Domänenkammer in Kleve, die zeitweise das Teilungsverfahren sogar hintertrieb.[28] Infolgedessen wurden die Marken und sonstigen Gemeinheitsteilungen hier nur zögerlich von Amts wegen eingeleitet, was den König in der Folgezeit mehrfach zu deutlichen Missfallensäußerungen und zu strikten Anweisungen an die staatlichen Verwaltungsorgane veranlasste, die Teilungen schleunigst durchzuführen.[29]

5.

Nach dem Ende des Siebenjähriges Kriegs (die Friedensschlüsse erfolgten im Februar 1763) erging am 2. April 1765 die Anweisung der Regierung in Berlin, „vorzüglich" mit der Teilung der in der Grafschaft Mark gelegenen Marken zu beginnen.[30] Zu den ersten zur Teilung vorgesehenen zwölf Marken im Süden der Grafschaft Mark[31] gehörte auch die auf dem Gebiet der heutigen Stadt Hagen gelegene Hohwalder Mark.[32] Die Lage der Mark lässt sich heute bestenfalls nur noch ungefähr bestimmen. Sie dürfte sich von (Hagen-)Eilpe die Selbecke hinauf zwischen dem Rafflenbeuler Kopf im Südwesten und dem Kettelberg im Nordosten über die Höhen bis in die Gegend von Breckerfeld erstreckt haben. Der größte Teil der Mark hat sicherlich auf dem Gebiet der

---

28 Hans Saurenbach, Die Gemeinheitsteilungen in der Grafschaft Mark und ihre Auswirkungen, Bonn 1927, S. 17, S. 22 f., S. 26 und S. 37 f.
29 So äußerte Friedrich II. z. B. in einer Unterredung mit dem Minister Ludwig Philipp vom Hagen am 15.9.1769 in Potsdam seine „Unzufriedenheit" darüber, dass ihn das Generaldirektorium und die Justiz in Sachen der Marken- und sonstigen Gemeinheitsteilungen „schlecht secondirten und darunter nichts gethan (hätten)" - Bericht v. 16.9.1769 des Ministers vom Hagen an den Großkanzler Philipp Josef v. Jariges, abgedr. in: R. Stadelmann, Preußens Könige in ihrer Thätigkeit für die Landescultur 2. Theil: Friedrich der Große, Nr. 192, S. 362.
30 LAV NRW Abt. Westfalen; Stift Herdecke Akte 195.
31 Inwieweit die Markenteilungen in einem Zusammenhang mit den damaligen staatlichen Bemühungen stehen, die durch den Krieg vor allem auf dem Land verursachten enormen Schäden zu beheben, ist noch zu untersuchen.
32 „Instruction für die Commissarien zu denen Markentheilungen in der Grafschafft Mark" (Berlin 2. April 1765, „auf Special Befehl") – LAV NRW Abt. Westfalen: Stift Herdecke Akte 194.

späteren Gemeinde Waldbauer gelegen. Die älteste erhaltene Ordnung und zugleich früheste Nachricht von dieser Mark stammt aus dem Jahr 1551.[33] Allerdings ist sie nicht die erste Ordnung gewesen. Wie es zu Beginn der Aufzeichnung von 1551 heißt, hatte man die alte Markordnung zur Hand genommen, sie in eine gehörige äußere Form gebracht und, dort, wo es erforderlich war, von den versammelten Markenerben neu bestimmen und auch ergänzen lassen. Die Ordnung regelte wie allgemein die Markordnungen die Nutzung der Mark durch die Markberechtigten. So heißt es darin unter anderem, dass jeder Markberechtigte entsprechend seinen Rechten Schweine zur Herbstmast in die Mark eintreiben und sich außerdem das benötige Feuer- und Bauholz („synen nottorfftigen Brandt und Tymmerholt") aus der Mark besorgen dürfe. Den auf Markengrund wohnenden Köttern war jedoch einheitlich der Eintrieb von lediglich zwei Schweinen zur Mast gestattet. Außerdem durften die Kötter nur astdickes Holz aus der Mark nehmen („wes eyn Ghir (= Geier) afftredt und dat men myt eyner Holtexenn affslain kann"). Nur in dem Ausnahmefall, dass ein Kötter nachweislich für einen unbedingt notwendigen Hausbau

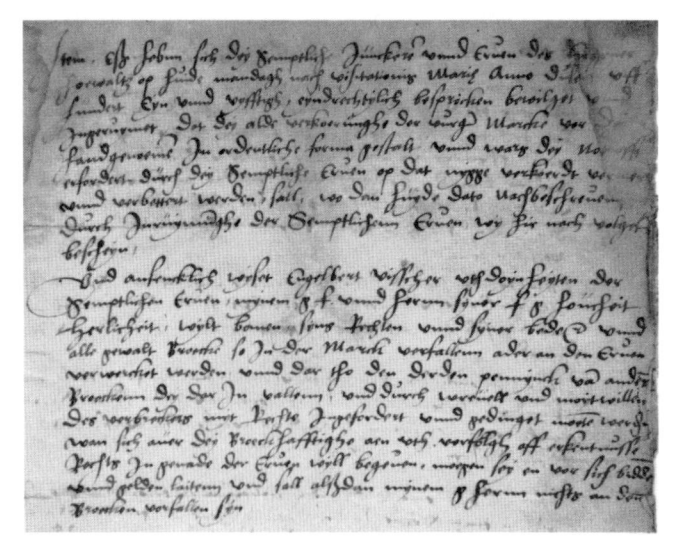

Abb. 1: Ordnung der Hagen Hohwalder Mark von 1551, Anfang – Stadtarchiv Iserlohn: Haus Letmathe Nr. II Ac

33   Original – LAV NRW Abt. Westfalen: Haus Busch Nr. 368. Ein zweites, nach Schrift und Sprache wohl zeitgleich entstandenes Exemplar, befindet sich im Stadtarchiv Iserlohn: Bestand Haus Letmathe Nr. II Ac.

(„Nothbauw") oder für dringend notwendige Zäune Holz benötigte, konnte ihm vom Holzrichter mit Zustimmung der Markerben die dafür erforderliche Anzahl von Bäumen in der Mark angewiesen werden. Außerdem enthält die Ordnung vor allem noch Bestimmungen, die eine nachhaltige Nutzung des Baumbestands der Mark bezweckten. So musste zum Schutz des Wurzelwerks beim Hacken des als Stallstreu und danach als Plaggendünger verwandten Heidekrauts von einer Eiche ein Abstand von mindestens drei Fuß und von einer Buche von zwei Fuß eingehalten werden. Verboten war unter anderem das Auflesen der Eicheln und Bucheckern, da dadurch letztlich auch das Wachsen von Schößlingen und somit schließlich auch der Erhalt des Hochwalds gefährdet wurden. Um einen unnötig-übermäßigen Holzeinschlag zu verhindern, war zudem jegliches eigenmächtige (d. h. ohne die Anweisung durch die Markbeamten erfolgende) Fällen von Bäumen und sowie auch der Verkauf von Bäumen aus der Mark an Fremde untersagt. Berechtigt in der Hagen Hohwalder Mark waren außer den drei adligen Haupterben, nämlich den Besitzern von Haus Busch (Hagen-Helfe), Haus Niedernhof (Hagen-Hengstey) und Haus (Hagen-)Altenhagen, Eingesessene der Stadt Hagen sowie der Dörfer Eilpe, Haspe, Wehringhausen, Westerbauer, Voerde, Eckesey, Boele, Hellweg (Helfe), Fley, Bathey, Hengstey und Waldbauer[34], allerdings nur diejenigen, deren Hofstellen mit Markrechten ausgestattet waren.

5.1

Nach der im Zusammenhang mit der Anfang der 1770er Jahre erfolgten Auflösung der Mark durchgeführten Vermessung hatte die Hagen Hohwalder Mark eine Größe von 1.160 (rheinischen) Morgen und 95 Quadratruten ($\approx$ 3 km^2).[35] Allerdings ist die Mark ursprünglich größer gewesen, denn in der Vergangenheit war immer wieder Markengrund verkauft, verpfändet und verpachtet worden. Dies geschah vor allem zur Beschaffung von Geldern zur Erfüllung von der Markgenossenschaft obliegenden oder von dieser übernommenen finanziellen Verpflichtungen. Dieses Mittels haben sich die

---

34 Mit Ausnahme von Waldbauer, das heute zur Stadt Breckerfeld gehört, und Voerde, das seit dem 1. April 1949 ein Ortsteil der Stadt Ennepetal ist, sind alle anderen genannten ehemaligen Dörfer heute Teile der Stadt Hagen.
35 Angaben nach dem „Theilungs-Plan von der Hagen-Hohwalder Marck"- StadtA Hagen: Ha 1 Nr. 14 sowie lt. dem Bericht v. 31.12.1772 der Teilungskommission südwärts der Ruhr an den preußischen König – StadtA Hagen: Ha 1 Nr. 17

Markgenossen auch zur Aufbringung der jährlichen 22½ Reichstaler bedient, die nach dem am 20. Januar 1686 mit dem Kurfürsten Friedrich Wilhelm von Brandenburg (der Große Kurfürst) geschlossenen Vertrag[36] für die Ablöse sämtlicher landesherrlicher Rechte in der Hohwalder Mark, wozu das Jagdrecht („Wildbann") und das Drittel der vom Markgericht verhängten Geldstrafen (so genannter Dritter Pfennig) gehörten, jedes Jahr an die landesherrliche Forstkasse zu zahlen waren. Zu diesem Zweck verpachtete die Markgenossenschaft am 15. Oktober 1686 dem Henrich am Ahlberg gen. in der Becke und seiner Ehefrau Engel Refflinghauß erblich für die von ihnen zur Leistung der ersten Ablösezahlung geliehenen 22 Reichstaler einen Markenplatz, den die Erwerber bis zur – sicherlich nie erfolgten – Rückzahlung der Schuldsumme kostenfrei nutzen durften.[37] Am 15. Dezember 1688 erhielten die Eheleute Peter und Anna Marlene Bercker aus demselben Grund für die in zwei Raten zu erfolgende Zahlung von insgesamt 60 Reichstalern und danach einer jährlichen Zahlung von drei Reichstalern ein „Marcken Plätzgen" übereignet. Die Käufer durften auf dem Markenplatz ein Wohnhaus errichten und dafür auch drei Eichen in der Mark fällen. Außerdem wurde ihnen ein Kottrecht eingeräumt, d.h., das Recht, zwei Schweine bei der Herbstmast in die Mark einzutreiben. Zudem konnten sie ihr Vieh in der Mark weiden sowie vom Wind heruntergewehtes oder sonstiges auf dem Boden liegendes Holz in der Mark auflesen.[38] Zu demselben Zweck der Aufbringung der jährlichen 22½ Reichstaler Ablösezahlung an den Landesherrn verpachteten die Markgenossen knapp ein Vierteljahr später für ebenfalls drei Reichstaler Pacht jährlich erblich einen Markenplatz an die Eheleute Johannes Brackelsberg und Margarethe Haenen. Auch diese Erwerber durften auf ihrem Besitz ein Wohnhaus errichten. Im Übrigen erhielten sie dieselben Rechte zugestanden, die auch den Eheleuten Peter und Anna Marlene Bercker sowie bereits dem Henrich Ahlberg und seiner Ehefrau in dem Vertrag vom 15. Oktober 1686 von der Markgenossenschaft eingeräumt worden waren.[39] 1754 veräußerten die Hohwalder Markgenossen dann gleich zwei Markenplätze an Herbert Höfinghoff in der Becke.[40] In demselben Jahr bekam ein Jacobus Kock einen

---

36 Die Genehmigung durch den Kurfürsten datiert vom 20.1.1686, Abschrift – StadtA Hagen: Ha 1 Nr. 1. Die 22½ Reichstaler waren die fünf Prozent Zinsen, die jährlich von den Markgenossen für die als Wert des landesherrlichen Verzichts vereinbarte Summe von 900 Reichtalern an die landesherrliche Forstkasse zu zahlen waren.
37 Angabe lt. einer am 17.8.1717 von der Markgenosscnschaft ausgestellten Bescheinigung – StadtA Hagen: Ha 1 Nr. 14.
38 StadtA Hagen: Ha 1 Nr. 16.
39 Vertrag vom 15. April 1689 - StadtA Hagen: Ha 1 Nr. 16.
40 StadtA Hagen: Ha 1 Nr. 16.

an sein Feld grenzenden Markengrund von vier Sechzig Größe (≈ 1.100 m^2), den er urbar machen wollte, für jährlich an den Holzrichter zu Gunsten der Markgenossenschaft zu zahlende 45 Stüber überlassen.[41] Auch als Hilfe in Not- und Unglücksfällen wurden gelegentlich Markenplätze zur Verfügung gestellt. So hatten die Markgenossen nach Angaben aus dem Jahr 1754 dem wenige Jahre zuvor „gantz wohnloß" gewordenen Ehepaar Clas Tempel einen Platz in der Mark angewiesen, wo sie sich aus Buchenstöcken und Laub eine Hütte errichten und daneben ein Gärtchen anlegen durften. 1746 gestatteten die Markenerben dann den Beiden, auf demselben Platz an Stelle der Hütte ein „Wohnhäusgen" zu erbauen.

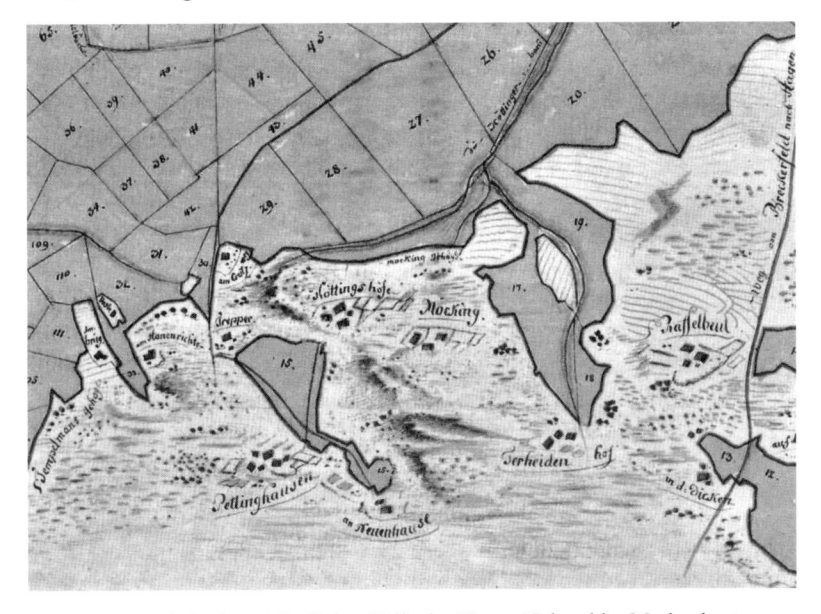

Abb. 2: Ausschnitt des südöstlichen Teils der Hagen Hohwalder Markenkarte von 1771 mit u. a. den überwiegend in (Breckerfeld-)Waldbauer gelegenen und heute noch vorhandenen Siedlungsplätzen bzw. Höfen Am Neuenhause, Peddinghausen, Tempel, Hahngericht, Kötting, Rafflenbeul, Dicken, Heide und Möcking – Landesarchiv NRW Abt. Westfalen: Kartensammlung A Nr. 5984.

---

41 Vertrag v. 30.7.1754 – StadtA Hagen: Ha 1 Nr. 16.

Wie die Teilungskarte der Hohwalder Mark von 1771[42] mit ihren tiefen Einbuchtungen von Kulturland und dazwischen befindlichen Inseln von Markengrund ausweist, ist im Laufe der Zeit immer weiter in die Mark hineingesiedelt und Markengrund zu Ackerflächen sowie Wiesen und Weiden gemacht worden.

5.2

Die Anfänge bzw. die vom Sommer 1765 bis Mitte 1769 reichende erste Phase des Teilungsgeschäfts der Hohwalder Mark lassen sich mit Ausnahme von einigen wenigen Vorgängen nicht mehr rekonstruieren, da die einschlägigen Akten fast vollständig fehlen. Sie waren auch schon zu Beginn der zweiten Phase des Teilungsverfahrens nur noch bruchstückhaft vorhanden. Das geht aus einer Bekanntmachung vom 24. Februar 1770 der für den Bereich der Grafschaft Mark südwärts der Ruhr bestellten neuen Teilungskommission an die Markenerben und sonstigen Nutzer der Hagen Hohwalder Mark hervor. Danach waren die früheren Teilungsakten der Kommission „dergestalt verstümmelt" zugefertigt worden, dass sie nicht herangezogen werden konnten und das ganze Verfahren noch einmal durchgeführt werden musste.[43] Da die Akten der ersten Teilungskommission weitgehend fehlen, lässt sich auch nicht mehr ermitteln, wie weit das Verfahren bis Ende der 1760er Jahre gediehen war. Möglicherweise hängt der Aktenverlust ursächlich mit dem Weggang des zur ersten Teilungskommission gehörenden Kriegs- und Domänenrats Orlich von der Kriegs- und Domänenkammer in Kleve an die Kammer in Minden zusammen. Ein weiterer Grund für den Verlust der Hohwalder Akten kann sein, dass die erste Teilungskommission die Teilung der Hagen Hohwalder

---

42 LAV NRW Abt. Westfalen: Kartensammlung A 5984. Der auf der Rückseite der Karte offenbar nachträglich angebrachte Vermerk, dass die Karte im Jahr 1765 durch Fescka (sic) und Schaerer angefertigt wurde, dürfte hinsichtlich der Jahresangabe ein Irrtum sein. Der Ingenieur-Leutnant Fescka und der Landvermesser Wilhelm Schaerer wurden von der 1769 eingesetzten zweiten Markenteilungs-Kommission südwärts der Ruhr erst Anfang 1770 mit der Anfertigung der Karte von der Hagen Hohwalder und Sunderloher Mark beauftragt – Schreiben v. 2.11.1770 der Teilungskommission an den Ingenieur-Leutnant und königlichen Landmesser Feschka, StadtA Hagen: Ha 1 Nr. 16. Im Juni 1771 war die Karte immer noch nicht fertiggestellt – lt. Bekanntmachung vom 19.6.1771 der Teilungskommission, StadtA Hagen: Ha 1 Nr. 14. Erst Anfang November 1771 lag die Karte vor – lt. Protokoll der Zusammenkunft v. 8.11.1771, StadtA Hagen: Ha 1 Nr. 14.

43 StadtA Hagen: Ha 1 Nr. 13.

Mark zusammen mit der angrenzenden Sunderloher Mark betrieben hatte und die Akten durcheinander gebracht wurden.[44] Auch die komplizierte Struktur der ersten Teilungskommission könnte dabei eine Rolle gespielt haben. Von dem Generaldirektorium in Berlin waren Anfang April 1765 als Teilungskommissare der in der Klevischen Kammer tätige Geheime Regierungsrat Grollmann und der dort ebenfalls amtierende Kriegs- und Domänenrat Müller bestellt worden. Da diese aber an ihrem Amtssitz bleiben sollten, hatte die Berliner Regierung angeordnet, dass das eigentliche Teilungsgeschäft in der Grafschaft Mark von den Kriegs- und Domänenräten Krusemarck und Orlich zusammen mit jeweils einem Richter oder Landrichter der einzelnen Bezirke durchgeführt werden sollte.[45]

Soweit sich noch feststellen lässt, begann das Teilungsverfahren der Hohwalder Mark zusammen mit dem der Sunderloher Mark mit einem vom 8. Juni 1765 datierenden Schreiben der beiden Teilungskommissare, des Kriegs- und Domänenrats Orlich und des Landrichters Pütter in Altena, an die beiden Markrichter sowie die Markgeschworenen, dem Landmesser Nordhaus die Grenzen der beiden Marken anzuweisen.[46] Das eigentliche Teilungsgeschäft setzte, wie in der „Instruction für die Commissarien zu denen Markentheilungen in der Grafschafft Mark" vom 2. April 1765 vorgeschrieben war, mit dem Zusammenrufen der Markberechtigten der beiden genannten Marken durch die Teilungskommission ein. Diese Zusammenkunft fand am 10. Juni 1765 statt und weitere folgten am 4. sowie am 8. Juli 1765 in Hagen. Da zu dem Termin am 8. Juli (vermutlich auf Grund der Erntearbeiten) außer den drei adligen Markenerben nur wenige der übrigen Markberechtigten erschienen waren, wurde von der Teilungskommission eine weitere Zusammenkunft für den 10. Juli 1765 morgens um 8 Uhr wiederum in Hagen anberaumt. Die Holzrichter der beiden Marken, Schölling und Hasenklever, erhielten den Auftrag, sämtliche Markberechtigten der Hohwalder und Sunderloher Mark zu dieser neuerlichen Beratung mit der Teilungskommission zusam-

---

44 Der Weggang des Kriegs- und Domänenrats Orlich zur Kammer in Minden ist in der bereits angeführten Bekanntmachung v. 24.2.1770 erwähnt. Die gemeinsame Behandlung der Hohwalder und Sunderloher Mark durch die erste Teilungskommission wird von der neuen Kommission in ihrem Bericht vom 27.11.1770 an die Märkische Kammerdeputation in Hamm angeführt und dabei bemerkt, dass sich möglicherweise auf die Hohwalder Mark beziehende Akten noch unter den Sunderloher Akten befinden könnten – StadtA Hagen: Ha 1 Nr. 14.

45 „Instruction für die Commissarien zu denen Markentheilungen in der Grafschafft Mark" (Berlin 2. April 1765, „auf Special Befehl") – LAV NRW Abt. Westfalen: Stift Herdecke Akte 194

46 StadtA Hagen: Hagen 1 Nr. 13.

menzurufen. Auf dieser Zusammenkunft fand sich dann auch der größte Teil der Markgenossen ein. Die Erschienenen wurden von den Teilungskommissaren nunmehr aufgefordert, die Anzahl ihrer Schare und ihre sonstigen Marken- und Markennutzungsrechte anzugeben sowie durch entsprechende Dokumente oder sonstige Zeugnisse zu belegen. Auf einem weiteren, fünf Tage später stattgefundenen Treffen, wurde von der Teilungskommission der Vorschlag gemacht und von der Versammlung nach einigem Hin und Her auch gebilligt, dass von den Markenerben und sonstigen in der Hohwalder und Sunderloher Mark Nutzungsberechtigten jeder Bauerschaft ein Bevollmächtigter bestellt werde, der mit der Teilungskommission die weiteren Verhandlungen führen solle. Ihren Vorschlag begründete die Teilungskommission damit, dass dies notwendig sei, „um Weitläufigkeit so viel wie möglich zu vermeiden und unnöthige Kosten zu ersparen".[47] Die nächste, die Hohwalder Mark betreffende Nachricht, ist die am 30. Juli 1765 ergangene Anweisung der Teilungskommission, die Grenzen dieser Mark festzustellen.[48] Danach bricht die Aktenüberlieferung zumindest für die Hohwalder Mark weitgehend ab. Es ist daher nicht mehr festzustellen, was oder ob überhaupt etwas hinsichtlich der Teilung dieser Mark bis zum Sommer 1769 geschehen ist. Fest steht allerdings, dass das Teilungsgeschäft nicht zu Ende gebracht wurde. Es lässt sich nicht ausschließen, dass die ablehnende Haltung der Regierung in Kleve gegenüber der Markenteilung, die sich schon in dem Gutachten vom 27. Februar 1747 des Märkischen Forstamts zu dem Vorschlag des Kriegs- und Domänenrats von Schwachenberg ankündigte, und die bereits erwähnte Tatsache, dass die Klevische Kammer das Teilungsverfahren zeitweilig sogar hintertrieb, hierbei eine Rolle gespielt haben.

5.3

Wohl erst auf den massiven Druck des Königs ist das Teilungsverfahren dann im Sommer 1769 wieder aufgenommen und entsprechend der Forderung des Monarchen von der aus den Kriegs- und Domänenräten Maehler und von Kropff bestehenden neuen Teilungskommission südwärts der Ruhr mit größtmöglicher Beschleunigung durchgeführt worden. So heißt es eingangs der Bekanntmachung der Teilungskommission vom 24. Februar

---

47 Protokolle vom 10.6., 4., 8., 10. und 15.7.1765 – sämtlich StadtA Hagen: Ha 1 Nr. 13.
48 StadtA Hagen: Ha 1 Nr. 13.

1770, in der den Markberechtigten der Hohwalder und Sunderloher Mark die Fortführung des Teilungsgeschäfts und die dafür anberaumten Termine am 14. und 15. März 1770 durch Kanzelabkündigung an zwei aufeinander folgenden Sonntagen in den Kirchen in Hagen, [Hagen-]Boele und [Hagen-]Dahl[49] mitgeteilt wurden, dass „Sr. Königlichen Majestät die Theilung der Marken allerhöchst selbsten immer stärker pressiren, und das gantze Geschäfte schleunigst und ununterbrochen betrieben wißen wollen".[50] Es war auch in diesem Fall die Sorge des Monarchen wegen der langfristigen Sicherung des von der Stahl- und Eisenindustrie benötigten Holzbedarfs, weshalb der König die rasche Teilung vor allem der in der Grafschaft Mark „nahe an den Fabriquen gelegenen" Marken verlangte. In der Bekanntmachung vom 24. Februar 1770 sind die Markenerben von der Teilungskommission daher auch darüber aufgeklärt worden, dass die Teilung der beiden Marken zur Verhinderung „aller ferneren Devastation" ihres Waldbestands und mithin „zum Besten der Erben und des Publicii" erfolge.[51] Bei der Zusammenkunft am 14. und 15. März war das Hauptgeschehen die Befragung der Markberechtigten durch die Teilungskommissare wegen der von jedem besessenen Schare und sonstigen Nutzungsrechte in den beiden Marken.[52]

5.4

Doch erst mehr als ein halbes Jahr später ist im Herbst desselben Jahres von den beiden Teilungskommissaren der Versuch unternommen worden, in einem Gewaltakt die Teilungsverhandlung nunmehr zu einem Abschluss zu bringen. In der Zwischenzeit war seitens der Teilungskommission hinsichtlich der Teilung zumindest der Hochwalder Mark offenbar nichts mehr geschehen. Ein Grund dafür dürfte die Überlastung der Teilungskommissare gewesen sein, die zusätzlich zu ihren normalen Dienstpflichten außer der Teilung der Hohwalder und Sunderloher Mark auch diejenige der übrigen nach der

---

49 Diese damals übliche Form der öffentlichen Bekanntmachung ist ausdrücklich z. B. auf dem Text der Bekanntmachung vom 10.10.1770 der Teilungskommission vermerkt – StadtA Hagen: Ha 1 Nr. 16.
50 StadtA Hagen: Ha 1 Nr. 13.
51 StadtA Hagen: Ha 1 Nr. 13.
52 Lt. Angabe in der Bekanntmachung v. 24.2.1770 – Die Protokolle der Besprechungen am 14. und 15.3.1770 sind nicht (mehr) vorhanden, zumindest konnten sie vom Verfasser nicht ausfindig gemacht werden.

„Instruction" vom 2. April 1765 als vorrangig eingestuften Marken im nördlichen Sauerland wie auch aller anderen Marken im Bereich der Grafschaft Mark südlich der Ruhr zu bewältigen hatten. Um eine möglichst zügige Arbeit an dem als Termin festgelegten 31. Oktober 1770 sicherzustellen, wurden die Deputierten der einzelnen in der Hohwalder Mark berechtigten Bauerschaften[53] von der Teilungskommission beauftragt, eine Liste mit den Namen und den jeweiligen (Nutzungs-)Rechten aller in ihrer Bauerschaft ansässigen und in der Hohwalder Mark berechtigten Markenerben und Kötter sowie sonstiger noch bei der Markenteilung zu berücksichtigender Personen anzufertigen und bis spätestens drei Tage vor Verhandlungstag am 31. Oktober der Teilungskommission abzuliefern.[54] Demselben Zweck, „eine finale Decision" an diesem Verhandlungstag zu erreichen, diente auch die Entscheidung der Teilungskommission, Advokaten nur in „äußersten Fällen" bei den Verhandlungen zuzulassen.[55] Auf der am 31. Oktober 1770 morgens um 8 Uhr in der Gastwirtschaft Fischer gen. Greven in Hagen stattgefundenen Zusammenkunft der Markgenossen mit der Teilungskommission verursachten mehrere Streitpunkte vor allem zwischen den beiden adligen Haupterben, den Besitzern der adligen Häuser Busch und Niederhof einerseits, und den übrigen Markgenossen andererseits, wiederholt längere Auseinandersetzungen und Diskussionen. Von den Teilungskommissaren ist in diesen und auch anderen Fällen jedoch teilweise sogar massiver Druck auf die Konfliktparteien ausgeübt worden, um eine Lösung zu erreichen, wobei diese verschiedentlich aber auch Kompromisse vorgeschlagen haben. Wesentliche Streitpunkte waren die von den adligen Erben besessenen bzw. beanspruchten Sonder- bzw. Zusatzrechte in der Mark. So beanspruchte der Besitzer des Hauses Busch, der Freiherr von Syberg, Markenparzellen u. a. auch für sein bisheriges Recht des so genannten Selbsthiebs, d. h., des eigenmächtigen und unbegrenzten Holzeinschlags in der Mark; außerdem für die ihm behauptete ausschließliche Nutzung eines bestimmten Teils der Hohwalder Mark (der so genannten „Fleyer Stelle"); weiter für die von ihm als einem der drei Haupterben bisher bezogenen Geldbußen des Markgerichts und überhaupt für seine Qualität als Haupterbe sowie auch für sein bisheriges vierfaches Geschworenenrecht. Das Haus Niedernhof bzw. dessen Besitzer, der Freiherr von Landsberg, forderte ebenfalls zusätzliche Markenteile für seine Rechte des Selbsthiebs

---

53 Entweder handelte es sich bei diesen Deputierten um die bereits im Sommer 1765 bestellten oder es waren zwischenzeitlich neue Personen als Bauerschaftsvertreter bei der Verhandlung mit der Teilungskommission benannt worden.
54 Bekanntmachung v. 10.10.1770 – StadtA Hagen: Ha 1 Nr. 16.
55 Lt. Bekanntmachung 30.10.1770 – StadtA Hagen: Ha 1 Nr. 16.

und der Selbsttrift (Selbsttrift = Recht des freien Vieheintriebs in die Mark), für das Recht, jedes Jahr eine bestimmte Menge an Holzkohle in der Mark zu brennen; zudem für die alleinige Nutzung des „Auf dem Korken" genannten Markdistrikts sowie für das Recht der drei Sattelbuchen (d. h., das Recht, jedes Jahr drei der stärksten und besten Buchen in der Mark zu schlagen und zu verkaufen) sowie für das Recht des Stellpferds und vorderen Wagens (d. h., das Recht, so viele Schweine zusätzlich bei der Herbstmast in die Mark eintreiben zu dürfen, wie ein Pferd mit einem Karren wert ist). Bezüglich der von dem Haus Busch erhobenen und von den nichtadligen Markgenossen bestrittenen Forderung nach einer Entschädigung für sein bei der Teilung der Mark wegfallendes Recht des Selbsthiebs wurde dessen Bevollmächtigten von der Teilungskommission „zugeredet", sodass dieses schließlich seine Forderung fallen ließ. Auch hinsichtlich des vom Haus Busch erhobenen Anspruchs auf zusätzliche Markenteile für sein vierfaches Geschworenenrecht gelang es den Teilungskommissaren durch „Zureden", diese Forderung auf das doppelte Geschworenenrecht herunterzudrücken. Als besonders langwierig erwiesen sich auch die Verhandlungen mit dem Bevollmächtigten des Hauses Niedernhof. Schließlich wurden die Forderungen dieses Haupterben zusammengefasst und als ein Paket verhandelt. „Nach mancherley Einwendung" sowohl seitens des Vertreters des Hauses Niedernhof als auch der übrigen Markenerben gelang es letztendlich den Teilungskommissaren, die beiden Parteien dazu zu bewegen, dass sie für sämtliche vom Haus Niedernhof angeführten Rechte den Wert von 190 Schare akzeptierten. Von dem Bürgermeister der Stadt Hagen und Hoffiskal Hücking wurde im Auftrag des Freiherrn von Hövel auf Haus Ruhr noch die Forderung eingebracht, für sechs dem Herrn von Hövel nach den vorgelegten Einscharungsprotokollen aus den Jahren 1557 und 1633 zustehenden Schweinsrechte in der Mark bei der Teilung ebenfalls Markengrund als Entschädigung zuzuweisen. Auch hier führten eine längere Verhandlung und energischer Druck seitens der Teilungskommissare dazu, dass die Forderung auf vier Schweinsrechte reduziert werden konnte. Weitere Punkte, die längere Verhandlungen und schließlich ein Machtwort der Teilungskommission erforderten, waren die Bestimmung des nach den Teilungsvorschriften festzulegenden königlichen Anteils sowie die Festlegung der Größe des Markenareals als Entschädigung für die bisher zum Bau und Unterhalt der königlichen Kornmühle in Hagen aus der Mark zu liefernden Buchenholzes und schließlich auch noch der Beschluss, die laut dem Vertrag vom 20. Januar 1686 jährlich an den Landesherrn zu zahlenden 22½ Reichstaler für dessen Verzicht auf alle bisherigen Rechte in der Hohwalder

Mark abzulösen[56]. Wiederum nur durch erhebliches Einwirken der Teilungskommissare konnte eine Einigung der Markgenossen über die Größe des für die königliche Mühle abzutretenden Markengrunds erzielt werden. Von der Versammlung waren hierzu, wie in dem Protokoll festgehalten ist, nämlich verschiedene Vorschläge gemacht worden, ohne dass man sich hatte einigen können. Der Versammlung wurde schließlich von den Teilungskommissaren als Lösung die Überlassung eines Markendistrikts in Größe von zehn holländischen Morgen und dessen Übertragung zur Verwaltung an das königliche Forstamt mehr oder weniger aufgezwungen.

5.5

Allerdings zeigte sich, dass trotz aller Bemühungen der Teilungskommissare ein Tag doch nicht zur Erledigung aller noch anstehender (Streit-) Punkte ausreichte. Deshalb mussten die Verhandlungen am nächsten Tag fortgesetzt werden. Auch hinsichtlich der Frage, wie die verschiedenen Gerechtsame der Markberechtigten gegeneinander zu bewerten seien und was den Bemessungsmaßstab abgeben sollte, nach dem die Größe der zuzuteilenden Markenparzellen zu berechnen war, konnte dann schließlich mit Hilfe der energisch auf eine Beendigung der Teilungsverhandlungen drängenden Teilungskommission erledigt werden. Man einigte sich darauf, dass die Berechnungsgrundlage „Rechte" sein sollten, wobei auf ein „Recht" zehn Schare kamen. Bezüglich der Markkötter wurde beschlossen, dass der Wert von deren Hofstellen nach einem festgelegten Bemessungsverfahren festgestellt werden sollte und zu dem ermittelten Betrag von dem Besitzer erworben werden konnte. Sofern ein Kötter seinen Besitz jedoch nicht kaufen wollte, sollte er den Markgenossen zum Kauf angeboten werden. Genauso sollte auch im Fall der Kötter verfahren werden, denen die Hofstelle von einem Gläubiger statt Zinszahlung zur Nutzung überlassen worden war. Diesen Köttern wurde aber noch ein, allerdings nach dem Schätzwert zu bezahlender, halber Morgen zugesprochen. Dagegen sollten die Kötter, deren Besitzungen Absplisse von Höfen waren, bei der Markenteilung unberücksichtigt bleiben

---

56 Die 22½ Reichstaler waren die 5 Prozent Zinsen für die nach dem Vertrag vom 20.1.1686 dem Landesherrn für seinen Verzicht auf alle seine Rechte in der Hagen Hohwalder Mark zustehende Summe von 900 Reichstalern. Die Ablösung der Zinszahlung geschah durch die Zahlung der 900 Reichstaler an den preußischen Fiskus.

und ihre eventuellen Ansprüche an ihre Stammhöfe richten. Zu den vielen kleineren, relativ schnell abgehandelten Angelegenheiten gehörte auch die Eingabe des lutherischen Pfarrers Hausemann in Hagen wegen einer Entschädigung für das von ihm bisher ausgeübte Amt des Markschreibers. Ihm wurden dafür 20 Schare zuerkannt.

Die anstehende Markenteilung hatte aber auch Begehrlichkeiten geweckt. Zu den Personen, die sich die Gelegenheit nicht entgehen lassen wollten, vielleicht ein Stück Land an sich bringen zu können, gehörte auch der Freiherr Heinrich W. M. Ph. von Syberg zu Sümmern[57]. Er wandte sich schriftlich an die Teilungskommission und schließlich auch an den preußischen König mit der Forderung, ihn bei der Teilung der Mark zu berücksichtigen, da ihm als Besitzer des Lennehofs und verschiedener anderer Höfe im Gericht Hagen auch Markrechte in der Hohwalder Mark zuständen.[58] Die Angelegenheit wurde auf der Zusammenkunft am 1. November 1770 ebenfalls behandelt. Sie konnte aber dadurch erledigt werden, dass nach Prüfung die von dem Freiherrn von Syberg zu Sümmern angeführten sechs Höfe als Abeplisse vom Haus Busch ohne Markrechte festgestellt wurden. Das Haus Busch hatte nämlich die ursprünglich mit den genannten Höfen verbundenen Markrechte an sich genommen. Die Teilungskommission verwies daher den Freiherrn von Syberg mit seinen Ansprüchen an das Haus Busch.

5.6

Ein schon länger bestehendes Problem konnte jedoch trotz aller Anstrengungen auch der Teilungskommission nicht gelöst werden. Das war der Streit zwischen den Butenerben (= außerhalb der Mark wohnende Markgenossen) einerseits und den Binnererben (= in der Mark wohnende Markerben) und Köttern der Hohwalder Mark andererseits wegen der Forderung der letzteren nach der Fortdauer des von ihnen bisher ausgeübten und auch ihnen allein zustehenden Rechts der so genannten freien oder wilden Hude (= Weiden des Viehs in der Mark außerhalb der Zeit der herbstlichen Schweinemast) und des Sammelns von Laub als Streumaterial in der Mark oder stattdessen einer entsprechenden Entschädigung in Form von Markenparzellen.[59] Vor allem die

---

57 Rittergut Sümmern im heutigen Stadtteil Iserlohn-Sümmern.
58 Eingaben vom 30.3., 20. und 28.9.1771 – sämtlich StadtA Hagen: Ha 1 Nr. 14.
59 Sämtliche Angaben lt. den Protokollen v. 30.10. und 1.11.1770 – beide StadtA Hagen: Ha

Binnererben der Voerder- und der Waldbauerschaft vertraten diesen Anspruch besonders hartnäckig. Als Beweis dafür, dass ihnen die Hude und das Laubsammeln in der Hohwalder Mark als ein Recht zuständen, konnten sie jedoch nur die Tatsache vorbringen, dass sie die Hude und das Laubsammeln in der Mark ausübten. Von den Butenerben wurde dagegen argumentiert, und zwar zu Recht, dass alle Markberechtigten die Mark zum Viehhüten und Streusammeln nutzten. Doch dadurch ließen sich die Binnererben und Kötter der beiden Dörfer Voerde und Waldbauer nicht von ihrem Standpunkt und ihrer Forderung abbringen. Ihre in der Folgezeit an die Teilungskommission und an die Regierungsstellen bis hin zum preußischen König gesandten immer neuen Eingaben und Bittschriften sollten die Staatsbehörden noch über Monate beschäftigen und den endgültigen Abschluss des Teilungsgeschäfts sowie die Durchführung der Teilung der Hohwalder Mark immer wieder hinauszögern. Nur wenige Tage nach dem – vorläufigen – Ende der Teilungsverhandlungen sandten die Binnererben und Kötter der Voerder- und Waldbauerschaft nämlich ein Bittschreiben an die Teilungskommission, in dem sie erneut ihre Forderung nach Ausübung der freien Hude und des Laubsammelns auch auf den verteilten Markengrundstücken oder einer entsprechenden Entschädigung ausführlich darlegten. Zur Begründung führten sie an, dass sie ohne diese auf ihren Hofstellen „ohnmöglich subsistiren" könnten. Auch zur Bezahlung ihrer Pächte und der staatlichen Steuern würden sie die wilde Hude und das Streusammeln in der Mark benötigen, denn nur durch den Verkauf von hin und wieder einem Stück Vieh könnten sie sich die benötigten Geldmittel beschaffen. Auch müssten die Felder in den sauerländischen Gründen, um darauf Früchte ziehen zu können, „durchgehends" gedüngt werden, wofür sie aber als Dung das in der Mark gesammelte und als Stallstreu verwandte Laub benötigten. Würde ihn aber die Hude und das Laubsammeln entzogen, sei ihr „gäntzlicher Ruin" unvermeidlich. Als weitere Begründung für ihre Forderung nach Beibehaltung der Hude und des Laubsammelns gaben sie an, dass sie beides als ein Recht besäßen. Als Beweis für dieses Recht vermochten sie jedoch keinerlei Dokumente vorzulegen, sondern nur die Tatsache zu nennen, dass ihre Hude und ihr Laubsammeln in der Mark „eine von undenklichen Jahren hergebrachte Observantz" sei.[60] In ihrer Stellungnahme vom 17. November 1770, mit der die Teilungskommission das Bittgesuch der

---

1 Nr. 16. Eine Zweitausfertigung der einschlägigen, das Teilungsgeschäft der Hohwalder Mark betreffenden Aktenstücke vom November 1770 bis zum November 1771 einschließlich der Taxations-Tabelle und des Teilungs-Plans befindet sich im Landesarchiv NRW Abt. Westfalen: Haus Busch Akte 374.
60 StadtA Hagen: Ha 1 Nr. 16.

Voerder und Waldbauer Binnererben und Kötter an die Kammer in Hamm bzw. an die Provinzial-Teilungskommission zur Entscheidung weiterleitete, wies die Kommission dann auch sofort darauf hin, dass die Bittsteller keinen Nachweis dafür beizubringen vermocht hätten, dass ihnen ein Recht des Viehweidens und des Laubsammelns in der Mark gewährt worden sei. Auch könne das Eigentumsrecht der Eigentümer des zugeteilten Markengrunds nicht beeinträchtigt werden und daher dem Gesuch auch schon aus diesem Grund nicht stattgegeben werden.[61] Dieser Auffassung der Kommission schloss sich auch die Provinzial-Teilungskommission an, die entschied, dass die Forderung der Binnererben und Kötter der Voerder- und Waldbauerschaft „de plano" abzuweisen sei.[62]

5.7

Doch damit wollten sich die Bittsteller nicht abfinden. Am 10. März 1771 legten sie Beschwerde gegen die Ablehnung ihres Gesuchs beim preußischen König ein. In dem Schriftstück wiederholten sie zur Begründung aber im Wesentlichen die schon in der Bittschrift an die lokale Teilungskommission angeführten und jetzt nur noch etwas erweiterten Argumente. So wird in dem Schreiben ausgeführt, dass die Beschwerdeführer in einer Gegend wohnten, die zu Recht Sauerland genannt werde, weil der Grund mit dem „kalten Nord Sauer" angefüllt sei und man dort nicht einmal für ein wenig Hornvieh genügend Weiden und Kämpe habe, und wo ein Ackersmann auf dem Feld sogar mit vollem Dung nicht einmal genügend Feldfrüchte ernten könnte, um davon ein Vierteljahr zu leben. Auch wird in dem Gesuch ein Vorschlag dazu gemacht, wie ohne die Teilung der Mark die geforderte Sicherstellung der dauerhaften Holzlieferung für die sauerländischen Fabriken garantiert werden könne. Dazu müsse man die Mark in 30 oder mehr Bereiche aufteilen und immer nur in einem Teil das Holz schlagen, der danach aber mindestens zehn Jahr zu schonen sei. Die übrigen Teile könnten dann ohne Schaden für den Waldbestand der Mark zur Hude und zum Laubsammeln freigegeben werden.[63] Bei der Anfertigung dieses Schreibens hatten sich die Bittsteller eines von und zu Genghofen bedient. Diese Person war der Kammer in Hamm

---

61 StadtA Hagen: Ha1 Nr. 14.
62 Bescheid v. 9.2.1771 - StadtA Hagen: Ha 1 Nr. 14.
63 StadtA Hagen: Ha 1 Nr. 14.

aber schon als „ein verdorbener Procellen[64] Macher" bekannt.[65] Auf dem Dienstweg wurde die Eingabe von der Regierung in Berlin an die Kammer in Hamm mit der Anweisung übersandt, falls sich die eingereichte Beschwerde für eine Entscheidung durch die höhere Instanz qualifiziere, nämlich durch die Ober-Teilungskommission in Berlin, sollten die einschlägigen Akten nach dort eingesandt werden.[66] Von der Kammer in Hamm erhielt die lokale Teilungskommission die Entscheidung der Regierung in Berlin zugefertigt mit dem Auftrag, die einschlägigen Akten zur Prüfung wegen der Möglichkeit des weiteren Instanzenzugs der Kammer einzusenden.[67] Die Prüfung ergab, dass nach den für die Markenteilung erlassenen Bestimmungen ein Widerspruch gegen die Entscheidung vom 9. Februar 1771 nicht möglich war, da der ablehnende Bescheid der Provinzial-Teilungskommission mit der ebenfalls negativen Stellungnahme der Lokalkommission völlig übereinstimme. Dies teilte die Kammer der lokalen Teilungskommission am 14. Juni 1771 unter Zurücksendung der Akten mit.[68] Wenn die Teilungskommissare geglaubt hatten, wie sie in einer Bekanntmachung vom 19. Juni 1771[69] erklärten, dass nunmehr, da die „anmaßliche Beschwerde" der Binnererben und Kötter der Voerder- und Waldbauerschaft „rechtskräftig entschieden" sei, endlich zur Markenteilung geschritten werden könnte, so sollten sie sich schwer getäuscht haben. Nur sechs Tage später sandten die „Quaerulanten"[70] eine neue Eingabe an den König, in der sie darum ersuchten, dass ihre Klage zur Entscheidung durch die nächsthöhere Instanz zugelassen werde und die betreffenden Akten von der lokalen Teilungskommission „ohne Anstand" der Ober-Teilungskommission in Berlin zugesandt würden. Sie begründeten dieses Ersuchen wiederum damit, dass sie ohne die Hude und das Laubsammeln in der Mark oder einen entsprechenden Ausgleich „gäntzlich, und zwarn in

64 Procellen – lat. procella = Unruhe.
65 Lt. Marginalverfügung v. 17.5.1771 der Kammer an die lokale Markenteilungskommission – StadtA Hagen: Ha 1 Nr. 14. Wie aus einem Rechtsgutachten zu der Angelegenheit Binnererben und Kötter der Voerder- und Waldbauerschaft contra Butenerben vom 21.5.1771 des Kriegs- und Domänenrats Hincke an die Regierung hervorgeht, wohnte Genghofen in einem Pachthäuschen auf der Enneperstraße und gab (Privat-)Unterricht im Französischen. In dem Schreiben heißt es weiter, dass Genghofen sich in „allerley Process-Sachen" einmische – StadtA Hagen: Ha 1 Nr. 14.
66 Schreiben v. 16.4.1771 der Kammer in Hamm an die lokale Teilungskommission mit dem letzteren das Reskript vom 28.3.1771 übersandt wurde - StadtA Hagen: Ha1 Nr. 14.
67 Schreiben v. 16.4.1771 - StadtA Hagen: Ha 1 Nr. 14.
68 StadtA Hagen: Ha 1 Nr. 14.
69 StadtA Hagen: Ha 1 Nr. 14.
70 So die Bezeichnung in einem Schreiben v. 14.6.1771 der Märkischen Kammer-Deputation in Hamm an die lokale Teilungskommission – StadtA Hagen: Ha 1 Nr. 14.

kurtzer Zeit, verderben" würden.[71] Entsprechend einer daraufhin ergangenen Anordnung vom 2. August 1771 des Generaldirektoriums in Berlin mussten die betreffenden Akten des Streitfalls von der Lokalkommission erneut der Provinzial-Teilungskommission zur nochmaligen Prüfung der Angelegenheit eingesandt werden.[72] Doch bevor die Provinzial-Teilungskommission ihre Entscheidung mitteilte, sandten die Binnererben und Kötter der Bauerschaften Voerde und Waldbauer am 15. Oktober 1771 ein neuerliches Bittgesuch nach Berlin, und zwar dieses Mal an den Großkanzler Maximilian von Fürst und Kupferberg.[73] Wiederum mussten die einschlägigen Akten von der Teilungskommission zusammen mit einem von der Kammer in Hamm geforderten „ausführlichen" Bericht eingeschickt werden.[74] Über den weiteren Gang des Verfahrens geben die erhaltenen Akten keine Auskunft, außer dass die Akten am 31. Dezember 1771 von der lokalen Teilungskommission nochmals an die Kammer in Hamm geschickt wurden.[75] Doch ist auch dieses Gesuch der beiden Bauerschaften sicherlich abgelehnt worden. Offensichtlich haben die Bittsteller danach aber aufgegeben; zumindest finden sich in den erhaltenen Akten keine weiteren Eingaben und auch keinerlei Hinweise darauf. Man muss den betreffenden Binnererben und Köttern bei der hartnäckigen Verfolgung ihres Anliegens nicht unbedingt westfälisch-bäuerliche Dickschädeligkeit unterstellen oder, wie die Teilungskommission, annehmen, dass die Bittsteller zu ihren „Demarchen" von dem „bekanten Pfuscher" Genghofen verleitet worden seien.[76] Den betreffenden Personen ging es hierbei tatsächlich um eine Existenzfrage. Vor allem die Kleinbauern verfügten nicht über genug Weide- und Wiesenflächen für ihr Vieh und waren auf die Hude in der Mark angewiesen. Diese Feststellung gilt in noch höherem Maße für die Kötter, die vielfach außer ihrer Hofstelle lediglich ein kleines Landstück oder häufig bloß etwas Gartenland besaßen. So verfügte von den zwei mit ihrem Besitz in der am 1. November 1770 der Teilungskommission vorgelegten Kötter-Liste angeführten Köttern der Eilper Bauerschaft nur der eine, Johann Peter Hoppe, über ein kleines Landstück von elf Sechzig[77] und damit lediglich über

---

71 StadtA Hagen: Ha 1 Nr. 14.
72 Schreiben v. 14.9.1771 der Märkischen Kammer-Deputation in Hamm an die lokale Teilungskommission - StadtA Hagen: Ha 1 Nr. 14.
73 StadtA Hagen: Ha 1 Nr. 14.
74 Schreiben v. 26.11.1771 der Märkischen Kammer-Deputation in Hamm an die lokale Teilungskommission - StadtA Hagen: Ha 1 Nr. 14.
75 StadtA Hagen: Ha 1 Nr. 17.
76 Diese Vermutung wird von der lokalen Teilungskommission in ihrem Bericht v. 31.12.1771 an den König geäußert – StadtA Hagen: Ha 1 Nr. 17.
77 Sechzig – altes Flächenmaß, in Preußen = 284 qm.

etwas mehr als einen halben Morgen; der zweite, Melchior Kampmann, hatte dagegen an Land nur einen Garten.[78]

5.8

Die Verzögerung des Teilungsgeschäfts der Hohwalder Mark wurde aber nicht nur durch die ständigen Bittschriften der Voerder und Waldbauer Binnererben und Kötter verursacht. Eine weitere Ursache war, dass der mit der Anfertigung der für die Vornahme der Spezialteilung erforderlichen Karte der Hohwalder Mark beauftragte Ingenieur-Leutnant Fescka seiner Aufgabe „aller geschärfften Verordnungen ohngeachtet" nicht nachkam. Obwohl der Ingenieur-Leutnant bereits am 2. November 1770 von der Teilungskommission den Auftrag zur Vermessung der Hohwalder Mark und zur Anfertigung der

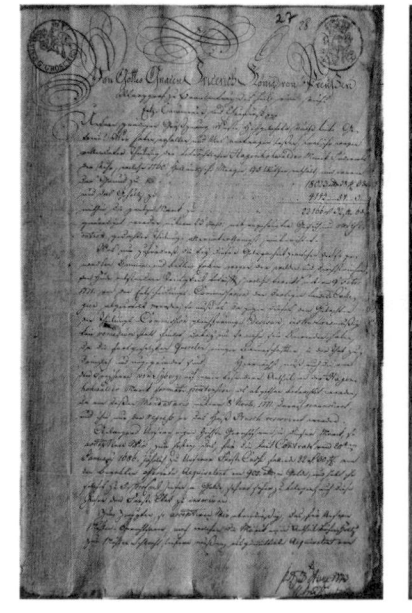

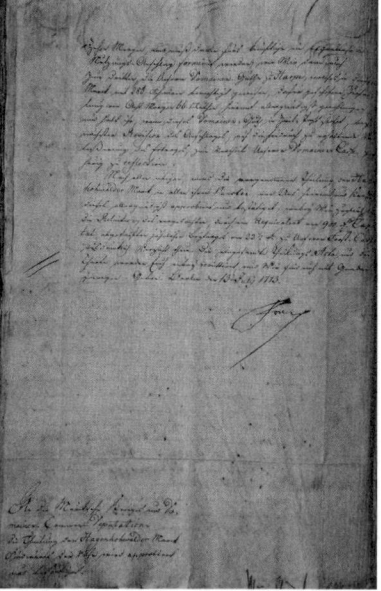

Abb. 3 und 4: Königliche Genehmigung vom 13. Juli 1773 der Aufteilung der Hagen-Hohwalder Mark mit eigenhändiger Unterschrift Friedrichs II. – Stadtarchiv Hagen: Ha 1 Nr. 17

---

78 StadtA Hagen: Ha 1 Nr. 16

Karte erhalten hatte,[79] lagen das Vermessungsergebnis und die Karte nämlich auch ein halbes Jahr später immer noch nicht vor.[80] Doch auch die mit der Bestimmung des Wertes der einzelnen Stücke der Hohwalder Mark ebenfalls am 2. November 1771 beauftragten drei Taxatoren, der Forstsekretär Nicolaus Henrich Dähnert und die beiden Eingesessenen Henrich Diederich Krefft und Caspar Wilhelm Bielstein, nahmen ihre Aufgabe nur äußerst zögerlich in Angriff. So musste der von der Teilungskommission für die Spezial-Verteilung der Mark angesetzte Termin am 20. September 1771[81] „aus Mangel der Taxation" auf den 5. Oktober 1771 verschoben werden. Da die Taxatoren aber auch bis dahin die Taxations-Tabelle noch nicht fertiggestellt hatten, musste dieser Termin wieder aufgehoben werden.[82] Bereits Mitte August 1771 hatte die Märkische Kammer-Deputation in Hamm der lokalen Teilungskommission aber ihr Missfallen über den schleppenden Vorgang und sogar Stillstand des Teilungsgeschäfts der Hohwalder Mark kundgetan.[83] Erst am 5. November 1771 lagen die Vermessungs-Karte und die Taxations-Tabelle der Hohwalder Mark vor, sodass endlich mit der Spezial-Verteilung begonnen werden konnte. Die Zuteilung der einzelnen Markenparzellen erfolgte teils durch Zuweisung, teils im Losverfahren.[84] Doch dauerte es noch fast ein Jahr, bis die lokale Teilungskommission den Teilungsplan der Hohwalder Mark mitsamt der Taxations-Tabelle und einem ausführlichen Bericht auf dem Dienstweg an den König zur Genehmigung sandte.[85] Möglicherweise hängt auch diese Verzögerung mit der Überlastung der Teilungskommission zusammen, die zur selben Zeit nachweislich mit der Teilung von mindestens drei weiteren Marken im Hagener Raum und in der Umgebung (Sunderloher, Eppenhauser und Sprockhöveler Mark) befasst war.[86] Von der Kammer-Deputation in Hamm wurden die Unterlagen dann am 23. Juni 1773 nach Berlin weitergeleitet.[87] Die von König Friedrich II. eigenhändig unterzeichnete Genehmigung erfolgte am 13. September 1773.[88] Damit konnte nach über acht Jahren das Teilungsverfahren

79 StadtA Hagen: Ha 1 Nr. 16.
80 Bekanntmachung v. 19.6.1771 der Teilungskommission - StadtA Hagen: Ha 1 Nr. 14.
81 Bekanntmachung v. 10.9.1771 - StadtA Hagen: Ha 1 Nr. 14.
82 Angaben lt. Schreiben v. 11.10.1771 der Teilungskommission an die Markgenossen der Hohwalder Mark – StadtA Hagen: Ha 1 Nr. 14.
83 Schreiben v. 12.8.1771 - StadtA Hagen: Ha 1 Nr. 14.
84 Protokolle v. 5., 7. und 8.11.1771 - StadtA Hagen: Ha 1 Nr. 14.
85 Der Bericht datiert vom 31.12.1772 - StadtA Hagen: Ha 1 Nr. 17.
86 Schreiben v. 20.2. 1771 der Teilungskommission südwärts der Ruhr an die Märkische Kammer-Deputation in Hamm – StadtA Hagen: Ha 1 Nr. 14 sowie lt. Bekanntmachung vom 9.11.1771 der Teilungskommission – StadtA Hagen: Ha 1 Nr. 14.
87 Begleitschreiben der Kammer-Deputation - StadtA Hagen: Ha 1 Nr. 17.
88 Original: StadtA Hagen: Ha 1 Nr. 17.

endlich abgeschlossen und die Aufteilung der Mark unter den ehemaligen Markgenossen und sonstigen Markberechtigten vorgenommen werden.

5.9

Den größten wirtschaftlichen Nutzen von der Auflösung der Hagen Hohwalder Mark hinsichtlich der Vergrößerung ihres Landbesitzes hatten die beiden obersten Haupterben, nämlich die Besitzer der adligen Häuser Busch und Niedernhof. Da sie über die meisten Schar- und sonstigen Markrechte verfügten, erhielten sie von allen Markgenossen auch die größten Anteile des Markengrunds. So bekam das Haus Busch insgesamt 82 Morgen 91 Quadratruten und das Haus Niedernhof 77 Morgen 554 Quadratruten. Im Vergleich dazu entfielen auf alle 33 Teilungsberechtigte in der Waldbauerschaft zusammen 221 Morgen 461 Quadratruten; in der Eilper Bauerschaft erhielten die 24 ehemaligen Markgenossen insgesamt 81 Morgen 421 Quadratruten, in der Stadt Hagen bekamen die früheren 34 Markerben zusammen 77 Morgen 34 Quadratruten, die 17 in der Voerder Bauerschaft 76 Morgen 163 Quadratruten, die 24 im Dorf Haspe 72 Morgen 292 Quadratruten, die 13 in Bathey 65 Morgen 116 Quadratruten, die 10 in Fley 57 Morgen und 80 Quadratruten, die 17 in Wehringhausen 43 Morgen 149 Quadratruten, die 15 in Boele 42 Morgen 392 Quadratruten, die 12 in Hengstey 39 Morgen 460 Quadratruten, die 9 in Eckesey 34 Morgen 121 Quadratruten und auf alle 13 Markberechtigten im Dorf Hellweg (Helfe) entfielen insgesamt 30 Morgen 197 Quadratruten. Von den nichtadligen Markgenossen erhielt den mit Abstand größten Anteil an Markengrund, nämlich 21 Morgen 412 Quadratruten, Johann Peter zu Raffelbeul [Rafflenbeul] in der Waldbauerschaft. Die Mehrheit bekam jedoch zwischen etwas über einem und etwas mehr als fünf Morgen. Eine nicht geringe Zahl wurde aber mit weniger als einem Morgen abgefunden. In der Bauerschaft Eilpe zum Beispiel bekamen von den 24 Teilungsberechtigten je einer gut elf, acht, vier oder drei Morgen zugeteilt; zwei empfingen jeweils etwas mehr als sechs Morgen; jeweils vier erhielten etwas über fünf, zwei oder einen Morgen; sechs Markberechtigte bekamen aber jeweils nicht einmal einen ganzen Morgen an Markengrund und einer von ihnen, Reinighauß, erhielt sogar bloß einen halben Morgen.[89]

---

89 Angaben nach dem „Theilungs-Plan von der Hagen-Hohwalder Marck"- StadtA Hagen: Ha 1 Nr. 14; das weniger bedeutende Haus Altenhagen bekam insgesamt ½ Morgen 229 Quadratruten an Markengrund.

Ingrid Telsemeyer

Der Grabstein des Wittener Bergmanns Heinrich Herberg – „Ein Erinnerungsort"

I n h a l t : 1. Der Unfall, S. 92. – 2. „Verunglückungen beim Bergwerksbetriebe"..., S. 94. – 3. „Mit Gott fuhr ich zum dunklen Schacht." S. 97. – 4. Überliefertes, S. 99.

„Der Bergbau schafft nicht nur Werte, er vernichtet auch manches Lebensglück und manches Leben."
Heinrich Imbusch, 1908[1]

In der Sammlung des LWL-Industriemuseums, Westfälisches Landesmuseum für Industriekultur, befindet sich ein großer Grabstein mit der Inschrift: „Hier ruht sanft / der Bergmann / Heinrich Herberg / geb. am 7. Juni 1829 / verunglückt auf Zeche / Franziska Tiefbau / am 20. Juli 1876". Die Größe und aufwändige Gestaltung des Steins deutet auf das Standesbewusstsein der Bergmannsfamilien hin. Er erinnert jedoch nicht nur an das Schicksal des Verstorbenen und seiner Hinterbliebenen, vielmehr legt er ebenso Zeugnis ab von den zahlreichen tödlichen Unfällen im Bergbau des 19. Jahrhunderts.[2]

---

1 Heinrich Imbusch, Arbeitsverhältnis und Arbeiterorganisationen im deutschen Bergbau. Essen, o. J. [1908], S. 127.
2 Imbusch nennt für den preußischen Bergbau zwischen 1841-1906 34.297 tödlich Verunglückte. Vgl. ebd. S. 128.

Abb. 1: Grabstein für Heinrich Herberg von 1876, Ruhrsandstein.

1.

Die Wittener Zeitung berichtete im Juli 1876 über den Unfall des Bergmanns Heinrich Herberg unter der Rubrik „Westfälisch-Rheinisches" wie folgt: „Auf Zeche Franziska Tiefbau ist der 51 Jahre alte Bergarbeiter Herberg durch einen Fehltritt in den Schacht gestürzt und als Leiche zu Tage gefördert worden. Derselbe war ein solider und fleißiger von seinen Vorgesetzten geschätzter Arbeiter."[3]

---

3   Wittener Zeitung 25.7.1876, Zeitungssammlung STA Witten.

Der als Sohn eines Tagelöhners und Bergmanns in Witten geborene Johann Heinrich Friedrich Anton Herberg,[4] der eine Frau und einen 10-jährigen Sohn hinterließ,[5] verunglückte laut Verwaltungsbericht der Polizei beim Sturz in den Pumpenschacht der Zeche Franziska Tiefbau, dem damals größten Wittener Bergwerk.[6]

Die Zeche Vereinigte Franziska Tiefbau war in den Jahren seit 1865 stetig gewachsen, sie hatte ihr Grubengebäude in der Tiefe erweitert und die Belegschaft vergrößert.[7] 1870 hatte das Bergwerk im Zentrum Wittens 346 Beschäftigte, 1875 bereits 489.[8] Mit der Vergrößerung des Bergbaubetriebs wuchsen auch die Gefahren für die Bergleute. Der tödliche Unfall Herbergs war kein Einzelfall: Im Laufe des Jahres 1876 kamen auf der Zeche Franziska zwei weitere Bergleute ums Leben: Am 10. Februar verunglückte der Rangierer Gustav Hafermaas, als er zwischen die Puffer eines Waggons und der Rangierlokomotive geriet.[9] Das passierte in diesem Jahr auch fünf weiteren Bergleuten im zuständigen Oberbergamtsbezirk Dortmund „beim Rangieren rsp. Ankuppeln der Eisenbahnwaggons".[10] Bei einem weiteren tödlichen Unfall am 19. September stürzte der Bergmann Chr. Kuckuck in den Bremsschacht.[11] Auch das war kein Einzelfall: 31 Bergleute kamen 1876 im Oberbergamtsbezirk Dortmund durch einen Sturz in den Bremsschacht ums Leben.[12]

---

4   Geburtsurkunde: P 4, Nr. 899, Jg. 1825, Eintrag Nr. 45. Für diese und weitere Auskünfte, s. u., danke ich Dr. Volker Hirsch vom Landesarchiv Nordrhein-Westfalen/Abt. Ostwestfalen-Lippe, Detmold.

5   Vgl. Sterbeurkunde Johann [!] Heinrich Herberg Nr. 314. Witten, 21. Juli 1876. StAWitten: Sign.134.2011.1 C 1876 und Sterbeurkunde Ludwig Herberg Nr. 180. Witten, 6. April 1884. STAWitt. Für diese und weiterführende Hinweise, s. u., danke ich Frau Dr. Kliner-Fruck vom Stadtarchiv Witten

6   Vgl.: Bericht über den Stand und die Verwaltung der Gemeinde=Angelegenheiten der Stadt Witten bei Ueberreichung des Haushalts=Etats pro 1. April 1877 bis 31. März 1878, XIII. Polizei=Verwaltung. Witten 1877, S. 43 [Der Verwaltungsbericht der Polizei bezieht sich auf das Korrespondenzjournal 1876], STA Witten.

7   Vgl. insbes. GERHARD KOETTER, Steinkohle unter Witten. Witten, 2009. S. 74-77; und JOACHIM HUSKE, Die Steinkohlenzechen im Ruhrrevier. Bochum, 20063. S. 309.

8   Ebd. S. 309.

9   Vgl.: wie Anm. 6.

10   Zeitschrift für das Berg- Hütten- und Salinen-Wesen im Preussischen Staate 25 (1877), Statistischer Teil, S. 21.

11   wie Anm. 6.

12   wie Anm. 10, S. 17f.

2.

Für 1876 berichtet die im Ministerium für Handel, Gewerbe und Öffentliche Arbeiten herausgegebene Zeitschrift für das Berg-, Hütten- und Salinen-Wesen über 451 tödlich Verunglückte von insgesamt 159.660 im Steinkohlebergbau Preußens beschäftigten Arbeitern.[13] Wie Heinrich Herberg kamen im Oberbergamtsbezirk Dortmund 28 Mann durch Sturz in den Schacht zu Tode. Folgende Ursachenbeschreibung könnte auch auf Herbergs Fall zutreffen: „Einer wollte sich durch den Schacht begeben, um sich vor den im Füllort angesteckten Schüssen zu sichern, und that einen Fehltritt".[14] Häufige andere Ursachen für derartige Unglücke waren Stürze von Arbeitsbühnen bei Schachtarbeiten oder das Ausgleiten auf einer Fahrt (Leiter).[15] Die Dunkelheit durch unzureichende Ausleuchtung konnte auf oft kilometerweiten, feuchten, unwegsamen oder noch unbekannten Strecken unter Tage zu Unsicherheiten führen: „Der Bergmann sah kaum, wohin er trat. Die erheblichen Unebenheiten der Wegstrecke, herumliegendes Material oder Gezähe provozierten Unfälle, ... bis hin zu Abstürzen mit Todesfolge, etwa in übersehene Schächte oder Bremsberge."[16]

Die Unfallgefahren waren im Bergbau strukturbedingt und verglichen mit anderen Berufszweigen seit jeher hoch. Der extrem kräftezehrende Arbeitsalltag Untertage[17] mit schwerer körperlicher Arbeit, bei schlechter Luft in beengten Räumen und im Dunkeln, forderte seinen Tribut. Das schien das Schicksal der Bergleute zu sein und es war ihnen bewusst. Stein- und Kohlenfall, Wassereinbrüche, berstende Stempel, Schlagwetter-Explosionen[18] und vieles mehr gehörten im 19. Jahrhundert zum Berufsalltag.

---

13 wie Anm. 10. S. 8.
14 Vgl. auch zum Vorhergehenden: Ebd., S. 19.
15 Ebd.
16 MICHAEL MARTIN, Allgegenwärtiger Tod: Arbeitsbedingungen und Mortalität im Ruhr-Bergbau bis zum Ersten Weltkrieg. In: Historical Social Research 34 (2009), 4, pp. 154-173. URN: http://nbn-resolving.de/urn:nbn:de:0168-ssoar-287649 S. 157.
17 Vgl. dazu ausführlicher: FRANZ-JOSEF BRÜGGEMEIER, Lebens- und Arbeitswelten von Bergleuten und ihren Familien, in: KLAUS TENFELDE/STEFAN BERGER/HANS-CHRISTOPH SEIDEL (Hg.): Geschichte des deutschen Bergbaus, Bd. 3. Münster 2016, S. 241f.
18 Exemplarisch nenne ich die nicht weit entfernte Zeche „Neu-Iserlohn" in Langendreer (Bochum). Hier gab es gleich mehrere Explosionsunglücke. Im Januar 1868 wurden dabei mindestens 81 Menschen getötet. Vgl. HUE, 1913 a.a.O. S. 195f und MICHAEL FARRENKOPF/ EVELYN KROKER: Grubenunglücke im deutschsprachigen Raum, Bochum 1999².

Besonders eindrücklich beschrieben wird dies in den Versen des Bergmanns und Bergarbeiterdichters Heinrich Kämpchen, einer der wichtigsten poetischen Quellen dieser Zeit:
Wer nie im Schacht die Keilhau' schwang,
Wer nie, vom Pulverdampf umgeben,
Nach Luft und Athem röchelnd rang,
Der kennt dich nicht, du Bergmannsleben.
Man wirft uns in die Gruft hinein,
Wer bürgt, daß nicht zerschmettert färben
Wir unten blutig das Gestein?
Es geht auf Leben oder Sterben. - /.....[19]

Nüchterner beschreibt es die Auswertung zur „Statistik der tödlichen Verunglückungen" von 1850-1903: „Besonders starke Gefahrenquellen beim Ruhrkohlenbergbau sind der Stein- und Kohlenfall, die Schlagwetter- und Kohlenstaub-Explosionen und wegen des vielfach steilen Fallens der Betrieb der Bremsberge sowie der blinden Schächte."[20]

Es ist festzustellen, dass nach dem Ende des staatlich gelenkten Bergbaus, der zwischen 1850-1865 von privatwirtschaftlich geführten Bergbaubetrieben abgelöst wurde, die Unfallgefahr auf den Gruben des Ruhrgebiets zunahm. Im Oberbergamtsbezirk Dortmund stieg die Zahl der tödlichen Unfälle seit 1855 deutlich und kontinuierlich bis zum Ende des Jahrhunderts weiter an. Waren es 1841 noch 23 Todesfälle, so liegt die Zahl in den 1870er Jahren zwischen 209 und 286 jährlich.[21] Im Laufe der 1860er Jahre rückte der Bergbau des ‚Reviers' u.a. wegen zahlreicher Explosionsunglücke an die Spitze der europäischen Unfallstatistik.[22] Die Nordwanderung des Bergbaus in Regionen mit höheren Methangaskonzentrationen in den Gruben, der Ausbau der Zechen mit rasant wachsenden Belegschaften, die nicht systematisch ausgebildet waren, abnehmende staatliche Kontrolle, Verlängerung der Schichtzeiten, zunehmender Arbeitsdruck auf Kosten der Sicherheit sowie das Vordringen der Schächte und Arbeitsbereiche in immer größere Tiefen erhöhten das Unfallrisiko.[23]

19 HEINRICH KÄMPCHEN, „Ideal und Prosa" in: Aus Schacht und Hütte. Bochum 1898, S. 29f.
20 Die Entwickelung des Niederrheinisch-Westfälischen Steinkohlen-Bergbaues in der zweiten Hälfte des 19. Jahrhunderts. Bd. XII, Teil 3. Berlin, 1904, S. 96-103.
21 Zahlen aus: Zeitschrift für das Berg- Hütten- und Salinenwesen in dem Preussischen Staate, Bd.1ff. (1854ff.).
22 Vgl. auch zu den Ursachen MICHAEL FARRENKOPF/EVELYN KROKER: wie Anm. 18, S. 38f. Vgl. neuerdings: BRÜGGEMEIER: wie Anm. 17, S. 233ff.
23 Vgl. BRÜGGEMEIER, ebd., S. 235-239. Zur Verlängerung der Schichtzeiten, Arbeits-

Abb. 2: Rückseite des Grabsteins für Heinrich Herberg mit Versen.

druck/"System der Sollförderung" s. OTTO HUE, Die Bergarbeiter. Bd. 2. Stuttgart, 1913. Reprint: Berlin, Bonn, 1981, S. 153ff. und IMBUSCH, wie Anm. 1, S. 130ff.

3.

Vor diesem Hintergrund erschließt sich die Bedeutung des auf der Rückseite des Grabsteins eingravierten Textes. Dieser verweist auf das hohe Berufsethos und den Umgang der traditionell gläubigen Bergleute – Heinrich Herberg war laut Sterbeurkunde evangelischer Religion – mit dem hohen Todesrisiko im Bergbau. Das gemeinsame Gebet vor Schichtbeginn hatte deshalb in vielen Bergbauregionen eine lange Tradition. An diese religiöse „Bewältigungsstrategie"[24], die im Ruhrbergbau erst Anfang des 19. Jahrhunderts Verbreitung fand, erinnert das Bethaus im Muttental in Witten. Hier trafen sich um 1830 die Bergleute der umliegenden Zechen für eine kurze Andacht vor Schichtbeginn.[25]

Die Verse auf dem Grabstein Herbergs drücken Pflichtbewusstsein und Identifikation mit diesem Beruf aus, zu dem der Tod gehörte - vor allem aber Vertrauen und Hoffnung in Gott, den Erretter und Trostbringer:

> „Mit Gott fuhr ich zum / dunklen Schacht.
> Er war / mein Schutz mein Licht /
> So hab ich manche Schicht / gemacht
> nach treuer / Bergmannspflicht /
> Getrost stieg ich auch / heut hinab
> wie der / Beruf gebot
> Wart / auch die Tiefe mir zum / Grab
> der Geist / fuhr auf zu Gott."

Nun war in dieser Zeit der frühzeitige Tod ein häufiges Schicksal. Die hohe Kindersterblichkeit, Mortalität durch Krankheiten, oder eben die Gefahren der Bergarbeit, die im Bewusstsein der Bergleute und ihrer Angehörigen stets präsent waren, gehörten zum alltäglichen Erleben. Im Falle Herbergs wurde der plötzliche Tod im Schacht mit Gottergebenheit und Akzeptanz des Risikos, hier umschrieben als treue Pflichterfüllung – „wie der Beruf gebot" - bewältigt. Diese hohe Identifikation mit dem Beruf und seinen Verpflichtungen war in der Region des älteren Ruhrtalbergbaus und bei Bergleuten,

---

24 Vgl. ausführlicher zu Bewältigungsstrategien in der bergmännischen Kultur: Michael Martin, Allgegenwärtiger Tod: Arbeitsbedingungen und Mortalität im Ruhr-Bergbau bis zum Ersten Weltkrieg. In: Historical Social Research 34 (2009), 4, pp. 154-173. URN: http://nbn-resolving.de/urn:nbn:de:0168-ssoar-287649 S. 165f.

25 Vgl.: OLGE DOMMER, Vom Gebet zur Kontrolle, in: ANDREA KIENDL/INGRID TELSEMEYER (Hg.): Vom Bethaus zur Kohle. Dortmund 1995, S. 18ff.

die aus Bergmannsfamilien stammten, sicherlich noch stark verbreitet. Sie ging zurück auf die ständische Privilegierung der Bergleute in der Grafschaft Mark seit dem 18. Jahrhundert. Diese brachte Rechte mit sich, demgegenüber standen aber auch besondere Pflichten. Beispielsweise die Verpflichtung, „zur besonderen Auszeichnung ihres Standes" bei festgelegten Anlässen eine bergmännische Uniform zu tragen.[26] Zu den Privilegien zählte der achtstündige Schichtbetrieb, von der Bergbehörde ausgehandelte Löhne, die sich an den Lebenshaltungskosten orientierten, kostenlose Brandkohlen und die soziale Absicherung durch die Knappschaftskasse. Als Mitglied der Knappschaft unterlagen die Bergleute zugleich einem bestimmten Verhaltenskodex, den sie mit einer Eidesformel beschwören mussten, wie er in §1 der Knappschaftsordnung des Märkischen und Essen-Werdenschen Bergamts von 1824 festgehalten war: „Das Bestreben eines Bergmanns muß dahin gerichtet seyn, seinen ausgezeichneten Beruf getreu zu erfüllen,...und durch Gehorsam gegen seine Vorgesetzten sich und seinem Stande Ehre zu erwerben...".[27] Dazu gehörte wohl auch ein repräsentatives Begräbnis und Grabstein, nicht umsonst gab es für die Knappschaftsmitglieder Begräbniskostenzuschüsse.

Mit zunehmender Industrialisierung, verbunden mit steigenden Unfallzahlen, sowie der „Proletarisierung der Bergarbeiter"[28] galten Gehorsam, Ergebenheit und Duldsamkeit nicht mehr für alle. Die entstehende Bergarbeiterbewegung klagte Missstände an und fragte nach den Ursachen.[29] Das spiegelt sich auch im Werk von Heinrich Kämpchen, der die abgesicherten Arbeitsverhältnisse der Ruhrbergleute früherer Generationen aus eigener familiärer Erfahrung noch kennengelernt,[30] den Wandel der Arbeitsbedingungen

26 § 16 Knappschaftsordnung des Märkischen und Essen-Werdenschen Bergamts, Essen, 1824.
27 S. § 1 und die gesamte Knappschaftsordnung des Märkischen und Essen-Werdenschen Bergamts. Essen, 1824. Vgl. zu dieser Thematik ausführlicher: KLAUS TENFELDE, Sozialgeschichte der Bergarbeiterschaft an der Ruhr im 19. Jahrhundert. Bonn 1981, S. 87ff.
28 Dazu grundlegend HUE: wie Anm. 23, S. 1-258.
29 OTTO HUE, der sozialdemokratische Arbeiterführer der Bergarbeiterschaft und Redaktionsleiter der „Bergarbeiter-Zeitung" musste während des Kaiserreichs mehrmals ins Gefängnis, weil er auf unzumutbare Arbeitsverhältnisse und Versäumnisse bei der Einhaltung bergpolizeilicher Maßregeln öffentlich hingewiesen hatte. Vgl. dazu Hans Mommsen in seiner Einführung zum Reprint des Zweibändigen Werks von OTTO HUE: Die Bergarbeiter. Bd. 1. Berlin, Bonn, 1981. S. VI. – Exemplarisch sei hier auf das Bergwerksunglück auf der Zeche Radbod bei Hamm von 1908 mit 350 Toten verwiesen. Hier kulminierten die sozialen Spannungen zwischen Bergleuten, Werksleitung und Bergbehörden. S. dazu: OLAF SCHMIDT-RUTSCH/INGRID TELSEMEYER (Hg.): Die Radbod-Katastrophe. Essen 2008, insbes. S. 21-32. Hingewiesen sei auch auf das Gedicht von H. KÄMPCHEN: „Die Klage der Toten" in der Bergarbeiter-Zeitung vom 19.12.1908
30 Der Vater war als Steiger im Ruhrbergbau tätig. Vgl. HEINRICH KÄMPCHEN, Lesebuch.

seit den 1860er Jahren auf einer Ruhrtalzeche dann am eigenen Leib erfahren hatte. Er drückte den Zorn über die unfallträchtigen Verhältnisse in vielen seiner Gedichte, die regelmäßig in der Bergarbeiter-Zeitung veröffentlicht wurden, deutlich aus, so wie hier in „König Ludwig"[31]:

> „Wie lang soll dem Bergmann bei kargem Lohn,
> Noch die Geißel der Schächte, die Wetter bedrohn?
> Was spart man noch immer am schnöden Gold,
> Wenn der Donner des Todes verderbend rollt?"
> Hier nützt nicht die Phrase im Heuchelton:
> „Elf brave Knappen sind wieder schon
> Von der bösen Wetter hinweggerafft,"
> Wenn man nicht Hülfe und Rettung schafft. ...

4.

Der Herstellungs- und Fundort des Grabsteins von Heinrich Herberg ist unbekannt. Mit großer Wahrscheinlichkeit stand er aber auf dem evangelischen Friedhof Witten zwischen Haupt- und Kirchhofstraße.[32] Das Westfälische Industriemuseum erwarb den Stein im Jahr 1991 aus der Sammlung des Märkischen Museums Witten. Eine Dokumentation dazu existierte nicht. Der 1,47 (H) x 0,64 (B) x 0,39 (T) Meter große Gedenkstein besteht aus drei Teilen. Auf dem Sockelteil ist das Bergbauemblem Schlägel & Eisen dargestellt. Die Inschriften sind beidseits in den Mittelteil des Grabsteins gemeißelt. Oben auf dem Dachteil befindet sich ein Pfostenschuh. Dort war vermutlich ein Kreuz aus Metall befestigt, wie es zu der Zeit üblich war. Die gesamte handwerkliche Ausführung zeugt von hoher Kunstfertigkeit des Steinmetzes, denn der Ruhrsandstein ist wegen seiner Härte schwer zu bearbeiten. Im Übrigen hatte die Wittener Zeitung in der Meldung zum tödlichen Unfall Heinrich Herbergs sein Alter mit ‚51 Jahre' korrekt angegeben, denn bei

---

Nachwort JOACHIM WITTKOWSKI. In: Nylands Kleine Westfälische Bibliothek 41. Köln, 2013. S. 149.
31 HEINRICH KÄMPCHEN, Aus Schacht und Hütte. Bochum, 1898, S. 39f. Das Gedicht nimmt Bezug auf eine Schlagwetter- und Kohlenstaubexplosion, im November 1891, bei der auf der Zeche König Ludwig in Recklinghausen 11 Bergleute ums Leben kamen.
32 Weitere Angaben zu den Wittener Friedhöfen s.: MARTINA KLINER-FRUCK, Friedhöfe, Orte der Stadtgeschichte, in: Friedhöfe in Witten, Bochum 2008³, S. 20-26.

dessen Geburtsdatum kam es auf dem Grabstein zu einer kleinen Fehlgravur, statt 1825[33] wurde 1829 eingraviert – möglicherweise ein Übermittlungsfehler, der nicht mehr korrigiert wurde.

Unter welchen Umständen die Witwe Marie Catherine Elisabeth Herberg nach dem Tod des Ernährers ihre neue Lebenssituation bewältigte, wissen wir nicht. Allerdings lassen sich aus überlieferten Urkunden und der Rechtslage einige Schlüsse ziehen.

(Johannes) Heinrich Herberg und Marie Catherine Elisabeth Sprawe aus Lütgendortmund, Tochter des Bergmanns Johannes Wilhelm Sprawe, hatten am 22. Oktober 1852 in Witten geheiratet.[34] Der Bräutigam war 27, die Braut 26 Jahre alt.

Aus ihrer Ehe ging der Sohn Ludwig hervor, der zum Todeszeitpunkt des Vaters zehn Jahre alt war.[35] Ihre Adresse war zu diesem Zeitpunkt Röhrchen Nr. 28, die heutige Röhrchenstraße in Witten-Mitte[36], also in unmittelbarer Nähe der Zeche Franziska, die an der Haupt- bzw. der heutigen Ruhrstraße lag und darüber hinaus einen Seilschacht an der Röhrchenstraße hatte.[37]

Heinrich Herberg war als märkischer Bergarbeiter Zwangs-Mitglied des Märkischen Knappschaftsvereins, aufgrund seines Dienstalters[38] vermutlich als Bergmann II. Klasse eingestuft. Seit 1854 sah das neue Preußische Knappschaftsgesetz eine einheitliche Regelung für alle Knappschaftsvereine Preußens als Versicherungsträger für den, dem allgemeinen Berggesetz unterstellten, Bergbau vor. Für Mitglieder der Knappschaftsvereine bestand Versicherungspflicht. Diese fortschrittliche Sozialversicherungsgesetzgebung regelte die Beitragspflicht von Arbeitnehmern und Arbeitgebern.[39] Dabei

---

33 Lt. Geburtsurkunde: P 4, Nr. 899, Jg. 1825, Eintrag Nr. 45. Landesarchiv Nordrhein-Westfalen/Abt. Ostwestfalen-Lippe, Detmold.
34 Heiratsurkunde: P4, Nr. 900, Jg. 1852, Eintrag Nr. 31 Landesarchiv Nordrhein-Westfalen/ Abt. Ostwestfalen-Lippe, Detmold.
35 Vgl. Sterbeurkunde Ludwig Herberg Nr. 180. Witten, 6. April 1884. STA Witten.
36 Vgl. Paul Brandenburg/Karl-Heinz Hildebrand: Witten - Straßen. Wege. Plätze. Witten 1989. S. 118.
37 In dem erhaltenen Betriebsgebäude Röhrchenstraße 10 ist heute das Diakonische Werk untergebracht.
38 Angenommen wird hier, dass er im Alter von 16 Jahren mit der Arbeit auf der Zeche begann, also 35 Arbeitsjahre hatte.
39 Vgl. und umfänglicher auch zum Vorhergehenden: Die Entwickelung des Niederrheinisch-Westfälischen Steinkohlen-Bergbaues in der zweiten Hälfte des 19. Jahrhunderts. Bd. XII, Teil 3. Berlin, 1904. S. 132ff; Josef Lingnau, Das System sozialer Hilfeleistungen für die Bergarbeiter in der Knappschaftsversicherung des Ruhrbergbaus. 1767-1961. Köln, 1965. S. 57ff; Ulrich Lauf, Die Knappschaftsvereine bis zur Gründung der Reichsknappschaft, in: Michael Fessner u.a. (Hg.): Auf breiten Schultern. 750 Jahre Knappschaft. Bochum

waren die Beiträge der Arbeiter im Verhältnis zum Lohn zu bemessen, also nach Dienstgraden differenziert,[40] und die „Beiträge der Werksbesitzer sollen mindestens die Hälfte des Beitrags der Arbeiter ausmachen."[41] Um bessere Leistungen bei Unglücksfällen zu ermöglichen, hatten seit 1871 Bergwerksbesitzer für bei der Bergarbeit Verunglückte, die zu Tode kamen oder dauerhaft invalide wurden, 100 Thaler in die Kasse zu zahlen.[42]

Die Knappschaft war u.a. zu in den Knappschaftsstatuten festgelegten Leistungen bei Krankheit, Unfall, Invalidität und Tod verpflichtet.[43]

Laut Statuten der Märkischen Knappschaft hätte es in vorliegendem Fall folgende Leistungen für die Angehörigen gegeben:

Einen einmaligen Begräbnisbeitrag von 40 Mark, eine monatliche Witwen-Unterstützung bis zur Wiederheirat, die 2/3 der zu erwartenden Pension des verstorbenen Ehemanns betrug, das wären hier 2/3 von 30 Mark (also 20 Mark). Ein monatliches Erziehungsgeld für das eheliche Kind bis zum Eintritt ins 15. Lebensjahr von 3 Mark.[44] Ohne dass uns die tatsächlichen Verhältnisse überliefert sind, hätten der Witwe Elisabeth Herberg danach also 23 Mark zur Verfügung gestanden. Verglichen mit dem vorher zur Verfügung stehenden Bergarbeiterlohn Herbergs, der bei einem angenommenen täglichen Schichtlohn von 3 Mark zu dieser Zeit in etwa 80 Mark monatlich betrug, war das sehr wenig.[45]

Bekannt ist zudem, dass seine Witwe, nun „wohnhaft Röhrchen Nr. 40a und als „Landwirthin"[46] bezeichnet, knapp 6 Jahre später, im März 1882 den Schieferdeckermeister und seit gut einem Jahr verwitweten Christian Böhle

---

2010, S. 266ff; LARS BLUMA, Das geschlossene System: Die Knappschaft an der Ruhr, in: Westfälische Forschungen, 64/2014, S. 214.

40 Heinrich Herberg zahlte als Arbeiter II. Klasse 1875 einen monatlichen Beitrag von 2 Mark. Entsprechend der gezahlten Beiträge waren auch die Leistungen gestuft. Siehe Tabelle XI: Leistungen der Knappschaftsvereine. In: Die Einrichtungen zum Besten der Arbeiter auf den Bergwerken Preußens. Berlin 1875. S. 51ff.

41 Allgemeines Berggesetz für die Preußischen Staaten. Vom 24. Juni 1865. 3. Aufl. Berlin, 1875 §174, 175.

42 Vgl.: Die Entwicklung des Niederrheinisch-Westfälischen Steinkohlen-Bergbaues in der zweiten Hälfte des 19. Jahrhunderts, Bd. XII, Teil 3. Berlin, 1904. S. 135f.

43 Vgl. Berggesetz, wie Anm. 39, § 171.

44 Vgl. wie Anm. 38.

45 Es sind nur ungefähre Lohnangaben möglich, da die Lohnstatistik zu der Zeit noch nicht weit entwickelt war. Vgl. dazu: LORENZ PIEPER, Die Lage der Bergarbeiter im Ruhrrevier. Stuttgart und Berlin, 1903. S. 71ff. - zum Lohn ebd.: S. 73 Tab. VIII. https://media.essen.de/media/historisches_portal/historischesportal_dokumente/bergbau/Lage_der_Bergarbeiter_im_Ruhrrevier.pdf

46 Möglicherweise ist das ein Hinweis, wie sie den Lebensunterhalt für sich und ihren Sohn erwirtschaftete.

aus Witten heiratete, der gebürtig aus Twiste, Fürstentum Waldeck, stammte.[47] Sie zog offenbar mit dem Sohn an seinen Wohnort, die Gerberstr. Nr.6.[48]

Ein weiterer Schicksalsschlag ereilte sie mit dem Tod ihres Sohnes, obwohl der die Bergbautradition der Familie nicht fortgesetzt hatte. Der Tod des 18jährigen Bürogehilfen Ludwig Herberg, der im Haushalt der Eltern wohnte, wurde von seinem Stiefvater, Christian Böhle, „wohnhaft zu Witten, Gerberstraße 6", angezeigt.[49]

Wer immer die Entscheidung getroffen hat, dieses Grabmal vor der Zerstörung zu bewahren und in die Sammlung des Märkischen Museums zu übernehmen, verdient Anerkennung. Denn solche ‚Erinnerungsorte' ermöglichen eine Rückbesinnung und einen Blick in die Vergangenheit. Anhand dieser Relikte kann Sozialgeschichte mit vergangenen Lebens- und Arbeitsbedingungen lebendig vermittelt werden.

47 Vgl. Heiratsurkunde von Anna Maria Catharina Elisabeth Herberg geb. Sprave mit Johann Christoph Böhle [Sign.134.2011.1 B 1882 Nr. 23 StA Witten].
48 Vgl. Ebd. und Sterbeurkunde Ludwig Herberg Nr. 180. Witten, 6. April 1884. STA Witten.
49 Vgl. ebd.

THOMAS PARENT

Auguste Victoria: Frau und Mutter, Landesmutter, Kaiserin.
Zur Biographie der Namenspatronin der zweitletzten Zeche des Ruhrgebiets

I n h a l t : 1. Ruhrpreußen, Hohenzollern, Auguste Victoria, S. 103. – 2. Zeche und Denkmal in Marl, S. 107. – 3. Herkunft, Bildung, Persönlichkeit, S. 110. – 4. Die Heirat von Wilhelm II. und Auguste Victoria, S. 112. – 5. Ehefrau Wilhelms II., S. 115. – 6. Mutter und Familienoberhaupt, S. 118. – 7. Kaiserin, S. 123. – 8. Staatsbesuch und Pilgerfahrt, S. 129. – 9. Caritas, Kirchenbau, Mädchenbildung, S. 131. – 10. Erster Weltkrieg, S. 137. – 11. Revolution, S. 140. – 12. Exil in Holland, S. 145. – 13. Tod und Bestattung, S. 148. – 14. Nachleben, S. 151.

1.

Kohle und Stahl verdanken ihren fulminanten Aufschwung im Ruhrgebiet seit 1850 wesentlich der progressiven Wirtschaftspolitik des Königreichs Preußen. Die Deutsche Reichseinigung unter preußischer Hegemonie gründete 1871 auf einem Bündnis zwischen den alten Eliten (Hohenzollern-Dynastie, ostelbischer Adel) und der rheinisch-westfälischen Großindustrie, die den preußischen Ministerpräsidenten Otto von Bismarck durch die Finanzierung seiner „Reichseinigungskriege" von 1864 (gegen Dänemark), 1866 (gegen Österreich) und 1870/71 (gegen Frankreich) maßgeblich unterstützt hatte. Im Dortmunder Süden erinnert das Denkmal auf der Hohensyburg noch heute an die Stoßrichtung dieses Bündnisses gegen einen gemeinsamen Feind: Es wurde zu Ehren Kaiser Wilhelms I. in den Anfangsjahren des 20. Jahrhunderts vor allem von Unternehmerkreisen finanziert, die ihre Werktätigen durch die Verankerung von Vaterlandsliebe und Königstreue von unliebsamen politischen und ökonomischen Forderungen abhalten wollten.[1]

1   Vergl. u.a. AXEL HEIMSOTH, Die Finanzierung des Kaiser-Wilhelm-Denkmals auf der Hohensyburg, Die Rolle des Rheinisch-westfälischen Kohlensyndikats und des Hörder Bergwerks- und Hüttenvereins, in: Der Märker, Jg. 60 (2011), S. 85 ff. DERS: Wer realisierte das Kaiser-Wilhelm-Denkmal auf der Hohensyburg? Planung, Bau und Umbau zwischen

Überhaupt ist die preußische Geschichte im Ruhrgebiet noch vielfältig präsent, z.B. in den patriotischen Namen zahlreicher Steinkohlenzechen: „Preußen" in Lünen, „Graf Bismarck" in Gelsenkirchen, „Deutscher Kaiser" in Hamborn, „Zollern" in Dortmund usw. Auch die Vornamen von Mitgliedern des preußischen Herrscherhauses der Hohenzollern wurden verschiedentlich zur Benennung von Bergwerken verwandt, etwa „Königin Elisabeth"[2] in Essen, „Friedrich der Große"[3] in Herne oder „Unser Fritz" in Wanne-Eickel. Bei Letzterem handelte es sich um Kaiser Friedrich III., den Sohn Wilhelms I. des „Heldenkaisers" der Reichsgründung von 1871. Friedrich III. war mit der englischen Prinzessin Victoria verheiratet, einer Tochter der gleichnamigen Queen. Nach nur 99-tägiger Regierungszeit starb er am 15.6.1888 an Kehlkopfkrebs. Daraufhin folge ihm sein ältester Sohn Wilhelm II. auf dem Kaiserthron, der Gatte der Auguste Victoria, deren Biographie und politisches Wirken das Thema dieses Essays sind. Den Anlass zu dieser Studie bildet die Zeche, die am 18. Dezember 2015 als zweitletztes Ruhrbergwerk die Steinkohlenförderung einstellte. Sie trug den Namen der letzten Deutschen Kaiserin und Königin von Preußen: Auguste Vicoria!

Abb. 1: Schacht 8 der Zeche Auguste Victoria in Marl. Als Anspielung auf den Namen der Kaiserin ist das Fördergerüst wie der Großbuchstabe „A" gestaltet. Foto Thomas Parent, 2015.

1890 und 1936, in: Beiträge zur Geschichte Dortmunds und der Grafschaft Mark, Bd. 101/102, Dortmund 2011/2012, S. 253 ff.
2 Lebensdaten 1801-1873, Ehefrau König Friedrich Wilhelms IV.
3 König von Preußen 1740-1786.

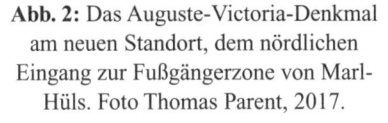

Abb. 2: Das Auguste-Victoria-Denkmal am neuen Standort, dem nördlichen Eingang zur Fußgängerzone von Marl-Hüls. Foto Thomas Parent, 2017.

Abb. 3: Kaiserin Auguste Victoria. Prunkgemälde in der Villa Hügel. Alfred Schwarz, 1914. Foto Historisches Archiv Krupp, Anne Stoll.

Die 1858 geborene Prinzessin Auguste Victoria[4] von Schleswig-Holstein-Sonderburg-Augustenburg heiratete 1881 den späteren Kaiser Wilhelm II.[5] Nach dem Ende des Ersten Weltkriegs und dem Sturz der Monarchie folgte sie ihrem Mann ins holländische Exil, wo sie 1921 auf Schloss Doorn starb. Ihre Beisetzung in Potsdam wurde noch als spektaluläres Ereignis inszeniert. Danach verschwand die Kaiserin schnell aus dem öffentlichen Bewusstsein. Das vermochten auch bald veröffentlichte biographische Skizzen nicht zu

---

4 Die Schreibweise der beiden Vornamen ist in den zeitgenössischen Quellen nicht einheitlich: In frühen Dokumenten findet sich die latinisierte Version „Augusta Victoria", in späteren Publikationen häufig die eingedeutschte Fassung „Auguste Viktoria". Die bei der Marler Zeche benutzte Mischform „Auguste Victoria" kommt aber auch sonst gelegentlich vor.

5 Bereits bald nach Regierungsantritt Wilhelms II. wurde Huldigungsliteratur publiziert. Z. B. Ernst Evers, Auguste Viktoria, Das Lebensbild der deutschen Kaiserin, Berlin 1891².

verhindern, die ihr Andenken zu verklären suchten.⁶ Die überlieferte Erinnerungsliteratur – als Autorinnen wirkten hier zunächst die Hofdame Mathilde von Keller⁷ und Jahrzehnte später dann die Kaisertochter Viktoria Luise⁸ – ist ebenfalls hagiographisch. Der aktuelle Buchmarkt bietet vereinzelt feuilletonistische Publikationen.⁹ In der deutschen Geschichtsschreibung kam Auguste Victoria – von vornherein als uninteressant abqualifiziert¹⁰ – jahrzehntelang kaum vor.¹¹ Erst vor wenigen Jahren hat die Forschung stärker herausgearbeitet, dass sie in der Endphase des Kaiserreichs durchaus eine einflussreiche politische Rolle gespielt hat.¹² Eine wissenschaftlich befriedigende Biographie ist nach wie vor Desiderat.¹³

6   U.a. KARL STRECKER, Unsere Kaiserin, Lebensbild einer deutschen Frau, Berlin o.J. [1924⁴].
    PAUL LINDENBERG, Kaiserin Auguste Viktoria, Ein deutsches Volksbuch, Berlin 1933.
7   MATHILDE GRÄFIN VON KELLER, Vierzig Jahre im Dienst der Kaiserin, Leipzig 1935. Angesichts des aktuellen Forschungsstands zu Auguste Victoria, bei dem eine systematische, umfassende Sichtung der Primärquellen noch aussteht, kommt diesem detailreichen Erinnerungsbuch ein bachtlicher historischer Quellenwert zu. Selbstredend sind die Ausführungen der Gräfin, die der Kaiserin jahrzehntelang in untertäniger Freundschaft verbunden war, kritisch zu hinterfragen.
8   HERZOGIN VIKTORIA LUISE, Ein Leben als Tochter des Kaisers, Göttingen 1965². DIES., Bilder aus der Kaiserzeit, Göttingen 1969. DIES., Deutschlands letzte Kaiserin, Göttingen 1971.
9   Z.B. ANGELIKA OBERT, Auguste Victoria, Wie eine Provinzprinzessin zur Kaiserin der Herzen wurde, Berlin 2011. KARIN FEUERSTEIN-PRAßER, Die deutschen Kaiserinnen, 1871-1918, München 2015⁵, S. 191-252.
10 Vergl. HANS BERND GISEVIUS, Der Anfang vom Ende, Wie es mit Wilhelm II. begann, Stuttgart 1971, S. 60.
11 In der Forschung über Wilhelm II. wird dessen Ehefrau erst seit ca. 1990 ausführlicher berücksichtigt. Vergl. JOHN C. G. RÖHL, Wilhelm II., Die Jugend des Kaisers 1858-1888, München 1993, S. 339ff., 462 f. DERS., Wilhelm II., Der Aufbau der Persönlichen Monarchie, 1888-1900, München 2001, S. 694 ff.
12 LOTHAR MACHTAN, Die Abdankung, Wie Deutschlands gekrönte Häupter aus der Geschichte fielen, München 2016 (erstmals erschienen 2008), bes. S. 133 ff., 263 ff.. DERS., Der Kaisersohn bei Hitler, Hamburg 2006, S. 75 ff. DERS., Prinz Max von Baden, Der letzte Kanzler des Kaisers, Berlin 2013, S. 427 ff. In Deutschland kaum rezipiert: ANDREAS DORPALEN: Empress Auguste Victoria and the Fall of the German Monarchy, in: The American Historical Review, Volume LVIII, New York 1953, S. 17 ff.
13 Wohlmeinend und von bescheidener Qualität, wenngleich auf der Basis einer Dissertation verfasst, ist die Studie von ELIZZA ERBSTÖßER, Auguste Victoria, Die letzte deutsche Kaiserin, Erfurt 2008.

2.

Während der Regierungszeit Wilhelms II. stieß man in der Nähe von Marl 1897 bei Schürfbohrungen auf Steinkohle. Ein Jahr später erfolgte im Rahmen der Zusammenfassung der Grubenfelder „Hansi I" und „Hansi II" die Namensänderung in „Auguste Victoria". Offenbar wollten die Eigentümer des neuen Bergwerks hierdurch ihre Loyalität zu Kaiser und Reich zum Ausdruck bringen.[14] Sie hielten auch nach dem Ende der Hohenzollern-Monarchie ihre Namenspatronin hoch in Ehren. So ließ sich der Aufsichtsrat 1975 vor einem großformatigen Porträt der Kaiserin in der Zechenverwaltung fotografieren.[15] Bei Schacht 8, der 1982 mit einer Endteufe von spektakulären 1.300 Metern in Betrieb genommen wurde, erinnert die Gestaltung des modernen Beton-Fördergerüsts – als Großbuchstabe „A" – an den ersten Vornamen der Monarchin.[16] Noch 1997 rühmte eine Festschrift zum 100-jährigen Bergwerksjubiläum den Charakter und das soziale Wirken der Kaiserin: „Auguste Victoria hatte weder den Ehrgeiz noch die Eitelkeit, im Mittelpunkt stehen zu wollen. [...] Die Sympathie der Bevölkerung erwarb sie sich auch vor allem durch soziales Engagement, das ihrer tiefen christlichen Überzeugung entsprang und ihr ein Herzensanliegen war. Sie setzte sich ein für Kinderhospitäler und Wöchnerinnenheime. Sie förderte die Berliner Stadtmission und den Bau von Kirchen. Ab 1888 stand sie an der Spitze des ‚Vaterländischen Frauenvereins'." Der Zechengesellschaft war es offenbar eine Ehrenpflicht, das Andenken an diese hervorragende Persönlichkeit auch 75 Jahre nach ihrem Tod zu proklamieren: „Mit den Eigenschaften dieser vorbildlichen Frau können sich ein Unternehmen und seine Mitarbeiter noch heute identifizieren."[17]

Ein künstlerisch anspruchsvolles Zeichen dieser Sympathie ist das Auguste-Victoria-Denkmal, das die Bergbaugesellschaft 1984 in Marl-Hüls aufstellte. Es handelt sich um die Bronzekopie einer Marmorstatue von der Hand des Bildhauers Karl Begas d.J. (1845-1916). Ein Artikel der „Illustrirten Zeitung" beschrieb diese Skulptur 1906 wie folgt: „Die Haltung der Figur ist ganz der Wirklichkeit abgelauscht. In moderner Sommertoilette

---

14　GUNNAR GAWEHN, Kohle-Erz-Chemie, Die Geschichte des Bergwerks Auguste Victoria, Bochum 2015, S. 17 f.
15　Ebd., S. 273 Es handelt sich um die (fotografische?) Kopie eines Ölbilds, das Philipp Alexius de László 1908 gemalt hatte.
16　Ebd., S. 286, S. 289. S. Abb. 1.
17　GEWERKSCHAFT AUGUSTE VICTORIA GMBH, MARL (Hg.): Das AV Buch, Gewerkschaft Auguste Victoria, Geschichte, Berichte und Geschichten, Recklinghausen 1997, S. 12.

gekleidet, scheint die Kaiserin auf einem Spaziergang begriffen zu sein. Sie hat ihren Schritt gehemmt, während der Blick des etwas nach rechts gewendeten Gesichts sinnend ins Weite gerichtet ist. In der rechten Hand hält sie einen Rosenzweig, in der linken einen geschlossenen Fächer. Ein großer Hut mit wallender Straußenfeder bedeckt das Haupt, und vom linken Arm fällt in malerischen Falten ein Seidenschal. Die schlanke Gestalt wird durch die anschließende Taille wirksam hervorgehoben."[18] Die Marmorfigur stand zunächt in Potsdam in einem kaiserlichen Privatgarten im Schlosspark des Neuen Palais. Nach dem Ende der Monarchie gelangte sie in den nahegelegenen Antikentempel. Heute befindet sie sich als Dauerleihgabe der Stiftung Preußische Schlösser und Gärten Berlin-Brandenburg in der Dauerausstellung des Hauses der Brandenburgisch-Preußischen Geschichte in Potsdam.[19] Eine zweite Marmorfassung der Statue zierte früher den Rosengarten des Berliner Tiergartens und befindet sich seit 2000 in der Eingangshalle des Auguste-Viktoria-Krankenhauses in Berlin-Schöneberg.[20]

Die Marler Bronzekopie des Standbilds wurde 1905 im Park von Schloss Urville bei Courcelles-Chaussy aufgestellt, ca. 15 Kilometer östlich von Metz. Wilhelm II. hatte dieses Anwesen 1890 als „Stützpunkt" für die Kaiserfamilie im 1871 annektieren Elsass-Lothringen erworben. Seine Frau schätzte es als familiären Erholungsort. Nachdem die territoriale Kriegsbeute von 1870/71 infolge des Versailler Vertrags von 1919 wieder an Frankreich zurückgegeben werden musste, wurde das Schloss enteignet und das Denkmal enfernt. Nur sein Sockel verblieb am Ort.[21] 1984 gelang es der Gewerkschaft Auguste Victoria, die Bronzefigur aus französischem Privatbesitz anzukaufen. Für ihre Überführung in die Bundesrepublik Deutschland war – wie die oben genannte Festschrift eigens erwähnt – „eine Genehmigung des weltbekannten Pariser Museums Louvre erforderlich."[22]

In Marl stand die Skulptur zunächst vor der Zechenverwaltung in der Nähe der Schachtanlage I/II im Stadtteil Hüls[23], später dann auf dem Gelände

---

18 Illustrirte Zeitung Nr. 3271, vom 8.3.1906.
19 Für diese Auskunft danke ich Herrn Thomas Wernicke vom Haus für Brandenburgisch-Preußische Geschichte in Potsdam.
20 CORNELIA SANDOW, in: August & Viktoria, Die Zeitung für Mitarbeiter und Mitarbeiterinnen des Auguste-Viktoria-Krankenhauses, Nr. 22, Dezember 2000, s.a. ebenda, Nr. 21, Oktober 2000.
21 DIETER SCHULZ, Kaiserin Auguste Viktoria in Metz und Umgebung, http://odo.heimat.eu/kv.htm (Zugriff am 18.8.2017).
22 Gewerkschaft Auguste Victoria, wie Anm. 17, S. 49.
23 WILHELM und GERTRUDE HERMANN, Die alten Zechen an der Ruhr, Königstein im Taunus 1990³, S. 267.

von Auguste Victoria III/VII in Marl-Hamm. Nach dem Ende des Bergbaubetriebs schenkte die RAG das Denkmal an die Kommune. Das wurde sehr dankbar aufgenommen: „Mit großer Freude" reagierten „die SPD-Ratsmitglieder Manfred Kristalla und Sandra Wienströer-Gurski sowie der SPD-Ortsverein Hüls" auf die Nachricht dass die Statue nun in ihren Stadtteil zurückkehren werde, der ja „für die Anfänge des Bergbaus in Marl" stehe.[24] Sie setzten durch, dass das Denkmal nicht etwa ins Zentrum der dortigen Fußgängerzone platziert wurde, sondern an ihr nördliches Ende, an die Einmündung der Hülsstraße in die Victoriastraße. Von diesem „symbolträchtigen Standort" aus blickt die Kaiserin nun in Richtung auf die baulichen Reste von Auguste Victoria I/II. Im Kontrast zu der noblen Bronzefigur wirkt die Geschäftshauszeile hinter dem Denkmal allerdings etwas aufdringlich, namentlich ein Schönheitssalon, der mit grellem Reklame-Design für Fingernagelpflege und Wimpernverlängerung wirbt. (s. Abb. 2)

Die Denkmalsenthüllung erfolgte am 4.12.2016, dem Barbaratag, im Rahmen einer Feierstunde: „Die Veranstaltung begann um 14.45 Uhr am Marktplatz in Hüls. Von dort ging es in einem gemeinsamen stillen Marsch zum neuen Standort der Statue. Angeführt wurde der Fackel-Marsch von Mitgliedern der AV-Grubenwehr und Mitgliedern des Vereins für Bergbautradition im schwarzen Bergmannskittel. Vor der Skulptur fand dann eine interreligiöse Andacht mit Pfarrer Ulrich Müller (St. Franziskus), Roland Wanke (Pauluskirche) und Hodscha Bünyamin Gedik (Fatih Moschee) statt. Anschließend hielten Bergwerksdirektor Jürgen Kroker, RAG-Gesamtbetriebsrat Norbert Maus und Bürgermeister Werner Arndt kurze Ansprachen und enthüllten die Statue der Kaiserin Auguste Victoria. Nach dem gemeinsamen Singen des Steigerliedes [...] endete der offizielle Teil der Veranstaltung gegen 16 Uhr." Der Festakt verzichte offenbar auf jegliche nationalgeschichtliche Anspielung. Das war insofern folgerichtig, als „die letzte deutsche Kaiserin" am neuen Standort ja dezidiert „an die Marler Bergbaugeschichte erinnern" soll.[25]

Im Vorfeld des Festakts kritiserte eine Stellungnahme im Internet allerdings diese Sichtweise und fragte die Verantwortlichen provokativ: „Aus der Geschichte nichts gelernt? [...] Dass sich gerade die SPD-Genossen für eine reaktionäre Kaiserin stark machen, wundert einen schon. Durch die Thronbesteigung ihres Mannes am 15. Juni 1888 wurde Auguste Viktoria Deutsche Kaiserin und Königin von Preußen. Sie gehörte zur Herrscherfamilie

---

24 https://www.spd-marl.de/2016/11/12/huelser-spd-ratsmitglieder-und-ortsverein-favorisieren-standort-huelsstrassevictoriastrasse/ (Zugriff am 1.9.2017).
25 Steinkohle 01/2017, nachgedruckt in Forum Geschichtskultur Ruhr, Jg. 2017, H. 1, Essen 2017, S. 76.

der Hohenzollern, die den Ersten Weltkrieg mit verursachten. Die Hohenzollern kämpften immer gegen die Sozialdemokratie, unter ihrer Herrschaft wurden die Sozialistengesetze beschlossen [...]"[26] Wenngleich diese Kritik das konkrete Handeln der Monarchin nicht in den Blick nimmt, soll sie doch zum Anlass genommen werden, im Zuge der folgenden biographischen Ausführungen auch das politische Engagement Auguste Victorias – speziell auch ihr Verhältnis zur Arbeiterschaft und Arbeiterbewegung – vorzustellen und zu hinterfragen.[27]

3.

Deutschlands letzte Kaiserin wurde am 22.10.1858 in Schloss Dolzig (heute: Dłużek) im Kreis Sorau (Żary) in der Niederlausitz geboren und erhielt bei der Taufe am 30.11.1858 die Namen Augusta Victoria Friederike Luise Feodora Jenny.[28] Die ersten beiden Vornamen verweisen auf zwei fürstliche Taufpatinnen, die als Deutsche Kaiserinnen in die Geschichte eingingen: Augusta, die Ehefrau Kaiser Wilhelms I., und Victoria, die Frau Friedrichs III. Der Vater des Täuflings, Herzog Friedrich von Schleswig-Holstein-Sonderburg-Augustenburg, war mit Friedrich III. seit gemeinsamen Studienzeiten befreundet. Die Mutter, Adelheid zu Hohenlohe-Langenburg, war mit dessen englischer Frau Victoria entfernt verwandt. Das Ehepaar hatte fünf weitere Kinder, von denen der älteste Junge allerdings im frühen Kindesalter starb. Auguste Victoria, die in der Familie „Dona" gerufen wurde, wuchs zusammen mit drei Schwestern und einem Bruder auf. Der Vater verstarb bereits am 14.1.1880. Damals zeigten sich bei der Mutter schon Spuren einer psychischen Krankheit. Gelegentlich benahm sie sich so eigenwillig, dass man sie z.B. bei der Verlobungsfeier Donas mit dem künftigen Kaiser Wilhelm II. am 2.6.1880 vom Festdiner ausschließen musste.[29]

Auguste Victoria erlebte in ihrer Kindheit eine einschneidende Änderung ihrer Lebensumstände, als ihr Vater 1863 Erbansprüche auf die Herzogtümer

---

26 Http://www.lokalkompass.de/leute/statue-von-auguste-viktoria-deutsche-kaiserin-und-koenigin-von-preussen-wird-in-marl-neu-enthuellt-d717850.html (Zugriff am 16.7.2017).
27 Bei den Recherchen zu den folgenden Ausführungen half mir mein Bruder Dr. Ulrich Parent, dem ich dafür danken möchte.
28 Die folgenden Ausführungen nach: Herzogin VIKTORIA LUISE, Kaiserin: wie Anm. 8, S. 22 ff., ERBSTÖßER: wie Anm. 13, S. 9 ff., OBERT: wie Anm. 9, S. 12 ff.
29 RÖHL, Wilhelm II., Jugend: wie Anm. 11, S. 364, S. 372.

Schleswig, Holstein und Augustenburg erhob und mit der Familie nach Kiel übersiedelte. Diese „Elbherzogtümer" wurden damals vom dänischen König regiert. Herzog Friedrich, der „Augustenburger", fand Unterstützung durch die beiden deutschen Großmächte Österreich und Preußen, die 1864 gegen Dänemark einen siegreichen Krieg führten. Danach konnte Friedrich seine Herrschaft allerdings nicht antreten. Vielmehr wollte Otto von Bismarck die Elbherzogtümer dem preußischen Staat einverleiben. Über dieser Streitfrage kam es 1866 zu einem weiteren Krieg, in dem Preußen den Kaiserstaat Österreich in der Schlacht von Königgrätz entscheidend besiegte. Die beiden „Reichseinigungskriege" von 1864 und 1866 waren eine maßgebliche Voraussetzung für die Gründung des Deutschen Kaisreichs unter preußischer Führung im Jahr 1871.

Der Augustenburger zog sich, als gedemütigter „Herzog ohne Land", mit seiner Familie 1869 auf das Schloss Primkenau (heute: Przemków) in Niederschlesien zurück. Hier verbrachte seine älteste Tochter Auguste Victoria ihre Jugendjahre und genoss eine schulische Ausbildung durch Hauslehrer. Das Ergebnis war so bescheiden, dass Dona, als sie später dem Unterricht ihrer Söhne beiwohnte, den Lehrinhalten nicht immer zu folgen vermochte.[30] Immerhin verfügte sie aber über Fremdsprachenkenntnisse in englisch, französisch und dänisch. Sie spielte Klavier und trieb Sport – Tennis noch im vorgerückten Alter.[31] Ihre Bildungsdefizite hat Auguste Victoria auch als Kaiserin nicht mehr wesentlich korrigiert. Differenzierte politische Strukturen und Zusammenhänge blieben ihr zeitlebens verschlossen.[32] Politischen Ehrgeiz hat sie aber durchaus besessen und – vor allem in der Endphase der deutschen Kaiserherrschaft – zum Maßstab ihres engagierten Handelns gemacht.

In Primkenau genoss Dona auch eine strenge religiöse Erziehung, die ihr weiteres Leben prägen sollte: „Sie fühlte sich ganz in der Hand Gottes und war sich seiner Gnade sicher, vertraute auf seinen Schutz und beugte sich seinem Willen. In schwierigen Situationen klammerte sie sich daran und stärkte so

---

30   Zur Ausbildung Donas, s. ERBSTÖSSER: wie Anm. 13, S. 22 f.
31   Vergl. FÜRSTIN MARIE RADZIWILL, Briefe vom deutschen Kaiserhof, 1889-1915, Berlin 1936, S. 17 (Brief vom 17.9.1889), S. 303 (Brief vom 22.1.1908). HEDWIG HEYL, Aus meinem Leben, Berlin 1925, S. 99.
32   Der Spott über ihre Begrenztheit war gelegentlich böswillig, etwa von Seiten der weltgewandten Gräfin Daisy von Pless: „Was für eine einfältige Frau ist sie doch! Kleider und Kinder sind ihr hauptsächliches Unterhaltungsthema [...] Ich habe nie eine Frau in einer solchen Stellung gesehen, die so absolut keine eigenen Gedanken und keinerlei Einfall oder Verständnis hatte. Sie ist wie eine stille sanfte Kuh, die Kälbchen hat und Gras frisst und sich dann niederlegt und wiederkäut." (zit. n. GISEVIUS: wie Anm. 10, S. 60).

ihren Durchhaltewillen."³³ Dabei war sie auch als erwachsene Frau in ihrer pietistischen Bibeltreue dogmatisch-naiv und nicht eben tolerant: „Ihre Kinder sollten glauben, dass der Prophet Jonas sich einige Tage im Bauche eines Walfisches aufgehalten hätte [...]. Die Kaiserin war nicht unduldsam, aber wenn Rationalisten ihr unsympathisch, Atheisten abscheulich erschienen, so blickte sie auf die katholische Kirche mit der Scheu, die manche an sich treffliche Protestanten vor dem ‚altbösen Feind' des Lutherliedes empfinden, dessen grausame Werkzeuge große Macht und viel List sind."³⁴ Am Berliner Hof verbreitete Auguste Victoria eine Atmosphäre von rigoroser protestantischer Frömmigkeit, gestützt auf ihre Entourage der frommen „Hallelujah-Tanten"³⁵ mit der energischen Oberhofmeisterin Therese von Brockdorf an der Spitze, die einem on-dit nach als „der einzige Mann am preußischen Hof" galt.³⁶ In den preußischen Westprovinzen wurde die Reserve der Kaiserin gegenüber der Religion ihrer katholischen Untertanen durchaus bemerkt. So vermutete man bei einem Besuch Wilhelms II. im westfälischen Münster, Auguste Victoria habe ihren Mann bewusst *nicht* in diese Bischofsstadt begleitet, die ihr „zu schwarz" sei.³⁷

4.

Eine Ehe zwischen Wilhelm und Dona wurde von den beiden Elternpaaren schon früh ins Auge gefasst. Dabei spielte wohl auch der Gedanke eine Rolle, das schleswig-holsteinische Zerwürfnis von 1864 zwischen den beiden Familien zu überwinden. Die jungen Leute unterliefen allerdings zunächst solche Pläne. Dona schwärmte für den Prinzen Ernst von Sachsen-Meiningen. Wilhelm verliebte sich als 19-jähriger leidenschaftlich in seine Kusine Ella von Hessen-Darmstadt. Zur allgemeinen Überraschung brach er diese Beziehung allerdings im Sommer 1878 wieder ab und warb wenig später um die Hand Auguste Victorias. Mehrere Jahrzehnte später begründete der Kaiser

---

33 ERBSTÖßER: wie Anm. 13, S. 23.
34 BERNHARD FÜRST VON BÜLOW, Denkwürdigkeiten, hg. von FRANZ VON STOCKHAMMERN, Bd. 1, Berlin 1930, S. 262.
35 RÖHL, Wilhelm II., Jugend: wie Anm. 11, S. 378. Zu diesen Hofdamen zählte die bereits erwähnte Mathilde von Keller (s. Anm. 7).
36 ERNST RUDOLF HUBER, Deutsche Verfassungsgeschichte seit 1789, Bd. 5, Stuttgart 1978, S. 703, Anm. 15.
37 So die Erinnerung eines Großonkels von mir, der in Münster lebte, aus den 1960er Jahren.

dieses „plötzliche Umsatteln"[38] mit „höheren Rücksichten des Hauses und des Staates", und zwar auf Wunsch seiner Eltern: „Blutenden Herzens folgte ich dem strengen Gebot der ‚Pflicht'."[39]

In der Forschung wird vermutet, dass die Mutter ihrem ältesten Sohn vermittelt habe, künftige Söhne aus einer Beziehung mit Ella könnten schwer geschädigt zur Welt kommen.[40] Ellas Mutter Alice war eine jüngere Schwester von Wilhelms Mutter Victoria. Beide Frauen waren Töchter der englischen Queen Victoria, unter deren männlichen Nachkommen bereits vor 1878 zweimal die Bluterkrankheit (Hämophilie) aufgetreten war, eine Gerinnungsstörung des Blutes, die die betroffenen Jungen einer ständigen Lebensgefahr aussetzte. Dies galt es für die deutsche Kaiserfamilie zu verhindern! Es lässt sich allerdings nicht mehr klären, ob auch Ella zu den Überträgerinnen dieser Krankheit gehört hätte, denn sie heiratete 1884 den homosexuell veranlagten russischen Großfürsten Sergej und blieb kinderlos. Zwei ihrer Schwestern brachten allerdings bluterkranke Söhne zur Welt: Irene, die 1888 Wilhelms jüngeren Bruder Heinrich heiratete, und Alix, die sich 1894 mit dem rusischen Thronfolger Nicolai vermählte. Bei dem Untergang des Zarenreichs spielte die Hämophilie von Alix' Sohn Alexej eine fatale Rolle, da die Mutter für ihn einen sibirischen Wunderheiler von zweifelhaftem Ruf engagierte, was dem öffentlichen Ansehen der Zarenherrschaft schweren Schaden zufügte. Die Zarenfamilie und auch Ella wurden während der bolschwistischen Revolution im Juli 1918 ermordet und werden heute in der russisch-orthodoxen Kirche als Heilige verehrt.

Nach der Entscheidung Wilhelms, sich mit Auguste Victoria zu vermählen, sollten noch mehr als zwei Jahre bis zur prunkvoll gefeierten Hochzeit vergehen. Bis dahin galt es, Vorbehalte aufgrund der wenig glanzvollen Herkunft der Braut und der Erinnerung an die augustenburgischen Konflikte von 1864 einzudämmen. Vor allem musste die Erlaubnis des greisen Kaisers Wilhelm I. eingeholt werden, des Großvaters des Bräutigams. Zu diesem Zweck verfassten die Eltern ein differenziertes „Mémoire", in dem sie mehr als zwanzig Kandidatinnen als wenig geeignet für eine Ehe mit ihrem Sohn disqualifizierten. Eine katholische oder orthodoxe Konfessionszugehörigkeit galt von vornherein als Ausschlusskriterium. Fast alle Prinzessinnen aus protestantischen Fürstenhäusern wurden dann aus unterschiedlichen

---

38 So die etwas undelikate Formulierung von Friedrich III. über die Handlungsweise seines Sohns, Tagebucheintrag vom 30.8.1878, zit, n. RÖHL, Wilhelm II., Jugend: wie Anm. 11, S. 347.
39 Wilhelm II. an seinen ältesten Enkel, Prinz Wilhelm, 30.3.1931, zit. n. ebd, S. 344.
40 RÖHL, ebd., S. 348 ff.

Gründen abgelehnt. Sie waren zu nah mit der Hohenzollern verwandt, zu alt oder zu jung, „nicht hübsch" oder „kränklich". Folglich blieb nur eine einzige Kandidatin übrig: „Da leuchtet die Prinzessin Augusta Victoria als eine schöne, graziöse, liebenswürdige Erscheinung hervor, von vorzüglichen Eigenschaften des Geistes und Charakters [...]. Es werden besonders an ihr Pflichttreue und Gewissenhaftigkeit, Sanftmut und Herzensgüte, wie auch ihr Takt gepriesen. Sie ist [...] ein paar Monate älter als Wilhelm [...], ein Umstand, der [...] in diesem Fall als ein günstiger aufzufassen ist, weil wir überzeugt sind, dass gerade für Wilhelms Charakter eine Lebensgefährtin von nicht allzu jugendlichem Alter erforderlich ist."[41]

Vor allem die Mutter Wilhelms II. erwartete, die holsteinische Prinzessin werde ihren künftigen Ehemann positiv beeinflussen: „Ich bin sicher, dass das süße Geschöpf ein Engel des Friedens und der Liebe und ein Trost *für uns alle* sein wird", schrieb sie ihrem Sohn am 6.11.1879.[42] Sie stand damals bereits in einem sehr gespannten Verhältnis zu ihm. Der 20-jährige Prinz war von Geburt an körperbehindert – sein linker Arm war verkrüppelt – und litt überdies vermutlich an „Porphyrie, einer erblichen Stoffwechselstörung, die Anfälle von geistiger Verwirrung [...] verursacht."[43] Manche seiner Zeitgenossen hielten ihn für geistes- oder gemütskrank, für manisch-depressiv.[44] Er galt als intelligent und wissensdurstig, aber auch als hypernervös und sprunghaft, als nervtötend und boshaft. Während seiner Kindheit haderte die Mutter mit seinem körperlichen Gebrechen und schaffte es nicht, eine liebevolle Beziehung zu ihm aufzubauen. Jahrelang setzte sie ihn durch kleinliche Maßregelungen und harte Bildungsanforderungen unter Druck. Im Alter von 16 Jahren ging der Prinz dann zunehmend auf Distanz zu ihr. Während der militärischen Ausbildung fand er im soldatischen Kameradenkreis schließlich ein soziales Umfeld, in dem er sich wohl fühlte. Hier entfernte er sich auch bald von den politisch liberalen Vorstellungen seiner Eltern und wurde – wie es der gleichaltrige Kronprinz Rudolf von Österreich-Ungarn 1883 ausdrückte – „ein hartgesottener Junker und Reaktionär".[45] Währenddessen hoffte seine Mutter, unter dem Einfluss Donas „würde sich Wilhelms kalter, egoistischer, arroganter Charakter besänftigen, würde er seine zunehmend militaristische, reaktionäre und chauvinistische Weltanschauung ablegen!"[46]

41 Mémoire vom 30.4.1879, ebd., S. 353 f.
42 Zit. ebd., S. 377.
43 Röhl, Wilhelm II., Aufbau, wie Anm. 11, S. 1181.
44 Vergl. John Röhl, Kaiser Wilhelm II., Eine Charakterskizze, in: Ders.: Kaiser, Hof und Staat, Taschenbuchausgabe (Beck'sche Reihe), o.O. [München] 2002, S. 29, S. 32 f.
45 Zit. n. Brigitte Hamann, Kronprinz Rudolf, Wien 2005, S. 328.
46 Röhl, Wilhelm II., Jugend: wie Anm. 11, S. 377. Ein ausführliches Schilderung der Per-

Abb. 4 und 5: Portraitmedaillons Auguste Victorias und Wilhelms II. an einer gründerzeitlichen Fassade in Essen-Katernberg. Foto Thomas Parent, 2015.

5.

„Hip, Hip, Hurrah! I have her (or soon will) at last!", schrieb Prinz Wilhelm am 30.1.1880 voll Freude an seine Mutter, nachdem Wilhelm I. ihm endlich gestattet hatte, um die Hand Auguste Victorias anzuhalten: „What a heavenly idea, to think that I soon have that angel to my arms & claps her to my brest [sic.], never to leave her again!"⁴⁷ Bis zur Hochzeit war die begeisterte Verliebtheit des Bräutigams allerdings bereits erheblich abgeklungen. In den Jahren vor seiner Thronbesteigung verkehrte Prinz Wilhelm, der bereits vor seiner Verlobung mit Dona bei der elsässischen Prostituierten Emilie Klopp („Miss Love") erste sexuelle Erfahrungen gesammelt hatte, zeitweilig im Wiener Rotlicht-Milieu und hat dort im vertrauten Gespräch mit zwei Wiener Halbwelt-Damen im Winter 1886/87 „in der zynischsten Weise" über „seine Frau geschimpft"⁴⁸.

sönlichkeit Wilhelms II. muss hier unterbleiben. Verwiesen sei auf die überaus reichhaltige biographische Literatur, namentlich auf die Veröffentlichungen von Röhl, s. Anm. 11, Anm. 44, Anm. 49, Anm. 85. An weiterer Literatur, s. u. a. Virginia Cowles, Wilhelm der Kaiser, Frankfurt am Main 1963. Franz Herre, Kaiser Wilhelm II., Köln 1993. Christopher M. Clark, Kaiser Wilhelm II., Harlow, 2000.

47 Zit. n. Röhl, Wilhelm II., Jugend: wie Anm. 11, S. 880, Anm. 125.
48 Zitat aus einem Brief des österreich-ungarischen Kronprinzen Rudolf an den k.u.k. Mili-

Zeit seines Lebens zog der Kaiser eine kameradschaftliche, intellektuell anregende Männergesellschaft[49] dem Familienleben mit seiner Ehefrau vor.[50] Bereits während der ersten Ehejahre war er sehr häufig abwesend, z. B. auf Manövern oder auch auf Jagdreisen. Nach der Thronbesteigung wurde seine Reiselust geradezu sprichwörtlich und betraf neben Staatsbesuchen im Ausland und „Nordlandreisen" im vertrauten Kameradenkreis auch zahllose Termine im eigenen Land: „Er erschien zu Jubiläen, Gedenkfeiern, Schiffstaufen, Verleihung von neuen Uniformen und Fahnen und Denkmalsenthüllungen, machte Besuche in Städten, bei Universitäten, Regimentern und Privatpersonen, besichtigte technische Anlagen, Werften, Fabriken und Verkehrsmittel und versammelte in Hochschulen und Akademien Gelehrte und Künstler um sich, ohne jemals eine Ansprache zu unterlassen."[51]

Währenddessen schrieb Auguste Victoria Liebesbriefe, die „zu den deprimierendsten Quellen [gehören], die ein Historiker der Hohenzollern-Familie zu lesen verpflichtet ist. [...] Stilistisch backfischhaft, inhaltlich öde und leer, bieten sie einen beklemmenden Einblick in die geistige Beschränktheit dieser bigotten Prinzessin, und in die klaustrophobische Ehe, in der sich Wilhelm schon mit zweiundzwanzig Jahren befand."[52] Offiziell pries der Kaiser seine Gemahlin selbstredend als „Edelstein, der an meiner Seite glänzt," als „Sinn-

tärbevollmächtigten in Berlin, Oberst Steiniger, zit. n. Röhl, ebd., S. 473. S.a. Hamman: wie Anm. 45, S. 331 ff. Erbstößer, wie Anm. 13, S. 34 f. Aus der Beziehung Wilhelms mit E. Klopp stammte angeblich eine Tochter. (Röhl, ebd., S. 464 ff.).

49 In der Umgebung des Kaisers – namentlich in der Liebenberger Tafelrunde seines Freundes Philipp zu Eulenburg – gab es mehrere Homosexuelle, was 1906 als Skandal in die Öffentlichkeit kommuniziert wurde. (vergl. John C. G. Röhl, Wilhelm II. Der Weg in den Abgrund, 1900-1941, o.O. [München] 2008, S. 588 ff.) Gelegentlich ist in der historischen Forschung vermutet worden, Wilhelm II. sei selber ebenfalls schwul gewesen. Dagegen sprechen außer seiner kinderreichen Ehe – dem kaiserliche Ehebett wurde geradezu ein Kultstatus zugesprochen – auch seine zeitweiligen heterosexuellen Kontakte zu Prostituierten sowie lebenslanges Flirten mit attraktiven Frauen. (s.u.a. ebd., S. 571 ff. Röhl, Kaiser Wilhelm II., Jugend: wie Anm. 11, S. 462 ff., 494 ff.) Trotzdem meint Röhl an anderer Stelle, im Zuge der weiteren Quellen-Erschließung gewinne eine „Interpretation von Wilhelm als unterdrücktem Homosexuellen mehr und mehr an Boden". (wie Anm. 44, S. 28f.).

50 S. dazu die Einschätzung des Reichskanzlers (1900-1909) Bernhard von Bülow: „Der Kaiser [...] kannte und würdigte ihre Treue. Aber sie erschien ihm, namentlich verglichen mit seiner Mutter, als eine kleine Prinzeß. ‚Man merkt ihr immer wieder an', meinte er mehr als einmal zu mir, dass sie nicht in Windsor aufgewachsen ist, sondern in Primkenau.'" (Bülow: wie Anm. 34, S. 262) S.a. die Einschätzung von Daisy Pless, „Sympathie und tiefste Ergebenheit fand er [Wilhelm II.] immer bei der Kaiserin. Aber ich zweifle, ob sie ihn je wirklich verstanden hat." (Fürstin Pless, Tanz auf dem Vulkan, Bd. 1, Dresden 1929, S. 299).

51 Eugen Schiffer, Ein Leben für den Liberalismus, Berlin 1951, S. 88f.

52 Röhl, Wilhelm II., Jugend, wie Anm. 11, S. 462 f.

bild sämtlicher Tugenden einer germanischen Fürstin". Ihr verdanke er, dass er überhaupt imstande sei, „die schwere Pflicht zu tragen."[53] Seinem engeren Umfeld blieb die wirkliche Situation allerdings nicht völlig verborgen. „Was sich hinter geschlossenen Türen in dieser Ehe eines begabten, hochnervösen Mannes mit einem freundlich beschränkten, frommen Landkind zugetragen haben mag, davon haben nur wenige etwas gesehen, noch weniger berichtet", musste der Emil Ludwig als kritischer Biograph Wilhelms II. zwar einräumen. Aus manchen Andeutungen in der frühen Zeitzeugen-Literatur schloss er dann aber doch, dass diese Verbindung jahrzehntelang durch die Monotonie „einer ermüdeten Gemeinschaft" geprägt gewesen sei, „in der man vor allem die Frau bedauern muss." Daraus folgert er für eine gerechte Beurteilung Auguste Victorias: „Mitgefühl mit der beklagenswerten Gefährtin eines hysterischen Autokraten entwaffnet jede Kritik."[54]

Nachdem die Kaiserin zwischen 1882 und 1890 sechs Söhne – Wilhelm, Eitel Friedrich, Adalbert, August Wilhelm (genannt Auwi), Oskar, Joachim – und 1892 die Tochter Viktoria Luise geboren hatte, folgte zunächst keine weitere Schwangerschaft. Auguste Victoria drängte jetzt ihren Mann, sich gemeinsam mit ihr mehr um die Kinder zu kümmern, und forderte für sich selber eine intensivere Einbeziehung in seinen Lebensalltag. Dadurch provozierte sie eine mehrjährige Ehekrise, die im Herbst 1900 dramatisch eskalierte. Die Monarchin machte ihrem Mann nachts stundenlang Szenen „mit Weinen und Schreien", um ihre Wünsche durchzusetzen. Sie sei „krank" aufgrund von Überforderung, schloss der Kaiser aus ihrem Verhalten: „Sie kann nicht ‚bürgerliche' Mutter, zärtliche Gattin und regierende Kaiserin zugleich sein. Sie ist am Ende ihrer Kräfte angekommen und wird sich und mir zur ‚Unmöglichkeit'." Wilhelm II. fürchtete, dass seine Frau in eine „Kaltwasseranstalt" abgeschoben werden müsse, da sie „in Sonderbarkeiten nach Art ihrer Mutter verfallen könnte". Er sprach sich mit seinem vertrauten Freund Philipp zu Eulenburg über seine Ängste aus, der ihn beruhigte und ihm den Rat gab, „sobald eine nächtliche Szene begänne" das gemeinsame Schlafzimmer zu verlassen.[55] Es ist nicht bekannt, auf welche Weise – evtl.

---

53   Rede des Kaisers auf einem Stiftungsfest des Corps Borussia, zit. n. EMIL LUDWIG, Wilhelm der Zweite, (Taschenbuchausgabe) Frankfurt am Main 1968, S. 106.
54   Ebd., S. 106. Diese kritische, im besten Sinne populärwissenschaftliche Biographie erschien erstmals im Jahr 1925. Der Exkaiser reagierte mit Hass und antisemitischen Verschwörungsvorwürfen gegen den Autor Emil Ludwig. (RÖHL, Wilhelm II., Weg: wie Anm. 49, S. 1274).
55   Philipp Graf zu Eulenburg an Bernhard Graf von Bülow, Briefe vom 24.9.1900, 25.9.1900, 30.9.1900, in: JOHN RÖHL (Hg.): Philipp Eulenburgs politische Korrespondenz, Bd, 3, Boppard am Rhein S. 1993, 1996. 2003f. S.a. RÖHL, Wilhelm II., Aufbau: wie Anm. 11, S. 701 f.

durch fachärztliche Hilfe – die Kaiserin ihre psychischen Probleme schließlich in den Griff bekam. Gegen eine dauerhafte Distanz der Eheleute spricht aber die Fehlgeburt, die Auguste Victoria ein Jahr später erlitt. Sie war nun 43 Jahre alt, hatte ihre erneute Schwangerschaft angeblich nicht bemerkt, sich nicht vor Anstrengung geschont.[56] Sie setzte auch weiterhin ihre aufreibende Lebensgestaltung fort: „Täglich steht sie um sechs Uhr früh auf, sie legt sich erst gegen Mitternacht zu Bett, und in diesen 18 Stunden ist sie keine Minute still, denn sie möchte dem Kaiser überallhin folgen und immer auf der Höhe der Geschäftigkeit ihres Gatten sein."[57]

6.

Die familiäre Überlieferung rühmte Auguste Victoria vor allem als liebevolle, fürsorgliche Mutter. Sie war „der Mittelpunkt für uns Kinder" heißt es in den „Erinnerungen", die ihr ältester Sohn, der 1882 geborene Kronprinz Wilhelm, ein Jahr nach ihrem Tod veröffentlichen ließ: „Von ihr ist Liebe und ist Wärme ausgegangen und zu uns gekommen. Was auch jemals unsere jungen Herzen an Freude oder Leid bewegen mochte, sie hat Verstehen und ein Mitschwingen und Mitempfinden dafür gehabt."[58] Auch im persönlichen Umgang mit ihren Schwiegertöchtern war Auguste Victoria „die Güte und die Höflichkeit selbst". Nach dem Urteil der Kronprinzessin Cecilie konnte „die Kaiserin aber auch zuweilen sehr energisch auftreten, wenn es galt, ihre Meinung uns Kindern gegenüber durchzusetzen."[59]

Auguste Victoria kümmerte sich mit großem persönlichen Einsatz um die Erziehung ihrer Kinder. Dabei wollte sie ihren Söhnen neben protestantischer Frömmigkeit vor allem die moralischen Grundlagen für ihr späteres, möglichst harmomisches Familienleben vermitteln.[60] Aus ihrer „streng religiösen

---

56 Eulenburg an Bülow, 29.9.1901, 1.10.1901, ebd., S. 2034 f.
57 Brief der Fürstin Radziwill, vom 29./30.1903, in: RADZIWILL: wie Anm. 31, S. 231.
58 KARL ROSNER (Hg.): Erinnerungen des Kronprinzen Wilhelm, Stuttgart 1923, S. 3. S.a. HERZOGIN VIKTORIA LUISE, Kaiserin: wie Anm. 8, S. 110, 114 f.
59 KRONPRINZESSIN CECILIE, Erinnerungen, Leipzig 1930, S. 179 ff. S.a. LINDENBERG: wie Anm. 6, S. 155: „Gleich dem Kaiser bestrafte sie [bei ihrer Kindererziehung] jeden Trotz, jede Überhebung, jedes Hervorkehren des Selbstbewusstseins der [...] kleinen Persönlichkeit auf das entschiedendste."
60 Vergl. Briefe Auguste Victorias an den Hofprediger Ernst von Dryander, vom 10.10.1897, 15.11.1897, 31.6.1898, 21.10.1898, 3.11.1900, in: Aus den Briefen der verstorbenen Kaiserin und Königin an D. ERNST VON DRYANDER, in: Neue Christoterpe, Jg. 1925, S. 2 ff.

Abb. 6: Auguste Victoria als eine Mutter, die ihre Kinder zu Christus bringt. Ausschnitt aus einem Farbfenster in der Pfingstkirche in Potsdam. Die drei Jungen tragen die Gesichtszüge der Kaisersöhne Wilhelm, Eitel Friedrich und Adalbert. Foto Thomas Parent, 2017

Lebensanschauung und Ethik" erklärte sich ihr dringender Wunsch, dass „wir Söhne ‚rein', unberührt von Erlebnissen mit anderen Frauen in die Ehe treten sollten", schrieb Kronprinz Wilhelm in seinem Erinnerungsbuch. Wenngleich er dort auch behauptete, er habe seine Mutter in Hinblick auf sein „sittliches und physisches Heil" nicht „allzusehr" enttäuscht,[61] so dokumentiert sein Lebenswandel als „Schürzenjäger par excellence"[62], dass ihre Erziehung auf Dauer gesehen nicht sehr erfolgreich war. Bereits als Neunzehnjähriger verliebte er sich während eines Englandbesuchs so heftig in eine junge Amerikanerin, dass eine Pariser Zeitung schrieb, der deutsche Kronprinz wolle auf den Thron verzichten, um ein bürgerliches Mädchen zu heiraten.[63] Die Eltern griffen maßregelnd ein.[64] 1905 heiratete der Thronfolger standesgemäß die

    S.a. BERND ANDRESEN, Ernst von Dryander, Berlin 1995, S. 198 ff.
61   ROSNER: wie Anm. 58, S. 55.
62   MACHTAN, Kaisersohn: wie Anm. 12, S. 113.
63   KLAUS W. JONAS, Der Kronprinz Wilhelm, Frankfurt 1962, S. 34 ff.
64   Der Kronprinz erklärte „in sehr patziger Weise [...], dass er sich eine Bevomundung seitens

bildhübsche Prinzessin Cecilie zu Mecklenburg, die ihm zwischen 1906 und 1917 sechs Kinder gebar. Trotzdem ruininierte der junge Wilhelm während des Ersten Weltkriegs seinen guten Ruf nachhaltig, indem er „seine sexuelle Manneskraft" im besetzten Nordfrankreich „derart unter Beweis stellte, dass diese ‚Nebentätigkeit' als Don Juan ein offenes Geheimnis nicht nur in Armeekreisen war."[65] Die Mutter hat offenbar darüber hinweg gesehen und ihrem ältesten Sohn noch 1919 ein liebevolles Geburtstagsgedicht gewidmet.[66]

Auguste Victoria war auch im Umgang mit der Homosexualität ihres vierten Sohns überfordert. Der 1887 geborene August Wilhelm, „ihr liebstes Kind"[67], heiratete 1908 seine Kusine Alexandra, eine Tochter der Lieblingsschwester seiner Mutter. Die Kaiserin, die die Verbindung mitgestiftet hatte, merkte durchaus, dass in dieser „Kulissenehe"[68] nicht alles so war, „wie es sein sollte".[69] Sie griff regulierend ein, als die enttäuschte Schwiegertochter zunehmend eigene Wege ging, und sorgte 1917 für die Einstellung einer zweiten Hofdame, „die bei der Beaufsichtigung der königlichen Kokette" helfen sollte. Der Sturz der Monarchie schuf dann 1918 endgültig neue Fakten, und Prinz Auwi musste sich damit abfinden, dass seine Frau „mit einem anderen Mann (angeblich einem Unteroffizier des 1. Garderegiments) durchgebrannt" war.[70]

Als „Sorgenkind"[71] der Kaiserfamilie galt der jüngste Sohn Joachim. Der 1890 geborene Prinz war von Geburt an „sowohl geistig als auch physisch unheilbar krank".[72] Am 31.5.1918 diagnostizierte ein psychiatrisches Gutachten, der junge Mann sei seelisch und sexuell enorm erregbar und neige zu „heftigen, lawinenhaftigen Zornausbrüchen, in denen offenbar die Selbtbeherrschung ganz verloren" gehe. Das „hochentwickelte Selbstgefühl" lasse ihn jeglichen Widerstand gegen seine Wünsche „als unberechtigte Kränkung

---

der Mutter, die zu weit gehe, nicht gefallen lassen könne. Die Kaiserin habe ihm daraufhin erwidert, dass sie sich auf das Bestimmteste solche Bemerkungen und einen solchen Ton verbäte. Der Kronprinz sei darauf weicher geworden [...]" (Eulenburg an Bülow, 26.9.1901, in: RÖHL, Korrespondenz, wie Anm. 55, S. 2031).

65 MACHTAN, Abdankung: wie Anm. 12, S. 103. S.a. JONAS: wie Anm. 63, S. 133, 153 ff.
66 ERNST PFEIFFER (Hg.), Loose Blätter aus nachgelassenen Niederschriften Ihrer Majestät der verewigten Kaiserin und Königin Auguste Victoria, Berlin 1926, S. 9. S.a. ROSNER: wie Anm. 58, S. 200 f., S. 268.
67 MACHTAN, Prinz Max: wie Anm. 12, S. 441.
68 MACHTAN, Kaisersohn: ebd., S. 36, S. 108.
69 So der Erzieher des Prinzen, Hans von Gontard, ebd., S. 114.
70 MACHTAN, Kaisersohn: ebd., S. 107f., 112 ff.
71 HERZOGIN VIKTORIA LUISE, Leben: wie Anm. 8, S. 17.
72 RÖHL, Wilhelm II., Aufbau: wie Anm. 11, S. 1182.

empfinden".[73] Selbstverständlich wurde ein solches Krankheitsbild vor der Öffentlichkeit geheim gehalten. Noch Jahrzehnte später fabulierte Viktoria Luise, ihr nächstälterer Bruder, „der mir in meiner Jugend so nahe gestanden hatte", wäre „ein begeisterter Offizier" gewesen, der sich während des Ersten Weltkriegs „wiederholt durch seine Tapferkeit ausgezeichnet" hätte. Die psychischen Probleme deutet sie nur vage an, indem sie Joachim als „außerordentlich sensibel" charakterisierte.[74]

1913 warb der Kaisersohn vergeblich um die katholische Fürstin Elisabeth von Urach. Später warf er seiner Mutter vor, ihm aus konfessionellen Gründen diese Verbindung verweigert „und damit sein Lebensglück zerstört zu haben." Er heiratete stattdessen 1916 die protestantische Prinzessin Marie Auguste von Anhalt. Diese Ehe wurde zu einem Desaster. „Der Prinz sei sehr unbeherrscht und habe seine Frau, die auch ein sehr unreifes Ding ist, geprügelt", wurde kolportiert.[75] Nach Ausbruch der Revolution verließ die Prinzessin ihren rabiaten Mann, der jeglichen Halt verlor. Am 17.7.1920 versuchte er, sich mit seinem Armeerevolver zu erschießen. Am Folgetag erlag er - in einem katholischen Krankenhaus – seiner schweren Verletzung. Viktoria Luise erklärte daraufhin ganz ungeniert, „dass ihr Bruder in seiner Überspanntheit sich nur habe verwunden wollen, um sich interessant zu machen, vielleicht auch um vor allem bei der Kaiserin ein großes Mitleid für sich hervorzurufen".[76] An anderer Stelle erwähnt sie, die Mutter habe sich kurz vor ihrem eigenenTod bei ihren übrigen Kindern dafür entschuldigen wollen, dass sie Joachim bevorzugt hätte: „[...] ich habe Euch doch alle gleich lieb gehabt, Ihr wart aber immer eifersüchtig auf ihn, und ich musste ihn doch in Schutz nehmen, er war doch immer so schwach".[77] Inwieweit sie ein eigenes Versagen für das tragische Schicksal ihres jüngsten Sohns empfand, ist nicht überliefert.

Gemeinsam mit dem Kaiser war Auguste Victoria nicht nur für ihre sieben Kinder verantwortlich, sondern auch Oberhaupt der weitverzweigten Hohenzollern-Familie. Sie leitete daraus das Recht und die Pflicht ab, kontrollierend in das Privatleben von Verwandten einzugreifen. Dabei führte ihr autoritäres Verhalten, das als herablassend und bevormundend wahrgenommen wurde, gelegentlich zu Konflikten, die das Ansehen der Hohenzollern-

---

73 Ebd. Zitate aus dem Gutachten von Professor Robert Gaupp.
74 HERZOGIN VIKTORIA LUISE, Leben: wie Anm. 8, S. 231.
75 Tagebucheinträge des kaiserlichen Leibarztes Haehner, zit. n. RÖHL, Wilhelm II., Weg: wie Anm. 49, S. 1261.
76 Tagebucheintrag Haehner, zit. n. MACHTAN, Kaisersohn: wie Anm. 12, S. 103.
77 Herzogin VIKTORIA LUISE, Kaiserin: wie Anm. 8, S. 222. S.a. ROSNER: wie Anm. 58, S. 200.

Monarchie auch bei ausländischen Fürstenhöfen beschädigten. Tief verbittert war namentlich die Exkaiserin Victoria, die Witwe des 99-Tage-Kaisers Friedrich III. Nach dem frühen Krebstod ihres Mannes fühlte sie sich durch ihre Nachfolgerin brüsk in den Hintergrund gedrängt. Vor allem verübelte sie der Schwiegertochter, dass diese sich in dem schmerzhaften Konflikt zwischen ihr und ihrem ältesten Sohn nach anfänglichen Vermittlungsversuchen strikt auf die Seite Wilhems II. gestellt hatte. „Kaiserin Friedrich" suchte Trost im Briefwechsel mit ihrer Mutter. Die alte Queen empörte sich denn auch in drastischen Worten über die undankbare „kleine Prinzessin", die nur aufgrund des Engements der Schwiegermutter zu ihrer prominenten Eheschließung und Kaiserwürde gekommen sei. Sie schalt sie als dumm und widerwärtig („odious").[78] Das junge Prinzenpaar, das 1887 zum 50jährigen Thronjubiläum der königlichen Großmutter nach Enland reiste, wurde dort mit „ausgesuchter Kühle" empfangen, und Auguste Victoria sah sich bei den Festlichkeiten „immer hinter der schwarzen Königin von Hawaii platziert".[79]

Aufgrund ihres dünkelhaften Verhaltens geriet die Monarchin auch in Konflikt mit mehreren Schwestern ihres Mannes. Ihre Schwägerin Charlotte sprach spöttisch von ihr als einer „hochnäsigen Gans".[80] Zu einem dramatischen Familienkonflikt kam es 1890, als die Kaiserschwester Sophie, die im Jahr zuvor den Kronprinzen Konstantin von Griechenland geheiratet hatte, ankündigte, zum orthodoxen Glauben übertreten zu wollen. Sie käme dann „in die Hölle"[81], prophezeite ihr die Kaiserin und regte sich derart auf, dass sie – mit ihrem sechsten Sohn Joachim hochschwanger – am nächsten Tag eine Frühgeburt erlitt.[82] Auch den Prinzessinnen Ella (der Jugendliebe Wilhelms II.) und Alix von Hessen-Darmstadt, die in die Zarenfamilie einheirateten, verzieh sie den Konfessionswechsel zur orthodoxen Kirche nicht – und belastete dadurch die deutsch-russischen Beziehungen.[83]

---

78 Zit. n. RÖHL, Wilhelm II., Jugend: wie Anm. 11, S. 523, 802.
79 So die Hofdame Hedwig Bühl, 26.7.1887, ebd. S. 678.
80 In einem Brief an Ellen Freifrau von Heldburg, 7.10.1897, zit. n. RÖHL, Wilhelm II., Aufbau, ebd., S. 712.
81 Zitat aus einem Brief von Bogumilla von Stockmar an Ludwig Bamberger, in: ERNST FEDER (Hg.): Bismarcks großes Spiel, Die geheimen Tagebücher Ludwig Bambergers, Frankfurt am Main 1932, S. 450.
82 RÖHL, Wilhelm II., Aufbau: wie Anm. 11, S. 718 ff.
83 Aufzeichnungen Eulenburgs vom 12. und 13.10.1895, in: RÖHL, Korrespondenz: wie Anm. 55, Nr. 1145, S. 1568.

7.

Auguste Victoria fand durchaus Gefallen an ihrer gesellschaftlichen Stellung als „First Lady des Reiches"[84]. Zur Regierungszeit Wilhelms II. erlebte die höfische Kultur in Preußen-Deutschland eine geradezu „monströse"[85] Spätblüte, und auch die Frau an seiner Seite, die vergleichsweise bescheiden aufgewachsen war, gewöhnte sich gerne „an das opulente Essen, an exquisite Kleidung, teure Parfums, immer neue Pelze und Schmuck."[86] Dabei wurde in Hofkreisen gelegentlich über ihre mangelnde Stilsicherheit gespottet. Die Kaiserin sei bei einem Konzert „wenig gut angezogen gewesen", bemängelte der Kaiserfreund Eulenburg 1893, „in einer Blausammet-Toilette mit gelbem Mull dazwischen, großen Diamanten und Saphierschmuck".[87] In opulentem Geschmeide sah Dona offenbar keinen Widerspruch zu ihrer auch öffentlich betonten Frömmigkeit, im tiefen Decolleté – wie es die Hofetikette vorschrieben – keinen Widerspruch zu ihrer Sittenstrenge.[88]

Dabei kämpfte die Landesmutter mit Eifer gegen den zunehmenden „Verfall" der herkömmlichen Moral im anbrechenden zwanzigsten Jahrhundert. Gesellschaftlich brüskierte sie geschiedene Frauen, die erneut geheiratet hatten.[89] Sie griff reglementierend in das Berliner Kulturleben ein, indem sie 1902 dafür sorgte, dass die Oper „Feuernot" von Richard Strauss, deren „unsittliche" Handlung ihr missfiel, aus dem Spielplan genommen werden musste.[90] Auch die Berliner Erstaufführung des Strauss'schen Skandalstücks „Salome" wurde zunächst verboten und dann doch schließlich gestattet, nachdem eine versöhnliche Bühnenbild-Ergänzung als rettender Ausweg gefunden worden war: Nach der schauerlichen Hinrichtung der bizarr-obszönen

---

84 ERBSTÖßER: wie Anm. 13, S. 8.
85 JOHN C. G. RÖHL: Hof und Hofgesellschaft unter Kaiser Wilhelm II., in: DERS., Kaiser: wie Anm. 44, S. 78.
86 OBERT: wie Anm. 9, S. 44.
87 Brief Eulenburgs an seine Mutter, 12.12.1893, in: RÖHL, Korrespondenz: wie Anm. 55, Bd. 2 [1979], S. 1162 f. S.a. MARIE VON BUNSEN, Zeitgenossen, die ich erlebte, 1900-1930, Leipzig 1932, S. 16.
88 Vergl. HEYL, wie Anm. 31, S. 95. SCHIFFER: wie Anm. 51, S. 10 f. BUNSEN, wie Anm. 87, S. 75. RADZIWILL, Brief vom 11./12.1899, wie Anm. 31, S. 175.
89 RÖHL, Wilhelm II., Aufbau: wie Anm. 11, S. 697 f.
90 STEPHAN KOHLER, Galvanisierte Leiche oder Zeitstück im Kostüm? Hugo von Hofmannsthal, Freundschaften und Begegnungen mit deutschen Zeitgenossen und Richard Strauss als Bearbeiter von Molières „Le Bourgeois Gentilhomme", in: URSULA RENNER/G. BÄRBEL SCHMIDT (Hg.), Hugo von Hofmannsthal, Freundschaften und Begegnungen mit deutschen Zeitgenossen, Würzburg 1991, S. 152.

Prinzessin Salome, die zuletzt noch den abgeschlagenen Kopf des Täufers Jochanaan geküsst hatte, ging im Berliner Opernhaus am Bühnenhorizont unvermittelt der Stern von Bethlehem auf, der den drei Weisen aus dem Morgenland den Weg zum Jesuskind weist. Durch diesen Kunstgriff wollte man andeuten, dass das Gute – im Widerspruch zur Opernhandlung – doch letztendlich über das Böse siegt![91]

Wie auch ihr Mann huldigte Auguste Victoria einem national-konservativen Kunstgeschmack und begleitete ihn gelegentlich zu Wagner-Aufführungen, z.b. 1889 in Bayreuth zu den „Meistersingern" und zu „Parsifal".[92] Sie begleitete ihn auch bei Atelier-Besuchen, als die Hohenzollern-Skulpturen für die pompöse Berliner Siegesallee geschaffen wurden.[93] Anfang Mai 1904 besuchte das Ehepaar das Atelier des Bildhauers Carl Begas, und Wilhelm II. „überraschte" dabei seine Frau mit dem eingangs erwähnten Marmorstandbild, das der Künstler von ihr geschaffen hatte, „auf das Angenehmste".[94] Eigene, individuelle Initiativen Donas zur Förderung von Kunst, Musik oder Literatur sind nicht überliefert.[95] Der Kunstgeschmack des Kaiserpaars wurde später, nach dem Sturz der Monarchie, als „spießbürgerlich nüchtern und geschmacklos" kritisiert.[96]

Als Kaiserin hat Auguste Victoria ihren Mann verschiedentlich auf seinen offiziellen Reisen begleitet. Im Ruhrgebiet ist sie allerdings deutlich seltener aufgetreten als Wilhelm II., für den bis 1914 allein elf Besuche bei

---

91   In manchen Publikationen wird ohne nachvollziehbaren Quellennachweis behauptet, Auguste Vikctoria habe dieses anfängliche Verbot veranlasst. (BARBARA W. TUCHMANN, Der stolze Turm, Ein Portrait der Welt vor dem Ersten Weltkrieg, Deutsche Ausgabe, München 1969, S. 366. HERRE: wie Anm. 46, S. 44 f.) Der Komponist Richard Strauss erwähnt hingegen in diesem Zusammenhang nur den Kaiser. (RICHARD STRAUSS, Betrachtungen und Erinnerungen, hg. WILLI SCHUH, Mainz 2014, S. 227) Es steht allerdings zu vermuten, dass Wilhelm II. hier im Einklang mit seiner Gattin handelte.
92   HARTMUT ZELINGSKY, Kaiser Wilhelm II,, die Werk-Idee Richard Wagners und der Weltkampf, in: JOHN C. G. RÖHL (Hg.), Der Ort Kaiser Wilhelms in der deutschen Geschichte, München 1991, S. 347. Zum Musikgeschmack der Kaiserin, s.a ERBSTÖßER: wie Anm. 13, S. 23.
93   RÖHL, Wilhelm II., Aufbau: wie Anm. 11, S. 1020.
94   Illustrirte Zeitung, Nr. 3271, vom 8.3.1906. S. oben, S. 107ff.
95   Sie begleitete allerdings persönlich die Planung der protestantischen Kirchen, die auf ihre Initiative hin entstanden. S. unten, S. 134ff.
96   Harry Graf Kessler unter dem Eindruck der kaiserlichen Wohnräume im Berliner Schloss, Tagebucheintrag vom 28.12.1918, zit. n. MACHTAN, Abdankung: wie Anm. 12, S. 303. Das Inventar des Schlafzimmers aus diesem Schloss ist heute im Neuen Palais in Potsdam zu sehen. Im Badezimmer des marinebegeisterten Kaisers stießen die revolutionären Schlosstouristen 1918 auf einen „Badeofen als Leuchtturm, eine gekachelte Rückwand mit einer Hochseeflotte auf bewegtem Meer und eine Klingel, die das Geräusch einer Schiffssirene von sich gab." (MACHTAN, ebd., S. 390, Anm. 137).

Abb. 7: Auguste Victoria mit Gefolge bei einem Besuch der Gussstahlfabrik Krupp in Essen. Foto 1896, Historisches Archiv Krupp, FAH 3 H 21

Krupp dokumentiert sind.[97] Die Monarchin war am 8.8.1896 erstmals bei Krupp in Essen, und zwar in Begleitung ihres Schwagers Heinrich, da der Kaiser die Reise wegen einer Erkrankung kurzfristig abgesagt hatte. Das Besichtigungsprogramm umfasste damals auch den Tiegelstahl-Schmelzbau und die Kanonenwerkstatt der Krupp-Werke.[98] Am Vortag hatten die beiden prominenten Besucher in Duisburg-Ruhrort an der Einweihungsfeier eines Denkmals für Kaiser Wilhelm I. teilgenommen.[99] Am 25.10.1900 waren Wilhelm II. und Auguste Victoria dann gemeinsam in Essen zur Einweihung der evangelischen und der katholischen Kapelle in der Rentner-Siedlung „Altenhof I".[100] Bei dieser Gelegenheit wurde – wie die Hofdame Keller

---

97 Hartmut Gräber, Besuch der Kaiserin Auguste Viktoria vom 19. bis 21. Juni 1917 bei Krupp, in: Essener Beiträge, Beiträge zur Geschichte von Stadt und Stift Essen, Bd. 123, Essen 2010, S. 105. Zur Kaiser-Krupp-Thematik s. u.a. Hartmut Pogge von Strandmann: Der Kaiser und die Industriellen, Vom Primat der Rüstung, in: Röhl: wie Anm. 92, S. 111ff.
98 Gräber, ebd., S. 95, Anm. 13.
99 Ulrich Kirchner: Das bemerkenswerteste niederrheinische Kaiser-Denkmal, in: Blickpunkt Ruhrort, 18. Ausgabe., o.O. 2012, S. 18 f. (http://www.ruhrort.de/images/Blickpunkt/blickpunkt18.pdf, Zugriff am 26.8.2017).
100 Historisches Archiv Krupp, FAH 3 H 10.

berichtet – die Zeit auch „fleißig ausgenutzt, um die verschiedenen Abteilungen der Fabriken zu besichtigen, wie auch die vorbildlichen Stiftungen der Familie Krupp in Essen, die schönen Altersheime, die Erholungsstätten für die Arbeiter, ein großes Kasino, in dem Bücher und Zeitungen auslagen usw., die herrlichen Gartenanlagen auf dem Hügel, die Treibhäuser und die prachtvollen Stallungen."[101] Am 21.6.1902 war dann Ruhrort erneut das Besuchsziel der Kaiserin, dieses Mal in Begleitung ihres Ehemanns. Auf dem Programm standen jetzt die Schifferbörse, eine Hafenrundfahrt und die Abnahme einer festlichen Parade von Rheindampfern.[102]

In der ehemaligen Grafschaft Mark war Auguste Victoria offenbar nur ein einziges Mal in offizieller Funktion. Den Anlass hierzu bot das 300jährige Jubiläum der Zugehörigkeit des Territoriums zum Königreich Preußens.[103] Am 10.8.1909 traf das Kaiserpaar mitsamt Gefolge um 14.10 Uhr mit dem Hofzug auf dem Bahnhof von Wetter an der Ruhr ein. Mit bereitgestellten Autos fuhr man sodann zum Nationaldenkmal auf der Hohensyburg. Am Straßenrand standen 50.000 Personen Spalier, darunter allein 21.000 Mitglieder von Kriegervereinen. Beim Festakt vor der Denkmalskulisse beeindruckte der Dortmunder Oberbürgermeister Karl Wilhelm Schmieding durch eine Huldigungsrede, in der er selbstbewusst zunächst einmal „die Geschichte der Mark als die einer bedeutsamen Region schon vor der Vereinigung mit Brandenburg-Preußen" skizzierte.[104] Dann kam er auf die überaus erfolgreiche märkische Industriegeschichte zu sprechen. Schließlich versicherte er dem Kaiserpaar: „In der Zeit dieser wirtschaftlichen Entwicklung und des

---

101 KELLER, S. 232. Die freundschaftlichen Kontakte zur Krupp-Familie hielt Auguste Victoria lebenslang aufrecht. Davon zeugte auch eine „Miniaturfestung" im Garten des Neuen Palais in Potsdam, „die nach den Entwürfen von Krupp in Essen unter Leitung eines früheren Offiziers erbaut worden war. Das von einem Wassergraben umgebene Mauerwerk der Festungswälle ragte etwa drei Meter über dem Erdboden empor, dahinter befanden sich ringsrum Kasematten; es fehlte nicht an drehbaren Panzertürmen, sowie an schweren Festungsgeschützen, die vermittelst einer mechanischen Vorrichtung durch einen Handgriff mühelos vor die Schießscharten gebracht werden konnten." Dieses originelle Kriegsspielzeug diente den Kaisersöhnen zur frühen „Ausbildung in den Militärwissenschaften". (LINDENBERG: wie Anm. 6, S. 153).
102 Information aus dem Stadtarchiv Duisburg, https://de-de.facebook.com/permalink.php?story_fbid=1430275747052707&id... (Zugriff am 10.9.2017).
103 Zum folgenden vergl. ECKHARD TROX: „[...] nicht nur östlich der Elbe, sondern jenseits bis an den Rhein [...], Das Jubiläum von 1909 – Geschichtskonstruktionen und die Mystifizierung der Bedeutung Preußens im Westen, in: DERS. und RALF MEINDL (Hg.): Preußen – Aufbruch in den Westen, Geschichte und Erinnerung – die Grafschaft Mark zwischen 1606 und 2009, Begleitbuch zur Ausstellung, Lüdenscheid 2009, S. 153 ff. S.a. HEIMSOTH, Finanzierung: wie Anm. 1, S. 100. DERS.: Wer realisierte: wie Anm. 1, S. 290 ff.
104 TROX: wie Anm. 103, S. 166.

Einwachsens der Mark in den preußischen Einheitsstaat haben die Bewohner der Mark ihren Brandenburg-Preußischen Landesherren Treue um Treue bewiesen, auch in den Zeiten der Not. [...] Wie die Stände der Grafschaft Mark im Jahre 1666 [...] dem Großen Kurfürsten zu Kleve huldigen durften, so wollen Eure Majestäten auch von den Söhnen der Mark bei der heutigen, von begeisterter Treue getragenen Jubelfeier die Versicherung der Treue und Anhänglichkeit an den König und sein Haus huldvollst entgegnnehmen."[105]

Dass auf eine solche Treue im anbrechenden zwanzigsten Jahrhundert noch absoluter Verlass gewesen wäre, darf allerdings angezweifelt werden. Auch Wilhelm II. war sich da nicht mehr so sicher! Bereits 1899 hatte er eine geplante Ruhrgebiets-Reise zur Einweihung des Dortmund-Ems-Kanals zunächst wieder abgesagt, und zwar u.a. mit der Begründung, dass er die Provinz Westfalen „wegen mangelhafter Disziplin der Arbeiter" und „sozialdemokratischer Tendenzen *strafen* wolle." Als ihm bedeutet wurde, „die Reise *müsse* gemacht werden, um nicht den Eindruck von Furcht zu erwecken", ergänzte der Kaiser, „dass er unmöglich mit einem Aufgebot einer Division als Eskorte einen friedlichen Besuch machen könne."[106] Wilhelm II. ließ sich schließlich doch noch überzeugen und besuchte Dortmund und das Schiffshebewerk Henrichenburg bei Waltrop – ohne seine Frau, die sich wegen Krankheit entschuldigen ließ, – am 11.8.1899.[107]

Zehn Jahre später sorgte dann ein Warnhinweis im Vorfeld des Märkischen Jubiläumstermins für „höchste Aufregung" und für „einen massiven telegraphischen Nachrichtenverkehr zwischen verschiedenen Behörden". Am Nachmittag des 8.8.1909 hatte eine anonyme Nachricht einen politisch motivierten Sprengstoffanschlag angekündigt: „Es liegt gegen den Kaiser ein Attentat vor, wenn er nach Hohen-Syburg kommt, von Seiten der Socialdemokraten, es sind 6 Italiener für Geld gedungen [...], Bomben zu werfen. [...] Das Dynamit ist von Bergleuten [!] geliefert und gestohlen."[108] Ob die Behörden den Monarchen von der Gefahr, in der er schwebte, informierten, ist nicht bekannt. Ein Attentat erfolgte jedenfalls nicht. Nach einem weiteren

---

105 Zit. n. ebd., S. 168. Die Erwähnung des Kaisers in seiner Antwort, dass „die Aufgaben" der Hohenzollern „nicht nur östlich der Elbe, sondern jenseits bis an den Rhein" lägen, kam in der rheinisch-westfälischen Öffentlichkeit gut an, da man in dieser Hinsicht bisher „nicht verwöhnt" worden sei. (ebd., S. 169 f.).
106 Eulenburg an Bülow, 17. und 19.7.1899, RÖHL, Korrespondenz, Bd. 3: wie Anm. 55, S. 1951.
107 Zu diesem Kaiserbesuch, vergl. u.a. GERHARD LANGEMEYER (Hg.): Dortmund 11.8.1899, Der Kaiser kommt zur Hafeneinweihung, Museumshandbuch des Museums für Kunst und Kulturgeschichte der Stadt Dortmund, Teil 3, Dortmund 1984.
108 TROX und MEINDL, wie Anm. 103, S. 244, Exponatext 19/21.

Abb. 8: Festakt zum 300jährigen Jubiläum der Grafschaft Mark auf der Hohensyburg. Foto 1909, Märkischer Kreis, Kreisarchiv

Auto-Transfer erreichte das Kaiserpaar um 15.45 Uhr in Schwerte unversehrt seinen Luxuszug.

Auguste Victoria, die im Kraftwagen und auf der Hohensyburger Denkmalsterrasse neben ihrem Mann gesessen hatte, wäre gemeinsam mit ihm dem angedrohten Sprengstoffanschlag zum Opfer gefallen. Im übrigen wurde sie zwar in den Festreden als Gemahlin des Kaisers gelegentlich erwähnt. Sie besaß aber keinen eigenen Part bei diesem Provinzbesuch. Ihr fiel nur eine prominente Statistenrolle im Dienste der imperialen Publicity-Werbung zu. Vor der Denkmalskulisse stach die Kaiserin bereits durch ihr Outfit ins Auge. In dem offenen Pavillon vor dem Nationaldenkmal hob sich ihre hell gekleidete Gestalt wirkungsvoll von der dunklen Umgebung der männlichen Uniformträger ab. Ein markant-monströser Hut betonte ihre Vorrangstellung auch gegenüber den beiden Hofdamen an ihre Seite.[109]

---

[109] S. Abb. 8. Ein solcher Hut war offenbar ihr „Markenzeichen" und wurde gelegentlich als modisch verfehlt krisisiert: So spottete Daisy Pless nicht nur über ein „hässliches Kleid" der Kaiserin, sondern auch über „einen großen hässlichen Hut, der ganz mit Federn bedeckt war". (zit.n. GISEVIUS: wie Anm. 11, S. 60).

8.

Anderen europäischen Nationen begegnete Auguste Victoria z.T. mit instinktiver Reserve. „Die Russen schienen ihr barbarisch und frivol, die Franzosen liederlich, den Südländern traute sie nicht, die Engländer hielt sie für selbstsüchtige und brutale Heuchler".[110] Durch eine solche Abwehrhaltung, die im gesellschaftlichen Verkehr mit mehreren europäischen Höfen zusätzlich durch dynastisch-familiäre Spannungen verstärkt wurde, belastete sie die deutsche Außenpolitik. Bei einem Staatsbesuch in Italien kam es 1893 zu Komplikationen, als die Kaiserin sich zunächst weigerte, ihren Ehemann auch zur Papst-Audienz zu begleiten. „Die hohe Frau hatte religiöse Skrupel und glaubte, als vornehmste protestantische Fürstin den römischen Bischof ignorieren zu sollen", erläuterte ein Diplomatenbericht dieses Verhalten.[111] Die Monarchin fügte sich zwar schließlich der Staatsraison, brüskierte aber die vatikanischen Etikette, indem sie bei der Audienz statt des obligatorischen schwarzen Spitzenschleiers demonstrativ einen Hut trug. Sie hatte zudem signalisiert, dass sie dem Papst nicht den Fischerring küssen werde, und Leo XIII. verzichtete denn auch darauf, ihr die Hand zu reichen.[112]

Auf den orientalischen Kulturkreis reagierte Auguste Victoria bei ihren Aufenthalten in Konstantinopel und in Damaskus offenbar mit einer Mischung aus folkloristischem Interesse, Erstaunen und mancher Irritation.[113] Eine Reise des Kaiserpaars ins osmanisch regierte Heilige Land wurde als spektakuläre Pilgerfahrt inszeniert. Den Anlass bildete die Einweihung der evangelischen Erlöserkirche in Jerusalem am 31.10.1898. Angesichts von vielfältigen konfessionellen und nationalen Rivalitäten bei der Betreuung der Heiligen Stätten stand diese Reise vornehmlich im Dienst der Förderung des deutsch-protestantischen Elements in Palästina. Folglich bildeten Bildungs- und Sozialeinrichtungen in evangelischer Trägerschaft einen Schwerpunkt im Besuchsprogramm der Kaiserin.

---

110 BÜLOW: wie Anm. 34, S. 262. S.a. LINDENBERG: wie Anm. 6, S. 226.
111 Arthur von Brauer an Großherzog Friedrich von Baden, 9.4.1893, zit. n. RÖHL, Wilhelm II., Aufbau: wie Anm. 11, S. 699.
112 KELLER: wie Anm. 7, S. 151. Noch heute halten sich Frauen an diese Etikette. So trugen Melania und Ivanca Trump schwarze Spitzenschleier, als sie den US-Präsidenten im Mai 2017 zu seiner Papst-Audienz begleiteten. S. Foto in: Ruhr-Nachrichten vom 25.5.2017.
113 Direkte Äußerungen der Kaiserin zu diesen Reisen von 1889 und 1898 sind nicht überliefert (bzw. noch nicht erschlossen?), so dass die Aufzeichnungen der mit ihr eng verbundenen Hofdame Mathilde von Keller (wie Anm. 7, S. 106 ff., 191 ff.) als Hauptquelle herangezogen wurden. Zur Reise von 1898 s.a. ANDRESEN: wie Anm. 60, S. 278 ff.

Wenn es dabei um Kinder ging, zeigte sie keine Berührungsängste. In Bethlehem sangen „Araberkinder" ihr zu Ehren in ihrer arabischen Muttersprache „Heil Dir im Siegerkranz" und „Ein feste Burg ist unser Gott". Auguste Victoria nahm mehrere kleine Waisenkinder auf den Arm „und wiegte ein arg schreiendes zur Ruhe, was einen wahren Sturm der Begeisterung entfachte; alle drängten sich an sie heran und versuchten ihre Hand zu erfassen und ihr Kleid zu berühren."[114] Der mitgereiste Oberhofprediger Ernst von Dryander erwähnte diese Episode noch zwei Jahrzehnte später in seiner Trauerrede zur Beerdigung der Kaiserin. Er setzte dabei allerdings etwas andere Akzente: „Wir standen im Jahre 1898 auf der Terrasse der Diakonissenanstalt in Bethlehem. Da nahm die hohe Frau die kleinen schmutzigen Araberkinder, die sie umkrochen, auf, streichelte sie und drückte sie an ihr Herz. Verwundert schauten die braunen Beduinenmütter die hohe, weiße Gestalt an und ahnten nicht, wie sie in diesem Augenblick die Scheidewand hinwegschob, die zwei Weltanschauungen von einander trennt, Christentum und Islam."[115]

Als vertraute Begleiterin der Kaiserin überlieferte Mathilde von Keller in ihrer Reisebeschreibung, wie die imperiale Pilgergesellschaft nicht nur durch die brütende Hitze gestresst, sondern auch durch das Muliticulti der unterschiedlichen Religionen, Konfessionen und Nationen herausgefordert wurde. Das lief auch bei ihr nicht ohne problematische Zwischentöne ab. So erschien der Hofdame die Bevölkerung von Bethlehem – „fast durchweg christlich, meist katholisch" – als „schöner Menschenschlag": Vor allem „die Frauen sind vornehme stattliche Erscheinungen, zeigen ein offenes, würdiges, lebhaftes Wesen, sehr im Gegensatz zu den unterwürfigen, sklavischen Türkinnen und den viel schlafferen Araberinnen." In Jerusalem beeindruckte sie „ein ehrwürdiger alter Rabbiner in kostbarem Gewande", dessen Ansprache auf hebräisch „mit einem Gebet für die Majestäten endete". Bei ihrer Durchfahrt durch die „jüdische Rothschildsche Vorstadt" kultivierte die fromme Frau aber auch antisemitische Vorurteile: Eine „Rothschildsche Stiftung" bezwecke, „die Glaubensgenossen wieder mehr im Heiligen Lande anzusiedeln [...]. Hauptsächlich werden sie für landwirtschaftliche Arbeiten verwendet, was hier gute Erfolge erzielt, während die Juden bei uns nicht dazu zu bringen sind und ihre Tätigkeit fast ausschließlich auf den Handel beschränken."[116]

---

114 KELLER: wie Anm. 7, S. 198.
115 Zit. n. GERTRUD ZILLICH, Die Heimfahrt unserer Kaiserin Auguste Viktoria, April 1921, Bielefeld 1923, S. 86.
116 KELLER: wie Anm. 7, S. 192 f.

Vor seinem Reiseantritt hatte Wilhelm I. dem Initiator des Zionismus', Theodor Herzl, Hoffnung gemacht, dass er als Deutscher Kaiser ein Protektorat über einen jüdischen Staat, der in Palästina gegründet werden könnte, übernehmen würde. Nach einer schroffen Abfuhr durch den türkischen Sultan Abdulhamid ließ der Monarch diese Idee aber schnell wieder fallen und speiste Herzl während einer improvisierten Audienz im Zeltlager vor Jerusalem mit „unverbindlichen Plattitüden" ab, die er mit antisemitischem Spott akzentuierte.[117] Inwieweit er seine Ehefrau, die ebenfalls antisemitsch gesinnt war,[118] in seine Protektorats-Überlegungen einbezogen hatte, ist nicht überliefert. Wenige Tage später fuhren die Palästina-Pilger nach Damaskus weiter, wo Wilhelm II. den weltweit 300 Millionen Mohammedanern und ihrem Sultan in einer Tischrede versicherte, „dass zu allen Zeiten der deutsche Kaiser ihr Freund sein wird!"[119] In frischer Erinnerung an türkische Massaker an Armeniern (1894-1896) stieß diese Solidaritätserklärung im In- und Ausland auf Kritik: „Wilhelm habe sich zum Schutzpatron eines blutdürstigen, christenfeindlichen Unmenschen gemacht, wie an den ‚himmelschreinden Greuel[n] gegen das wehrlose, christliche, armenische Volk' aller Welt hätte sichtbar sein können".[120]

9.

Während der Kaiserherrschaft ihres Mannes hat Auguste Victoria die „Lage der arbeitenden Klassen" durchaus zur Kenntnis genommen und fühlte sich herausgefordert. Bereits bald nach ihrer Hochzeit stellte die künftige Landesmutter dem ehemaligen Erzieher ihres Mannes, dem Bielefelder Philologen Georg Hinzpeter, die Frage: „Worin besteht die Hilfe, die ich ... diesen unteren Klassen beweisen kann? ... Ich halte es für ungerecht, dass diese armen Leute so wenig Resultate ihrer Arbeit sehen und genießen."[121]

---

117 Röhl, Wilhelm II., Aufbau: wie Anm. 11, S. 1058.
118 Ebd., Jugend, S. 423. S.a. Lamar Cecil, Wilhelm II. und die Juden, in: Werner Mosse u.a. (Hg.): Juden im Wilhelminischen Deutschland, 1890-1914, Tübingen 1998², S. 329.
119 Tischrede in Damaskus, 8.11.1898, zit.n. Röhl, Wilhelm II., Aufbau: wie Anm. 11, S. 1059.
120 Andresen; wie Anm. 60, S. 284, Anm. 291, mit Bezug auf einen Artikel der ‚Zürcher Freitagszeitung', Nr. 46, 1898.
121 Zit. n. Iselin Gundermann, Kirchbau und Diakonie, Kaiserin Auguste Victoria und der Evangelisch-kirchliche Hilfsverein, Hefte des Evangelischen Kirchenbauvereins 7, http://www.evangelischer-kirchenbauverein.de/gunder.htm, Abschnitt 13. (Zugriff am 8.9.2017).

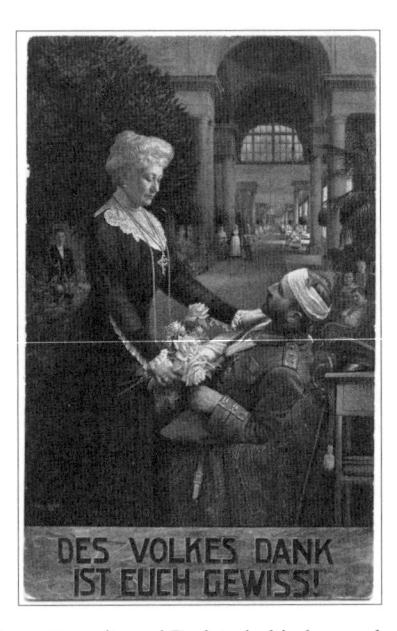

Abb. 9 und 10: Auguste Victoria als Landesmutter mit zwei Proletarierkindern und bei einem Lazarettbesuch im Ersten Weltkrieg. Ansichtskarten nach Gemälden des Hofmalers Artur Fischer, Archiv Thomas Parent.

Auf diese Situation reagierte sie zunächst einmal mit persönlicher Caritas. So erwähnt Mathilde von Keller einen „Nähverein", bei dem Auguste Victoria im Spätherbst 1881 allwöchentlich „eine Anzahl junger Frauen aus der Hofgesellschaft um sich versammelte, um mit ihnen Sachen für arme Kinder zu Weihnachten zu arbeiten." Sie schildert auch spontane Hilfsleistungen der Kaiserin, z.B. den Incognito-Hausbesuch bei der Frau eines Berliner Handwerkers im April 1899, von deren Drillingsgeburt sie in der Zeitung gelesen hatte. Vor dem Abschied „ging sie noch in den kleinen, unten im Hause gelegenen Bäckerladen und gab dort den Auftrag, der Tischlerfamilie täglich auf kaiserliche Kosten frische Semmeln hinaufzuschicken. Auch ein zweiter Kinderwagen wurde nach Rückkehr ins Schloss für die Drillinge bestellt."[122] Individuelle Caritas praktizierte die Kaiserin noch im Ersten Weltkrieg: „Sie sammelte das Fallobst im Homburger Schlosspark zur Her-

---

122 KELLER: wie Anm. 7, S. 37, S. 210 f. Zu der erwähnten Weihnachtsbescherung s.a. EVERS: wie Anm. 5, S. 111, S. 113f.

stellung von Marmelade auf, verteilte mit ihren Schwiegertöchtern Suppe an die hungernde Bevölkerung".[123]

Neben derart anrührenden Aktivitäten steht allerdings auch professionelles Engagement! So übernahm Auguste Victoria in Potsdam bereits 1884 das Protektorat über das „Elisabeth-Kinder-Hospital" und die Schirmherrschaft über das „Rettungshaus" am Pfingstberg, ein Erziehungsheim für verwahrloste Jungen. Sie kümmerte sich auch um die Resozialisierung von Strafgefangenen. Später engagierte sie sich bei der Bekämpfung der Säuglingssterblichkeit.[124] In Essen zeigte sie ein reges Interesse an den Krupp'schen „Wohlfahrtseinrichtungen" und erlaubte 1896 offiziell, dass das geplante „Rekonvaleszentenhaus für erholungsbedürftige Arbeiter der Kruppschen Gussstahlfabrik" den Namen „Kaiserin Auguste Viktoria-Erholungshaus" erhielt.[125]

Auf der Basis ihrer pietistischen Frömmigkeit entwickelte die Monarchin ein eigenes Konzept zur Lösung der sozialen Frage: Glaubensfestigkeit und Kirchentreue sollten die Industriearbeiter und ihre Familien vor Unordnung, Leichtsinn und Trunksucht schützen und ihnen ein erfülltes, harmonisches Leben garantieren. Dies kam gleichzeitig der überkommenen Herrschaftsordnung zugute. „Gegenüber den grundstürzenden Tendenzen einer anarchistischen und glaubenslosen Partei ist der wirksamste Schutz von Thron und Altar in der Zurückführung der glaubenslosen Menschen zum Christentum und zur Kirche zu suchen und damit zur Anerkennung der gesetzlichen Autorität und der Liebe zur Monarchie", erklärte Wilhelm II. noch vor seiner Thronbesteigung in der sog. Waldersee-Versammlung vom 28.11.1887.[126] Zusammen mit seiner Frau hatte er damals ca. dreißig Personen eingeladen, um sie für eine Unterstützung der kariativ engangierten „Stadtmissionen" zu motivieren, die „das wirksamste Mittel zur nachhaltigen Bekämpfung der

---

123 ERBSTÖßER: wie Anm. 13, S. 79.
124 Vergl. EVERS: wie Anm. 5, S. 115 ff. OBERT: wie Anm. 9, S. 40. ERBSTÖßER: wie Anm. 13, S. 54 f.
125 Vergl. Margarethe Krupp an Auguste Victoria, Briefentwurf vom 12.2.1907, Historisches Archiv Krupp, FAH22/FAH 3B 153, Bl 41ff. Das 1897 eröffnete Erholungshaus diente zur Reconvaleszenz von Krupp-Arbeitern und ihren Familienangehörigen, die nach überstandener Krankheit weitere Therapie nötig hatten. Die Familie Krupp nahm 1896 den Besuch der Kaiserin und 1906 die Silberhochzeit des Kaiserpaars offiziell zum Anlass, dieses Projekt mit weiteren Finanzspritzen zu fördern. (ebenda, FAH 22/FAH 3F 5. WA 106/4. WA XVII 8,11).
126 Zit. n. JAN FEUSTEL: Backsteingotik wider das Böse. Die Kirchen der Kaiserin Auguste Victoria, in: Die Mark Brandenburg, Zeitschrift für die Mark und das Land Brandenburg, Heft 50, Berlin 2003, S. 37f.

Sozialdemokratie und des Anarchismus" darstellten.[127] Diese Aktion brachte ihn in einen schwerwiegenden Konflikt mit dem Reichskanzler Otto von Bismarck, der befürchtete, der künftige Kaiser würde sich von dem Leiter der Berliner Stadtmission, dem reaktionär und antisemitisch eingestellten Hofprediger Adolf Stoecker, auch politisch vereinnahmen lassen. Auguste Victoria, die bei dem gemeinsamen Einsatz für die Stadtmission wohl die treibende Kraft war, schätzte Stoecker sehr. Als ihr Mann sich bald nach seiner Thronbesteigung von dem umstrittenen Geistlichen lossagte, verzieh sie ihm das lange nicht.[128]

Anstelle der kompromittierten Stadtmission schuf sich Auguste Victoria bald ein eigenes Instrumentarium für ihr kirchlich-soziales Engagement. Sie übernahm im Frühjahr 1888 das Protektorat über den neu gegründeten „Evangelisch-Kirchlichen Hülfsverein zur Bekämpfung der religiös-sittlichen Notstände in Berlin und anderen Städten und in den Industriegebieten", von dem sich – ebenfalls unter ihrem Protektorat – 1890 ein eigener Kirchbauverein separierte. Initiiert und finanziell gefördert durch diese Vereine, entstanden bis 1914 mehrere Dutzend protestantische Kirchen in Berliner Arbeitervierteln, ergänzt durch Gemeindehäuser mit Sozialeinrichtugen wie Diakonissenstation, Volksküche oder Kinderbewahranstalt. Die Kaiserin nahm starken Anteil an dieser Baubewegung: „Kein Entwurf wurde ohne ihr Wissen und ihre Zustimmung ausgewählt, kein Antrag ohne ihre Genehmigung unterstützt." Bei der Grundsteinlegung und der Einweihung der meisten Kirchen war sie persönlich anwesend.[129]

Die Organisation und Öffentlichkeitsarbeit lag in Händen des Freiherrn Ernst von Mirbach, des Oberhofmeisters der Monarchin.[130] Er warb so intensiv um Etatmittel für die „Kirchen der Kaiserin", dass Spott und Kritik laut wurden: „Wie jeder echte Apostel scheute der Oberhofmeister [...] auch nicht vor Berührung mit ihm sonst nicht kongenialen Personen zurück. Er hatte den Vorsitzenden der sozialdemokratischen Fraktion, Paul Singer, einen Israeliten, aufgesucht und diesem die Kirchennot und Kirchenbauten warm ans Herz gelegt. Reiche jüdische Bankiers wurden von Mirbach mit besonderer Vorliebe um milde Gaben angegangen."[131] Der umtriebige Werber, der

---

127 Wilhelm II. an Otto von Bismarck, 21.12.1887, zit. n. BISMARCK, Gedanken und Erinnerungen, Die drei Bände in einem Bande, Stuttgart 1928, S. 587.
128 Vergl. KELLER: wie Anm. 7, S. 65f., 69. ERBSTÖßER: wie Anm. 13, S. 51 f.
129 GUNDERMANN, Kirchenbau: wie Anm. 121., Abschnitt 24. S.a. FEUSTEL: wie Anm. 126, S. 34 ff.
130 Vergl. ISELIN GUNDERMANN, Ernst Freiherr von Mirbach und die Kirchen der Kaiserin, Berlin 1995.
131 BÜLOW: wie Anm. 34, S. 243 f. S.a. ANDRESEN: wie Anm. 60, S. 302 ff.

Abb. 11: Auguste Victoria als heilige Hedwig. Die Monarchin hält ein Modell der Berliner Kaiser-Wilhelm-Gedächtniskirche in der Hand, was an ihr Engagement für den protestantischen Kirchenbau erinnern soll. Ausschnitt aus einem Farbfenster in der Pfingstkirche in Potsdam. Foto Thomas Parent, 2017.

kaiserliche Huld als Dank für solche Spenden in Aussicht stellte, musste auf öffentlichen Druck hin seine Tätigkeit allerdings 1904 einstellen. Auch gegen die Kirchenbaubewegung wurde Kritik laut: Manche Sakralbauten wären zu weiträumig und prachtvoll, die ergänzenden Sozialbauten hingegen unzureichend. Die neuen Gotteshäuser haben übrigens die zunehmende Entkirchlichung der Berliner Bevölkerung im Industriezeitalter kaum verlangsamt.[132]

Gelegentlich förderte Auguste Victoria auch Sakralbauten außerhalb Berlins, z.B. im dünn besiedelten Ostpreußen.[133] Einen besonders aufwändigen Prachtbau schuf Mirbach für die tiefkatholische Eifel, mit der er – wiewohl persönlich Protestant – familiär verbunden war.[134] In Gerolstein weihte Kaiser Wilhelm II. am 15.10.1913 mit der evangelischen Erlöserkirche „das finale kirchliche Gesamtkunstwerk des Historismus" ein, „eine ‚nationaldynastische Denkmalskirche', die sich in erster Linie nicht nach den Bedürfnissen der

---

[132] FEUSTEL: wie Anm. 126, S. 40 f. Bis 1904 hatte der Kirchbauverein den Bau von 73 neuen Gotteshäusern unterstützt. Davon waren 55 bereits fertig. (GUNDERMANN, Mirbach: wie Anm. 130, S. 18).
[133] GUNDERMANN, Kirchenbau: wie Anm. 121, Abschnitt 30.
[134] In der kleinen Ortschaft Mirbach (heute Gemeinde Wiesbaum, ca. 15 km nördlich von Gerolstein) ließ Mirbach 1902/03 eine kleine, aufwendig gestaltete Kirche für die dortigen Katholiken errichten. (GUNDERMANN, Mirbach: wie Anm. 130, S. 22).

Gerolsteiner Gemeindemitglieder gerichtet hat, sondern dem Repräsentationswillen des wilhelminischen Herrscherhauses unterworfen war."[135] Drei Jahre zuvor hatte Prinz Eitel Friedrich in Vertretung seines Vaters in Jerusalem an der Einweihung eines ähnlich prachvollen Sakralbaus teilgenommen. Der Bau der protestantischen Himmelfahrtkirche auf dem Ölberg war während der kaiserlichen Pilgerfahrt von 1898 in die Wege geleitet und von der „Auguste-Victoria-Pfingsthaus-Stiftung zu Potsdam" organisiert worden.[136]

Im gesamten preußischen Staat, aber auch in den deutschen Kolonien verschenkte die Kaiserin Altarbibeln mit persönlichen Widmungssprüchen an neu gegründete evangelische Kirchengemeinden. Eine solche Bibel blieb z. B. in Dortmund-Bövinghausen erhalten[137], aber auch in der protestantischen Felsenkirche in Lüderitz im heutigen Namibia.[138] Dass die Monarchin mit Hilfe von sakralen Geschenken gezielt in Regionen ein national-protestantisches Zeichen setzten wollte, in denen das deutsche Element unter Druck stand, dokumentiert der Altar, den sie für die kleine evangelische Kirche von Schoppinitz stiftete. Dieser Ort lag östlich von Kattowitz, im äußersten Südosten des Deutschen Reichs, wo bereits um 1900 mehrheitlich Katholiken mit polnischer Muttersprache lebten. Nach dem Ersten Weltkrieg wurde Schoppinitz (Szopienice) dem neu gegründeten polnischen Staat zugeteilt. Der Altar ist noch heute vorhanden und wird in einem Mitnahmezettel den Kirchenbesuchern als Geschenk der Kaiserin Auguste Victoria (ofiarowany przes cesarzowa Auguste Wiktorię) vorgestellt.

Beim sozialen Engagement Auguste Victorias bildete die Fürsorge für Frauen und Mädchen einen wichtigen Schwerpunkt. Seit den Anfangsjahren des zwanzigsten Jahrhundert engagierte sie sich verstärkt für die Verbesserung der schulischen Ausbildung von Mädchen, für die Öffnung des Lehrerberufs für Frauen und für ihre Zulassung zum Universitätsstudium. Noch während des Ersten Weltkriegs reagierte sie empört auf die niedrigen Löhne von Heimarbeiterinnen und auf das Elend, das der Arbeitseinsatz von Frauen in Fabriken mit sich brachte. Die Kaiserin war allerdings keine Feministin

---

135 Peter Daners, Die evangelische Erlöserkirche in Gerolstein, Neuß 2000, S. 21, siehe Abb. 12. Ähnlich aufwendig wurde auch die 1908 eingeweihte Erlöserkirche in Bad Homburg im Taunus gestaltet.
136 Jürgen Krüger, Die Himmelfahrtkirche auf dem Ölberg in Jerusalem, Königstein im Taunus 2010, S. 6.
137 Gegenwärtig als Leihgabe im LWL-Industriemuseum Zeche Zollern. vergl. Thomas Parent, Eine Musterzeche im Spannungsfeld von Technik, Wirtschaft und Politik, Neue Dauerausstellung des LWL-Industriemuseums in der Alten Verwaltung der Zeche Zollern II/IV, in: Castrop-Rauxel, Kultur und Heimat, Jg. 67, Castrop-Rauxel 2016, S. 23 f.
138 Axel Scheibe, Namibia, Dumont Reise-Taschenbuch, Ostfildern 2012, S. 137.

im heutigen Sinne. Ihr Hauptinteresse galt „dem konfessionellen Flügel der bürgerlichen Frauenbewegung [...], der sich nach 1900 unter ihrer Schirmherrschaft herausbildete. Den radikalen Flügel [...] unter Hedwig Dohm (1833-1919), der für ´frei gewählte Mutteschaft´ und die Abschaffung des Strafrechtsparagraphen 218 eintrat, lehnte sie ab." In den Auffassungen der sozialistischen Frauenbewegung um Clara Zetkin sah sie „den Aufruf zur Vorbereitung einer Revolution."[139] Überhaupt ließ ihre reaktionäre Weltanschauung keinerlei Verständnis für die sozialistische Arbeiterbewegung zu.[140] Im Tagebuch von Harry Graf Kessler findet sich unter dem 30. Dezember 1918 der Eintrag, eine durchaus monarchistische Dame habe ihm erzählt: „Noch während des Krieges hätte *die gute Kaiserin* keine Ahnung gehabt, was ein Sozialdemokrat ist; es habe Mühe gekostet, ihr klarzumachen, dass Sozialdemokraten *nicht kleine Kinder fräßen*."[141]

10.

In der Endphase der deutschen Kaiserherrschaft wurde Auguste Victoria zunehmend zu einer wichtigen Stütze ihres Mannes. Das zeigte sich bereits 1908, als Wilhelm II. infolge der Daily-Telegraph-Affäre – nach einem übel missratenen Zeitungsinterview – unter dem Shitstorm der internationalen öffentlichen Meinung einen Nervenzusammenbruch erlitt und „ernstlich an Abdankung" zugunsten des Kronprinzen dachte: Die „Kaiserin allein hätte ihn davon abgehalten", hieß es später: „Ohne diesen Zuspruch hätte die Weltgeschichte einen anderen Verlauf genommen".[142] Als der Kaiser am 1.8.1914

---

139 ERBSTÖßER: wie Anm. 13, S. 63 ff.
140 Hierzu bezeichnend der Bericht ihrer Hofdame Keller über das „große Essen für den Staatsrat" vom 7.3.1890, bei dem „ein fabelhaftes Sammelsurium von Menschen der verschiedenartigsten Stellungen, vom Fürsten Reichskanzler [Otto von Bismarck] bis zu einfachen Arbeitern" anwesend war. Anschließend ließ sich die Kaiserin „sämtliche Anwesende vorstellen, auch den mit dem Eisernen Kreuz geschmückten Sozialdemokraten, den Putzer Bucholz, der ganz treuherzig versicherte, dass er trotz seiner politischen Gesinnung ‚ein sehr königstreuer Mann' sei!" Die Hofdame kommentierte dies mit einem Stoßseufzer: „Die armen Verführten!" (KELLER: wie Anm. 7, S. 127) Keller hatte am 25.1.1890 auch die Reichstags-Verhandlungen zur Verlängerung des Sozialistengesetzes besucht, „obgleich man sich schlagrührend über die unverschämten Reden der Sozialdemokraten Bebel und Liebknecht ärgerte. Wo soll das nur noch hinführen!" (Ebd., S. 126).
141 Zit.n. MACHTAN, Kaisersohn: wie Anm. 12, S. 401, Anm. 165.
142 BUNSEN: wie Anm. 87, S. 85.

vom Balkon des Berliner Schlosses aus die euphorischen Volksmassen auf den Ersten Weltkrieg einsschwor, war seine Frau ebenfalls an seiner Seite, „weinend".[143] Sie war am 4.8.1914 auch bei der Reichstagssitzung im Weißen Saal des Schlosses anwesend, wo der Monarch die nachmals berühmten Worte an die Abgeordneten richtete: „Ich kenne keine Parteien mehr, ich kenne nur Deutsche!"[144]

Von Kriegsbeginn an engagierte sich die Kaiserin intensiv in der Verwundeten-Fürsorge. Ihre Lazarettbesuche munterten bettlägerige Soldaten auf[145] und wurden für die Durchhalte-Propaganda publizistisch vermarktet, u.a. durch eine Ansichtskarte mit dem Verheißungsspruch „Des Volkes Dank ist Euch gewiss!" (s. Abb. 10) Auch bei ihrem letzten Besuch in Essen tröstete Auguste Victoria im Juni 1917 die verwundeten Soldaten in zwei Lazaretten. Außerdem besichtigte sie erneut die Krupp-Werke, wobei nun vor allem Betriebe aufgesucht wurden, in denen kriegsbedingt viele Frauen arbeiten mussten. Unter den 55 Personen, denen Auguste Victoria damals das Verdienstkreuz für Kriegshilfe aushändigte, befand sich allerdings keine Arbeiterin. Ausgezeichnet wurden hingegen einige Funktionsträger des „Nationalen Arbeitervereins – Werk Krupp (A.V.K.)".[146] Dieser Verein war 1908 gegründet worden, „um denjenigen Arbeitern der Gussstahlfabrik einen Zusammenschluss zu ermöglichen, welche von der Sozialdemokratie und den auf dem Streikprinzip beruhenden Gewerkschaften nichts wissen wollen. Der Verein hat den Zweck, den nationalen Gedanken zu fördern [...] und das gute Einvernehmen zwischen der Firma Krupp und ihrer Arbeiterschaft zu pflegen."[147] Anhand dieser Ordensverleihung wird das Bündnis zwischen Monarchie und Industrie beispielhaft deutlich, mit Stoßrichtung gegen die SPD!

Beim Ausbruch des Weltkriegs hatte Kaiser Wilhelm seine Untertanen erfolgreich auf den – wie er sagte – unvermeidlichen Waffengang eingestimmt und mit begeisterter Siegeszuversicht erfüllt. Unter dem Druck der bald eintretenden militärischen Misserfolge wurde der Monarch im Winter 1914/15 allerdings zunehmend zum Problemfall und verbrachte fortan die meiste Zeit im Hinterland, weit entfernt von den Fronten. Als Oberster Kriegsherr hatte er völlig versagt, denn er besaß „weder starke Nerven noch eine auf echte Selbstsicherheit gestützte Gradlinigkeit."[148] In dieser Situation war die

---

143 Ebd., S. 117.
144 LINDENBERG: wie Anm. 6, S. 335. Zu dieser Reichstagssitzung und zum Kaiser-Zitat, s.u.a. HUBER: wie Anm. 36, S. 33 ff.
145 Als Zeitzeugin: BUNSEN, wie Anm. 87, S. 124.
146 GRÄBER: wie Anm 97, S. 89 ff.
147 Zit. ebd., S. 101.
148 MACHTAN, Abdankung: wie Anm. 12, S. 101.

Kaiserin für das psychische Durchhalteverögen ihres Mannes unverzichtbar. Sie ließ ihn kaum noch aus den Augen und begleitete ihn sogar bis ins militärische Hauptquartier. Dabei erfolgte ihr Engagement durchaus „in machtpolitischer Absicht, und zwar in einem extrem reaktionären Sinn, nicht selten voller Hass auf die ausgemachten Feinde der Hohenzollern-Dynastie".[149] In puncto Kriegsführung zählte Auguste Victoria zu den Hardlinern und votierte entschieden für den uneingeschränkten U-Boot-Krieg. Auch innenpolitisch argumentierte sie kompromisslos: „Eher will ich meinen Kopf auf das Schafott legen, ehe ich zugebe, dass ein Recht der Krone geschmälert wird", erklärte sie noch im Herbst 1917.[150]

Im August 1918 war die Lage an der nordfranzösischen Front dann so aussichtslos, dass die Militärführung dem Kaiser vermittelte, der Krieg sei nicht mehr zu gewinnen und müsse beendet werden. Unter dem Eindruck dieser Hiobsbotschaft erlitt Auguste Victoria, die schon seit längerer Zeit herzkrank war, einen Schlaganfall mit zeitweiliger Lähmung eines Arms und einer Gesichtshälfte. Trotzdem besaß sie nach wenigen Wochen Reconvaleszenz bereits wieder die Kraft, ihren verzweifelten Mann seelisch aufzurichten.[151] Sie bemühte sich auch weiterhin, negative Nachrichten von ihm fernzuhalten.

Am 10.9.1918 versuchte sich der Monarch noch einmal mit einer martialischen Propaganda-Rede, um „der bedrohlichen Gärung innerhalb des werktätigen Volkes entgegenzuwirken".[152] In Essen, dem Zentrum der Rüstungsindustrie, rief er vor 1500 handverlesenen Kruppianern zum Durchhalten im Entscheidungskampf auf: „Deutsche, die Schwerter hoch, die Herzen stark und die Muskeln gestrafft zum Kampf gegen alles, was gegen uns steht. Und wenn der Kampf noch so lange dauert!"[153] Mitleidheischend erwähnte er auch, dass er direkt „von dem Krankenlager der Kaiserin" komme, „Meiner vielgeliebten Gattin und Eurer Landesmutter". Er sei beauftragt, „in Erinnerung an die schönen Stunden, die Ihre Majestät im vergangenen Jahre hier verlebt hat, ihre herzlichsten und innigsten Grüße zu übermitteln und Euch, Männer, Frauen und Mädchen, aufzufordern, [...] Eure Pflicht trotz der schweren Zeit

---

149 Ebd., S. 135.
150 Gegenüber dem Kabinettschef Valentini, nachdem der Reichskanzler Graf Hertling zwei liberale Politiker in sein Kabinett als seine Stellvertreter berufen hatte. (Zit.n. MACHTAN, Abdankung: wie Anm. 12, S. 124).
151 ALFRED NIEMANN, Kaiser und Revolution, Berlin 1922, S. 69 ff. Der Autor war damals Vertreter der Obersten Heeresleitung beim Kaiser.
152 Ebd., S. 78. S.a. SIGURD VON ILSEMANN, Der Kaiser in Holland, Amerongen und Doorn, 1918-1923, München 1967, S. 17.
153 Zit. MACHTAN, Abdankung: wie Anm. 12, S. 149.

zu tun, bis der Friede da ist."[154] Auf die Zuhörerinnen und Zuhörer machten diese Worte „einen niederschmetternden Eindruck, einzelne Rufe ‚Hunger' und ‚Wann wird endlich Frieden?' wurden laut."[155] Kaiser, Dynastie und Monarchie erlitten in diesen Wochen einen dramatischen Ansehensverlust. In weiten Teilen der deutschen Bevölkerung galt Wilhelm II. inzwischen als das entscheidende Friedenshindernis.

11.

Angesichts der verzweifelten militärischen Lage forderte die Oberste Heeresleitung am 28.9.1918 ultimativ ein Waffenstillstandsgesuch an die Feindstaaten. Anfang Oktober berief Wilhelm II. seinen engen Verwandten Max von Baden[156] zum neuen Reichskanzler und übertrug ihm ein kaum zu lösendes Aufgabenpaket: die Aushandlung eines erträglichen Waffenstillstands, die verantwortliche Einbindung der Sozialdemokraten in die Regierungspolitik sowie die Verteidigung der Machtstellung der Hohenzollern-Dynastie und ihres Kaisers. Letzteres im Einklang mit den kurzfristig eingeleiteten Reformen in Hinblick auf ein demokratisches Wahlrecht und eine parlamentarische Ministerverantwortlichkeit.

Auguste Victoria misstraute dem neuen Reichskanzler als einem „schwachen Mann" und „schwankenden Charakter". Sie bezweifelte bereits nach kurzer Zeit, „ob er überhaupt ‚den Willen, den Mut und die Kraft haben würde, sich hinter seinen Kaiser zu stellen' – und vor ihn schon erst

---

154 Zit. aus dem Textplakat „Eine Kundgebung der Kaisers, Ansprache an die Kruppschen Arbeiter", Essen 1918. Exemplar in der historische Dauerausstellung des historischen Archivs Krupp im Gästehaus der Villa Hügel in Essen.

155 RÖHL, Wilhelm II., Weg: wie Anm. 49, S. 1235. Von diesem Krupp-Besuch sind eindrucksstarke Fotos überliefert, u.a. eine Aufnahme, die zeigt, wie der Kaiser eine Arbeiterin an ihrer Maschine beobachtet. (Historisches Archiv Krupp, XVI K 6). Am 25. 10,1918 besuchten Bertha und Gustav Krupp von Bohlen und Halbach die Kaiserin in Potsdam. Gustav Krupp sagte ihr bei dieser Gelegenheit, „dass er von mehreren Generalstabsoffizieren seit längerem wisse, dass der Krieg für uns verloren sei." (ILSEMANN: wie Anm. 152, S. 59. S.a. KELLER: wie Anm. 7, S. 334).

156 Max' Vater war ein Bruder des Großherzogs Friedrich I. von Baden, der mit der einzigen Tochter Kaiser Wilhelms I. verheiratet war, des Großvaters von Wilhelm II. Diese enge Verwandschaftsbeziehung machte Max in seinem politischen Handeln gegenüber dem Kaiser befangen.

recht."¹⁵⁷ Währenddessen forderte der US-Präsident Woodrow Wilson, den die Reichsregierung um die Vermittlung eines Waffenstillstands gebeten hatte, immer unverhohlener nicht nur die Abdankung Wilhelms II., sondern auch die Einführung der republikanischen Staatsform in Deutschland. Eine entsprechende Note vom 14.10.1918 stieß bei der Kaiserin auf „stolze Empörung, dass der Emporkömmling jenseits des Ozeans es wagte, ein Fürstengeschlecht, das auf Jahrhunderte segensreichen Wirkens für Volk und Vaterland zurückblicken konnte, derartig herabzusetzen".¹⁵⁸ Währenddessen setzte die Hohenzollernfamilie weiterhin auf Öffentlichkeitsarbeit. Für den 60. Geburtstag Auguste Victorias am 22.10.1918 wurde ein Festgottesdienst im Berliner Dom geplant, um „das weithin beschädigte Ansehen des Kaisers mithilfe des vermeintlich unbefleckten Erscheinungsbildes seiner Gemahlin demonstrativ zu reparieren."¹⁵⁹ Doch dann feierte die Familie lieber im engsten Kreis, um nicht etwa Gegendemonstrationen der kriegsmüden Berliner Bevölkerung zu provozieren.¹⁶⁰ Die nächste Wilson-Note machte am 23.10.1918 unmissverständlich klar, dass man für die ersehnten Friedensverhandlungen nur eine Regierung akzeptieren werde, die eine „wahrhaftige Vertretung des deutschen Volkes" sei.¹⁶¹ Die „stolze Empörung" des Kaiserpaars wandelte sich daraufhin „in namenlose Verachtung".¹⁶²

Unter dem immens gesteigerten Druck entwickelte Max von Baden ein Szenario, mit dem er auf Kosten Wilhelms II. immerhin die Hohenzollern-Monarchie in Preußen und Deutschland erhalten wollte: Nach dem Rücktritt des Kaisers und des ebenfalls nicht mehr vermittelbaren Kronprinzen sollte der älteste Enkel Wilhelms II. die Kaiser- und Königswürde übernehmen. Da der junge Prinz – er hieß ebenfalls Wilhelm – damals erst 12 Jahre zählte, war eine Regentschaft für ihn notwendig. Hierfür boten sich die jüngeren Kaisersöhne an, z.B. der juristisch ausgebildete und verwaltungserfahrene Prinz August Wilhelm. Der Kaiser schien einen kurzen Augenblick lang dieser Problemlösung zuzustimmen. Nicht aber seine Frau, die ja auch eine

---

157 MACHTAN, Prinz Max: wie Anm. 12, S. 441, auf der Basis von Äußerungen Niemanns. S.a. DORPALEN (wie Anm. 12), S. 35: „She was convinced, that the cancellor, in whom she saw by now mere tool of the Socialist members in his government, lacked the courage and strengh to protect the emperor."
158 NIEMANN: wie Anm. 151, S. 101.
159 MACHTAN, Abdankung: wie Anm. 12, S. 194.
160 Nach diesem „Hausgottesdienst" im Sterbezimmer Kaiser Friedrichs III. sah Generalsuperintendant D. Händler „Tränen in den Augen der Kaiserin [...]. Sie ahnte, welche Schatten des Leides sich auf ihres Gemahls Haupt niedersenkten." (Zit. n. ZILLICH: wie Anm. 115, S. 33 f.) Die folgenden Ausführungen nach: MACHTAN, Abdankung: wie Anm. 12, S. 195 ff.
161 Zit. n. HUBER: wie Anm. 36, S. 577.
162 NIEMANN: wie Anm. 151, S. 107.

Abb. 12: Einweihung der Erlöserkirche in Gerolstein in Anwesenheit Wilhelms II., Ansichtskarte, 1913, Archiv Thomas Parent.

Abb. 13: Dreimal Wilhelm: Kaiser Wilhelm II., der Kronprinz Wilhelm und dessen ältester Sohn! Ansichtskarte, gestempelt 1916, Archiv Thomas Parent.

imperiale Rolle zu verlieren hatte! Zum Monatsende verschärfte sich die Situation auf geradezu gespenstische Weise. Vermittelt durch ihre Oberhofmeisterin Therese von Brockdorf, empfing Auguste Victoria am 29.10.1918 den pommerschen Oberpräsidenten (und ehemaligen Reichskanzler) Georg Michaelis, der ihr die Idee einer „Selbaufstopferung" ihres Ehemanns nahe zu bringen versuchte: In einem eigens inszenierten Angriff sollte der Kaiser – seinen Truppen voranstürmend – den Heldentod suchen, um dadurch das Ansehen der Monarchie zu retten.[163] Dem Monarchen selber konnte Michaelis dieses Projekt nicht mehr erläutern, da Wilhelm II. am gleichen Abend zu einer kurzfristig beschlossenen Reise ins militärische Hauptquartier nach Spa aufbrach. „Obwohl es 11 Uhr nachts war, brachte die Kaiserin ihren Mann noch zur Bahn. Mit Tränen in den Augen nahm sie ihn fest in ihre Arme und drückte ihm still eine Rose in die Hand."[164]

---

163 HUBER: wie Anm. 36, S. 702 ff.
164 ILSEMANN: wie Anm. 152, S. 30. Als Flügeladjutant war Ilsemann offenbar Zeuge dieser Episode. In der späteren Biographik Auguste Victorias wird sie noch rührseliger formuliert:

Zusammen mit einigen vertrauten Gefolgsleuten hatte Auguste Victoria diese Reise maßgeblich in die Wege geleitet, um ihren Gatten aus dem direkten Einflussbereich Max von Badens zu entfernen. Ihre Söhne wurden schriftlich dazu verpflichtet, auf keinen Fall die vorgeschlagene Regentschaft für den Kaiser-Enkel zu übernehmen. Der Kanzler verfolgte sein Projekt trotzdem weiter und sandte schließlich den preußischen Innenminister Wilhelm Drews nach Spa, um den Kaiser doch noch zur Abdankung zu bewegen. Drews erhielt vom Monarchen und seiner militärische Umgebung eine grobe Abfuhr.[165] Unter dem Eindruck dieses Misserfolgs brach Baden am Abend des 1.11.1918 psychisch zusammen. Er äußerte Todesangst und Selbstmordabsichten. Mithilfe von starken Psychopharmaka versetzte ein Facharzt ihn für 36 Stunden in ein künstliches Koma. Auch danach war sein gesundheitlicher Zustand noch mehrere Tage lang kritisch. Auslöser für diesen Nervenzusammenbruch war – so eine aktuelle These des Historikers Lothar Machtan – ein Telefonat Auguste Victorias, „mit einer wüsten Suada aus massiven Vorwürfen, wütenden Beschimpfungen, persönlichen Beleidigungen, Tränen und – vielleicht auch – denunziatorischen Drohungen". Die Monarchin hätte damit gedroht, den fürstlichen Reichskanzler öffentlich als Schwulen zu outen: „Max sollte sich schämen und dadurch handlungsunfähig werden." Seine Verzweiflung wäre dann – so Machtan – eine verständliche Reaktion auf die Ankündigung dieses Rufmords.[166]

Als der Reichskanzler am 4.11.1918 – wenn auch weiterhin angeschlagen – die Regierungsgeschäfte wieder übernahm, hatte sich sein Rettungsplan längst erledigt. Inzwischen war die Revolution in Deutschland ausgebrochen und gewann zunehmend an Boden.[167] In Spa sorgte sich Wilhelm II. um die Sicherheit seiner Frau und fürchtete, die Aufständischen würden sie als Geisel

„Allein, ohne jede Begleitung, brachte sie ihn [...] mit einer roten Rose zum Bahnhof und küsste ihn erstmals in ihrer 37jährigen Ehe in der Öffentlichkeit, bevor er nach Spa abfuhr. (ERBSTÖßER, wie Anm. 13, S. 89. S.a. OBERT: wie Anm. 9, S. 115).
165 Das folgende nach MACHTAN, Prinz Max: wie Anm. 12, S. 439 ff.
166 Ebd., S. 442, 444.
167 Am Abend des 29.10.1918 begann der Flottenaufstand in Wilhelmshaven, am 1.11.1918 in Kiel. Seit dem 3.11.1918 griff die revolutionäre Bewegung auf das Binnenland über und erreichte am 7.11.1918 München, am 9.11.1918 Berlin. Währenddessen verfiel auch die miltiärische Disziplin im Heer. Immer mehr Truppeneinheiten galten als nicht mehr zuverlässig. Als erster deutscher Fürst verlor Herzog Ernst August von Braunschweig-Lüneburg, der seit 1913 mit der Kaisertochter Viktoria Luise verheiratet war, am 8.11.1918 seinenThron.

nehmen.[168] Er ordnete an, dass alle Familienangehörigen ins Neue Palais nach Potsdam übersiedeln sollten, und mehrere Prinzen mitsamt Ehefrauen und Kindern folgten diesem Befehl. „Deine Söhne müssen Deine Verteidigung übernehmen, bis wir von hier zu Hilfe kommen", schrieb der Kaiser noch am 8.11.1918 an Auguste Victoria.[169] Zum Schutz ihrer Mutter hätten Eitel Friedrich und Oskar „mit Gewehren" in einer besonders kritischen Nacht „vor ihrer Tür geschlafen", wurde später kolportiert.[170] Prinz Eitel, der über die meisten militärischen Erfahrungen verfügte, begann ernsthaft die Verteidigung des Schlosses gegen evtl. anstürmende Revolutionäre zu organisieren und forderte Truppen an. Zur „Gewalt gegen das eigene Volk"[171] kam es dann aber doch nicht. Die resolute Kronprinzessin Cecilie behielt die Nerven und bat ihren Schwager um Zurückhaltung: „Man wird den Frauen und Kindern nichts tun".[172] In Abstimmung mit dem Kriegsminister der Reichsregierung, die ja nach wie vor im Amt war, unterband der zuständige General Alexander von Linsingen schließlich den imperialen Bürgerkriegseifer. Am 9.11.1918 erteilte er der Stabswache, die zum Schutz der Kaiserin abgestellt war, Schießverbot. „Der Kaiserfamilie passierte rein gar nichts, außer, dass nun Mitglieder des Potsdamer Arbeiter- und Soldatenrats die Schlosswache übernahmen."[173] Auguste Victoria empörte sich allerdings noch zwei Jahre später über dieses Schießverbot, das ihr „unbegreiflich gewesen" sei: „Wie anders wäre alles gekommen, wenn wir damals mit allen Mitteln Berlin gehalten hätten, dann wären wir jetzt nicht in Holland."[174]

Am 9.11.1918 erklärte Max von Baden unautorisiert die Abdankung von Kaiser und Kronprinz und übertrug dem Sozialdemokraten Friedrich Ebert die Regierungsgeschäfte. Philipp Scheidemann proklamierte vom Balkon des Reichstags aus die Repukblik. Als Auguste Victoria hiervon erfuhr, musste sie ihr Scheitern eingestehen. „Nur ein einziges Wort der Klage entrang sich ihren Lippen", heißt es bei Mathilde von Keller: „Nun bin ich keine Kaiserin mehr!"[175] Wenige Tage später besuchte die Frauenrechtlerin Hedwig Heyl

168 ILSEMANN: wie Anm. 152, S. 38, Tagebucheintrag vom 9.11.1918. In der Entourage des Kaisers war damals auch die Ermordung der russischen Zarenfamilie vom 17.7.1918 als warnendes Beispiel präsent. (NIEMANN: wie Anm. 151, S. 142).
169 Zit.n.MACHTAN, Kaisersohn: wie Anm. 12, S. 88 f.
170 ILSEMANN: wie Anm. 152, , S. 64. S.a. ebd., S. 88.
171 Machtan, Abdankung: wie Anm. 12, S. 269.
172 KRONPRINZESSIN CECILIE, Erinnerungen an den Deutschen Kronprinzessin, Biberach 1952, S. 65.
173 MACHTAN, Kaisersohn: wie Anm. 12, S. 89.
174 MACHTAN, Abdankung, ebd., S. 268 (Tagebucheintrag des kaiserlichen Leibarztes Hähner vom 3.11.1920).
175 KELLER: wie Anm. 7, S. 334.

die gestürzte Monarchin: „Sie weinte an meinem Hals ihr furchtbares Leid aus". Heyl folgerte: „Ich sah, dass die Kaiserin die harte Wirklichkeit nicht verstehen konnte, und sah, wie schwer sie nach einem Erkennen rang."[176]

Während Wilhelm II. am 10.11.1918 nach Holland floh, blieb seine Frau vorerst in Potsdam. Als im Neuen Palais die Kohlen und die hochwertigen Lebensmittel knapp wurden, siedelte sie in die Villa Ingenheim über, die Stadtwohnung ihres Sohns Eitel Friedrich. Am 22.11.1918 erschienen dort zwei Abgesandte der revolutionären Arbeiter- und Soldatenräte und forderten von ihr vergeblich die Aushändigung ihrer politischen Korrespondenz, von der sie sich Aufklärung über die Kriegsschuldfrage versprachen. In weiser Voraussicht hatte die Monarchin gleich zu Beginn der Revolution die Briefe ihres Mannes aus den Weltkriegsjahren eigenhändig verbrannt. In dem Gespräch beanstandete Auguste Victoria die Plünderungen in ihrem Berliner Schloss. Dort hatten sich Eindringlinge an ihrer luxuriösen Garderobe vergriffen; im Berliner Straßenhandel konnte man inzwischen „Stücke aus den Brokatschleppen der Kaiserin kaufen".[177] Angesichts ihrer Beschwerde äußerte einer der beiden Revolutionäre sein Unverständnis: „Dieser Krieg hat eine Schädelpyramide gehäuft, und Sie beklagen sich, dass in einem Ihrer Schlösser frierende Menschen den Wäscheschrank Ihres Gatten plündern!"[178] Die Episode zeigt, dass die Monarchin nun nicht mehr durch den Nimbus vorgeschriebener Ehererbietung geschützt wurde. Von „unverschämten Buben" sprach denn auch die Hofdame Keller angesichts dieser „hässlichen Szene", von einem schrecklichen „Überfall von zwei roten 'Genossen'".[179]

12.

Seit dem Sturz der Monarchie drängte Auguste Victoria darauf, ihrem Mann ins Exil zu folgen. Ihre Ausreise verzögerte sich allerdings, da Wilhelm II. zunächst auch in Holland „mit dem baldigen Ausbruch einer Revolution" rechnete.[180] In der Nacht vom 27./28.11.1918 war es dann schließlich so weit.

---

176 Heyl: wie Anm. 31, S. 153 f. Der Besuch fand am 20.11.1918 statt. S.a. Bunsen, wie Anm. 87, S. 193.
177 Heyl, ebd., S. 151 f. S.a. Ilsemann: wie Anm. 152, S. 65. Zur Schlossplünderung s.u.a. Machtan, Abdankung: wie Anm. 12, S. 293 ff.
178 Zit. n. Machtan, ebd., S. 282.
179 Keller: wie Anm. 7, S. 337.
180 Ilsemann: wie Anm. 152, S. 57.

Abb. 14: Die Kaiserin hamstert Lebensmittel! Die Spottkarte kritisiert die großzügige Versorgung der Kaiserfamilie in den Hungerjahren des Ersten Weltkriegs. Ansichtskarte, ca. Jahreswende 1918/1919. LWL-Industriemuseum.

Abb. 15: Antikentempel in Potsdam, die Grabstätte Auguste Victorias. Das Huldigungsgedicht spricht die Hoffnung aus, dass „Deutschland neu in Wonne steh'n" werde. Ansichtskarte, ca. 1922, Archiv Thomas Parent.

Die Eisenbahn brachte die Kaiserin mit vierzehn Personen Gefolge und einem Teil ihrer Habe in die Niederlande. Dabei passierte ihr Sonderzug zwischen Münster und Emmerich vermutlich auch das nördliche Ruhrgebiet.[181] Aus Sicherheitsgründen hatte Friedrich Ebert veranlasst, dass der altbewährte SPD-Politiker Hermann Molkebuhr den Transport begleitete, um bei unerwartet auftretenden Schwierigkeiten eingreifen zu können. Zur politischen Tarnung war an der Lokomotive bis zur Grenze eine rote Fahne befestigt. „Glücklicherweise" bemerkte die Kaiserin, die auch ihren „geliebten kleinen Dackel Topsy" mitgenommen hatte, diese Schmach nicht, da sie während der Fahrt schlief.[182] Im diesem Zug reiste auch ein Kammerherr der Kaiserin mit, der dem gestürzten Monarchen in Holland im Auftrag der Regierung eine formelle Abdankungsurkunde zur Unterschrift vorlegen sollte. Auguste

---

181 MACHTAN, Abdankung: wie Anm. 12, S. 284.
182 ILSEMANN: wie Anm. 152, S. 66.

Victoria war über dieses Ansinnen „am Ende ihrer Kräfte", ihre Hofdame Keller reagierte mit heftiger Empörung, da sie „die absolute Notwendigkeit dieses Staatsaktes [...] nicht einsehen wollte." Der deutsche Exkaiser unterzeichnete schließlich das Dokument, nachdem ihm klargemacht worden war, eine Weigerung könnte nicht nur seine Sicherheit gefährden, sondern auch zu einer endgültigen Beschlagnahme seines Privatvermögens in Deutschland führen.[183]

Im holländischen Exil genossen die prominenten Vetriebenen zunächst die Gastfreundschaft des Grafen Godard von Aldenburg-Bentinck auf Schloss Amerongen bei Utrecht. Im Mai 1920 siedelten sie auf das nahegelegene Schloss Doorn über, das Wilhelm II. – auf der Basis einer großzügigen Regelung seiner Finanzen – erworben hatte. Da die deutsche Regierung sich auch bezüglich des Inventars seiner ehemaligen Schlösser kulant zeigte, konnte sich das Kaiserpaar im Exil behaglich einrichten. Viele vertraute Kontakte nach Deutschland wurden weitergepflegt. Margarethe Krupp hatte bereits kurz nach Ausbruch der Revolution dem Monarchen und seiner Gattin „in tiefster Ehrfurcht [...] die Versicherung treuster Ergebenheit" brieflich übemittelt.[184] Zum 61. Geburtstag der Exkaiserin sandte sie dann im Oktober 1919 einen Blumengruß. Auguste Victoria dankte postwendend mit einem Telegramm und schickte auch eine Ansichtskarte von Schloss Amerongen an Frau Krupp: „Die herrlichen Orchideen kamen ganz frisch an und bereiteten uns beiden eine große Freude."[185]

Wenig erfreulich war allerdings das Schicksal von mehreren Kaisersöhnen. Der Kronprinz musste ebenfalls seit November 1918 im holländischen Exil leben, allerdings weitaus weniger komfortabel als seine Eltern. In Deutschland wurden die Prinzen Auwi und Joachim 1919 von ihren Ehefrauen verlassen. Der Selbstmord des Letzteren, ihres „Sorgenkinds", traf die Mutter tief.[186] Eine Zeitlang bereitete ihr auch die Forderung auf Auslieferung ihres Ehemanns schwere Sorgen, den die Siegermächte als „hauptsächlich für den Krieg verantwortlichen Kriminellen"[187] vor ein internationales Tribunal bringen wollten. Für diesen Fall drohte der Kaiser mit Selbstmord und seine Frau pflichtete ihm bei: „Wilhelm, dann gehe ich mit Dir gemeinsam ins

---

183 MACHTAN, Abdankung: wie Anm. 12, S. 285 ff. Die Zitate stammen aus den Aufzeichnungen des betr. Hofbeamten.
184 Brief vom 8.11.1918, Historisches Archiv Krupp, FAH 3 M 273.
185 Ebd., FAH 3 M 107.
186 KELLER: wie Anm. 7, S. 357 f. ILSEMANN: wie Anm. 152, S. 161. S. a. oben, S. 121
187 Forderung der Siegermächte, Dezember 1918, zit. n. RÖHL, Wilhelm II., Weg: wie Anm. 49, S. 1250.

Jenseits!"[188] Als Auguste Victoria im Mai 1919 von den harten Friedensbedingungen des Versailler Vertrags hörte, brach sie erneut zusammen.[189] Aber auch mit ihren ehemaligen Untertanen haderte sie und drückte ihre Enttschäuschung in Gedichtsversen aus: „Das deutsche Volk, es ist betört / Hat selber ja sein Heim zerstört." Energisch forderte sie: „O Volk, wach auf aus bösem Traum / Gib Reu und Buße endlich Raum / Nur dann kann Dir Dein Gott verzeihn / Nur dann strahlt Dir sein Gnadenschein"[190].

13.

Deutschlands Exkaiserin blieb bis an ihr Lebensende uneinsichtig. Bereits nach ihrem Schlaganfall vom August 1918 hatte sie sich frühzeitig mit ihrem möglichen Tod beschäftigt und die Bitte geäußert, in Potsdam beerdigt zu werden. Nachdem sie am 11.4.1921 in Doorn gestorben war, bestand Wilhelm II. - gegen den Widerpruch mehrerer seiner Kinder - darauf, ihr diesen Wunsch posthum zu erfüllen.[191] Dabei spielte bei seinen Getreuen auch die Erwartung eine Rolle, dass ihre Grabstätte im Park des Neuen Palais „ein Wallfahrtsort für die Deutschen" werde und „der Opfertod der in ihrer Stille erhabenen Frau zum Fanal werden wird, an dem sich verlorene Ideale neu entzünden."[192] In Erinnerung an die legendäre Königin Luise sollte auch für Auguste Victoria ein vaterländischer Martyrinnenkult in die Wege geleitet werden: „Der Kaiserin hat der Umsturz das Herz gebrochen", befand ihr Ehemann.[193] In der Tat war ihr Herzleiden, das sich nach dem Sturz der Monarchie zunehmend verschlimmert hatte, schließlich die Ursache für ihren frühen Tod.

In der Erwartung von Widerständen hatte Wilhelm II. bereits im Sommer 1920 Verhandlungen mit der preußischen Regierung eingeleitet, um seine Frau nach ihrem Tod im Antikentempel beim Neuen Palais in Potsdam bestatten zu können. Die Erlaubnis wurde unter einigen Auflagen schließlich erteilt.[194]

---

188 ILSEMANN, ebd., S. 74.
189 Ebd., S. 98.
190 PFEIFFER: wie Anm. 66, S. 8.
191 ERBSTÖßER: wie Anm. 13, S. 108.
192 ILSEMANN: wie Anm. 152, S. 179. S.a. ebd., S. 176.
193 KAISER WILHELM II.: Ereignisse und Gestalten aus den Jahren 1878-1918, Leipzig 1922, S. 288.
194 ERBSTÖSSER: wie Anm. 13, S. 108 ff. Zum folgenden: ANDRESEN: wie Anm. 60, S. 379 ff. Dort (auf S. 2 und auf 380 f.) auch die Zitate.

Ebenfalls noch 1920 hatte der Oberkirchenrat der preußischen Landeskirche Gedenkgottesdienste und Trauergeläut angeregt, falls die schwer erkrankte Kaiserin sterben sollte. Dagegen brachten einzelne Gemeinden allerdings Bedenken vor. Ein Berliner Pfarrer sah in diesem Vorschlag eine politische Demonstration, mit der seine Kirche sich „vor aller Augen als eine monarchisch gesinnte, deutsch-nationale Parteikirche" offenbare. Das Koblenzer Konsistorium erwartete „einen verhängnisvollen Schaden", wenn „vielleicht die eine oder andere Kirchengemeinde unter dem überwiegenden Einfluss demokratischer oder sozialistischer Kreise die Ausführung des Erlasses" verweigere. In Duisburg-Hamborn befürchtete die Polizei „unerwünschte Kundgebungen gegen die Kirche". Der Oberkirchenrat bestritt jede politische Absicht. Immerhin sei Auguste Victoria nicht nur „Gemahlin des bisherigen Trägers des landesherrlichen Kirchenregiments, sondern auch durch ihr persönliches Leben mit unserer Kirche verbunden gewesen." Das Gremium nahm seinen Erlass allerdings aus Sicherheitsgründen „schweren Herzens" zurück. Trotzdem läuteten vielerorts die Glocken, als der Leichnam der Kaiserin am 18. / 19.4.1921 nach Potsdam überführt wurde. Hingegen gab es wenig später keine vergleichbaren Trauerbezeugungen von Seiten der preußischen Landeskirche, als die demokratischen Politiker Matthias Erzberger (am 26.8.1921) und Walter Rathenau (am 24.4.1922) von nationalistischen Attentätern ermordet wurden und als der erste Reichspräsidenten der Weimarer Republik, der Sozialdemokrat Friedrich Ebert, am 28.2.1925 im Amt verstarb.[195]

Auf ihrer letzten Fahrt durchquerte die tote Kaiserin zwischen Emmerich und Hamm auch das Ruhrgebiet. Der Sonderzug hielt planmäßig in Oberhausen, wo – wie eine Broschüre im nachhinein stolz erläuterte[196] – die

---

195 HANS-ULRICH WEHLER, Deutsche Gesellschaftsgeschichte, Bd. 4, München 2003, S. 437. Nur in Verbidung mit diesem Trauergeläut wird Auguste Victoria übrigens in Wehlers voluminösem Werk ein einziges Mal erwähnt. Sozialdemokratie und deutsche Arbeiterschaft hatten sich nach dem Tod von Auguste Victoria nicht einheitlich reagiert. So untersagte der sozialdemokratische preußische Kultusminister den Schulen offizielle Trauerfeiern (ERBSTÖSSER, wie Anm. 13, S. 107). Bei den Beisetzungsfeierlichkeiten in Potsdam fiel hingegen ein Kranz auf, dessen rote [!] Schleife den Widmungsspruch trug: „Unserer Kaiserin, Potsdamer Arbeiter" (BUNSEN: wie Anm. 87, S. 195).
196 ZILLICH: wie Anm. 115. Die oben folgenden Zitate dort auf S. 55, S. 57, S. 59. Die Autorin GERTRUD ZILLICH erwähnt in einem Nachwort auch erste „Segensspuren" der „Durchfahrt unserer Kaiserin durch Oberhausen und das Ruhrgebiet": Es wurde inzwischen der „Grund gelegt" zu einer „Auguste-Viktoria-Dank-Stiftung für Jugendschutz im Ruhrgebiet", die „half unser entstehendes Oberhausener Jugendschutz-Heim durch die schlimmen Jahre [zu] retten." (ebd., S. 98). Internet-Suchmaschinen bringen aktuell zwar keinen Nachweis dieser Stiftung mehr, wohl aber den Hinweis auf ein „Gertrud-Zillich-Haus" in Oberhausen,

Menschenmassen gleich drei Bahnsteige füllten: „Sämtliche Behörden" waren vertreten, „der Oberbürgermeister, der Wohlfahrtsdirektor der Gute-Hoffnungshütte, der Vorsitzende des Roten Kreuzes, ein greiser, vollbärtiger Oberleutnant mit dem eisernen Kreuz von 1870 auf der Brust, Pfarrer, Lehrer und Lehrerinnen der höheren und Volksschulen, arbeitsharte, schlichte Bergleute, straffe intelligent blickende Hüttenarbeiter und Beamte, schlichte Frauen, den Marktkorb noch am Arm". Während des zwölfminütigen Aufenthalts durfte „eine kleine Abordnung, voran eine Dame aus der Industrie in tiefer Trauer, einen Teerosenstrauß in der Hand", den Wagen mit dem Sarg der Kaiserin betreten. Ihr folgten der Führer des lokalen Offiziersbundes und „ein kleines Mädchen mit einer frischen, dunkelroten Rose und einem Sträußchen Himmelsschlüsselchen." Dies wurde sogleich interpretiert: „Die rote Rose, erinnernd an die blutigen Kriegsjahre und opferbereite, dienende Liebe einer Landesmutter, die in Lazaretten und Frauenvereinen Wunden zu heilen suchte – und Frühlingsboten, Himmelsschlüsselchen der deutschen Kinder, [erinnern an] unseres Volkes Zukunftshoffnung!"

Ähnlich anrührend gestaltete sich auch ein Betriebshalt in Hamm, wo sich eine Studienrätin in märkischer Preußentreue kurzfristig Zutritt zum Sarg verschaffte. Später ließ sie die Öffentlichkeit an ihren patriotischen Meditationen teilhaben: „Ich schaue nichts als die geliebten [preußischen] Farben, schwarz-weiß-rot, unter denen im schlichten, letzten Bette die Landesmutter von allem Erdenweh ausruht. [...] schwarz-weiß-rot: Leid – Reinheit – Herzblut, ihres Lebens Dreiklang. [...] Den Frauen, Jungfrauen will ich ihr Bild zeigen: ‚Eifert ihr nach!' Der deutschen Jugend muss ich zurufen: ‚Deine Mutter liegt tot da, an gebrochenem Herzen gestorben, und Du kannst Dich noch nichtigen Freuden hingeben!'" In Potsdam geriet die Beisetzungsfeier dann am 19.4.1921 zur letzten monarchistischen Massendemonstration in der deutschen Geschichte.[197] Hunderttausende nahmen teil[198], an Prominenz u.a. die Ex-Kronprinzessin Cecile, mehrere Kaisersöhne, und der ehemalige Chef der Obersten Heeresleitung, Paul von Hindenburg.

---

    eine Einrichtung des Diakonie-Verbands-Oberhausen e.V.
197 Als weitere Zeitzeugenberichte s.u.a. KELLER: wie Anm. 7 S. 369 f. BUNSEN: wie Anm. 87, S. 194 ff. HERZOGIN VIKTORIA LUISE, Kaiserin: wie Anm. 8, S. 5 f., S. 226 ff.
198 Laut Polizeibericht mehr als 200.000 (ERBSTÖßER, wie Anm. 13, S. 112). Marie von Bunsen spricht von „eine[r]Drittel Million" (wie Anm. 87, S. 196).

14.

Unter dem Eindruck des Ablebens der Kaiserin wurde in Potsdam die Kapelle des Pfingsthauses im April 1921 in „Auguste-Viktoria-Gedächtniskirche" umbenannt. Der Sakralbau war 1893/94 mit Unterstützung der Monarchin errichtet worden. Diese Förderung fand auch künstlerischen Ausdruck: Noch heute porträtiert ein Farbfenster hinter dem Altar die Kaiserin als eine Mutter, die ihre drei Söhne zum Heiland führt, im Sinne des Bibelspruchs: „Lasset die Kindlein zu mir kommen!" (Matthäus-Evangelium, 19,14) Die Jungen tragen die Gesichtszüge der Prinzen Wilhelm, Eitel Friedrich und Adalbert. Ein Seitenfenster zeigt die Kaiserin als heilige Hedwig mit einem Modell der Berliner Kaiser-Wilhelm-Gedächtniskirche in der Hand. Ein weiteres Seitenfenster bildet Wilhelm II. als Ritter-Heiligen Georg ab. In dem Fensterzyklus erscheint der Freiherr von Mirbach als heiliger Martin, seine früh verstorbene Tochter Gabriele als Engel, der SPD-Politiker August Bebel hingegen als einer der Kriegsknechte, die den Kreuzweg Christi nach Golgatha begleiten.[199] In dieser Kapelle feierte Auguste Victoria am 27.11.1918 vor ihrer Ausreise nach Holland ihren Abschiedsgottesdienst.[200] 1946 erfolgte dann die Rückbenennung des Gotteshauses in „Pfingstkirche Potsdam".

Auch an anderen Orten wurde das Andenken an Deutschlands letzte Kaiserin im Laufe der Zeit immer weniger gepflegt und schließlich aufgegeben. In Berlin-Charlottenburg wurde der „Auguste-Viktoria-Platz" an der Gedächtniskirche 1947 in „Breitscheidplatz" umbenannt, zu Ehren des SPD-Politikers Rudolf Breitscheid, der 1944 im KZ Buchenwald umgekommen war. In der Eingangshalle der Turmruine des Sakralbaus blieb allerdings – wenn auch durch den Bombenkrieg beschädigt – u.a. ein Mosaikbild erhalten, das eine Prozession von prominenten Mitglieder der Hohenzollern-Dynastie seit 1815 zeigt. Berücksichtigt sind dort die fünf Monarchen und der letzte deutsche Kronprinz. Daneben allerdings nur drei Frauen: Königin Luise, Kaiserin Auguste Victoria und ihre Schwiegertochter Cecilie. Die Ehefrauen Friedrich Wilhelms IV. (Elisabeth), Wilhelms I. (Augusta) und Friedrichs III. (Victoria) fehlen. Vermutlich wurden sie nicht berücksichtigt, weil sie zur Zeit der Entstehung des Mosaiks (um 1905) als unbedeutend galten (Elisabeth) oder aufgrund ihres seinerzeit geleisteten Widerstands gegen die Bismarck-Politik

---

199 RUDOLF REINHOLD, Die Glasmalereien der Evangelischen Pfingstkirche Potsdam, Hamburg 2016, S. 8, S. 18, S. 8, S. 18, S. 32 f., S. 38 f., S. 52 ff., S. 60 f. S.a. oben, Abb. 6, Abb. 11.
200 ERBSTÖSSER, wie Anm. 13, S. 90.

von offizieller Seite nun geringgeschätzt wurden (Augusta und Victoria). Im Bildprogramm der Erlöserkirche von Gerolstein findet August Victoria

Abb. 16: Porträtmedaillons von Wilhelm II. und Auguste in der Vorhalle der Erlöserkirche in Gerolstein. Foto: Thomas Parent, 2017.

als einzige Frau neben zahlreichen Männern ihre Berücksichtigung. Ihr Portraitmedaillon wird in der Eingangshalle durch Mosaikbilder ihres Mannes, ihres Schwiegervaters sowie des Prinzen Karl von Preußen ergänzt. Dies alles – wie eingestreute Jahreszahlen andeuten – zur Erinnerung an die Befreiungskriege gegen Napolen und an die deutschen Reichseinigungskriege! Kaiser Wilhelm I. erscheint im Kuppelgewölbe der Kirche in einem heterogenen Ensemble von mythisch überhöhten Nationalhelden bzw. Nationalheiligen: zusammen mit mittelalterlichen Herrschern (Karl der Große, Pipin der Kurze, Friedrich Barbarossa), christlichen Missionaren (Bonifatius und Willibrord) und protestantischen Reformatoren (Luther und Melanchthon).[201] In Jerusalem kommt das letzte Kaiserpaar am Baukomplex der „Auguste-Victoria-Stiftung" auf dem Ölberg gleich zweimal vor, als Deckengemälde in der Himmelfahrtskirche und als Statuen im Außenbereich.[202]

In Dortmund hatte der Magistrat anlässlich der Silberhochzeit des Kaiserpaars 1906 beschlossen, 50.000 Reichsmark für die Gründung einer Volksbücherei mit dem Namen „Wilhelm-und-Auguste-Viktoria-Bibliothek" zur Verfügung zu stellen. Im Revolutionsjahr 1919 wurde der Name dann in „Stadtbibliothek" umgewandelt.[203] In Essen gab man gegen Ende der

---

201 DANERS: wie Anm. 135, S. 10 ff.
202 KRÜGER: wie Anm. 136, S. 30, S. 38.
203 Freundlicher Hinweis von Herrn Dr. Alois Klotzbücher, Dortmund, Bibliotheksdirektor i. R.

1920er Jahre beim Krupp'schen Erholungshaus den feudalen Namensbezug auf.[204] In der Villa Hügel hängt allerdings nach wie vor ein qualitätsvolles Ölgemälde Auguste Victorias von der Hand des Künstlers Alfred Schwarz (1914, s. Abb. 3). Auch sonst finden sich im Ruhrgebiet noch gelegentlich Spuren der Erinnerung an Deutschlands letzte Kaiserin. So stößt der Tourist in Essen-Katernberg, in der Nähe des Weltkulturerbes Zeche Zollverein XII unvermittelt auf vier imperiale Porträtmedaillons an einer gründerzeitlichen Stuckfassade. Sie zeigen die Kaiser Wilhelm I., Friedrich III. und Wilhelm II. sowie die Kaiserin Auguste Victoria! (S. Abb. 4 und 5)

Mit der Bochumer Stadtgeschichte ist die eigentümliche Odysee einer „Auguste-Viktoria-Glocke" verbunden. Als Stiftung der Kaiserin für die Gnadenkirche in Berlin-Mitte („Kaiserin-Augusta-Gedächtniskirche") wurde diese Glocke 1892 vom Bochumer Verein im innovativen Gussstahlverfahren hergestellt und ein Jahr später in Chicago auf einer Weltausstellung präsentiert. Sie zeichnete sich durch einen besonders schönen Klang aus. Im Zweiten Weltkrieg musste die Gnadenkirche nach starkem Bombenschaden als Gotteshaus aufgegeben werden. Die Sophiengemeinde übernahm ihre Nachfolge. Auf Anordnung des DDR-Regimes wurde die Kirchenruine, die in der Nähe der 1961 errichteten Berliner Mauer stand, 1967 gesprengt. Dabei blieb die Glocke ohne sichtbare Schäden und landete auf einem Schrottplatz. Dort entdeckte sie ein Pfarrer aus Berlin-Malchow und platzierte sie in seinen Pfarrgarten. Bei einem Stellenwechsel nahm er sie nach Stadtilm in Thüringen mit. Nach der Wende von 1989 erwarb der Pfarrer von Bochum-Leithe, Werner Chicoll, diese Glocke und brachte sie zurück ins Ruhrgebiet. Sie wurde bei Krupp restauriert und in Leithe vor der evangelischen Kreuzkirche als Denkmal aufgestellt. Mehr als zwanzig Jahre später bat die Berliner Sophiengemeinde um die Rückgabe der Augste-Viktoria-Glocke und fand in Bochum Gehör. Nach dem Bau eines Glockenturms auf dem Invalidenfriedhof erklang sie am 28. Juni 2013 zum ersten Mal nach mehr als 50 Jahren wieder.[205] Somit besitzt die Hauptstadt der Bundesrepublik seitdem wieder ein Erinnerungsstück an die letzte Hohenzollern-Kaiserin, das aus dem Ruhrgebiet stammt.[206]

Zweieinhalb Jahre später – im Dezember 2015 – lenkte die Betriebs-

---

204 Freundlicher Hinweis von Herrn Prof. Dr. Ralf Stremmel, Historisches Archiv Krupp.
205 https://www.derwesten.de/staedte/wattenscheid/glocke-auguste-kehrt-von-bochum-leithe-zurueck-nach-berlin-id4266093.html. http://www.wamsiedler.de/auguste-viktoria-glocke-erklingt-seit-dem-zweiten-weltkrieg-erstmals-wieder-uber-berlin/ (Aufruf am 4.9.2017).
206 Auch die Gerolsteiner Erlöserkirche besitzt eine Auguste-Victoria-Glocke aus der Produktion des Bochumer Vereins. (DANERS: wie Anm. 135, S. 18).

einstellung der Zeche Auguste Victoria im nördlichen Ruhrrevier den Blick der Öffentlichkeit auf die Namenspatronin dieses Bergwerks. Zur Zeit regt das anstehende Jubiläum der Revolution von 1918/19 dazu an, die jüngere deutsche Geschichte mit all' ihren positiven Entwicklungen, aber auch mit ihren Irrwegen wieder stärker ins öffentliche Gedächtnis zu rufen. In diesem Zusammenhang gibt das Auguste-Victoria-Denkmal von Marl-Hüls an seinem neuen, öffentlichkeitswirksamen Standort einen guten Anküpfungspunkt! Stellt es doch eine umstrittene Frau dar, die während der Kaiserherrschaft ihres Ehemanns eine weitaus bedeutendere Rolle gespielt hat, als lange Zeit über zugegeben wurde.

Der Historiker Lothar Machtan, der sich sehr kritisch mit dem Niedergang des Hohenzollern-Staats auseinandersetzt, geht mit dem Wirken und dem Nimbus der letzten Kaiserin keineswegs schonend um. Trotzdem setzt er in seinen Veröffentlichungen auch würdigende Akzente: „Diese Frau besaß in den Monaten, da das monarchische System in Deutschland versank, sehr viel mehr politisches Profil, sehr viel mehr Willensstärke und nicht zuletzt sehr viel mehr menschliches Format als ihr Mann, der bramabarsierende Schattenkaiser. Leider zielte sie aufgrund ihrer geistigen Unbeweglichkeit, ihrer reaktionären Weltanschauung und ihres übergroßen Bemutterungsbedürfnisses geradewegs in die falsche Richtung, als es galt, in das Rad der Geschichte einzugreifen. So bewirkte sie das genaue Gegenteil dessen, was sie mit ihrem unermüdlichen Engagement für das Wohl des Hauses Hohenzollern erhoffte. Als ihr das endlich bewusst wurde, war sie ‚tieftraurig' und sehr niedergeschlagen: ‚dass Gott dieses zuließ, es ist namenlos'."[207]

---

[207] MACHTAN, Kaisersohn: wie Anm. 13, S. 89 f. Das Zitat im Zitat stammt aus einem Brief Auguste Victorias an ihre Tochter Viktoria Luise, vom 11.11.1918.

WULF SCHADE

Statt Integration organisierte Ausgrenzung und Verfolgung
Zur Diskussion über die „Integration" der „Ruhrpolen"

Inhalt: 1. Einleitung, S. 156. – 2. Vom unscheinbaren Ort zur unüberschaubaren Stadt, S. 158. – 3. Eine zerrissene Bevölkerung, S. 161. – 4. Landsmannschaftliche Orientierung, S. 165. – 5. Eine Bevölkerung sortiert sich neu, S. 167. – 6. Germanisierung als Staatsziel, S. 169. – 7. Die polnischsprachige Zuwanderung in ihrer Unterschiedlichkeit, S. 174. – 7.1. Die polnischsprachigen Katholiken, S. 176. – 7.2. Die polnischsprachigen Protestanten, S. 180. – 7.3. Freiwillige Germanisierung, S. 184. – 7.4. Die polnischsprachige Zuwanderung in ihrer strukturellen Gewichtung, S. 185. – 8. Die Konstruktion einer homogenen polnischen Bevölkerungsgruppe, S. 186. – 9. Fortgeführte Ausgrenzungspolitik, S. 191. – 10. Wiederaufnahme der aktiven Verfolgung, S. 194. – 11. Nach 1945 – die Ausgrenzung setzt sich fort, S. 196. – 12. Pauschalisierung statt Differenzierung, S. 199. – 13. Abschlussthesen zur Diskussion über die „Integration" der „Ruhrpolen", S. 201.

„Wir haben die Ruhrpolen verdaut, also werden wir auch die Gastarbeiter verdauen." (Bundeskanzler Helmut Schmidt (SPD) in den 1970er Jahren)[1]

Bundestagspräsident Prof. Dr. Norbert Lammert (CDU) sprach auf einer Tagung am 10./11. Juli 2012 von der als Vorbild zu betrachtenden „rasch gelungenen Integration" der „polnischen Zuwanderer".[2]

„In öffentlicher Sicht ist dieses Projekt (Porta Polonica – d.V.) möglich auf der Basis einer – auf sehr lange Sicht betrachtet – gelungenen Integrationsleistung der Polen in Deutschland und damit in Bochum. Die glücklicherweise

---

1 Rede zur Eröffnung der Ausstellung des Projekts Migration von Hortensia Völckers, Künstlerische Direktorin der Kulturstiftung des Bundes am 30.9.2005 in Köln http://www.kulturstiftung-des-bundes.de/sites/KSB/media_archive/1134465259993.pdf, aufgerufen: 27.5.2017.
2 Prof. Dr. Norbert Lammert, Grußwort des Präsidenten des Deutschen Bundestages, in: JACEK BARSKI/DIETMAR OSSES, Polen in Deutschland: Geschichte und Kultur, Dokumentation des Workshops zur Einrichtung einer Dokumentationsstelle zur Geschichte und Kultur der Polen in Deutschland, 10.-11. Juni 2012, Essen 2013, S. 26.

gelungene Integration war aber kein so einfacher Prozess wie wir es sehen möchten." (Dr. Hans Hanke, Kulturpolitischer Sprecher der Bochumer SPD-Ratsfraktion, 2012)[3]
„Gutwillige Politiker führen die Ruhrpolen gern als Beispiel an, an dem sich zeige, dass es in Deutschland eine Tradition des Willkommens gegenüber Migranten gebe. Leider irren sich die Politiker. Betrachtet man die Sache vom Anfang her, stellt sie sich als Modellfall für *misslungene Integration* heraus". (Prof. Dr. Horst Pöttker 2014)[4]

1.

Die aufgeführten Äußerungen aus Politik und Wissenschaft zur polnischsprachigen Zuwanderung in das Gebiet des heutigen Ruhrgebiets[5] vor über einhundert Jahren zeigen einen einhelligen Ausgangspunkt: Es gab eine deutsche Gesellschaft, in die eine bestimmte Gruppe Fremder, hier wahlweise als „Ruhrpolen", „Polen" oder „polnische Zuwanderer" bezeichnet, integriert werden konnte. Es scheint außerhalb des Denkbaren zu stehen, ob die Fragestellung nach der „Integration der Ruhrpolen" der Realität entsprach, ja, ob die Begriffe „Integration" und „Ruhrpolen", „Polen" oder „polnische Zuwanderer" denn auch adäquat sind. Dabei wäre doch auch die Fragestellung möglich, ob es in den ersten Jahrzehnten unter den gegebenen kommunalen Strukturen überhaupt eine Integration geben konnte und ob es <u>die</u> „Ruhrpolen", „Polen" oder „polnischen Zuwanderer" als zu integrierende Gruppe überhaupt gab, über die als Einheit gesprochen werden konnte bzw. kann.

---

3   HANS HANKE, Bochums neue „Porta Polonica", in: Bochumer Zeitpunkte, Beiträge zur Stadtgeschichte, Heimatkunde und Denkmalpflege, H. 3, Februar 2015, S. 11.
4   HORST PÖTTKER, Modell für erfolgreiche Integration? Die meisten Ruhrpolen haben Deutschland aus guten Gründen wieder verlassen – Prof. Dr. Horst Pöttker, Politeknik 2014 http://politeknik.de/modell-fuer-erfolgreiche-integration-die-meisten-ruhrpolen-haben-deutschland-aus-guten-gruenden-wieder-verlassen-prof-dr-horst-poettker/, aufgerufen: 27.5.2017.
5   Im Folgenden verwende ich der Einfachheit halber den Begriff Ruhrgebiet und nicht den im 19. und Anfang des 20. Jahrhundert gebräuchlichen Begriff Rheinisch-Westfälisches Industriegebiet. Auch wenn die beiden Begriffe geographisch nicht hundertprozentig deckungsgleich sind, so sind die Forschungsergebnisse hinsichtlich der Fragestellung des Aufsatzes bezüglich der polnischsprachigen Zuwanderung übertragbar.

Dieser Beitrag hinterfragt deshalb, warum in Wissenschaft und Politik nahezu ausschließlich über eine – gelungene oder nicht gelungene – „Integration der Ruhrpolen" diskutiert wird, aber dasselbe nahezu gar nicht bezüglich anderer Zuwanderungsgruppen geschieht wie beispielsweise der deutschsprachigen Hessen, Saarländer, Pommern, die sich durchaus auch in Sprache und kulturellen Gepflogenheiten von der ursprünglichen Bevölkerung unterschieden. Deshalb werden zuerst die Bedingungen skizziert, unter denen Zuwanderung ins Ruhrgebiet, schwerpunktmäßig in Bochum, geschah und darauf folgend, ob Integration[6], von wem auch immer, unter diesen Umständen in dieser Zeit möglich war. Dabei ist von zentraler Bedeutung, ob es essenzielle Unterschiede zwischen verschiedenen regionalen Gruppen gab, die eine gelungene oder nicht gelungene Eingewöhnung bzw. Integration verursachten. Hier stellt sich zwingend die Frage nach dem Stellenwert der staatlich organisierten Germanisierungspolitik im Kaiserreich, die deshalb in der Folge skizziert wird.

Auf diesem Hintergrund, d.h. auch die Auswirkungen der Germanisierungspolitik berücksichtigend, wird der Bevölkerungsteil, der mit „Ruhrpolen", „Polen" oder „polnischen Zuwanderung" gemeint ist, näher untersucht. Dabei wird gefragt, ob es neben der polnischen Sprache, worunter auch das Masurische und das Schlesische als regionale Ausprägungen gehören, weitere Merkmale gab, die die polnischsprachigen Menschen zu einer Gruppe machten, die als solche definiert werden konnte, oder ob hier nicht eher eine Konstruktion vorliegt.

In Abgrenzung zur Zeit des Kaiserreichs wird danach untersucht, ob in den Jahrzehnten nach der Ablösung der Monarchie ein grundlegender Mentalitätswandel eintrat, der eine, wie Hanke feststellt, „auf sehr lange Sicht betrachtet" gelungene Integration der „Ruhrpolen", „Polen" oder „polnischen Zuwanderung" ermöglichte.

Abschließend werden Äußerungen über die „Integration" der „Ruhrpolen" exemplarisch dargestellt und analysiert. Es geht dabei zum einen um die Frage der Zweckmäßigkeit und Handhabbarkeit dieser Begriffe, zum anderen um die Auswirkungen, wenn diese Begriffe trotz ihrer möglichen Unbrauchbarkeit in der gesellschaftlichen Diskussion benutzt werden.

---

6   Es wird immer von Integration in Bezug auf die polnischsprachigen Menschen gesprochen, aber was darunter verstanden wird, nicht definiert. Ich halte mich an den Duden, in dem Integration als „Einbeziehung, Eingliederung in ein größeres Ganzes" definiert wird. (http://www.duden.de/rechtschreibung/Integration#Bedeutung3, aufgerufen:21.5.2017). Mir scheint, dass diese Definition auch weitgehend dem Gebrauch in der Diskussion entspricht.

Bei der Untersuchung orientiere ich mich an der Erkenntnis, dass Geschichte „nicht bei den einzelnen hervorragenden Persönlichkeiten stehen bleibt, die in der geschichtlichen Überlieferung (überwiegend – d. v.) allein fortleben und als die einzigen Träger des geschichtlichen Prozesses erscheinen"[7], sondern dass die meist anonym bleibenden Menschen ebenso Träger und Gestalter dieses Prozesses sind. Da es von ihnen aber nur selten persönliche Zeugnisse gibt, muss ihre Rolle auf anderen Wegen herausgearbeitet werden. „So wie die Paläontologie es vermag, aus einzelnen erhaltenen Knochen ganze Körper ausgestorbener Tiere zu rekonstruieren, so muß die Geschichte dahin gelangen, aus einzelnen Andeutungen ganze gesellschaftliche Einrichtungen zu rekonstruieren. Das sind freilich nur Konstruktionen, aber nicht Konstruktionen ins Blaue hinein. Sicher kann man dabei irren, doch ist es der einzige Weg, die Gesamtheit des historischen Prozesses wiederherzustellen, von dem uns die Quellen nur Bruchstücke erkennen lassen."[8] Deshalb stütze ich mich neben der Fachliteratur auf Akten des Bochumer Stadtarchivs, Gespräche mit Mitgliedern ruhrpolnischer wie masurischer Organisationen bzw. deren Nachkommen, verschiedene zeitgenössische Zeitungen wie auch auf Romanliteratur. Letztere ist deshalb interessant, da diese aufgrund von Recherchen unter Zeitzeugen geschrieben wurde, ohne pädagogischen Impetus. Man kann sie also mit aller notwendigen Vorsicht durchaus als Ergänzung zur vorhandenen Fachliteratur hinzuziehen.

2.

„Als ich 1907 zurück nach Sterkrade kam, wurde ich als vierundfünfzigste Lehrkraft eingestellt. Inzwischen, in nur fünf Jahren, hat sich die Zahl der Volksschullehrer verdoppelt. Aber trotzdem hat ein Lehrer noch im Durchschnitt mehr als sechzig Kinder zu unterrichten".[9]

„Es wurde eine Obduktion angeordnet, aber es war kein Raum zu finden, wo man sie hätte durchführen können. Eine Leichenhalle gab es damals noch nicht in Sterkrade. Im

---

7   KARL KAUTSKY, [1913] (1947), Vorläufer des neueren Sozialismus. Bd. 1, Kommunistische Bewegungen im Mittelalter, Berlin 1947 (Unveränderter Nachdruck der dritten Auflage 1913), S. 7.
8   KAUTSKY, wie Anm. 7, S. 9.
9   PETER KERSKEN, Im Schatten der Zeche, Leck 2010, S. 68.

Sankt-Josephs-Hospital stand nur ein ungeheizter Leichenraum zu Verfügung und es war Anfang Januar, also eiskalt. Das Johanniterkrankenhaus war gerade erst im Bau."[10]

„Der junge Kriminalsergeant Anton Schmitz (aus Porz am Rhein – d.V.) [...] war froh, seit dem ersten Juni (1912 – d.V.) endlich ein Kriminaler zu sein. [...] Es war eben doch richtig gewesen, sich auf die Stelle zu bewerben. In diesem explosionsartig wachsenden Ruhrgebiet suchte man nun händeringend nach Ordnungshütern und Kriminalbeamten."[11]

Als nach Beginn des 19. Jahrhunderts die Industrialisierung im Bereich des heutigen Ruhrgebiets begann, veränderte sich innerhalb eines Jahrhunderts deren gesamte Struktur grundlegend. Bis dahin war das Gebiet durch Landwirtschaft und Handwerk sowie Handel geprägt. Es wohnten hier einige 10.000 Menschen.[12] Mit Beginn der Industrialisierung wuchs der Arbeitskräftebedarf stetig, der nur durch vermehrte Zuwanderung gedeckt werden konnte. So stieg die Einwohnerzahl erst langsam, dann rapide an. Im Jahre 1843 lebten in diesem Gebiet bereits 237.000 Menschen, 1871 waren es 656.000 oder fast dreimal so viel.[13] Von 1871 bis 1895 erhöhte sich die Einwohnerzahl dann von 656.000 auf 1,508 Mill., d. h. wiederum um 130%[14]. Diese Entwicklung spiegelte sich auch in Bochum wieder. Wohnten um 1800 im Amt Bochum 1.636 Menschen, so waren es 1843 bereits 4.282, 1873 dann 25.147[15] und 1903 kurz vor der Eingemeindung einiger benachbarter Dörfer 67.000[16]. Weit über 90% der Zugewanderten, der deutsch- wie polnischsprachigen, besaß als Untertanen des Kaiserreichs die deutsche Staatsangehörigkeit.

Die Arbeitsmigranten kamen anfangs meist aus der näheren Umgebung, dann aber zunehmend aus entfernteren Gebieten des Deutschen Reiches, so

10 KERSKEN: wie Anm. 9, S. 78.
11 KERSKEN: wie Anm. 9, S. 40.
12 Das Ruhrgebiet – Von der Entstehung zur Industrialisierung, in: Ruhr-Guide, onlinemagazin für das Ruhrgebiet, http://www.ruhr-guide.de/freizeit/industriekultur/das-ruhrgebiet-von-der-entstehung-zur-industrialisierung/21958,0,0.html, aufgerufen: 27.5.2017.
13 HEINZ GÜNTER, STEINBERG, Die Entwicklung des Ruhrgebiets von 1840-1980, S. 23, https://www.lwl.org/geko-download/Spieker/Spieker_32/07_Entwicklung_Ruhrg.pdf, aufgerufen: 27.5.2017
14 STEINBERG: wie Anm. 13
15 HELMUTH CROON, Die Stadt Bochum – ihr Weg zur modernen Großstadt, in: Hans H. Hanke (Hrsg.), Bochum - Wandel in Architektur und Stadtgestalt, Bochumer Heimatbuch Bd. 8, Bochum 1985, S. 23.
16 Bericht des Magistrats der Stadt Bochum über die Verwaltung und den Stand der Gemeinde-Angelegenheiten für das Rechnungsjahr 1903, Bochum 1904, S. 5.

z.B. aus Hessen, der Pfalz, dem Paderborner Land, Sachsen, dem Posener Gebiet, Schlesien, dem Lipper Land, Waldeck-Pyrmont, West- und Ostpreußen. Als ab den 1870er, verstärkt 1890er Jahren die meist männlichen polnischsprachigen Arbeitsmigranten in Orte wie Bochum und ihre umliegenden Dörfer kamen, gab es längst keine gewachsenen, stabilen Gemeinwesen mehr, in die man sich ansiedelte. „Die ehemaligen Kirchdörfer, die sich im Laufe der [...] Jahre zu Zechengemeinden entwickelten, bildeten keine Einheiten, sondern setzten sich aus Ortsteilen zusammen, die sich »in Konkurrenz« untereinander und zum alten Ortskern entwickelten. Die Zechen breiteten sich oft in gemeindeübergreifender Weise aus, wie z. B. die Zeche »Lothringen« in Gerthe, die Nebenbetriebe in Bövinghausen, Castrop, Holthausen, Sodingen und Hiltrop unterhielt. Das sich daraus ergebende Ineinanderfließen der Gemeinden und die daraus resultierenden in zahlreichen Richtungen verlaufenden täglichen Pendlerbewegungen begünstigten die Entstehung von instabilen, bzw. schwerüberschaubaren Strukturen, die den Bildungsprozeß von klaren Gemeinde- bzw. Nachbarschaftsidentitäten erschwerten und eben die Entwicklung des Teils des Ruhrgebiets als »anarchisch« und »wildwestähnlich« erscheinen ließ".[17]

Wie die anderen Orte des heutigen Ruhrgebietes waren so auch der Landkreis und die Stadt Bochum gegen Ende des 19. Jahrhunderts zu einem Konglomerat aus Zehntausenden von zugewanderten Menschen geworden, die hier Arbeit suchten. In recht kurzer Zeit waren eine organisierte Ortschaft und die sie umgebenden Dörfer in völlig andere umgewandelt, die Einheimischen zu einer absoluten Minderheit geworden. Die bisherigen Strukturen entsprachen nicht mehr den Erfordernissen und andere, neue, mussten entwickelt werden. Das geschah auch in Bochum[18], aber es dauerte Jahrzehnte.

Wie für die Orte der gesamten Region kam auch für Bochum erschwerend hinzu, dass längst nicht alle, die kamen, dauerhaft oder zumindestens für längere Zeit am Ort blieben. „Typisch für jede Industrie-Großstadt ist der ständige Wechsel der Einwohnerschaft", stellte der Verwaltungsbericht der Stadt Bochum für die Jahre 1913/14 fest[19]. Eine deutliche Mehrheit der

---

17 JEAN-LUC MALVACHE, Freizeitverhalten der Bochumer Arbeiterschaft vor 1914, in: Peter Friedemann, Gustav Seebold (Hg.), Struktureller Wandel und kulturelles Leben, Politische Kultur in Bochum 1860-1990, Essen 1992, S. 113.
18 SUSANNE ABECK, Fremd in der Stadt – die fremde Stadt, in: KLAUS WISOTZKY/INGRID WÖLK (Hrsg.), Fremde im Revier?, Zuwanderung und Fremdsein im Ruhrgebiet, Essen 2010, S. 60.
19 Verwaltungsbericht 1913/14, in: Verwaltungsbericht der Stadt Bochum 1913-1924, hg.

Zugewanderten zog nach einigen Wochen oder Monaten weiter, meist in andere Städte der Nachbarschaft, wo sie sich bessere Arbeitsbedingungen erhoffte, oder kehrte in ihre Herkunftsregionen zurück.[20]

Solange sich die neu zu schaffenden städtischen Strukturen als unzureichend, dem Zuwachs der Arbeitsmigranten nicht gewachsen erwiesen, bildeten sich provisorische Zentren heraus. In „den neuen Bergbaugemeinden (waren) die Wirtshäuser am Anfang die einzigen öffentlichen Gebäude", sie „entwickelten sich [...] zu ‚multifunktionalen Knotenpunkten' des sozialen Lebens. Zunächst als Kommunikationszentrum: dort konnte man schnell vor oder nach der Arbeit ein Gläschen mit den Kumpels trinken, sich mit Gleichaltrigen, Gleichgesinnten oder mit Landsleuten treffen; dort war eine Anlaufstelle, wo man als Neuzugereister in einem Ortsteil oder Neuankömmling auf einer Zeche erste Kontakte knüpfen konnte".[21] Nach und nach gelang es der Stadtverwaltung der einzelnen Städte, gefestigte behördliche Strukturen zu schaffen, mit denen sie in der Lage waren, im Sinne einer vereinheitlichenden Entwicklung aktiv auf die Bevölkerung einzuwirken. So ging in Bochum im Herbst 1905 „von der Kreisverwaltung erstmalig die Anregung aus, im Bochumer Landkreis Volksunterhaltungsabende zu organisieren, von denen man sich erhoffte, daß sie »einen unbestrittenen Wert für die Erziehung und Bildung des Volkes und die Hinleitung zu den gemeinsamen vaterländischen Aufgaben« bedeuten würden"[22].

3.

„Nun werden Sie mal nicht pampig, Zombrowski. Ich war doch in einer ganz ähnlichen Situation, als ich ins Revier kam, Ende der Siebziger. Damals hatten viele Eifeler hier Arbeit gefunden. Und natürlich war ich zuständig, wenn einer von denen zu befragen war. Man kriegt nun mal mehr

---

vom Magistrat, S. 15.
20 DAVID CREW, Bochum, Sozialgeschichte einer Industriestadt 1860-1914, Frankfurt/M.-Berlin-Wien, 1980, S. 71.
21 MALVACHE: wie Anm 17.
22 AISCHE MALEKSHAHI, „Jeden Abend eine einheitliche Idee", Volksunterhaltungsabende gegen sozialdemokratische Umtriebe im Landkreis Bochum, in: Peter Friedemann/Gustav Seebold (Hg.), Struktureller Wandel und kulturelles Leben, Politische Kultur in Bochum 1860-1990, Essen 1992, S. 75.

aus den Menschen raus, wenn man ihre Sprache spricht."
„Ich dachte, in der Eifel würde auch deutsch gesprochen",
sagte Zombrowski immer noch ärgerlich." Hüppchen lachte:
„Das denken die Eifeler auch. Aber Sie können mich ja dort
einmal besuchen, demnächst. Dann gehen wir beide zusammen in ein Gasthaus und hören den Gesprächen der Leute
zu. Ich wette, Sie werden nicht mal mitkriegen, worüber die
eigentlich reden."[23]

In dieser Jahrzehnte währenden Lebenssituation mussten sich die Menschen, sowohl die Zugezogenen wie auch die Einheimischen, erst einmal zurechtfinden. Es war nichts mehr gewiss, wie das Beispiel Langendreer zeigt. „Bisher kannte die Dorfgemeinschaft nur Landwirte und Handwerker, von Pastor und Arzt einmal abgesehen. Jetzt kamen zwei neue Berufszweige hinzu, und es hat lange gedauert, bis sich Bauern und Eisenbahner, Bergleute und Kötter als gleichberechtigte Bürger Langendreers zusammenfanden. Zumal die Zugezogenen vielfach aus anderen Landschaften, z.B. aus dem Hessischen oder dem Paderbornschen kamen und sich erst an den Umgangston und den Dialekt hierzulande gewöhnen mußten".[24] Diese Verunsicherung führte bei einem Teil der Einheimischen zu Abwehrreaktionen, die sich häufig in Geringschätzung den Neuen gegenüber ausdrückten und die Minderwertigkeitskomplexe bei einem Teil der Zugezogenen verstärkten. Das drückte ein Nachfahre hessischer Einwanderer aus Bochum-Dahlhausen deutlich aus: „Wir haben uns manchmal geschämt, wenn unsere eigenen Verwandten aus dem Hessenland kamen. Wie die Zigeuner, sagten wir immer. Die hatten diese Tragekiepe auf, Kopftuch um, wie die Türken heute. Schwarze, handgestrickte Strümpfe und die Hessenlatschen. So kamen sie dann im Zug vierte Klasse hier in Dahlhausen an. Meine Eltern und auch mein Großvater hatten sich schon dem Stil von hier angepaßt. Wenn die Besucher kamen, wurden sie zwar herzlich aufgenommen, aber dann guckten schon alle. Genau so, wenn die Polen zu Besuch kämen."[25]

So fühlten sich viele der zur Arbeit ins heutige Ruhrgebiet zugewanderten Menschen psychisch überfordert. Mit ihren mitgebrachten regionalen Eigenheiten, zu denen die verschiedenen deutschen Dialekte gehörten,

23 Kersken: wie Anm. 9, S.75.
24 Wolfgang Werbeck, Das Ganze und die Teile, 2002, http://langendreer.kirchenkreis-bochum.de/wir-ueber-uns/historie/die-geschichte-unserer-gemeinde.html, aufgerufen: 27.5.2017
25 Annette Krus-Bonazza, Wir kommen doch alle aus denselben Verhältnissen..., Aus der Geschichte der Arbeitseinwanderung in Dahlhausen von 1880 bis heute, Stadtteilladen „Regenbogen" (Hrsg.), Bochum o.J. (1990), S. 18.

unterschieden sie sich nicht nur von der zur Minderheit gewordenen einheimischen Bevölkerung, sondern auch untereinander. „Die Arbeitsmigranten, waren sie nun Saisonarbeiter aus Westfalen, dem Rheinland oder Hessen wie in der frühen Phase oder Ostpreußen, Polen, Masuren und Schlesier, die fehlende Integration in die und die Assimilierung mit der ortsansässigen Bevölkerung war allen Gruppen über Jahrzehnte hinweg gemein. Sie lebten weitgehend isoliert, hielten über lange Zeit hinweg ihre ethnischen, sozialen und religiösen Traditionen und Bindungen bei".[26] Für Dahlhausen schätzt Krus-Bonazza, dass „Eingewöhnungsschwierigkeiten am Arbeitsplatz und in der Nachbarschaft, Heimweh, Vorurteile und Fremdenfeindlichkeit der Einheimischen sowie der verschiedenen Zuwanderergruppen untereinander etwa bis zu Beginn der 30er Jahre zum Dahlhauser Alltag (gehörten) und mit dem vorübergehenden Rückzug der einzelnen Gruppen in den Schutzraum des landsmannschaftlichen bzw. nationalen Zusammenhangs beantwortet" wurden.[27]

Bereits 1893 kamen fast 37 % der Belegschaften im Gebiet des Oberbergamtes Dortmund, zu dem auch Bochum gehörte, aus außerhalb von Westfalen und dem Rheinland liegenden Provinzen.[28] Auf der Hompage der Stadt Gelsenkirchen wird der dortige Anteil der fremdsprachigen Bergarbeiter für dasselbe Jahr (aus den vier preußischen Ostprovinzen – d.V.) an der gesamten Bergarbeiterschaft auf 27,98% beziffert und festgestellt, dass bei der Betrachtung der Zuwanderung „also nicht vergessen werden (darf), dass die fremdsprachigen Arbeitskräfte nur einen, wenn auch bedeutenden Teil darstellten".[29] Die „deutschsprachigen Zuwanderer, die ja ebenfalls aus ländlichen Lebensverhältnissen stammten, standen vor ähnlichen Orientierungs- und Anpassungsproblemen wie die polnisch sprachigen Zuwanderer"[30]. Das sah ähnlich ein Publizist der Tageszeitung Tremonia im Juli 1886. Versteht „es sich denn eigentlich nicht von selbst, daß die in die hiesige Gegend gezogenen polnischen Arbeiter sich zu Vereinen zusammentun, da sie ja durch das Band der gemeinsamen Heimat, der gemeinsamen Sprache und der gemeinsamen Sitte verbunden sind? Existieren nicht z.B. in den größeren Städten Vereine

---

26 GUSTAV SEEBOLD, Sozio-ökonomische Rahmenbedingungen, in: PETER FRIEDEMANN/ GUSTAV SEEBOLD (Hg.), Struktureller Wandel und kulturelles Leben, Politische Kultur in Bochum 1860-1990, Essen 1992, S. 37.
27 KRUS-BONAZZA: wie Anm. 25, S. 12.
28 KLAUS TENFELDE, Sozialgeschichte der Bergarbeiterschaft an der Ruhr im 19. Jahrhundert, Bonn 1981², S. 243.
29 Gelsenkirchen, Stadt Homepage, www.gelsenkirchen.de/de/stadtprofil/stadtgeschichten/ zuwanderung /_die_ruhr-polen.aspx, aufgerufen: 27.5.2017.
30 Gelsenkirchen, Stadt Homepage: wie Anm. 27.

der Schlesier, Baiern, Pommern etc.? Beruhen diese nicht ebenfalls auf genau demselben Grundsatze der Anhänglichkeit an die engere Heimat? Und will man es den Polen verargen, daß sie in ihren polnischen Vereinen polnisch sprechen?".[31] Die häufig nur den polnischsprachigen Arbeitsmigranten zugeschriebenen Integrationshemmnisse wie Sprache, Kultur und die daraus folgende Abschottung unter ihresgleichen, trafen also ebenso auf andere, eben auch deutschsprachige Zugezogene zu, besonders wenn sie aus weiter entfernten Regionen stammten. Es ist dies nicht verwunderlich, denn die damaligen Menschen in den verschiedenen deutschen Provinzen hatten eher eine regionale als eine nationale Identität. Das traf ebenfalls auf die meisten Polnischsprachigen zu wie Stefanski anmerkt: „Die Masuren waren weder Polen noch Preußen, sondern einfach Masuren, die polnischen Arbeitsmigranten waren Posener, Kujawen, Schlesier etc., nicht aber im heutigen Sinne Polen. Das, was wir heute als Nationalbewußtsein der polnischen Arbeitsmigranten bezeichnen, wurde erst im Ruhrgebiet geweckt und gestärkt."[32]

Deutlich wird die starke Identifikation mit der Herkunftsregion in den Interviews mit älteren Dahlhauserinnen und Dahlhausern, die Annette Krus-Bonazza in den 1980er Jahren im Rahmen eines mehrjährigen Stadtteilprojektes zur Zuwanderung nach Dahlhausen geführt hat.[33] „Am Anfang haben alle Landsmannschaften in eigenen Geschäften eingekauft, weil die da alle ihre Spezialitäten hatten. Die Hessen bestellten denn auch Metzger aus dem Hessenland, und die Polen nahmen polnische Metzger, die ihre eigene Wurst machten", beschrieben zwei ältere Dalhauser, deren Vorfahren aus Hessen stammten, noch aus eigener Erfahrung die damalige Situation vor Ort.[34] Begünstigt wurde dies dadurch, dass sich Zuwanderer aus den gleichen Gebieten, wenn möglich, am selben Ort im Ruhrgebiet ansiedelten: „Meine Vorfahren stammen aus dem Hessenland, und zwar kam ein großer Teil aus dem Raum Bebra. Also das waren kleinere Orte, wie z.B. Schwarzenhasel und Assmushausen. [...] Da kam ein großer Teil der Dahlhauser Zuwanderer

---

31 Tremonia, 25.7.1886, zit. nach DAVID SKRABANIA, Keine Polen? Bewusstseinsprozesse unter „Ruhrpolen" 1880-1914, Schriftliche Hausarbeit zur Erlangung des Grades eines Master of Arts der Fakultät für Geschichtswissenschaft an der Ruhr-Universität Bochum, Juli 2012, S. 32.

32 VALENTINA-MARIA STEFANSKI, Zum Prozeß der Emanzipation und Integration von Außenseitern: Polnische Arbeitsmigration im Ruhrgebiet, Dortmund 1984, S. 11. – s.a. Peters-Schildgen, Das polnische Vereinswesen in der Kaiserzeit und in der Weimarer Republik, in: Dittmar Dahlmann/ Albert S. Kotowski/ Zbigniew Karpus (Hg.), Schimanski, Kuzorra und andere, Polnische Einwanderer im Ruhrgebiet zwischen Reichsgründung und dem Zweiten Weltkrieg, Essen 2006, S. 51.

33 KRUS-BONAZZA: wie Anm. 25.

34 KRUS-BONAZZA: wie Anm. 25, S. 47.

her"³⁵. Ebenso sammelten sich laut Tenfelde die „Ortelsburger [...] in Gelsenkirchen, während es die Neidenburger und Soldauer nach Wattenscheid, die Osteroder nach Bochum, die Lötzener nach Wanne zog. Auch unter den polnischen Wanderern lassen sich regionale Präferenzen feststellen"³⁶. Letzteres bestätigt Murzynowska, die für einen Teil der polnischsprachigen Arbeitsmigrantinnen und Arbeitsemigranten feststellt: Es „war das Bestreben, sich vornehmlich nach Herkunftsbezirken bzw. -kreisen anzusiedeln, ja, wenn möglich, sogar nach Dörfern, aus denen sie stammten. [...] Grund dieser Ansiedlungsart war die Notwendigkeit, im fremden Milieu einander Beistand zu leisten."³⁷

4.

Diese unterschiedlichen Menschengruppen bildeten zusammen mit den Einheimischen eine Bochumer Bevölkerung, die sich ständig durch neue Arbeitsmigration vergrößerte und deren Individuen sich erst einmal orientieren und sortieren mussten. So bedurfte die Bewältigung des öffentlichen wie des behördlichen Alltagslebens eines großen Lernprozesses. Die „Teilnahme an der schriftlichen Kommunikation in Betrieb und Alltag setzte den Erwerb einer schriftsprachlichen Kompetenz voraus, das Erlernen und die Anwendung einer »Fremdsprache«, die nichts mit dem angestammten Dialekt und wenig mit der Umgangssprache gemein hatte"³⁸. Zwar entwickelte sich langsam im alltäglichen Zusammenleben eine gemeinsame die Dialekte ausgleichende Umgangssprache, die überregional verstanden wurde, aber sie entsprach nicht den amtlichen Erfordernissen³⁹.

Um diese Schwierigkeiten zu überwinden, schlossen sich Menschen gleicher regionaler Herkunft in landsmannschaftlichen Vereinen zusammen, wobei man allerdings berücksichtigen muss, dass sich zwar ein bedeuten-

---

35 KRUS-BONAZZA: wie Anm. 25, S. 13.
36 TENFELDE: wie Anm. 28, S. 240.
37 KRYSTYNA MURZYNOWSKA, Die Erwerbsauswanderer im Ruhrgebiet während der Jahre 1880-1914, Dortmund 1979, S. 47 - S.a. LORENZ PIEPER, Die Lage der Bergarbeiter im Ruhrrevier, 1903, Stuttgart und Berlin 1903, S. 21.
38 JÖRG KARWEICK, Und erwarte das sie meine Bitte gewären ..., Möglichkeiten und Zwänge schriftsprachlichen Handelns kleiner Leute im 19. Jahrhundert, in: PETER FRIEDEMANN/ GUSTAV SEEBOLD (Hg.), Struktureller Wandel und kulturelles Leben, Politische Kultur in Bochum 1860-1990, Essen 1992, S. 87.
39 KARWEICK: wie Anm. 38.

der Teil der Zugewanderten so organisierte, viele andere sich aber nahezu ausschließlich auf ein den mühsamen Alltag organisierendes Leben konzentrierten oder sich anderweitig orientierten. Diese landsmannschaftlichen Vereine organisierten eine gegenseitige praktische Selbsthilfe und bildeten gleichzeitig eine psychische und kulturelle Stütze. Hier sprach man Hessisch, Pfälzisch, Schlesisch, Saarländisch sowie andere Heimatdialekte und pflegte liebevoll die heimische regionale Erinnerung. „Bei Eckhard oder bei Heinrichsbauer tagten sämtliche Hessen (Dahlhausens – d.V.). Die hatten eine eigene Mütze, und zwar in den Landesfarben. Meine Vorfahren stammten aus Kurhessen, im weitesten Sinne gehörte das zu Kassel, das war der nördliche Teil. Hessen-Waldeck gab es noch und Hessen-Nassau. Die hatten auch eine Vereinsfahne. Das waren teure Fahnen, die waren aus Samt gemacht. Die Fahnenstangen waren richtig gedrechselt. Da waren Embleme drin. Die Hessen hatten einen Löwen."[40]. Die in ähnlichen Vereinen organisierten polnischsprachigen Menschen unterschieden sich in dieser Hinsicht nicht von denen, die einen deutschen Dialekt sprachen. Dabei wählten die katholischen Zugewanderten anfangs meist die Form von kirchlich-katholischen Vereinen, die bis Anfang der 1890er Jahre meist mit Unterstützung der Gemeindepfarrer gegründet wurden. Manche wie der „Verein der Polen aus Westpreussen unter dem Schutze des Hl. Johannes Nepomucyan in Langendreer und Umgegend" trugen den regionalen Zuschnitt sogar direkt im Namen.[41]

Wie Tenfelde bemerkte, lag die „Blütezeit der landsmannschaftlichen Vereinigungen, darunter auch der Polenvereine, analog zu den Wanderungsbewegungen nach der Jahrhundertwende"[42]. Ihre Funktion blieb weit ins 20. Jahrhundert erhalten, was man an deren großen Anzahl wie auch daran erkennen kann, dass sie deutlich über die Zeit der Zuwanderung hinaus, d.h. bis weit nach dem Ersten Weltkrieg existierten. So gab es in der Stadt Bochum 1912 folgende landsmannschaftliche Vereine[43]: Münsterländer Verein Bochum, Passauer Verein (57 Mitgl.), Rheinländer Verein Bochum (50 Mitgl.), Rheinländer-Vereinigung Bochum (50 Mitgl.), Sachsen-Thüringer-Verein Bochum (43 Mitgl.), Sachsen-Verein (120 Mitgl.), Sauerländer-Verein zu Bochum (80 Mitgl.), Verein Schlesier-Landsleute Bochum, Waldeck-Pyrmont-Verein (22 Mitgl.) und knapp 20 Jahre später: Bund der Saarvereine, Ortsgruppe Bochum und Umgegend; Eichsfelder-Verein Bochum (130 Mitgl.); Ost- und

---

40 KRUS-BONAZZA: wie Anm. 25, S. 17f.
41 Satzung des Vereins der Polen aus Westpreussen unter dem Schutze des Hl. Johannes Nepomucyan in Langendreer und Umgegend", StadtA Bochum AL 357.
42 TENFELDE: wie Anm. 28, S. 352.
43 Adreßbuch der Stadt Bochum für 1912, Bochum, S. 77-78.

Westpreußen Verein Laer; Hessen-Vereinigung Bochum und Umgegend; Hessenverein (in Laer); Hilfsbund für die Elsaß-Lothringer im Reich, Ortsgruppe Bochum und Umgegend (220 Mitgl.); Ost- und Westpreußen Verein (170 Mitgl.); Sachsen-Verein Bochum (150 Mitgl.); Deutscher Westpreußenbund, Verein Bochum (60 Mitgl.); Verein heimattreuer Ost- und Westpreußen (Altpreußenbund) Bochum; Waldeck-Pyrmonter-Verein Bochum[44].

5.

Aus dem bisher Dargelegten wird deutlich, dass in dieser Zeit von Integration einzelner zugezogener Gruppen oder Individuen gar nicht geredet werden konnte. Wer sollte sich wo hinein integrieren? Eine weitgehend festgefügte Mehrheit – die Einheimischen – zu der eine zugewanderte Minderheit stieß, gab es offensichtlich nicht. Die Zugewanderten waren die übergroße Mehrheit, die politisch aufgrund ihrer gesellschaftlichen Stellung und des damit verbundenen Klassenwahlrechts praktisch entmündigt war. Es war die Mehrheit, die nicht integriert war. Diese Mehrheit war aber nicht einheitlich, sondern setzte sich wie gezeigt aus verschiedenen Gruppen unterschiedlicher regionaler Herkunft zusammen, die noch dazu aus unterschiedlichen Individuen bestanden. Ihre hauptsächliche Gemeinsamkeit lag in der Arbeit, die am Arbeitsplatz die Unterschiede regionaler und individueller Art relativierten. So stellte ein alteingesessener Dahlhauser Arbeiter, der in der dortigen Steinfabrik Dr. C. Otto gearbeitet hatte, in den 1980er Jahren fest: „Man mußte ja arbeiten. An den Formtischen hat man gar keine Zeit gehabt, über die unterschiedliche Herkunft nachzudenken. […] In der Pause hat jeder sein Butterbrot am Formtisch gegessen. Eine Viertelstunde, das war alles. Du warst froh, wenn du dein Butterbrot aufkriegtest".[45]

Wie sich im Laufe der Jahre zeigte, schuf eine gemeinsame regionale Herkunft für viele Zugewanderte keine ausreichende Grundlage, um in einer neuen Umgegend über einen längeren Zeitraum als weitgehend festgefügte Einheit zu bestehen. Im Gegenteil wurden unter den neuen Lebensumständen bereits in der Heimat vorhandene oder noch schlummernde unterschiedliche Ansichten und Lebensentwürfe sichtbar und artikulierten sich. Eine landsmannschaftliche Organisierung erwies sich dem gegenüber als unzureichend.

---

44 Bochumer Adreßbuch 1930/31, S. 81-82.
45 KRUS-BONAZZA: wie Anm. 25, S. 26

Reale gesellschaftliche Entwicklungen führten denn auch zu Positionierungen, die die Menschen in neue Guppenkonstellationen brachten und die sie häufig deutlich längerfristiger banden. Diese neuen Konstellationen bildeten sich in bereits bestehenden traditionellen oder neu entstandenen Organisationen aber auch auf informeller Ebene. So protestierte am 11. Mai 1873 der „Vorstand der vereinigten 456 Hessen, Polen und Wallonen" beim Postamt Bochum: „Wenn wir des Sonntags unser Geld wegschicken wollen, so können wir dieses nicht, weil wir keinen Platz auf der Post finden. Dies muß unbedingt geändert werden oder wir stürmen eines Tages das ganze Haus."[46].

In allen größeren Organisationen, die gegen Ende des 19. Jahrhunderts bestanden oder sich neu bildeten, seien es Kriegervereine, sozialistische oder christliche Gewerkschaften, konfessionelle oder nichtkonfessionelle Arbeitervereine, politische Parteien wie das konservative Zentrum oder die Sozialdemokratie, aber auch gesellschaftliche Vereine wie Lotterievereine, Sportvereine usw. fanden sich Menschen aus den verschiedenen deutschen Provinzen. Häufig spielten bei den Gründungen der neuen Organisationen die Zugewanderten eine zentrale Rolle bzw. bildeten das Rückgrat der Mitgliedschaft. „So wird denn sowohl die politische wie die gewerkschaftliche Bewegung heute noch, wie vor 10 und 20 Jahren, fast ausschließlich von den fremden Elementen getragen", hieß es im Bericht des Bochumer Arbeiter-Sekretariats 1905.[47]

Eine zu einem großen Teil aus desorientierten Menschengruppen und Individuen bestehende Gesellschaft sortierte sich und setzte sich neu zusammen. Man kann das als Herausbildung einer Patchworkbevölkerung bezeichnen, die sich in allen gesellschaftlichen Teilen aus Alteingesessenen und Zugewanderten, d. h. aus dem Zusammenwachsen von sich einstmals fremden Individuen entwickelte. Teil dieses Prozesses waren die polnischsprachigen Arbeitsmigranten, von denen beispielsweise einige 1877 den Polnischen Lese-Verein gründeten, der auch Deutsche zur Mitgliedschaft einlud. In § 2. seines Statuts hieß es: „Mitglied des Vereins kann <u>jeder großjährige Katholik</u>, sei er Pole oder Deutscher, werden, der <u>Polnisch</u> spricht, versteht oder zu lernen wünscht und in dieser Sprache Bücher lesen will."[48]

---

46 Vorstand der vereinigten 456 Hessen, Polen und Wallonen an das Postamt Bochum, 11. Mai 1873, StadtA Bochum B 67, Blatt 117.
47 Bochumer Arbeiter-Sekretariat. Bericht über die Tätigkeit 1902-1905, Bochum o.J., S. 4f., zit. nach Willy Buschak, Gewerkschaften und Sozialdemokratie vor 1914, in: Peter Friedemann/Gustav Seebold (Hg.), Struktureller Wandel und kulturelles Leben, Politische Kultur in Bochum 1860-1990, Essen 1992, S. 130.
48 Statut des Polnischen Lese-Vereins von 1877, StadtA Bochum, B 287, Bd. 2, Unterstreichung im Original.

Wiederum andere polnischsprachige Arbeitsmigranten organisierten sich in deutschsprachigen Vereinen, was im Laufe der Zeit wiederum zu Unmut bei national-orientierten Polen und Polinnen führte.[49]

Was man mochte oder nicht mochte, tolerieren oder nicht tolerieren wollte, mit wem man sich zusammenschloss, hing von der einzelnen Person und ihren moralischen und gesellschaftlichen Einstellungen ab. Diese zu erkennen und offen zu bekennen, war nicht immer einfach, denn dafür musste sich die und der Einzelne von regionalen oder national-ethnischen Zuschreibungen bzw. Vorurteilen befreien. Das galt für nahezu jede Person jeder regionalen Zuwanderergruppe. Eine pauschale Einordnung bestimmter Bevölkerungsgruppen und die Festlegung ihres Verhaltens als typisch für „die Hessen", „die Pfälzer", „die aus dem Paderborner Gebiet" verbietet sich deshalb genauso wie die pauschale Einordnung der Polnischsprachigen als „die Polen" oder „die Masuren" oder alle zusammen als „die Ruhrpolen".

6.

Quer zu dieser ‚natürlichen' Entwicklung allerdings stand die Germanisierungspolitik Preußens und später des Kaiserreichs, unterstützt von den konservativen, national orientierten Organisationen[50], der evangelischen Kirche wie auch nach Ende des Kulturkampfes Ende des 19. Jahrhunderts zunehmend von der katholischen Kirche. Die polnischsprachigen Menschen, aber auch die Angehörigen anderer fremdsprachiger Gruppen wie die dänisch, litauisch oder französisch sprechenden Menschen, wurden institutionell von den anderen, den deutschsprachigen Mitbürgern unterschieden und als nichtdeutsche Bürger stigmatisiert. Ihre Sprachen wurden schrittweise aus dem öffentlichen Raum verdrängt. So wurde 1873 reichsweit Deutsch verbindlich zur Unterrichtssprache mit Ausnahme beim Religionsunterricht, 1876 zur einzigen Amts- und 1877 zur einzigen Gerichtssprache.[51] Um die Jahrhun-

---

49 Skrabania: wie Anm. 31, S. 59ff.
50 Hier sind zu nennen u.a. der Alldeutsche Verband: https://www.historisches-lexikon-bayerns.de/Lexikon/Alldeutscher_Verband_(ADV),_1891-1939, aufgerufen: 27.5.2017; der Deutscher Ostmarkverein: https://www.deutscheundpolen.de/ereignisse/ereignis_jsp/key=hakatisten_1894.html, aufgerufen: 27.5.2017; Verein für Deutsche Kulturbeziehungen im Ausland e. V. (VDA): https://de.wikipedia.org/wiki/Verein_f%C3%BCr_Deutsche_Kulturbeziehungen_im_Ausland, aufgerufen 27.5.2017.
51 Georg Hansen, Polnischsprachige Arbeitsmigranten im Kaiserreich und der Bau der

dertwende wurde im Ruhrgebiet eine Übersetzung der Sicherheitsvorschriften für den Bergbau in die polnische Sprache aus „nationalen Gründen"[52] abgelehnt. Man unterstellte v. a. den katholischen polnischsprachigen Bergleuten unter ihnen, dass sie die deutsche Kultur unterminieren und das Ruhrgebiet polonisieren wollten.[53] Ein Höhepunkt dieser Entwicklung war die Verabschiedung des § 12 im Vereinsgesetz von 1908[54], der den Gebrauch jeder nichtdeutschen Sprache in öffentlichen Versammlungen und Veranstaltungen in Gebieten verbot, in denen weniger als 60% fremdsprachige Menschen derselben Sprache lebten. Dieser Paragraph betraf deshalb ganz wesentlich die polnischsprachigen Menschen des Ruhrgebiets. „Der Sprachenparagraph, in der polnischen Presse als ‚Maulkorbgesetz' gebrandmarkt, bildete in den Jahren nach 1909 die Grundlage für viele antipolnische Maßnahmen lokaler Behörden in Preußen".[55]

Auch wenn die Mehrheit der polnischsprachigen Arbeitsmigranten bei ihrer Ankunft im Ruhrgebiet eher ein regional-heimatliches als ein nationales Bewusstsein hatten, betrachtete die Regierung die katholischen unter ihnen und deren Organisationen mit unverhohlenem Misstrauen. Deshalb wurden sie bereits ab 1880 wie schon die Sozialdemokraten und andere als potentielle Staatsfeinde überwacht. Jedes Amt hatte jährlich Bericht zu erstatten, der in den späteren Jahren eine „Polenstatistik"[56] zu beinhalten hatte. Wie das Zitat oben aus der Tremonia vom Juli 1886 zeigt, stieß das Misstrauen den polnischsprachigen Katholiken gegenüber zumindestens in der Anfangszeit bei Teilen der Öffentlichkeit auf offene Missbilligung.

Ebenfalls überwacht, oder besser beobachtet, wurden die meist evangelischen Masuren. Einerseits unterstützten die Behörden im Gegensatz zu den Organisationen der polnischsprachigen Katholiken masurische Einrichtungen, wie 1908 aus einer Mitteilung des Regierungspräsidenten von Arnsberg hervorgeht: „Es werden [...] staatliche Mittel zur Unterhaltung von Volksbibliotheken für die Masuren bereitgestellt, um letztere von der Sozialdemokratie

---

preußisch-deutschen Nation, In: Tagungsprotokolle – Evangelische Akademie Iserlohn 92/88, Geschichte der Einwanderung in das Ruhrgebiet, Beispiel für das Leben von Migranten in Deutschland, S. 45-46.

52 HANSEN: wie Anm. 51, S. 46.
53 Märkischer Sprecher, Bochum, Nr. 274 v. 22.11.1900.
54 Reichsvereinsgestz vom 19.4.1908: https://de.wikisource.org/wiki/Vereinsgesetz#. C2.A7_7, aufgerufen: 27.5.2017.
55 ALBERT S. KOTOWSKI, Zwischen Staatsräson und Vaterlandsliebe, Die polnische Fraktion im Deutschen Reichstag 1871-1918, Düsseldorf 2007, S. 165.
56 Der Oberpräsident der Provinz Westfalen, Münster, den 13.Januar 1906, StadtA Bochum A L-D 70.

fernzuhalten."⁵⁷ Andererseits wurde jede Entwicklung bei einzelnen Personen und Vereinen dieser Gruppe genau registriert. So teilte Amtmann Schüler aus Langendreer an den Landrat zu Bochum am 12.2.1908 mit: „Die Angaben in dem Artikel der Germania vom 29. Dezember 1907 (über die große Anzahl von Masuren, die der Sozialdemokratie zuneigen – d.V.) sind zwar übertrieben, beruhen jedoch nicht ganz auf Unwahrheit. Es gehören eine ganze Anzahl von den hierselbst wohnenden Masuren dem sozialdemokratischen Vereine an, ebenso standen solche während des Streiks von 1905 mit an der Spitze, ohne gerade als Redner aufzutreten."⁵⁸

Die bereits damals als „Überwachung der Polenbewegung"⁵⁹ bezeichnete staatliche Beobachtung wurde nach und nach systematisiert und deren Ergebnisse wurden spätestens seit der Jahrhundertwende Teil der jährlichen Berichterstattung über staatsfeindliche Bestrebungen in der Arbeiterbewegung unter dem Titel „Betrifft den Stand der Arbeiter-, insbesondere der sozialdemokratischen, anarchistischen und polnischen Bewegung"⁶⁰. Man war sich durchaus bewusst, dass sich dadurch die polnischsprachige Bevölkerung ausgegrenzt fühlen konnte, denn nur wenige Wochen nach Beginn des Ersten Weltkrieges forderte der Regierungs-Präsident von Arnsberg am 13. September 1914 die Polizeipräsidenten, Landräte und Oberbürgermeister sowie die Ersten Bürgermeister auf: „Mit Rücksicht auf den Kriegszustand habe ich bei dem Herrn Oberpräsidenten angeregt, die neue Übersicht über die Verhältnisse der Polen und Masuren (Polenstatistik) im dortigen Bezirke nach dem Stande vom 1. November 1914 fortfallen zu lassen. Mit Bezug auf meine Verfügung vom 27. Mai 1913 – I. 1. Nr. 429 – ersuche ich daher, von der Aufstellung der diesjährigen Polenstatistik vorläufig abzusehen und die Entscheidung des Herrn Oberpräsidenten abzuwarten."⁶¹ Diese Anordnung wurde während des Krieges jährlich erneuert.

Auf welcher ideologischen Grundlage diese Beobachtung bzw. Überwachung stattfand, wird im Bericht des „Königlichen Bezirkspolizeicomissars Bernhard" deutlich: „Euer Hochwohlgeboren erlaube ich mir [...] die umstehenden Ausführungen zu unterbreiten und bin sehr dankbar für die

---

57 Der Regierungs-Präsident von Arnsberg, den 3.2.1908, StadtA Bochum LA 1306, Teil 2, Blatt 254.
58 Der Amtmann Schüler an den Herrn Landrat zu Bochum, 12. Februar 1908, StadtA Bochum LA 1306, Teil 2, Blatt 256.
59 Linden-Dahlhauser Zeitung vom 25.8.1909, No. 198, zit. in: StadtA Bochum A L-D 67.
60 Z.B. StadtA Bochum LA 1305, Blatt 400.
61 Regierungs-Präsident von Arnsberg am 13. September 1914, StadtA Bochum AL-D 70.

Gelegenheit an der Bekämpfung des Polenthums mitarbeiten zu können".[62] So leitete er seinen Bericht über die Polen im Industriebezirk, d. h. dem heutigen Ruhrgebiet, vom 6. Dezember 1899 ein, um dann etwas weiter unten fortzufahren: „Bisher bietet das Gesetz nur geringe Handhaben zur Eindämmung der national-polnischen Bewegung, aber diese wenigen Gesetze und Verordnungen werden von den Ortspolizeibehörden aus Unkenntniß oder Bequemlichkeit theils gar nicht, theils aber nicht scharf genug gehandhabt. [...] es (liegt) wirklich einzig und allein an den einzelnen maßgeblichen Beamten (Comissar oder Wachtmeister) bei den Behörden, wenn es noch immer vorkommt, daß Vereine mit Fahnen, Mützen, Schürzen u.s.w. in solchen verbotswürdigen Farben (in carmoisienroth mit weiß) erscheinen."[63] Dass ein rigides Vorgehen gegen die Vereine funktioniere, beschrieb Bernhardt weiter unten in seinem Bericht: „Die beiden Polenvereine der Stadt Bochum sind von mir vor Jahren als die vorseitig angegebene Verfügung des Herrn Regierungspräsidenten erschien, so lange bearbeitet worden, bis sämtliche Mitglieder preußische Kokarden trugen und Mützen, Schärpen pp mit national-polnischen Farben verschwunden und durch neue mit anderen Farben ersetzt waren. Es wurde den Vorständen einfach kein anderer Ausweg gelassen, nur ihnen erklärt, wenn sie sich nicht fügen, wird die Erlaubnis nicht mehr erteilt. Dabei empfiehlt sich ein Vorgehen wie der Kammerunteroffizier vor der Musterung. Ich habe die Vorstandsmitglieder theils in meinem Büreau, theils in ihrem Vereinslokale solange mit den einzelnen Stücken antreten lassen, bis alles in bester Ordnung war und weder die hiesigen, noch eine auswärtige Behörde hat nach der Zeit wieder Anlaß gehabt, bei diesen Vereinen Anstoß am Anzug zu nehmen."[64]

Deutlich wird hier das Ziel dieser Politik: die Zerstörung der kulturellen Identität der polnischsprachigen Zuwanderer zugunsten einer vollständigen Germanisierung, d. h. die totale Assimilierung. Die hier angeführten Maßnahmen waren zwar extrem, aber ihr ideeller Kern war Leitlinie für das gesamte Vorgehen staatlicher Organe bis zum Ersten Weltkrieg, obwohl die polnischen Organisationen regelmäßig protestierten und häufig erfolgreich vor die zuständigen Gerichte zogen, da es keine ausreichende Rechtsgrundlage für das behördliche Vorgehen gab.[65]

---

62 Der Königliche Polizei-Bezirks-Commissar Bochum, den 6. Dezember 1899, StadtA Bochum LA 1310, Blatt 46-51.
63 Königlicher Polizei-Bezirks-Comissar 1899: wie Anm. 62.
64 Königlicher Polizei-Bezirks-Comissar 1899: wie Anm. 62.
65 CHRISTOPH KLESSMANN, Polnische Bergarbeiter im Ruhrgebiet 1870-1945, Soziale Struktur und nationale Subkultur einer Minderheit in der deutschen Industriegesellschaft, Göttingen 1978, S. 90.

Bei ihrer Germanisierungspolitik fanden die staatlichen Behörden in national-konservativen Organisationen wie dem Alldeutschen Verband wichtige Unterstützung, da diese sich u.a. um das Deutschtum im Industriegebiet sorgten. In der 1901 von ihm herausgegebenen Programmschrift heißt es: „Ein Besorgnis, daß die polnische Sprache und Rasse im rheinisch-westfälischen Industriebezirk um sich greifen und deutsche Bezirke und Bevölkerungen polonisieren können, braucht bei richtiger Behandlung der Polenfrage nicht gehegt zu werden."[66]

Die Politik der Germanisierung wurde ebenfalls von den beiden christlichen Hauptkirchen ausdrücklich unterstützt. „In Bezug auf die Polenpastoration im rheinisch-westfälischen Industriegebiete ist mein Standpunkt unverändert. Im Interesse der staatlichen wie der kirchlichen Zusammengehörigkeit würde ich es sogar freudig begrüßen, wenn jeder polnische Seelsorgegottesdienst, mithin auch am Nachmittage, in Wegfall kommen könnte", bekannte der Bischof von Paderborn in einem Schreiben an „den Herrn Oberpräsidenten der Provinz Westfalen zu Münster" am 7. Januar 1909[67]. Hintergrund dieses Schreibens war eine Beschwerde des Oberpräsidenten über die Einführung eines regelmäßigen polnischsprachigen Gottesdienstes des Pfarrers Büdenbinder in Gerthe[68], was zeigt, dass an der Basis in einigen Fällen durchaus anders gedacht und gehandelt wurde.

Im gleichen Tenor wie der Bischof von Paderborn äußerte sich 1899 der Beauftragte der evangelischen Landeskirche für die masurische Seelsorge in Essen und Umgegend, Vikar Otto Rauch, im Schreiben an den Landrat von Essen am 31.8.1899: „Ew. Hochwohlgeboren, gestatte ich mir hiermit sehr ergebenst über die Germanisierung der in den Ortschaften Katernberg, Rotthausen, Schonnebeck und Kray wohnenden Masuren zu berichten. […] Ich betrachte es als eine Hauptaufgabe meines Amtes, die Masuren zu germanisieren. Ich halte die Germanisation derselben aus nahe liegenden Gründen für eine der größten Wohltaten, die ihnen erwiesen werden kann."[69]
So wird deutlich, dass wie bei den Behörden und den national-konservativen

---

66 Die Polen im rheinisch-westfälischen Steinkohlebezirk, hrsg. vom Gau „Ruhr und Lippe" des Alldeutschen Verbandes, München 1901 ix ff., zit. nach HANS JÜRGEN BRANDT (Hg.): Die Polen und die Kirche im Ruhrgebiet 1871-1919, Münster 1987, S. 166.
67 Schreiben des Bischofs von Paderborn an den Herrn Oberpräsidenten der Provinz Westfalen zu Münster am 7. Januar 1909, Staatsarchiv Münster, 7.1.1909.
68 Bischof von Paderborn: wie Anm. 67.
69 Der evangelische Masurenseelsorger Otto Rauch berichtet dem Landrat in Essen von der Germanisierung der in den Gemeinden Katernberg, Rotthausen, Schonnebeck und Kray ansässigen Masuren, STAD-RD-POL-PZ, Bl. 12-17, zit. nach BRANDT: wie Anm. 66, S. 152.

Organisationen auch bei beiden christlichen Kirchen nicht mehr der Untertan oder das christliche Gemeindemitglied als solches, sondern der deutsche Untertan, das deutsche Gemeindemitglied gewünscht waren.

Ausdrücklich ist hier festzustellen, dass es neben der dargestellten Ausgrenzungspolitik durch die staatlichen Institutionen wie auch die konservativ nationalen Organisationen keine andere Politik von dieser Seite gab. Es gab keine Initiativen, polnischsprachige Menschen als solche zu integrieren, selbst wenn diese sich selbst als Teil der deutschen Gesellschaft betrachteten. Eine Integration war nie gewollt, nur Assimilation, d.h. vollständige Unterwerfung unter das „Deutschtum"[70]. Was allerdings unter diesem Begriff Deutschtum, der häufig gebraucht wurde, verstanden werden sollte, wurde nie definiert.

Bei ihren Germanisierungsbestrebungen wurden sie von Seiten der evangelischen Kirche im Ziel wie Rauch unmissverständlich feststellt, ausdrücklich unterstützt, auch wenn sie vordergründig durch ihre masurischsprachigen Gottesdienste integrativ schienen. Die Katholische Kirche allerdings praktizierte zuerst eine tatsächliche Integrationspolitik in ihren Kirchengemeinden, als sie in den 1880er Jahren die katholischen Zuwanderer bei der Gründung von polnisch-katholischen Arbeitervereinen auf Pfarreiebene unterstützte.[71] Diese Integrationspolitik änderte sie allerdings nach Ende des Kulturkampfes und unterstützte die Germanisierungspolitik, wie das oben angeführte Schreiben des Bischofs von Paderborn eindrücklich zeigt.

7.

„Als mir in der ersten Zeit meine alte Umgebung fehlte, riß ich bei der nächsten Gelegenheit (aus der katholischen Schule in Scharley/Oberschlesien – d.V.) aus. Noch mehrere brannten durch, weil sie nicht verstanden, was Schmitt (Lehrer – d.V.) von ihnen verlangte. Fast alle sprachen zu Hause nur polnisch, und mancher wußte nicht, wie er es melden sollte, wenn ihn innerlich etwas drängte."[72]

---

70 Z.B. Der Königliche Polizei-Präsident in Bochum an den Herrn Regierungspräsidenten in Arnsberg, 22.April 1912, StadtA Bochum LA 1583, Bl. 5.
71 KLESSMANN 1978: wie Anm.65, S. 95-96.
72 Hanz Marchwitza, Meine Jugend, Berlin 1959, S. 18.

„Vinzent Pirka hatte noch etwas Neues aufgestöbert, einen »Sokolverein«. […] Man redete »rein« polnisch. Wir waren längst wie Kraut und Rüben durcheinandergeraten, kannten nichts mehr vom »alten heiligen Polen«! Wir lebten zwischen Himmel und Erde."[73]

Die Germanisierungspolitik führte nun dazu, dass sich jede bzw. jeder einzelne polnischsprachige Zugewanderte im Laufe der Zeit mit dem offiziellen Makel, polnischsprachig zu sein, auseinandersetzen musste, ob er oder sie das wollte oder nicht. Das wurde beispielsweise bei den Anträgen auf Umbenennung eines polnischen in einen deutschen Namen notwendig, denn behördlicherseits mussten die direkten Verwandten des Antragstellers befragt werden, ob sie Einwände gegen eine Namensänderung erheben.[74] Diese Umbenennungen sollten als Teil der Gemanisierungspolitik offensiv gefördert werden, wie im Jahre 1912 der Polizei-Präsident von Bochum bekannte: „Da die Ablegung des polnischen Namens […] die Abkehr vom Nationalpolonismus am schärfsten zum Ausdruck bringt, halte ich die größtmöglichste Erleichterung der Anträge für geboten."[75] Als nun im September 1912 der Bergmann Wladislaus Kalwa aus Bochum-Hordel die Umbenennung in Karl Kalweit beantragte,[76] wurden dessen Mutter, sein Bruder sowie seine Ehefrau gefragt, ob sie damit einverstanden seien. Die Ehefrau und der Bruder stimmten zu[77], die Mutter aber erklärte: „Ich bin mit der beabsichtigten Namensänderung meines Sohnes Wladyslaus Kalwa nicht einverstanden. Ich wünsche, daß er diesen Namen, solange ich lebe, behält."[78]

Ob die Verwandten des Wladislaus Kalwa also wollten oder nicht wollten, sie waren gezwungen, sich über national-ethnische Fragen den Kopf zu zerbrechen und sich zu positionieren, auch wenn sie es vielleicht gar nicht für sinnvoll erachteten. Bisher waren sie deutsche Staatsbürger bzw. -bürgerinnen, was eigentlich ausreichte. Polnisch oder masurisch zu sprechen gehörte zur eigenen kulturellen Alltagsidentität wie das hessisch, pfälzisch oder sonst etwas Sprechen für andere. Wie die Zahlen bei den verschiedenen Volkszählungen zeigten, war ein Teil der polnischsprachigen Menschen familien- oder regionalbedingt zweisprachig, d. h. polnisch- und deutschsprachig.[79] Darüber gab es in der staatsbürgerlichen wie wissenschaftlichen Literatur damals wie

73 MARCHWITZA: wie Anm. 72, S. 112.
74 Spec.-Aktenheft betreffend Namensänderungen, Adoptionen, StadtA Bochum LA 72.
75 Der Königliche Polizei-Präsident in Bochum 1912: wie Anm. 70, Bl. 7.
76 Spec.-Aktenheft betreffend Namensänderungen: wie Anm. 74, Bl.39.
77 Spec.-Aktenheft betreffend Namensänderungen: wie Anm. 74, Bl. 40, 43.
78 Spec.-Aktenheft betreffend Namensänderungen: wie Anm. 74, Bl. 41.
79 MURZYNOWSKA: wie Anm. 37, Tabelle 4, S. 30.

heute ausführliche Diskussionen[80], wie diese Menschen ethnisch einzuordnen sind, d. h. ob sie zu den Polen bzw. Masuren zu zählen sind oder schon zu den Deutschen. Die Möglichkeit, nichts davon zu sein, sondern ‚nur' deutsche Staatsbürgerin bzw. deutscher Staatsbürger und statt einer ethnischen eine regionale Identität zu besitzen, war bis auf wenige Ausnahmen außerhalb des Denkbaren.[81]

Bei genauerer Betrachtung zeigt sich deutlich, dass selbst die vordergründig als gemeinsam erachtete polnische Sprache höchstens zu einer sehr oberflächlichen Gruppenidentifizierung ausreichte. Sie war ähnlich wie die deutsche Sprache in ihren Dialekten regional mehr oder weniger stark geprägt. Diejenigen, die das für ihre Heimat regional charakteristische Polnisch sprachen, waren eng mit der Kultur der entsprechenden Region verbunden. Das konnte sogar dazu führen, dass der tägliche Gebrauch des Polnischen als Alltagssprache nicht unbedingt die Selbstidentifizierung als Pole nach sich zog, sondern zu einer indifferenten Haltung führte. Exemplarisch zeigen das die als junge Erwachsene zur Arbeit ins Ruhrgebiet übergesiedelten Personen des in diesem Kapitel eingangs zitierten Romanfragmentes von Marchwitza. So standen im Ruhrgebiet die polnischsprachigen Bergarbeiter aus Oberschlesien ihren ebenfalls von dort stammenden deutschsprachigen Kollegen kulturell näher als ihren bäuerlichen polnischsprachigen Kollegen aus dem Ermland in Ostpreußen oder dem Posener Gebiet.

7.1.

Die polnischsprachigen Menschen katholischen Glaubens zogen unabhängig von ihrer regionalen Herkunft aus dem rigiden Vorgehen gegen ihre kulturelle Identität unterschiedliche Konsequenzen. Diejenigen, die sich bereits vor der Wanderung ins Ruhrgebiet als polnisch im „heutigen Sinn"[82], d.h. als Polin bzw. Pole mit nationalem Bewusstsein verstanden, wurden darin nun bestärkt. Der aber wie oben gezeigt zahlenmäßig deutlich größere Teil mit seiner eher regionalen Identität spaltete sich nun auf, wobei durch viele

---

80 MURZYNOWSKA: wie Anm. 37, S. 21-32, zur Diskussion vor dem Ersten Weltkrieg s. Anmerkungen 10 und 11 Kap. 1, S. 301-392; KLEßMANN 1978: wie Anm. 65, S. 20-22.
81 Eine Ausnahmeposition stellt in dieser Hinsicht Valentina Stefanski dar. S. STEFANSKI: wie Anm. 32, S. 9-10; zur aktuellen Diskussion über Doppelstaatlichkeit, Differenz und Identität s. Terkessidis, Mark Interkultur, 2013 (5. Aufl.).
82 Stefanski: wie Anm. 32.

Gemeinschaften und Familien, wie es beispielsweise die Umbenennungsakten zeigen[83], ein Riss ging. Ein nicht geringer Teil dieser Personen verabschiedete sich von der ethnisch indifferenten regionalen Identität und entschied sich zu einer polnischen Identität mit starkem nationalen Bekenntnis, was nicht selten auch mit einer innerlichen Verabschiedung vom deutschen Staat einherging. Ihre Haltung, auch wenn sie sich für die Wiedererrichtung eines polnischen Staates aussprachen, führte allerdings nicht zur Aufkündigung der staatsbürgerlichen Loyalität gegenüber dem Kaiserreich, was sich in der Teilnahme als Soldaten der deutschen Armee im Ersten Weltkrieg deutlich manifestierte.[84] Bedeutende ideologische Organe für diese Menschen waren die beiden großen nationalpolnischen Tageszeitungen, der in Bochum seit 1890 erschienenen Wiarus Polski und der in Herne seit 1909 erschienenen Narodowiec[85]. Deren Aufrufe[86], aktiv für polnischsprachige Gottesdienste und polnischsprachigen Religionsunterricht zu kämpfen, nur polnische Kandidaten zu wählen, sich als katholische Polin bzw. katholischer Pole zu bekennen und die nationale Identität offensiv zu verteidigen, keine Ehen mit Deutschen einzugehen, die eigenen Kinder anzuhalten, immer und überall polnisch zu sprechen, wenn möglich, nur in polnischen Geschäften einzukaufen und jetzt erst recht in polnischsprachige Vereine einzutreten, befolgte man so gut es ging. Viele der anfangs landsmannschaftlich ausgerichteten polnischsprachigen Vereine bekamen so einen national-polnischen Charakter. Parallel dazu verließen diese Polinnen und Polen die deutschsprachigen Vereine. Deutlich kann man das beispielsweise am Rückgang der Mitgliedschaft in den Kriegervereinen erkennen. So wurde für den rheinisch-westfälischen Industriebezirk im Jahresbericht des „Königlichen Polizei-Präsidenten in Bochum, An den Herrn Regierungs-Präsidenten in Arnsberg" vom 3. Mai 1913 festgestellt, dass „jedenfalls infolge des in meinem vorigen Jahresbericht erwähnten Terrorismus, die Zahl der den Kriegsvereinen angehörenden Polen (zurückgegangen ist) und zwar um rund 600 = 17 %"[87]. Mit „Terrorismus" ist hier der Druck von nationalpolnischen Organisationen und deren Aktivisten auf ihre Mitglieder und Sympathisanten gemeint, aus deutschen Vereinen auszutreten[88].

---

83 Spec.-Aktenheft betreffend Namensänderungen: wie Anm.74.
84 KOTOWSKI 2007: wie Anm. 55, S. 170.
85 CHRISTOPH KLESSMANN, Der „Wiarus Polski" – Zentralorgan und Organisationszentrum der Polen im Ruhrgebiet 1891-1923, in: BeitrGDo, 69 (1974), S. 390.
86 S. Zitate dazu z. B. bei KLEßMANN, 1974: wie Anm. 85, S. 391-392.
87 Königlicher Polizei-Präsident in Bochum, An den Herrn Regierungs-Präsidenten in Arnsberg, Bochum 3. Mai 1913, StadtA Bochum LA 1583, Blatt 61.
88 Der Königliche Polizei-Präsident in Bochum 1912: wie Anm. 70, Blatt 5.

Aber längst nicht alle, die sich trotz des Germanisierungsdrucks zu ihrer bisherigen kulturellen Identität bekannten, sich für polnischsprachige Gottesdienste und polnischsprachigen Religionsunterricht einsetzten und weiterhin Mitglieder von polnischsprachigen Organisationen blieben oder wurden, sonderten sich von der deutschsprachigen Gesellschaft ab.[89] Sich als Mitglied ebenfalls dieses Teils der Gesellschaft zu fühlen, war für diese Polinnen und Polen durchaus möglich, ebenso wie Ehen mit deutschsprachigen Personen. Man las hier neben polnischsprachigen Zeitungen auch deutsche Zeitungen, ja zog diese den polnischen Zeitungen oftmals sogar vor. Das praktisch vollzogene Bekenntnis zur polnischen Kultur und Sprache konnte denn auch nicht pauschal als nationales Bekenntnis interpretiert werden. „Offenbar sind multiple Identitätsmuster entstanden und haben sich verfestigt."[90] Traten wie oben gezeigt die national orientierten Polen aus deutschen Vereinen wie den Kriegervereinen aus, so blieben andere sich mit der polnischen Kultur und Sprache verbunden fühlende Personen Mitglied und nahmen an deren Feierlichkeiten weiterhin teil. Der aus Westpreußen stammende und 1906 in Altenbochum die ebenfalls aus Westpreußen stammende Anastasia Deja heiratende Constantin Rudzinski war Mitglied des polnisch-katholischen St. Josefs-Vereins in Altenbochum, in den 1930er Jahren Mitglied des Vorstandes. Seine Frau und er achteten aber darauf, dass ihre Kinder die deutsche Sprache gut lernten, weshalb auch zu Hause deutsch gesprochen wurde[91]. Ähnliche Erfahrungen teilten mir 2012 bzw. 2013 in Gesprächen[92] die in Bochum-Grumme geborenen Kinder polnischsprachiger Zuwanderer Wanda Brychcy, geb. Kurelski (Jg. 1925) und Franz Jankowski (Jg. 1919) über einen Teil der sich als Polin bzw. Pole verstehenden Grummer mit. Zu diesem Teil der katholischen Polen und Polinnen gehörten auch diejenigen, die sich trotz der problematischen Germanisierungspolitik der katholischen Kirche in deren deutschsprachigen Organisationen wie Jünglings- oder Kolpingvereinen bzw. in den ihnen nahestehenden gesellschaftlichen Organisationen wie der konservativ katholischen Zentrumspartei oder dem Christlichen Gewerkverein organisierten bzw. diese bei Wahlen unterstützten. Nur eine kleine Gruppe der sich als katholische Polinnen bzw. Polen verstehenden Zuwanderer, die in polnischen Organisationen Mitglied waren, orientierte sich an Organisationen, die die bestehende Staatsstruktur in Frage stellte,

---

89 Für diesen und den folgenden Absatz insbesondere SKRABANIA: wie Anm. 31, hier insbesondere Kapitel 3 und 4.
90 SKRABANIA: wie Anm. 31, S. 67
91 Informationen seines Enkels Marco Rudzinski 2009.
92 Interviews mit Wanda Brychcy und Franciszek Jankowski 2012-2013.

wie der Sozialdemokratie oder der mit ihr verbundenen Gewerkschaft, dem sogenannten Alten Verband.[93] Zusammengefasst betrachteten sich die in diesem Absatz beschriebenen Menschen als gleichwertigen Teil der deutschen Gesellschaft neben und mit ihren deutschsprachigen Landsleuten, auch wenn die staatlichen Institutionen sie als Polen diskriminierten.

Ein weiterer Teil der katholischen polnischsprachigen Zuwanderungsgruppe[94] behielt seine Sprache als Alltagssprache bei, soweit man unter sich war und weil man es so gewöhnt war. Bei Familienfesten oder bei einem gemütlichen Beisammensein waren durchaus auch bei ihnen polnische Lieder und Gedichte zu hören. Ihre Orientierung war aber grundsätzlich auf die deutschsprachige Gesellschaft ausgerichtet. Ehen mit Deutschsprachigen waren nicht unerwünscht. Bei Wahlen zum Reichs- bzw. Landtag oder bei den Kommunalwahlen orientierte man sich nicht an den Aufrufen der polnischen Organisationen sondern wählte deutsche Parteien wie das konservative katholische Zentrum, auch liberal-demokratische Parteien oder die Sozialdemokratie. Polnische Zeitungen las man selten oder gar nicht, ein Eintritt in polnischsprachige Vereine kam nicht in Frage. Eher trat man deutschsprachigen Vereinen bei, v. a. die Kinder schickte man in diese Vereine. Auch wenn man selber nicht unbedingt bestrebt war, die deutsche Sprache umfassend und korrekt zu erlernen, so sollten es doch die Kinder tun, damit sie sich in der deutschen Gesellschaft behaupten konnten. National-ethnische Bekenntnisse vermied man, allerdings aus unterschiedlichen Gründen. Die einen wichen aus, weil sie durch den Alltag völlig vereinnahmt wurden, nicht zuletzt deshalb der ethnischen Frage gleichgültig gegenüberstanden, oder weil sie bedacht waren, den eigenen sozialen Aufstieg, noch mehr aber den ihrer Kinder, nicht zu gefährden[95]. Andere hielten die Herkunft für weniger bedeutend als die soziale Stellung in der Gesellschaft und orientierten sich deshalb an Organisationen, die die Veränderung der Herrschaftsform und der sozialen Struktur der Gesellschaft in den Mittelpunkt ihrer Arbeit stellten. Dazu zählten hauptsächlich die Sozialdemokratie, der mit ihr verbundene Alte Verband und ähnliche Organisationen. Ein Beitritt zu diesen Organisationen und Vereinen war möglich und geschah auch, wovon die Feststellung des Landrats von Bochum 1912 in seinem Bericht an den Regierungs-Präsidenten von Arnsberg zeugt: „Es soll damit nicht gesagt sein, daß die Sozialdemokratie unter den Polen keine Anhänger findet. Die meisten sozialdemokratischen

---

93 SKRABANIA: wie Anm. 31, S. 69.
94 Für diesen Abschnitt s. SKRABANIA: wie Anm. 31, insbesondere Kap. 4 sowie die Gespräche mit Brychcy und Jankowski: wie Anm. 92
95 SKRABANIA: wie Anm. 31, S. 74ff.

Polen treten aber den deutschen sozialdemokratischen Vereinen (und nicht der national orientierten Polnischen Sozialistischen Partei (PPS) – d.V.) bei"[96].

7.2.

„Aha!", sagte der Pfarrer (u.a. von Sowirog, Masuren in Ostpreußen – d. V.), und vor seiner Erinnerung standen die Gesichter aller Jeromins auf, die in den langen Jahren seiner Amtszeit seinen Weg gekreuzt hatten. Der Großvater (ein Fischer – d. V.), der das Alte Testament auswendig zu wissen schien und dessen Augen ihn immer so ansahen, als sei der Pfarrer ein Stümper in Gottes Wort. Der Vater (ein Köhler – d. V.), der nicht in die Kirche kam und vielleicht einer der verruchten Sekten angehörte. Die Mutter (sieben Kinder – d. V.), die wie eine Katholische aussah, und der Älteste, den er eingesegnet hatte, ein widerspenstiger finsterer Bursche, der den Konfirmandenunterricht wie eine Gefängnisstrafe über sich hatte ergehen lassen. Gottesleugner und Majestätsbeleidiger, das wuchs wohl aus gleichem Holz, und dass es kein grünes Holz war, schien ihm nun nicht zweifelhaft."[97]

Ähnlich wie die polnischsprachige Zuwanderergruppe katholischen Glaubens, war auch die evangelischen Glaubens, d.h. im Allgemeinen als masurisch bezeichnete Gruppe, in sich äußerst uneinheitlich.[98] Es entstand aus ihr heraus allerdings keine größere politische Strömung, die eine masurische Identität entwickeln oder behaupten wollte. So gab es im Ruhrgebiet keine masurische Partei oder ähnliche politische Organisationen. „Der Gedanke, eigene Kandidaten aufzustellen, liegt ihnen fern." stellte der Regierungspräsident von Arnsberg fest.[99] Dagegen gab es immer wieder Versuche, oft mit

---

96 Der Landrat von Bochum an den Regierungspräsidenten von Arnsberg vom 14. August 1905, StadtA Bochum, LA 1305, Bl. 529.
97 ERNST WIECHERT, Die Jeromin-Kinder, Bd. 1, Würzburg 2009, S. 49.
98 Zu den masurischen Gläubigen s. v.a. ANDREAS KOSSERT: Preussen, Deutsche oder Polen? Die Masuren im Spannungsfeld des ethnischen Nationalismus 1870-1956, Wiesbaden 2001 – HELMUT RUZAS, Ich will der Gnade des Herrn gedenken, Bielefeld 1989.
99 Bericht über den Stand der Polenbewegung Deutschlands in der Zeit vom 1. September 1920 bis 1. September 1921, StadtA Bochum LA 1583, Blatt 179-309, hier Blatt 298.

Hilfe staatlicher oder unternehmerischer Unterstützung, politische Zeitungen zu etablieren, die die Masuren auf evangelisch-konservativer Grundlage zur Treue gegenüber der evangelischen Amtskirche und zu loyalen Staatsbürgern anhielten. So wurde in Bochum seit 1892 als eine der ersten überregionalen Zeitungen dieses Profils der Przyjaciel Ewangeliczny, Gazeta polska dla ludu staropruskiego w Westfalii i na Mazurach/Der evangelische Freund, Polnische Zeitung für das altpreußische Volk in Westfalen und Masuren herausgegeben, der jeden Samstag in polnischer Sprache in deutscher Fraktur erschien[100]. Ähnliche Presseorgane waren die ebenfalls in Bochum von Pfarrer Alexy in Bochum 1893 gegründete zweisprachige Zeitung Przyjaciel robotniczy/ Freund des Arbeiters oder die seit 1913 in Gelsenkirchen herausgegebene, durch die evangelische Amtskirche unterstützte deutschsprachige Zeitschrift Heimatgrüße von Pastor Mückeley.[101] Einen vergleichbaren Erfolg und Einfluss der polnisch-katholischen Zeitungen Wiarus Polski und Narodowiec erreichten diese Zeitungen nicht annähernd.

Auf der Ebene des religiösen Bekenntnisses wie auch der gesellschaftspolitischen Ansichten gab es jedoch tiefgreifende Aufspaltungen. Charakteristisch für einen bedeutenden Teil der Masurinnen und Masuren war ihre enge Verbundenheit mit der evangelischen Religion, allerdings in Form einer spontan ausgedrückten impulsiven Volksgläubigkeit, die häufig zu Auseinandersetzungen mit der evangelischen Amtskirche führte[102]. Bereits in ihrer Heimat, dem masurischen Teil Ostpreußens, gab es deshalb bedeutende Differenzen zwischen masurisch sprechenden Gläubigen sowie Gruppen auf der einen und der Amtskirche in Gestalt der meist deutschsprachigen Pfarrer und Intendenten auf der anderen Seite. Das Masurische hielten letztere nicht für erhaltenswert und unterstützten die Germanisierungspolitik des preußischen Staates. Deutlich manifestierte das sich darin, dass im Deutschen Ostmarkverein „evangelische Pfarrer häufig Führungspositionen bekleideten"[103]. Die tiefe Volksgläubigkeit und damit verbundene Riten der masurischen Gläubigen standen mit der gut durchorganisierten deutschsprachigen evangelischen Amtskirche und deren Ritualen oftmals in so starkem Widerspruch, dass sich eigenständige masurischsprachige Gebetsgemeinschaften bildeten.

---

100 Sylvia Haida, Die Ruhrpolen, Nationale und konfessionelle Identität im Bewusstsein und im Alltag 1871-1918, Inaugural-Dissertation zur Erlangung der Doktorwürde der Philosophischen Fakultät der Rheinischen Friedrich-Wilhelms-Universität zu Bonn, 2012, S. 357.
101 Kossert: wie Anm. 98, S. 98.
102 Kossert: wie Anm. 98, S. 43.
103 Kossert: wie Anm. 98, S. 66.

„Schätzungsweise ein Viertel der Bevölkerung Masurens gehören um die Jahrhundertwende (des 19. zum 20. Jahrhundert – d.V.) evangelischen Gebetsgemeinschaften – Gromadkibewegung – für religiöse Unterweisung in der Muttersprache (an)".[104] Über diese Gebetsgemeinschaften organisierten sie ihr religiöses Leben teils innerhalb, teils außerhalb der Kirche, was zum vollständigen Bruch mit der Amtskirche führen konnte.

Im Ruhrgebiet versuchte die Amtskirche durch die Organisierung von masurischsprachigen Gottesdiensten, Taufen, Eheschließungen usw. - so fanden solche beispielsweise in der Bochumer Innenstadt in der Johanniskirche und in der Christuskirche, aber auch in verschiedenen anderen evangelischen Kirchen der umliegenden Orte statt – die Bildung dieser Gebetskreise zu verhindern. Diese Maßnahmen waren aber nur als Übergangsform gedacht, bis die Germanisierung Erfolg hatte. Eine grundlegende Akzeptanz der besonderen Formen der masurischen Gläubigkeit war damit nicht verbunden, wie oben die Äußerung des masurischen Seelsorgers für den Raum Essen, Vikar Otto Rauch – „Ich halte die Germanisation derselben […] für eine der größten Wohltaten, die ihnen erwiesen werden kann" – deutlich macht.[105] So fühlten sich ein großer Teil der masurischen Gläubigen berufen, die Gebetskreise aus der Heimat weiter fortzuführen[106] oder neue unter Namen wie ‚Evangelisch-Lutherischer Gebetsverein', 1888 in Wattenscheid[107], ‚Ostpreußischer Gebetsverein', 1891 in Bochum-Werne[108], ‚Christlich Lutherischer Glaubensverein' in (Bochum-)Hamme[109] zu gründen. Wie in der Heimat konnte diese Eigenständigkeit bis zum vollständigen Bruch mit der Amtskirche gehen. Schon früh wurde das von der Amtskirche erkannt und als bedrohlich angesehen. So wurde bereits 1890 auf der Kreissynode Bochum der Bericht der Kommission zur „Beratung über Maßnahmen gegen Sektierer" diskutiert, in dem festgestellt wurde: „In mehreren Gemeinden der Synode, so in […] Bochum […] kommen in den letzten Jahren Fälle vor, dass Kirchenglieder durch ihre Handlungen, z.B. durch Teilnahme an außerkirchlichen Abendmahlsfeiern, Verachtung der Konfirmation, Taufen lassen ihrer Kinder durch die sogenannten Prediger der Sekte, durch Förderung sektiererischer Bestrebungen ec. ihren Abfall von der Kirche beweisen, aber

---

104 KOSSERT: wie Anm. 98, S. 82.
105 RAUCH: wie Anm. 69.
106 Der Regierungs-Präsident von Arnsberg 1921: wie Anm. 99, Blatt 296.
107 RUZAS: wie Anm. 98, S. 424.
108 WOLFGANG WERBECK, Zur Kirchengeschichte der Evangelischen Kirchengemeinde Bochum-Werne, 1993, http://werne.kirchenkreis-bochum.de/kontakt/geschichte-der-kirchengemeinde/gemeindegeschichte.html.
109 RUZAS: wie Anm. 98, S. 444.

aus äußeren Rücksichten ihren gerichtlichen Austritt aus der Landeskirche nicht erklären."[110]

Auch auf der gesellschaftspolitischen Ebene gab es deutliche Unterschiede unter den masurischen Zuwanderern. Viele nahmen die bestehenden staatlichen und gesellschaftlichen Strukturen als gottgewollt hin, wie es die Amtskirche und die Schule lehrte. Eine Germanisierung wurde aber abgelehnt, soweit diese den religiös-kulturellen Bereich betraf. Auf polnischsprachige Gottesdienste im masurischen Dialekt wie auch Taufen, Konfirmationsunterricht, Hochzeiten und Beerdigungen auf masurisch legten sie deshalb großen Wert.[111] Soweit sie sich gesellschaftspolitisch organisierten, taten sie das in den kaiserlichen Obrigkeitsstaat unterstützenden konservativen Parteien, wie der „nationalliberalen Partei"[112] und den mit der evangelischen Amtskirche verbundenen oder ihr nahestehenden Organisationen, wie beispielsweise den verschiedenen (ostpreußisch-)evangelischen Arbeitervereinen.[113] Andere Masurinnen und Masuren blieben passiv, auch wenn sie die gesellschaftliche Realität als ungerecht empfanden. Entweder nahm die Organisation des täglichen Lebens ihnen alle Kräfte, aktiv zu werden, oder sie erachteten die Möglichkeit auf Veränderung der bestehenden Strukturen als illusorisch. Die dagegen, die die vorgefundene Realität als ungerecht und zu verändern erachteten, orientierten sich an Organisationen und Parteien, die den gesellschaftlichen Strukturen des Kaiserreiches kritisch gegenüberstanden und diese verändern wollten. So wurden sie in liberalen und demokratischen Organisationen aktiv, häufiger jedoch in sozialdemokratischen Strukturen. Resignierend stellte Pastor Mückeley 1910 deshalb fest: „Viel gefährlicher als die Umwerbungen des Polentums sind für die Masuren im Industriebezirk die Lockungen der Sozialdemokratie. Ich habe da während meiner hiesigen 14-jährigen Tätigkeit zu meiner großen Betrübnis einen schwerwiegenden Umschwung wahrnehmen müssen. [...] Bei der Wahl im Jahre 1907 vollends erschien mir der Damm gebrochen [...]. (Aber) freilich [...] auch jetzt noch ist der masurische Teil unserer Bevölkerung nicht schlechter und auch in Bezug auf den Patriotismus nicht weniger zuverlässig, als das im Durchschnitt von der eingesessenen Arbeiterschaft gilt"[114]. Auch den Behörden entging eine

---

110 Verhandlungen der Kreissynode Bochum, 29.7.1890, zit. nach: GEORG BRAUMANN, Die Evangelische Altstadtgemeinde Bochum, 1830-1900, Bd. 2: Die Jahre 1889-1900, Bochum 2005, S. 16.
111 Der Regierungs-Präsident von Arnsberg 1921: wie Anm. 99, Blatt 299.
112 Amt Bochum II (Süd), Altenbochum den 13. Februar 1908, Stadtarchiv Bochum, LA 1306, Teil 2, Blatt 258.
113 Der Regierungs-Präsident von Arnsberg 1921: wie Anm. 99, Blatt 296.
114 OSKAR MÜCKELEY, Die Masuren im rheinisch-westfäl. Industriebezirk im Hinblick auf die

Orientierung von Masuren an der Sozialdemokratie nicht. So stellte bereits 1908 ein Amtmann unter dem Vermerk „Verhalten der Masuren" in seinem Bericht an den Königlichen Landrat in Bochum alarmierend fest: „In der Gemeinde Harpen sind die Masuren in stärkerer Zahl vorhanden und als Bergarbeiter beschäftigt. [...] So von sozialdemokratischen Arbeitskollegen umgeben, haben sich auch die Masuren dieser Partei angeschlossen [...] Auch öffentlich bekennen sich die Masuren teilweise zur genannten Partei [...]. Aus ihrem bisherigen Verhalten läßt sich nicht schließen, daß sie nationalrevolutionäre Ziele verfolgen, sie halten ihre Bestrebungen ausschließlich für sozialrevolutionär"[115].

7.3.

Endlich gab es auch polnischsprachige Zuwanderinnen, gleichgültig welcher Konfession, die sich bewusst assimilierten. Sie versuchten, sich umfassend der deutschsprachige Gesellschaft anzupassen und leugneten jede Verbindung mit einer anderen Kultur. Auch versuchten nicht wenige von ihnen, durch äußerliche Anpassung wie Meidung des Kontakts mit polnischsprachigen Personen oder Ablegung des polnischen Namens und dessen Ersetzung durch einen deutschen ihre Verbundenheit mit der deutschsprachigen Gesellschaft zu verdeutlichen[116]. Dieses Aufgehen in der neuen Gemeinschaft geschah nicht immer aus reiner Überzeugung, sondern war manches Mal der faktischen Diskriminierung geschuldet. So stellte am 22. April 1919 der Bergmann Paul Liborius Grabowski mit folgender Begründung einen Umbenennungsantrag auf den Namen Gräwe beim Amt Linden-Dahlhausen: „Grabowski ist ein polnischer Name, der mir nicht gefällt. Personen mit polnischen Namen werden in hiesiger Gegend namentlich in den Bergwerken vielfach von den Arbeitskollegen missachtet."[117]

---

    gegenwärtig drohenden Gefahren und die Bekämpfung derselben, Gelsenkirchen 1910, S. 13.
115 Amtmann von Harpen an den Königlichen Herrn Landrat in Bochum, 17.2.1908, StadtA Bochum LA1306, Bl. 259 – Hervorhebung im Original.
116 S. a. Spec.-Aktenheft betreffend Namensänderungen: wie Anm. 74.
117 Zit. nach KRUS-BONAZZA: wie Anm. 25, S. 38.

7.4.

Die polnischsprachige, d. h. die katholische wie die protestantische, Zuwanderung von 1871-1914 ins Ruhrgebiet wird im allgemeinen auf mehrere hunderttausend Personen beziffert. So umfasste ihre Zahl 1914, einschließlich der bereits im Ruhrgebiet Geborenen, etwa 500.000 Personen.[118] Dabei wird davon ausgegangen, dass zwei Drittel katholisch und ein Drittel protestantisch, d.h. in der Regel masurisch, waren.[119] Keine der oben innerhalb der katholischen wie der protestantischen Zuwanderung skizzierten Richtungen war eine zu vernachlässigende Randgruppe. Die allermeisten von ihnen besaßen als Bürger aus den östlichen Teilen des Deutschen Reiches wie bereits erwähnt die deutsche Staatsbürgerschaft, waren also rechtlich Deutsche.

Die zahlenmäßig deutlich größte Gruppe bestand aus den polnischsprachigen Katholikinnen und Katholiken, die sich, wie oben ausgeführt, auch aufgrund des Germanisierungsdruckes, als Polin oder Pole bezeichneten. Das galt also sowohl für die nationalpolnisch orientierten wie auch für die sich mit der deutschen Gesellschaft verbunden betrachtet habenden Menschen. Es erscheint mir sinnvoll, den Begriff „Ruhrpolen" auf diese beiden Menschengruppen zu begrenzen, als deren Interessenvertreterinnen sich die polnischen Organisationen, z. B. die der „Kuźnia Bochumska-Bochumer Kaderschmiede"[120] betrachteten.

Allerdings ist es ist nicht möglich, den Anteil der verschiedenen Orientierungen, sowohl unter den katholischen wie den evangelischen polnischsprachigen Zugewanderten, genau zu beziffern, zumal auch diese in sich noch weiter differenziert werden können und die Grenzen untereinander fließend waren. Nicht jede Person, die beispielsweise die 1795 durchgeführte Teilung des polnischen Staates zwischen Preußen, Österreich und Russland verurteilte und die Forderung nach Wiedererrichtung des polnischen Staates ideell unterstützte, war gleich eine fanatische Nationalpolin oder ein fanatischer Nationalpole. Auch deutsch- oder masurischsprachige Staatsbürger des Kaiserreiches, zumal sie die Sozialdemokratie oder liberal-demokratische

---

118 Z.B. KLEßMANN 1978: wie Anm. 65, S. 22; im „Bericht der Polenüberwachungsstelle in Bochum über die Polenbewegung 1912" wird die Zahl für das Jahr 1910 mit 267.347 allein der „Polen" angegeben, in: Der Königliche Polizei-Präsident in Bochum 1912: wie Anm. 70, Bl. 6.
119 KLEßMANN 1978: wie Anm. 65, S. 22.
120 WULF SCHADE, Kuźnia Bochumska – die Bochumer (Kader-)Schmiede, in: Bochumer Zeitpunkte, Beiträge zur Stadtgeschichte, Heimatkunde und Denkmalpflege, Bochum, H. 17 (2005), S. 3-21.

Organisationen unterstützten, taten das. Man konnte auch in einer polnischen oder masurischen Organisation sein und gleichzeitig an deutschen Vereinsfesten teilnehmen oder umgekehrt in deutschsprachigen Organisationen sein und an polnischen bzw. masurischen Festen teilnehmen. Möglich war das nicht nur bei denen, die eine große Toleranz besaßen, sondern es gab schlicht und einfach auch die, die sich nicht ethnisch oder national definieren wollten oder konnten.

Insgesamt ist aber deutlich zu erkennen, wie unterschiedlich die beiden polnischsprachigen konfessionellen Zuwanderergruppen in sich waren, so dass man nicht pauschal von ihnen als ethnische oder sogar nationale Einheiten sprechen konnte. Noch weniger erscheint es sinnvoll, beide als „Ruhrpolen" zusammenzufassen.

8.

Das deutsche Kaiserreich und die es tragenden Institutionen und Organisationen ließen jedoch keine Abweichung von ihren Vorstellungen eines deutschen Untertans zu. Es war letztlich gleichgültig, ob der oder die Einzelne sich dem deutschsprachigen Teil der Gesellschaft distanziert bzw. feindlich gegenüber verhielt oder nicht. Man betrachtete insbesondere „die Polen", soweit sie nicht, wie es im Bericht der Polenüberwachungsstelle von 1912 hieß, der „Verdeutschung"[121] anheimfielen, als Einheit. So stellte der Königliche Polizei-Präsident im Zusammenhang mit der in seinem Bericht von 1912 zitierten Forderung des nationalpolnischen Teils, sich „von den Deutschen ab(zu)sondern"[122], fest: „Diese Parole gilt für die gesamte Polenbewegung im Westen; bewußte gewollte Absonderung auf allen Gebieten!"[123] und weiter: „Die Forderungen nach weitergehender Pastorisierung in ihrer Muttersprache sind **den Polen** […] nur Mittel zu dem Zweck, um gegen die deutschen Geistlichen, die den zuweitgehenden Ansprüchen der Polen anerkennenswerten Widerstand entgegensetzen, gegen die bischöflichen Behörden und im Schlußakord **gegen alles Deutsche** zu hetzen und zu

---

121 Der Königliche Polizei-Präsident in Bochum 1912: wie Anm. 70, Bl. 7.
122 Der Königliche Polizei-Präsident in Bochum 1912: wie Anm. 70, Bl. 5.
123 Der Königliche Polizei-Präsident in Bochum 1912: wie Anm. 70, Bl. 6.

streiten".¹²⁴ Faktisch musste dieser Vorwurf gegenüber allen vom Staat als „Polen" identifizierten Personen als allem Deutschen feindlich gesonnen bei den sich mit der deutschen Gesellschaft verbunden fühlenden Personen dieser Gruppe zu Irritationen führen. Man wurde zu etwas gemacht, was man gar nicht war - und man wurde als Feind ausgegrenzt.

Dieses Gefühl der Ausgrenzung verstärkten Forderungen wie die des konservativ-nationalen Alldeutschen Verbandes in seiner programmatischen Schrift aus dem Jahr 1901: „4. Die polnische Presse im Industriebezirk ist streng zu beaufsichtigen; zu dem Behufe sind alle polnischen Blätter zu verpflichten, den polnischen Text und eine deutsche Übersetzung nebeneinander zu drucken, da das Polnische keine gemeinverständliche Umgangssprache ist. Ausländische polnische Blätter sind überhaupt zu verbieten. [...] 5. Es ist anzustreben, daß alle Versammlungen im Industriebezirk in der Landessprache abgehalten werden. [...] 9. Die polnische Sprache ist unter keinen Umständen in den Schulen, Fortbildungsschulen, Konfirmandenunterrichten zuzulassen."¹²⁵

Das Deutsche Kaiserreich störte bei der Durchführung seiner Ausgrenzungspolitik zunächst nicht, dass eine Verbindung zur polnischen Sprache und Kultur, wie eng sie auch gewesen sei, keine staatliche Illoyalität zur Folge hatte.¹²⁶ Sie änderte ihre Haltung auch nicht, als die männlichen Polen ihre staatsbürgerliche Pflicht, für das deutsche Reich als Soldaten in den Krieg zu ziehen, wie selbstverständlich erfüllten und die Polnische Fraktion im Reichstag loyal die Regierung in der Kriegsvorbereitung unterstützte. Sie, die sich auch als Vertreterin der Interessen der Ruhrpolen betrachtete, hatte die Kriegskredite für den Ersten Weltkrieg bewilligt und dem Burgfrieden im Inneren zugestimmt, obwohl die antipolnischen Gesetze, z. B. das Sprachverbot auf öffentlichen Veranstaltungen, weiterhin Bestand hatten.¹²⁷ Trotzdem wurden zu Kriegsbeginn „die meisten polnischen Zeitungen verboten und viele führende Mitglieder nationalpolnischer Organisationen und Vereine interniert."¹²⁸ Als dann die weitere Unterstützung des Krieges die Loyalität der Polen bewies und „keine Anzeichen einer deutschfeindlichen oder aufrührerischen Tätigkeit zu erkennen waren, wurden die Internierten

---

124 Der Königliche Polizei-Präsident in Bochum 1912: wie Anm. 70, Bl. 6 (Hervorhebung – d.V.).
125 Die Polen im rheinisch-westfälischen Steinkohlebezirk: wie Anm. 66, S. 166.
126 S. hier insbesondere: Kotowski 2007: wie Anm. 55, Fünftes Kapitel: Die Polnische Fraktion während des Ersten Weltkriegs
127 Kotowski 2007: wie Anm. 55, S. 158; 169-170.
128 Kotowski 2007: wie Anm. 55, S. 170.

freigelassen und die meisten Zeitungen nach Abgabe einer Loyalitätserklärung wieder zugelassen."[129]

Die im Ersten Weltkrieg praktisch vollzogene Loyalität aber reichte den öffentlichen Verwaltungen des Ruhrgebiets in den ersten Jahren nach dem Kriege nicht aus, die katholischen Polen und Polinnen differenzierter zu betrachten und sie als gleichwertige Staatsbürger zu akzeptieren. So forderten bereits drei Monate nach Ende des Krieges verschiedene Behörden des Ruhrgebiets eine Wiederaufnahme der Polenbeobachtung: „Bei der **erheblichen Zahl der Polen** im hiesigen Bezirk scheint es mir deshalb z.Zt. nicht angebracht, wenn wesentliche Veränderungen in dem Arbeitsgebiet der bisher bestehenden polnischen Überwachungsstellen eintreten",[130] schrieb beispielsweise die Polizeiverwaltung von Recklinghausen in einem Schreiben vom 5.2.1919 an den Regierungs-Präsidenten von Münster. Bei dieser Grundhaltung ist folgerichtig, dass die auf Initiative des Preußischen Ministers für Wissenschaft, Kunst und Volksbildung (MWKV), Konrad Haenisch (SPD), zur Diskussion gestellten Richtlinien zur Errichtung einer polnischen Minderheitenschule im Ruhrgebiet abgelehnt wurden: „Die Reaktion im westfälischen Industriegebiet war eine allgemeine Ablehnung der Richtlinien aus Berlin, wobei besonders [...] die nationalpolitische Gefährdung durch eine solche Maßnahme betont wurde. Es gab Befürchtungen, die polnische „Anmaßung" könne immer größer werden, zumal die polnischen Arbeiter im Industriegebiet ein unruhiges Element bildeten und es zu wirtschaftlichen und politischen Kämpfen in diesem Gebiet kommen könne. Es handele sich hier um ein Gebiet, das ganz besonders beim Wiederaufbau Deutschlands der Ruhe bedürfe", heißt es im Schreiben des Regierungs-Präsidenten aus Arnsberg an das MWKV am 20.8.1920.[131]

Diese polenfeindliche Einstellung hatte eine entsprechende Behördenpraxis zur Folge. So stellte ein polnischer Turnverein in Bochum am 10. Mai 1919 einen Antrag an den Magistrat: "Im Namen des hiesigen Turnvereins „Sokol" bitte ich hiermit den Magistrat ergebenst um Berücksichtigung des nachfolgenden Gesuches: Bei Ausbruch des Krieges zählte unser Turnverein 50 Mitglieder. Von diesen wurden 30 zum Heeresdienst einberufen. Nebenbei

---

129 Kotowski 2007: wie Anm: 55, S. 170.
130 Polizeiverwaltung an den Regierungs-Präsidenten von Münster, Recklinghausen, den 5. Februar 1919, StadtA Bochum LA 1583, Blatt 168-169, (Hervorhebung – d.V.).
131 Zit. in LIESELOTTE HELBING, Die preußisch-deutsche Schulpolitik gegenüber der polnischen Minderheit in der Zwischenkriegszeit und der Aufbau eines polnischen Minderheitenschulwesens in Preußen unter besonderer Berücksichtigung des Regierungsbezirks Allenstein 1919-1939, Dissertation zur Erlangung der Würde des Doktors der Philosophie des Fachbereichs Geschichtswissenschaft der Universität Hamburg, Hamburg 1995, S. 69.

bemerke ich, dass 4 von ihnen gefallen sind. [...] Wir haben keine Mittel, um uns die nötigen Turngeräte anzuschaffen und auch einen entsprechenden Raum für Turnübungen zu mieten. Ich bitte daher den Magistrat ergebenst, [...] die Uebungen in der Turnhalle der Schule Klosterstrasse 22 und Fahrendellerstrasse 17 zu machen. Ergebenst. Schriftführer des Turnvereins »Sokol« Ignaz Skaburski".[132] Dieser Antrag wurde am 23. August 1919 zurückgewiesen, nicht weil die entsprechenden Räumlichkeiten nicht zur Verfügung standen[133], sondern "weil ein Bedürfnis für Bestehen des polnischen Turnvereins »Sokol« nicht anerkannt werden kann, weil die Mitglieder, wenn sie lediglich Turnzwecke verfolgen, sich den bestehenden deutschen Turnvereinen anschließen könnten. Anscheinend hat der Verein aber sonstige Bestrebungen, und diese zu unterstützen liegt kein Anlaß vor. Der Oberbürgermeister".[134]

Zusammengefasst wird deutlich, dass die staatliche Politik in Zusammenarbeit mit den ihn unterstützenden Institutionen und Organisationen vor dem Ersten Weltkrieg wie auch in den ersten Jahren danach mehrere hunderttausend Menschen im Ruhrgebiet aufgrund äußerlicher Merkmale, hier der polnischen Sprache in Verbindung mit der katholischen Religion, als eine weitgehend homogene Gruppe identifiziert und diese als feindlich definiert hat. Dabei war auch unbedeutend, dass über ein Drittel dieser Menschen im Ruhrgebiet geboren worden war.[135] Sie wurden als Feinde der deutschsprachigen Mehrheitsbevölkerung ausgegrenzt, es sei denn, sie unterwarfen sich der Forderung nach Aufgabe aller Elemente ihrer hergebrachten Alltagskultur und waren bereit, vollständig in das Deutschtum aufzugehen.

Die letztlich nationalistische Ausgrenzungpolitik des Kaiserreichs und der neuen Republik in den ersten Jahren nach dem Krieg kam den Bestrebungen derjenigen polnisch-katholischen Aktivisten in Deutschland entgegen, die, in ähnlichen nationalistischen Kategorien denkend, im Ruhrgebiet für eine nationalpolnische Bewegung, die sich von der deutschsprachigen Gesellschaft abgrenzte, arbeiteten und dafür um Zustimmung unter den polnischsprachigen Katholiken und Katholikinnen warben. Mit ihrer Abgrenzungspolitik gelang es ihnen, wie oben gezeigt, bereits vor dem Ersten Weltkrieg, einen nicht unbedeutenden Teil auf national-ethnischer Grundlage zu organisieren und manche der auf Gemeindeebene gegründeten eher landsmannschaftlich

---

132 Schriftführer des Turnvereins Sokol an den Magistrat in Bochum, 10.5.1919, StadtA Bochum 40/165, Blatt 27.
133 Oberbürgermeister von Bochum an die Regierung in Arnsberg, Bochum 23.8.1919, wie Anm. 130, Blatt 28.
134 Der Oberbürgermeister von Bochum 1919: wie Anm. 130, Blatt 28.
135 KLEẞMANN 1978: wie Anm. 65, S. 22.

ausgerichteten polnisch-katholischen Vereine in polnisch-nationale Organisationen umzuwandeln. Nach dem Krieg behielten sie ihren Einfluss und bauten diesen aufgrund der weiter anhaltenden Ausgrenzung aller Polinnen und Polen durch den deutschen Staat auch auf einen bedeutenden Teil der übrigen Polen und Polinnen aus. So ergänzten sich polnischer wie deutscher Nationalismus erfolgreich bei der Konstruktion einer von der deutschsprachigen Gesellschaft separierten Ethnie.

Diese Politik der Ausgrenzung von deutscher wie die der Abgrenzung von nationalpolnischer Seite war im nationalistischen Sinn letztlich sehr erfolgreich. Sie führte dazu, dass bis 1924 Zweidrittel der Ruhrpolen, darunter viele Leitungskader der polnischen Organisationen, Deutschland verließen.[136] Eine bedeutende Anzahl dieser Auswanderer stellten mit Sicherheit diejenigen, die eine hohe Bereitschaft zeigten, als Polinnen und Polen Teil der gesamten Bevölkerung zu sein. Sie fühlten sich aber vom deutschen Staat missachtet und verletzt, da sie fortlaufend als der deutschsprachigen Gesellschaft feindlich gegenüberstehend bezeichnet und verfolgt wurden. Zurück blieben mehrere zehntausend sich weiterhin als Polinnen und Polen verstehende deutsche Staatsbürger[137], von denen ein großer Teil sich später durch den 1922 gegründeten Bund der Polen in Deutschland (Związek Polaków w Niemczech)[138] vertreten fühlte, sowie die anderen ursprünglich polnischsprachigen Menschen, die sich gesellschaftlich höchst unterschiedlich positionierten.[139]

---

136 KLEẞMANN 1978: wie Anm. 65, S. 22. Laut Kleßmann ging davon ca. die Hälfte ins wiedererstandene Polen und die andere in die Industriegebiete Belgiens und Frankreichs, ebd., S. 22

137 MIEDZIŃSKI spricht von ca. 100.000 Polen, in: Florian Miedziński, Polska mniejszość narodowa w Niemieckiej Republice Federalnej (Die polnische nationale Minderheit in der Deutschen Bundesrepublik), Przegląd Zachodni, Poznań 1962, Nr. 3.4, S. 354.

138 S. zur Geschichte des Bundes der Polen in Deutschland: Anna Poniatowska, in: Związek Polaków w Niemczech w latach 1922-1982 (Bund der Polen in Deutschland in den Jahren 1922-1982), Praca pod redakcją Jerzego Marczewskiego, Warszawa 1987; SCHADE 2005: wie Anm. 120.

139 WULF SCHADE, in: Ingrid Wölk, (Hg.), Hundert sieben Sachen, Bochumer Geschichte in Objekten und Archivalien, Essen 2017.

9.

Die starke Verringerung der Anzahl der Ruhrpolen schuf für die verbliebenen eine deutlich veränderte Situation[140]. Ihr in der Vorkriegszeit entwickeltes Organisationsnetz existierte nicht mehr. Die beiden Tageszeitungen der national orientierten Polen und Polinnen, der Wiarus Polski und der Narodowiec, siedelten 1923 bzw. 1924 nach Frankreich über.[141] Die stärkste polnische Organisation der Vorkriegszeit, die Polnische Berufsvereinigung (Zjednoczenie Zawodowe Polskie-ZZP)[142], verlor wegen des Mitgliederschwunds durch die Umsiedlung nach Polen bzw. Frankreich und Belgien ihre Bedeutung.[143]

Trotz dieser sich in den ersten Nachkriegsjahren ständig verschlechternden Situation beteiligte sich ein Teil der organisierten Ruhrpolen wie auch anders orientierte polnischsprachige Menschen von Beginn der Weimarer Republik an am Aufbau des neuen Staates. Eine Boykotthaltung gegenüber den gesellschaftlichen Entwicklungen in Deutschland, die sich u. a. in der Ablehnung durch nationalpolnische Organisationen, an den ersten Reichstags- und Landtagswahlen teilzunehmen, ausdrückte,[144] erschien als kontraproduktiv. So nahmen organisierte Ruhrpolen bereits in den Jahren 1921/22 erfolgreich an den Provinziallandtags- und Kreistagswahlen wie auch an den Betriebsrats-, Knappschaftsältesten-, Arbeiterkammerwahlen sowie an den Wahlen zu den Kirchengremien teil. Danach saßen in den verschiedenen Parlamenten 15 polnische Abgeordnete aus Bochum-Stadt und Bochum-Land und in den katholischen Kirchenvorständen sieben sowie

---

140 S. zu diesem Absatz Wojciech Wrzesiński, Działalność narodowa wychodźstwa polskiego w Niemczech w latach 1918-1939 (Nationale Tätigkeit der polnischen Auswanderung nach Deutschland der Jahre 1918-1939), in: Konferencja popularno-naukowa na temat 100-lecia wychodźstwa polskiego w Westfalii-Nadrenii (Populärwissenschaftliche Konferenz zum Thema 100 Jahre polnische Auswanderung nach Nordrhein-Westfalen), Instytut Zachodni, Poznań o.J. (1973); Osmańczyk Lehr, Polacy pod Znaku Rodła (Polen unter dem Rodło-Zeichen; Rodło war das Zeichen des Bundes – d.V.), 1972.
141 PONIATOWSKA: wie Anm. 138, S. 76.
142 Der 1902 gegründete ZZP war nach dem sozialdemokratischen Alten Verband und dem katholischen Christlichen Gewerkverein die drittstärkste Gewerkschaft des Ruhrgebiets in der Vorkriegszeit. Er war an den beiden bedeutendsten Bergarbeiterstreiks nach der Jahrhundertwende im Ruhrgebiet, 1905 und 1912, aktiv beteiligt und in den entsprechenden Streikräten vertreten. S.a. SCHADE 2005: wie Anm. 120, S. 16.
143 KLEẞMANN 1978: wie Anm. 65, S. 125
144 Bericht über den Stand der Polenbewegung Deutschlands 1921: wie Anm. 99, Blatt 213.

in den katholischen Kirchengemeindevertretungen acht Polen.[145] Man war bestrebt, wieder Anschluss an das gemeinschaftliche Leben zu gewinnen und die eigenen Interessen zu Gehör zu bringen.

Für die in Deutschland gebliebenen polnischsprachigen Menschen war die Loyalität zum deutschen Staat selbstverständlich, wie das für den Bund der Polen in Deutschland sein späterer Vorsitzender, Stefan Szczepański, bereits 1923 ausdrückte: „Wir sind Bürger des Deutschen Staates und als solche fühlen wir uns zur loyalen Erfüllung der Aufgaben verpflichtet, die sich aus dem Besitz unserer deutschen Staatsbürgerschaft ergeben. Gleichzeitig jedoch sind wir uns unserer nationalen Herkunft bewusst, schätzen sie als den wichtigsten Schatz und fordern, dass der Staat uns bei der Pflege unserer nationalen Unterschiedlichkeit unterstützt".[146] Diese deklarierte Loyalität entsprach auch der Realität, denn die ruhrpolnischen Organisationen beteiligten sich an den Streiks und anderen Auseinandersetzungen gegen die französische Besetzung des Ruhrgebiets 1923/24. So veröffentlichte der Wiarus Polski „am 16. Januar 1923 einen Aufruf an die Polen in Westfalen und dem Rheinland, in dem die polnischen Arbeiter an ihre Pflichten erinnert wurden, die sich aus der deutschen Staatsangehörigkeit ergaben. Der ZZP protestierte gemeinsam mit den deutschen Gewerkschaften gegen die Besatzung."[147]

Die ausdrückliche Loyalität zum deutschen Staat war also eine wesentliche Grundlage der Arbeit der Ruhrpolen. Systematisch versuchte man nun, mit dem Bund der Polen in Deutschland (im Folgenden als Bund bezeichnet)[148] eine Organisationsstruktur auf der politischen Ebene aufzubauen und mit dem ebenfalls 1922 gegründeten Zentralverband der Polnischen Schulvereine ein Netz von Punkten zu organisieren, das die Unterrichtung der polnischen Sprache und Kultur ermöglichte. Darüber hinaus gründete man Schritt für Schritt polnische Gesang-, Jugend-, Frauen und Sportvereine. Der Bericht des Regierungspräsidenten von Arnsberg vom 4. Juli 1935 gab zur Stärke des Bundes und ihm nahestehender Organisationen in Rheinland und Westfalen die Zahl von 450 Gruppen mit zusammen etwa 12.000 Mitgliedern an.[149]

Im Vergleich zur Vorkriegszeit ließ die Bindungskraft der polnischen Organisationen vor allem unter der zweiten und dritten Generation nach, was beispielhaft am Organisationsgrad bei der ruhrpolnischen Jugend er-

---

145 Bericht über den Stand der Polenbewegung Deutschlands 1921: wie Anm. 99, Blatt 214-215.
146 Edmund Stefanski, zit. in PONIATOWSKA: wie Anm. 138, S. 39 (eigene Übersetzung).
147 PONIATOWSKA: wie Anm 138, S. 150, Anm. 3.
148 S. zu den weiteren Ausführungen zum Bund: PONIATOWSKA: wie Anm.: 138.
149 Zit. nach KLEẞMANN 1978: wie Anm. 65, S. 256.

kennbar war. Er war nie größer als 12%.[150] Endlich führten die veränderten politischen Verhältnisse in Deutschland zu einer weiteren Auffächerung der gesellschaftlichen Orientierung, so dass man immer weniger von den Ruhrpolen als Gruppe sprechen konnte. Entsprechend einer Analyse des polnischen Konsuls in Essen wählten bei den Reichstagswahlen 1932 die Ruhrpolen bei insgesamt relativ niedriger Wahlbeteiligung wie folgt: 30% Polnische Liste, 45% Zentrum, 20% KPD und SPD sowie 5% NSDAP.[151]

Im Gegensatz zur Vorkriegszeit gab es während der Weimarer Republik ab Mitte der 1920er Jahre im Ruhrgebiet keine organisierte Verfolgung von staatlicher Seite[152], allerdings auch keine Initiativen zur aktiven Förderung der verbliebenen Ruhrpolen und ihrer Organisationen. Fortgeführt wurde dagegen die Politik der staatlichen Ausgrenzung, da trotz deutscher Staatsbürgerschaft die Ruhrpolen nicht als Teil, sondern als Fremdkörper in der deutschen Bevölkerung betrachtet wurden. Zwar gab es in der am 19. August 1919 verabschiedeten Weimarer Reichsverfassung mit dem §113 einen formalen Minderheitenschutz für die „fremdsprachigen Volksteile des Reichs"[153], aber da keine Ausführungsgesetze zu diesem Artikel verabschiedet worden sind[154], hing beim Verwaltungshandeln viel von den einzelnen Behörden und deren Leitungen ab. Dort bestimmten häufig weiterhin existierende nationalistische bzw. polenfeindliche Einstellungen die Arbeit, wie sich beispielsweise noch 1931 in einem Schreiben an die „Regierung, Abteilung für Kirchen- und Schulwesen in Arnsberg" zeigte.[155] Darin informierte der städtische Magistrat, dass die Ablehnung des Antrags des polnischen Schulvereins vom 19. November 1931 auf Schulräume in (Bochum-)Dahlhausen zwecks Einrich-

150 WRZESIŃSKI: wie Anm. 140, S. 31.
151 WRZESIŃSKI: wie Anm. 140, S. 29; auch wenn unklar ist, wie und auf welcher Grundlage es zu dieser Analyse kam, werden doch die deutlichen Unterschiede in der politischen und gesellschaftlichen Orientierung innerhalb der Ruhrpolen festgestellt.
152 Die nationalistisch aufgeheizte Stimmung durch die Gebietsabstimmungen in Ostpreußen und Schlesien sowie die Optionsbestimmungen und Rückwanderungsbestimmungen des Versailler Vertrages klang etwa ab Mitte der 1920er Jahre deutlich ab. Siehe dazu: MIROSLAW PIOTROWSKI, Die Polen im Ruhrgebiet in den deutsch-polnischen Beziehungen von 1918-1939, in: DITTMAR DAHLMANN/ ALBERT S. KOTOWSKI/ ZBIGNIEW KARPUS (Hg.), Schimanski, Kuzorra und andere, Polnische Einwanderer im Ruhrgebiet zwischen Reichsgründung und dem Zweiten Weltkrieg, S. 243-278.
153 Die Verfassung des Deutschen Reiches („Weimarer Reichsverfassung") vom 11. August 1919 (Reichsgesetzblatt 1919, S. 1383), https://www.jura.uni-wuerzburg.de/fileadmin/02160100/Elektronische_Texte/Verfassungstexte/Die_Weimarer_Reichsverfassung. pdf, aufgerufen: 12.9.2017.
154 HELBING: wie Anm. 131, S. 55.
155 Der Magistrat an die Regierung, Abteilung für Kirchen- und Schulwesen in Arnsberg vom 5.12.1931, StadtA Bochum BO 40/165 (1), o. P.

tung eines privaten polnischen Sprachunterrichts für Kinder schulpflichtigen Alters "mit Rücksicht auf den in Schulfragen den deutschen Minderheiten gegenüber in Polen geübten Terror [...] erfolgen soll."[156]

Hier ist deutlich die nationalistische Komponente zu erkennen: Eigene Staatsbürger konnten in Sippenhaft genommen werden, wenn sie nicht der eigenen nationalen, hier der deutschen Mehrheit entsprachen. Sie bildeten quasi als fremde Ethnie eine Manövriermasse im Kampf für die eigene und bekamen deutlich gesagt: „Ihr gehört nicht zu uns." Dem Ansinnen der unteren Behörde stimmte in diesem Fall die angeschriebene Regierung in Arnsberg nicht zu und der Unterricht konnte erteilt werden, jedoch wurden die Klassenräume bei 'günstiger' Gelegenheit sofort wieder entzogen. So schrieb derselbe Magistrat von Bochum kurz nach der Machtübernahme der Nationalsozialisten: „Die dem polnischen Schulverein s. Zt. eingeräumte Erlaubnis zur Benutzung von Schulräumen zur Erteilung von polnischem Unterricht ist zurückgezogen worden. Wir ersuchen daher, künftighin die dortigen Schulräume auf ein etwaiges Ersuchen des polnischen Schulvereins hin für polnischen Schulunterricht nicht mehr freizugeben. (...) Der Magistrat."[157]

10.

Nachdem die Nationalsozialisten 1933 die Macht übernommen hatten, setzte die direkte Verfolgung der Ruhrpolen und ihrer Organisationen durch die staatlichen Organe wieder ein. Zu den bereits in den Jahren zuvor existierenden nationalistischen Gründen kam der rassische Aspekt hinzu, da grundsätzlich eine Assimilation der Polinnen und Polen abgelehnt wurde.[158] Bereits wenige Wochen nach der Kommunalwahl im März 1933 wurden die ruhrpolnischen Abgeordneten nicht mehr zu den Ratssitzungen zugelassen, Unterrichtsräume, wie oben angeführt in Dahlhausen, wurden aufgekündigt und die polnische Sprache am Arbeitsplatz an manchen Orten direkt

---

156 Der Magistrat 1931: wie Anm. 155.
157 Der Magistrat, Schreiben an die Schulleiter der kath. Schule Gerther Str., kath. Schule Brenscheder Str. und der kath. Dr. C. Otto Str., Bochum, den 20. April 1933, StadtA Bochum BO 40/165 (1).
158 Übereinstimmende Erklärung der Deutschen und der Polnischen Regierung über den Schutz der beiderseitigen Minderheiten, 5.11.1937, https://www.wintersonnenwende.com/scriptorium/deutsch/archiv/dokuvorgeschichte/dvk13.html#101.

verboten.[159] Infolge des 1934 mit Polen geschlossenen Nichtangriffspaktes verringerten sich vorübergehend die offen aggressiven Maßnahmen, die dann in den letzten beiden Jahren vor Beginn des Überfalls auf Polen im September 1939 wieder deutlich zunahmen. Die finalen Maßnahmen gegen die Organisationen und Aktivisten der Polen und Polinnen im Deutschen Reich, d. h. auch gegen die im Ruhrgebiet, wurden Mitte des Jahres 1939 eingeleitet. Am 2. Juni 1939 ordnete Heinrich Himmler, Reichsführer SS, alle ihm untergeordneten Gliederungen an, die vorhandenen Karteien über aktive Polinnen und Polen zu aktualisieren, am 15. Juli 1939 erschien die Gestapo im Regionalsitz des Bundes in Bochum und durchsuchte dessen Büroräume, um seine Mitgliederlisten zu bekommen und am 17. August 1939 schloss und versiegelte die Gestapo die Zentrale des Bundes in Berlin. Direkt nach Kriegsbeginn am 1. September 1939 wurden am 4. September 1939 die entsprechenden Gestapo-Stellen durch ein Fernschreiben von Heydrich, Leiter des Reichssicherheitshauptamtes, angewiesen, sämtliche Tätigkeiten und geschäftliche Aktionen polnischer Organisationen vor Ort zu unterbinden.[160] In den folgenden Wochen wurden nach Listen reichsweit etwa 1200 polnische Aktivistinnen und Aktivisten, davon allein in Rheinland und Westfalen etwa 250, verhaftet, die ab Oktober 1939 in verschiedene Konzentrationslager, hauptsächlich ins Konzentrationslager Sachsenhausen, verbracht wurden. Die meisten von ihnen kamen zwar nach wenigen Monaten wieder heraus, jedoch mit der strikten Auflage, nicht über die Verhaftungen und die Haftzeiten zu sprechen, ein Teil aber blieb in Haft, die bei mindestens 60 Personen mit dem Tod endete.[161] Am 27. Februar 1940 wurden schließlich mit der „Verordnung über die Organisationen der polnischen Volksgruppe im Deutschen Reich" des Ministerrats für die Reichsverteidigung auch formell und endgültig die Organisationen der polnischen Minderheit verboten, aufgelöst und ihr Besitz entschädigungslos enteignet.[162]

---

159 Wrzesiński, wie Anm. 140, S. 39-42.
160 Fernschreiben vom 4.9.1939 Nr. 33 236, Geheimes Preußisches Staatsarchiv, Berlin Dahlem.
161 Liste der ermordeten Führer aus Westfalen und dem Rheinland. Liste für die Gedenkstunde am 20.1.1946 in Herne, in: Polak w Niemczech, Rocznik Organizacyjny Związku Polaków w Niemczech, Jubileusz Polaków w Niemczech z okazji 100-lecia emigracji roboczej i 50 lecia ZPwN (Der Pole in Deutschland, Jahreszeitschrift des Bundes der Polen in Deutschland, Jubiläumsausgabe anlässlich der 100-jährigen Arbeitsmigration und des 50. Jahrestages des Bundes), Bochum, 1972, S. 45.
162 Verordnung über die Organisationen der polnischen Volksgruppe im Deutschen Reich, Reichsgesetzblatt 1940, Nr. 39.

11.

Nach Ende des Krieges war es für die Männer und Frauen der in Absprache mit den Alliierten eingesetzten Verwaltungen keine Frage, dass die im September 1939 verhafteten Polinnen und Polen genauso wie andere Opfer des nationalsozialistischen Regimes politisch oder rassisch Verfolgte waren und somit Anspruch auf Entschädigung hatten. Folgerichtig bekamen sie, wie die Bochumer Protokolle des für die Überprüfung von Ansprüchen durch den Nationalsozialismus Verfolgten zuständig gewesenen Kreissonderhilfsausschusses (KSHA)[163] zeigen, von den örtlich zuständigen Stellen eine Entschädigung, wenn sie diese beantragt hatten. Man konnte somit die Hoffnung hegen, dass die in Preußen begonnene Ausgrenzungs- oder Verfolgungspolitik der polnischsprachigen Menschen, die im Kaiserreich und der Weimarer Republik ihre Fortsetzung fand, in der neuen bürgerlich-demokratischen Republik ein Ende hatte und alle Bürgerinnen und Bürger den gleichen Stellenwert bekamen. Das allerdings war ein Irrtum. So heißt es im Protokoll des KSHA vom 30.11.1949: „Kubiak, Stanislaus, geb. 6.8.95 in Drzonek Kr. Srem, wohnhaft Bochum, Klosterstr. 2. Unter Aufhebung des Beschlusses vom 22.11.45 wird dem Stanislaus Kubiak die Eigenschaft als politischer Gefangener aberkannt. [...] Die Anerkennung des Kubiak als politisch Verfolgter konnte nicht aufrecht erhalten werden, da Kubiak im Rahmen der Aktion gegen führende Mitglieder der polnischen Minderheit nach Beginn des Krieges mit Polen inhaftiert worden ist. Lt. Mitteilung des Regierungspräsidenten in Arnsberg vom 13.9.49 –I Sa/Po – E- betr. Anerkennung des Anton Patan, Bochum-Langendreer, als politisch Verfolgter ist die Inhaftierung von Angehörigen der polnischen Minderheit in Deutschland bei Ausbruch des Krieges gegen Polen nach grundsätzlicher Auffassung als militärische Sicherheitsmaßnahme anzusehen. Die früher ausgesprochene Anerkennung musste deshalb aufgehoben werden."[164] Eine regionale Verwaltungsbehörde der jungen Bundesrepublik Deutschland (BRD) rechtfertigte die Verfolgung eines Teils des eigenen Staatsvolkes durch den nationalsozialistischen Staat, obwohl die diesem Teil zugeordneten Angehörigen weder im Ersten noch im Zweiten Weltkrieg illoyal gewesen waren. Grundlage dieses Handelns war

---

163 Verordnung über die Organisationen der polnischen Volksgruppe im Deutschen Reich, Reichsgesetzblatt 1940, Nr. 39, https://de.wikisource.org/wiki/Verordnung_%C3%BCber_die_Organisationen_der_polnischen_Volksgruppe_im_Deutschen_Reich.
164 KSHA: wie Anm. 163, Buch 2, Protokoll v. 30.11.1949.

wohl die feste Überzeugung, dass diese Menschen per se eine potentielle Gefahr für den deutschen Volkskörper bedeuteten.

Diese Haltung entsprach in den folgenden Jahrzehnten höchster Rechtsauffassung in der BRD. Wer „wegen seiner Zugehörigkeit zum **polnischen Sokol oder zum Polenbund** verfolgt wurde, ist nicht wegen seiner Einstellung zum Nationalsozialismus, sondern wegen der besonders radikal vertretenen nationalen, gegen das Deutschtum gerichteten Ziele dieser Organisation verfolgt."[165], hieß es im Kommentar zum Bundesentschädigungsgesetz von 1957, der u.a. von einem Bundesrichter beim Bundesgerichtshof verfasst wurde. Folgerichtig erklärte in einem Beschluss der zuständige Senat des Bundesgerichtshofes am 28.1.1959 zum Ausschluss polnischer Aktivisten von Entschädigungen: „Von einer Verfolgung wegen politischer Gegnerschaft gegen den Nationalsozialismus lässt sich jedoch nicht sprechen, wenn der Angehörige einer innerhalb des deutschen Staatsgebiets lebenden Minderheit gegenüber anderen deutschen Staatsangehörigen benachteiligt wurde, weil sein Bekenntnis zu einem nichtdeutschen Volkstum und seine Betätigung für die Minderheit als den deutschen Interessen abträglich beurteilt wurde, ohne dass dabei typisch nationalsozialistische Erwägungen eine Rolle spielten."[166]

Diese Rechtsauffassung hatte zur Folge, dass Ansprüche nach dem Bundesentschädigungsgesetz (BEG) aussichtslos waren: „Ich darf Ihnen hierzu mitteilen, dass es im Rahmen des BEG nicht möglich ist, alle Unrechtsmaßnahmen des nationalsozialistischen Staates zu berücksichtigen. […] Die Benachteiligung nationaler Minderheiten stellt vielmehr ein allgemeines Problem dar, das unabhängig vom Nationalsozialismus besteht."[167], stellte 1963 der Bundesminister für Finanzen gegenüber der Föderalistischen Union Europäischer Volksgruppen, die sich über die Novellierung des BEG informieren ließ, mit.

Es könnte aus der Formulierung die „Benachteiligung nationaler Minderheiten stellt vielmehr ein allgemeines Problem dar" geschlossen werden, dass neben dem Rasseaspekt der Nazis auch das „allgemeine Problem" des Nationalismus innerhalb der staatlichen Organe des Kaiserreichs, der Weimarer Republik wie auch der BRD erkannt war und dass dieser in der BRD nun

---

165 Dr. Georg Blessin, (Ministerialrat im Bundesfinanzministerium), Hans Wilden (Bundesrichter beim Bundesgerichtshof), Hans Georg Ehring (Verwaltungsgerichtsdirektor in Frankfurt/Main), Bundesentschädigungsgesetze, Kommentar, München und Berlin 1957², S. 170 (Hervorhebung im Original).
166 Bundesgerichtshof vom 28/1 1959, Az. ZR 113/58.
167 Der Bundesminister der Finanzen an die Union Fédéraliste des Communautés Ethniques Européennes, Rolighed, Rungsted Kyst, Danemark. v. 19. Juni 1963, VI A/4 – 0 1478 – 54/63.

überwunden werden sollte. Der anhaltende Widerstand staatlicher Organe, für die im Februar 1940 beschlagnahmten Güter der polnischen Organisationen Entschädigungen zu zahlen, zeigte jedoch, dass eine Überwindung nicht gelang. So hat die Bundesrepublik Deutschland die Restitutionsansprüche des Bundes der Polen für die 1939/1940 enteigneten Immobilien in den verschiedensten Städten des Deutschen Reiches gerichtlich so in die Länge gezogen, dass sich 1967 letztlich der Bund in einem wie Prof. Dr. Klcßmann noch am 12. September 2012 auf der Abschlussveranstaltung des Polenjahres von NRW in Dortmund feststellte – „schändlichen Vergleich" mit der Übergabe seines ehemaligen Hauses in Bochum und einer einmaligen Zahlung von etwa 500.000 DM abfinden musste.[168]

Ähnlich wie in der Kaiserzeit und in der Weimarer Republik gab es auch nach 1945 Widerspruch einzelner Politiker gegen diese nationalistische Staatspolitik[169], die nicht nur die polnischsprachigen Zuwanderer ins Ruhrgebiet, sondern auch die dänische Minderheit sowie die Roma und Sinti betraf. Aus Informationen bezüglich der Ruhrpolen ergibt sich, dass in den Kommunen des Ruhrgebiets die Anträge polnischer Organisationen auf Räumlichkeiten und finanzielle Unterstützung für Sprachunterricht oder kulturelle Veranstaltungen sehr unterschiedlich bearbeitet wurden, in den einen geschah das zügig, in anderen wurde die Bearbeitung sehr verzögert.[170] Ein Teil der Kommunen öffnete sich darüber hinaus, in dem man polnische Vereine zu kommunalen Treffen und Feiern einlud oder Bürgermeister oder andere kommunale Vertreter ruhrpolnischer Organisationen auf ihren Jubiläumsveranstaltungen besuchten. Man begann nach fast einhundertjähriger Ausgrenzungspolitik auf kommunaler wie auch regionaler Ebene eine integrative Politik gegenüber der ruhrpolnischen Bevölkerung.

---

168 Zit. nach: WULF SCHADE, Ungewollt und unerwünscht, Dokumentationsstelle zur polnischen Geschichte in Bochum, in: POLEN und wir, Nr. 4/2012, S. 20-22, hier S. 20.
169 Z.B. Dr. Greve (SPD) bei den Beratungen des Gesetzes im Bundestag am 6/6 1956 in der 147. Sitzung, Protokoll Seite 7788.
170 Einige Informationen kann man in der Polak w Niemczech, 1972 erhalten: wie Anm. 161; durch den weitgehenden Zerfall der ehemaligen Organisationen der Ruhrpolen und ähnlicher Organisationen wie der bis in die 2000er Jahre bedeutenden Organisation zur Unterrichtung der polnischen Sprache für Kinder und Jugendliche, Polska Macierz Szkolna (Polnische Muttersprache-PMSz), sind Informationen nur schwer erhaltbar. Die Internetseiten, z.B. die der PMSz, existieren meist nicht mehr. Leider ist auch der Forschungsstand sehr schlecht. Deshalb kann ich mich nur auf Informationen aus der o.g. Zeitschrift wie auf Gespräche mit Mitgliedern dieser Organisationen auf Seminaren seit den späten 1980er Jahren beziehen und auf meine von 2001-2009 erfolgten monatlichen Besuche der Gruppensitzungen der Bochumer Ortsgruppe des Bundes der Polen in Deutschland.

Eine ähnliche Entwicklung gegenüber den Ruhrpolen ist auf höchster staatlicher Ebene nicht eingetreten. Die Bundesregierung hielt noch im Jahr 2013 die seit 1949 von bundesdeutschen Gerichten und Ministerien vertretene Rechtsposition, dass die deutschen Staatsbürgerinnen und Staatsbürger polnischer Herkunft vom nationalsozialistischen Staat wegen ihrer gegen den deutschen Staat gerichteten nationalen Gesinnung verfolgt, verhaftet sowie in KZs eingesperrt worden seien und ihnen deshalb eine umfassende Entschädigung nicht zustehe, weiterhin für rechtens. So erklärt sie in ihrer Antwort auf eine Kleine Anfrage der Fraktion DIE LINKE im August 2013: „Grundsätzlich geht die Bundesregierung davon aus, dass diese Verfahren in einer rechtsstaatlich korrekten Weise abgeschlossen wurden."[171] In derselben Antwort stellt sie auch fest: „Allerdings können seit dem BEG-Schlussgesetz vom 14. September 1965 spätestens seit dem 31. Dezember 1969 keine Anträge auf Entschädigung nach dem BEG mehr gestellt werden. Über das BEG hinausgehende Entschädigungsmöglichkeiten sind in diesem Zusammenhang nicht beabsichtigt. Eine Öffnung des Bundesentschädigungsgesetzes ist seitens der Bundesregierung nicht geplant".[172]

12.

Die Fakten sind so eindeutig, dass es unverständlich wirkt, wenn, wie bei zwei der vier eingangs des Beitrags vorgestellten Äußerungen, von „gelungener" oder „auf sehr lange Sicht betrachtet gelungenen Integrationsleistung" der polnischsprachigen Zuwanderung gesprochen wird. Den Fakten eher entspricht da schon Helmut Schmidt, man habe „die Ruhrpolen verdaut".

Äußerungen über eine gelungene Integration bedeuten eine Missachtung der Erfahrungen dieser als „Polen" stigmatisierten und ausgegrenzten Gruppe. Gleichzeitig verstellen sie den Blick für eine Tradition von Fremdenfeindlichkeit, die sich bis heute durch die deutsche Geschichte der letzten 200 Jahre zieht. Deren wesentliche Voraussetzung war die Verhinderung des Blicks auf die einzelnen Menschen, stattdessen ihre zu einer Vermassung führenden Anonymisierung, die half, sie individuell und als Gruppe zu Fremden

---

171 Antwort der Bundesregierung auf die Kleine Anfrage der Abgeordneten Sevim Dagdelen, Annette Groth, Andrej Hunko, weiterer Abgeordneter und der Fraktion DIE LINKE. – Drucksache 17/14549 –, Drucksache 17/14665 v. 30.8.2013, Punkt 7.
172 Antwort der Bundesregierung 2013: wie Anm. 171, Punkt 3.

oder sogar Feinden zu machen. Das muss beim Gebrauch einer Terminologie bezüglich der polnischsprachigen Zuwanderung berücksichtigt werden.

Diese Erkenntnis findet in der heutigen politischen wie wissenschaftlichen Diskussion nur wenig Berücksichtigung, es dominiert die Terminologie, die pauschal von „den Polen", „den Masuren", „den Ruhrpolen" oder „der polnischen Zuwanderung" spricht. So schrieb ein Autor bezüglich der polnischsprachigen Zuwanderung in Recklinghausen von der „in sich geschlossene(n) nationale(n) Gruppe"[173], ein anderer, dass bei den Streiks Anfang des 20. Jahrhunderts deutlich wurde, dass „die Masuren ein deutlich retardierendes Moment darstellten"[174]; Historiker der Universität Siegen meinten, dass sich nach der Migration der polnischen Arbeiter nach Polen und Frankreich „die Frage der langfristigen Integration für nur noch etwa 150 000 Polen stellte"[175], dabei zählten sie hier ganz offensichtlich die evangelischen Masuren zu den Polen; wiederum ein anderer Historiker stellte fest, dass mit der ruhrpolnischen Presse, er meint hier v.a. den Wiarus Polski, der Zusammenhalt der etwa 500.000 Ruhrpolen, „ebenso wie ein nationalpolnisches Bewusstsein" gefördert wurde[176], d.h. auch er zählt dabei wie die Siegener Historiker die Masuren dazu. Gerade die letzte Äußerung zeigt, wohin eine undifferenzierte Betrachtung führen kann: Faktisch behauptet der Autor, die masurisch-protestantischen Zugewanderten, zu denen u.a. die zahlreichen konservativen Gebetskreise zählen, hätten ein „nationalpolnisches Bewusstsein", das durch „ruhrpolnische Presse" gefördert würde.

Es ist bei den Autoren dieser Äußerungen, die nur eine geringe Auswahl darstellen, offensichtlich, dass bei ihnen kein differenziertes Bild über die polnischsprachige Zuwanderung vorherrscht, sondern ein Bild von einer weitgehenden einheitlichen Menschenmasse, die gemeinsam beurteilt werden kann. Solch ein Denken kann sich ganz schnell verselbständigen. So war in der

---

173 PETER SCHMIDT, Die Revolutionszeit in Stadt und Land Recklinghausen. Von der Revolution im November 1918 bis zum Kapp-Lüttwitz-Putsch im März 1920, in: Vestische Zeitschrift, Zeitschrift der Vereine für Orts- und Heimatkunde im Vest Recklinghausen, Band 76, 1977, S. 65-121, hier S. 67 (Hervorhebung d. V.)
174 DIETER CHILLA, in: ALBIN GLADEN, Die Streiks der Bergarbeiter im Ruhrgebiet in den Jahren 1889, 1905 und 1912, in: JÜRGEN REULEKE (Hg.), Arbeiterbewegung an Rhein und Ruhr, Beiträge zur Geschichte der Arbeiterbewegung, Wuppertal 1974, S. 111.d. V.)
175 CORNELIUS NEUTSCH/CHRISTOPH PALLASKE/OLIVER STEINERT, Polnische Migranten in Deutschland, Interregiones 8/1999, https://www.uni-siegen.de/phil/geschichte/mitarbeiter/neutsch/publikationen.html, aufgerufen: 27.5.2017
176 DIETMAR BLEIDICK, Thema: Bochum – das Zentrum der Ruhrpolen, in: AXEL SCHÄFER/NORBERT KONEGEN/HANS H. HANKE (Hg.), Bochum entdecken, 25 Stadtrundgänge durch Geschichte und Gegenwart, Essen 2016, S. 114

Einladung des Historischen Instituts der Ruhr-Universität-Bochum (RUB) im Oktober 2016 zu einem Vortrag über die „Ruhrpolen" zu lesen: „»Ruhrpolen« werden die Menschen genannt, die Mitte des 19. Jahrhunderts <u>aus Polen ins Ruhrgebiet</u> zogen."[177] und im Internetangebot des WDR „planet schule" heißt es: „Die großen Industriebetriebe wie Thyssen, Krupp oder Klöckner holen <u>Arbeitskräfte aus Polen und Ostpreußen</u> an die Ruhr."[178] Hier wird ein Teil des eigenen Staatsvolkes direkt zu Ausländern gemacht.[179]

13.

Es gab keine erfolgreiche Integration der polnischsprachigen Arbeitsmigranten im Ruhrgebiet. Die Frage nach einer Integration dieser Zuwanderer stellte sich als eigenständiges Problem, weil zentrale staatliche Organe im Zusammenspiel mit unterschiedlichen Institutionen sie zu einer ethnischen Gruppe definiert, damit von der übrigen Gesellschaft unterschieden und dann als feindlich deklariert hatten. Eine Integration dieser Menschen war nie gewollt, weshalb es auch keine Integrationspolitik gab. Selbst, wenn polnischsprachige Menschen unter Beibehaltung ihrer kulturellen Identität sich um Integration bemühten, wurden sie zurückgewiesen.

Eine Integration fand auch nicht im kollektiven Bewusstsein der deutschsprachigen Bevölkerung statt. Das Verschwinden der ruhrpolnischen Bewegung und ihrer Organisationen wurde beispielsweise genau so wenig registriert wie die Beteiligung der polnischsprachigen Menschen am gesellschaftlichen Aufbau, der Entwicklung von Vereinen und kirchlichen Institutionen.[180] So

---

177 Historisches Institut der Ruhr-Universität Bochum, Flucht und Migration in welthistorischer Perspektive, Referent: Dr. Lutz Budrass, http://blue-square.rub.de/veranstaltungen/20161028-ruhrpolen-im-ruhrvolk-die-integration-fremdsprachiger, aufgerufen: 27.5.2017 (Hervorhebung d. Verf.).
178 Planet-schule.de ist das gemeinsame Internetangebot des Schulfernsehens von SWR und WDR www.planet-schule.dehttps://www.planet-schule.de/wissenspool/orte-des-erinnerns/inhalt/hintergrund/das-ruhrgebiet-im-wandel-der-zeit.html, aufgerufen: 27.5.2017 (Hervorhebung d. Verf.).
179 Eine Parallele zum heutigen Gebrauch des Begriffs Ausländer z. B. bezüglich der Nachkommen der Arbeitsmigranten nach 1945 ist deutlich. Betont werden muss hier, dass diese Formulierungen von Akademikern bildungswissenschaftlicher Einrichtungen der BRD stammen.
180 S. dazu ausführlich: Wulf Schade, Verkrüppelte Identität, Polnische und masurische Zuwanderung in der Bochumer Geschichtsschreibung, in: Bochumer Zeitpunkte, wie Anm.: 118, Nr. 23/2009, S. 25-51.

gibt es bis heute keine Namen in öffentlichen Räumen, die an Persönlichkeiten oder Institutionen der polnischsprachigen Zuwanderer erinnern.

Die polnischsprachigen Arbeitsmigranten durfte und darf man weder in der Theorie noch in der Praxis als Gruppe zusammenfassen. Sie unterschieden sich untereinander gesellschaftspolitisch wie kulturell ebenso wie sich die deutschsprachigen Arbeitsmigranten untereinander unterschieden. Begriffe wie „die Polen", „die Masuren" oder „die polnischen Zuwanderer", die heute dazu mit rückschrittlich, nationalorientiert und konservativ konnotiert werden, negieren diese Unterschiedlichkeit und schaffen stattdessen eine gedankliche Vermassung, bei der der einzelne Mensch keine Rolle mehr spielt. Eine gruppenspezifische Bezeichnung, z. B. „Ruhrpolen" darf nur dann als Diskussionsgrundlage dienen, wenn diese Gruppe nachvollziehbar eingegrenzt wurde und so nicht als stellvertretend für alle polnischsprachigen Zuwanderer aufgefasst werden kann.

Eine Reflexion über die Diskussion zur Integration der polnischsprachigen Zuwanderung hat aktuelle Bedeutung. Es gilt, die Mechanismen zu erkennen, die zur gesellschaftlichen Ausgrenzung einer nach Hunderttausenden zählenden Bevölkerungsgruppe führte, und zum Ergebnis hatte, dass die deutliche Mehrheit dieser Bevölkerungsgruppe meinte, dieses Land verlassen zu müssen. Undefinierte Formulierungen wie der bereits im Kaiserreich verwandte Begriff „Deutschtum" haben ihre Entsprechung heute im undefinierten Begriff „deutsche Leitkultur". Der damaligen Forderung, sich für das „Deutschtum" zu entscheiden, will man vollwertiges Mitglied der Gesellschaft sein, entspricht aktuell die Diskussion um die wiedereinzuführende Pflicht für hier geborene junge Erwachsene mit Migrationshintergrund, sich mit Vollendung des 21. Lebensjahres für die eine und gegen die andere Identität entscheiden zu müssen.[181] Ebenso gibt es deutliche Parallelen zu den polarisierenden Warnungen deutschnationaler Organisationen vor einer „Polonisierung" sowie den vorgeschlagenen Maßnahmen dagegen zu den aktuell diskutierten Warnungen vor einer „Islamisierung" ganzer Stadtteile und den westlicher Normen sowie Werte durch fremde kulturelle Verhaltensweisen der Muslime.[182]

---

181 Robert Birnbaum und Maria Fiedler, SPD schwenkt bei Doppelstaatlichkeit um, der tagesspiegel, Berlin, v. 1.6.2017 http://www.tagesspiegel.de/politik/kanzlerkandidat-martin-schulz-spd-schwenkt-bei-doppelstaatigkeit-um/19883342.html, aufgerufen: 28.9.2017
182 S.a. Der Bayernplan der CSU, V. Damit Deutschland Deutschland bleibt http://www.csu.de/politik/beschluesse/bayernplan-2017/, aufgerufen: 20.9.2017. Man denke nur an die häufig wiederkehrenden Forderungen, in den Moscheen solle auf Deutsch gepredigt werden.

GERHARD E. SOLLBACH

Naturschutz und nachhaltige Naturnutzung in der vorindustriellen Epoche – Das Beispiel der Herdecker Mark

Inhalt: 1. Bäuerliches Erfahrungswissen, S. 203. – 2. Geregelter Holzeinschlag, S. 204. – 3. Schutzbestimmungen, S. 206. – 4. Schonungen, S. 207. – 5. Eichenpotten, S. 208. – 6. Markverwüstung, S. 210.

1.

Schon in früheren Jahrhunderten haben sich in agrarischen Gesellschaften Menschen um den Erhalt der Natur und eine möglichst dauerhafte Nutzung der natürlichen Ressourcen gesorgt. Allerdings geschah das damals aus rein existentiellem Eigennutz, wie sich am Beispiel der Herdecker Mark aufzeigen lässt. Die Herdecker Mark war wie allgemein die Marken ein Gemeinschafts-Waldgebiet, das aber auch Gras-, Heide- und Ödflächen enthielt. Nach Angaben aus dem Jahr 1765 erstreckte sie sich damals noch über etwa 2/3 des Gebiets von Herdecke und Ende[1]. Aus der Mark besorgten sich die Besitzer von Höfen oder Kotten in Herdecke und Ende mit Mark-Nutzungsrechten, die so genannten Markgenossen oder Markerben, das benötigte Brenn-, Bau- und Werkholz. Außerdem wurden im Herbst die Schweine zur Eicheln- und Bucheckernmast in den Wald getrieben und in der übrigen Jahreszeit diente die Mark als Viehweide (Hude). Bei der großen Bedeutung der Mark in der vorindustriellen Zeit als unverzichtbare landwirtschaftliche Ergänzungsfläche und als wichtige Rohstoffquelle ist es verständlich, dass sich die Markgenossen auch um eine „nachhaltige Nutzung" der Mark bemüht haben. Allerdings kannte man damals weder den Begriff „Naturschutz", noch gab es den modernen Nachhaltigkeitsgedanken. Die Sache selbst wurde aber aufgrund des bäuerlichen Erfahrungswissens praktiziert.

1 HEINZ VÖPEL: Die Herdecker Mark. Ein Beitrag zur Geschichte des westfälischen Bauernstandes; in: Jahrb. des Vereins für Orts-und Heimatkunde verbunden mit dem Märkischen Museum zu Witten an der Ruhr, 48. Jg. (1934), S. 22 – Diese Arbeit enthält jedoch eine Reihe von Fehlern sowohl hinsichtlich der Daten als vor allem auch der Quellennachweise.

2.

Das geschah vor allem durch die strikte Regulierung des Holzeinschlags, um sicherzustellen, dass nicht mehr Eichen und Buchen in der Mark gefällt wurden, als nachwachsen konnten. So war es bereits nach der 1555 aufgezeichneten ältesten Ordnung der Herdecker Mark[2] den Markgenossen untersagt, eigenmächtig Bäume in der Mark zu fällen. Vielmehr mussten sie sich die Bäume von den Markbeamten anweisen lassen. Vor allem aber sollte den Markgenossen nur so viel Holz zugestanden werden, wie sie nachweislich unbedingt benötigten. Diese Bestimmung ist zuletzt noch einmal in

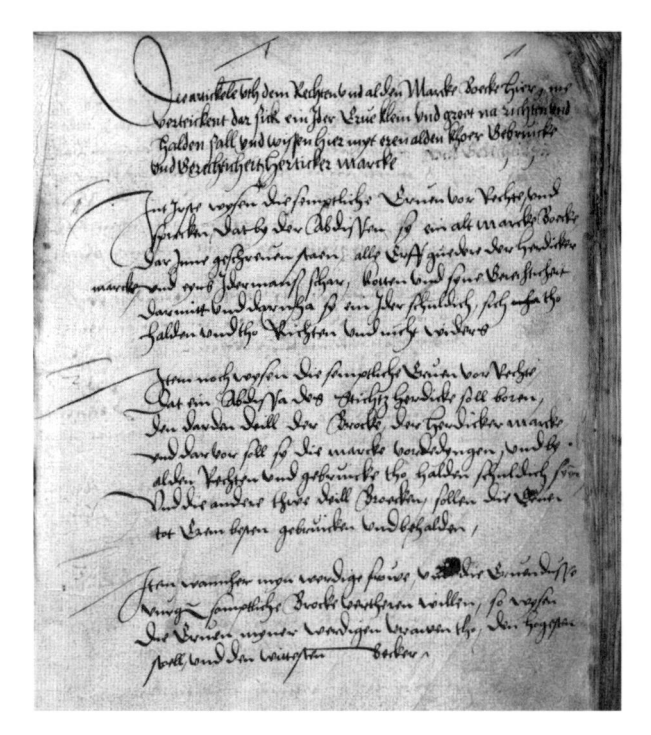

Abb. 1: Die 1555 niedergeschriebene Ordnung der Herdecker Mark, Anfang – Original: Landesarchiv NRW, Abt. Westfalen: Kleve-Märkische Regierung Akte Nr. 1672.

2 Landesarchiv (LAV) NRW Abt. Westfalen: Kleve-Märkische Regierung, Landessachen Nr. 1672 (Protokollbuch des Holzgerichts der Herdecker Mark).

den am 9. Februar 1720 von den Markgenossen gefassten Markordnungs-Beschlüssen festgeschrieben worden. Danach sollte bei den zwei Mal im Jahr stattfindenden Holzanweisungen Bauholz nur für notwendige Bauten, nicht aber für „Lustbauten" in der Mark geschlagen werden dürfen.[3] Dem Schutz und dauerhaften Erhalt der Mark diente auch die Regelung, dass Holz aus der Mark nur für den Eigengebrauch der Markgenossen entnommen werden durfte. Dementsprechend enthält schon die Markordnung von 1555 das strikte Verbot, Holz aus der Mark an andere Markgenossen zu geben oder gar an Auswärtige zu verkaufen. Nach den erhaltenen Protokollen des Markgerichts der Markgenossen (Holzgericht, Holting) waren aber das unerlaubte Fällen von Bäumen in der Herdecker Mark, teilweise sicherlich aus Not, aber auch aus Habgier, wie weiter unten aufgezeigt wird, eine allzu häufige Erscheinung.[4] Da die Mark dadurch verwüstet zu werden drohte, ist auch die betreffende Verbotsbestimmung den Markgenossen immer wieder nachdrücklich bekanntgemacht und die Verstöße dagegen sind mit hohen Geldbußen belegt worden. So heißt es in einer diesbezüglichen Bekanntmachung vom 3. Januar 1688, dass nicht nur das Holzschlagen über die angewiesenen Bäume hinaus, sondern auch der Verkauf von Holz aus der Mark an andere der Mark „großen Schaden" zufüge und bei Strafe von einem Goldgulden verboten sei.[5] Eine ebensolche Bestimmung war u. a. bereits fast drei Jahrzehnte zuvor, am 23. Februar 1659, von der Äbtissin des adligen Damenstifts in Herdecke als Herrin der Herdecker Mark erlassen worden, aber offensichtlich wirkungslos geblieben.[6] Verboten war bereits nach der Markordnung von 1555 auch die Herstellung und Ausfuhr von Holzkohle, da dadurch der Hochwaldbestand der Mark unnötig und übermäßig beansprucht wurde. Doch das Verbot wurde ebenfalls missachtet, weshalb es z. B. 1659 wiederholt wurde.[7] Aber auch weiterhin ist gegen diese Bestimmung verstoßen worden. Da das laut einer Bekanntmachung vom 29. Oktober 1670 sogar täglich geschah und der Mark dadurch ein „ohnwiederbringlicher Schaden" zugefügt werde, wurde es damals den Markgenossen erneut in Erinnerung gebracht.[8] Doch genutzt hat es wiederum nichts. Am 6. Dezember 1676 musste nämlich das Verbot

---

3   LAV NRW Abt. Westfalen: Kleve-Märkische Regierung, Landessachen Nr. 1308
4   Auf dem 1718 abgehaltenen Markgericht (Holting) wurden allein 28 Fälle von Holzdiebstahl in der Herdecker Mark verhandelt – LAV NRW Abt. Westfalen: Stift Herdecke Nr. 183.
5   LAV NRW Abt. Westfalen: Stift Herdecke Nr. 174.
6   LAV NRW Abt. Westfalen: Stift Herdecke Nr. 183.
7   Bekanntmachung v. 23.2.1659 - LAV NRW Abt. Westfalen: Stift Herdecke Nr. 183.
8   LAV NRW Abt. Westfalen: Stift Herdecke Nr. 174.

allen Markgenossen „zum Überfluß" nochmals bekannt gemacht werden.[9] Auch einer der am 9. Februar 1720 gefassten Beschlüsse betreffend die neue Markordnung verbot nochmals die Köhlerei in der Herdecker Mark. Allerdings wurde das Verbot sogleich dadurch wieder abgeschwächt, dass mit Genehmigung der Haupterben der Mark die Herstellung von Holzkohle einzelnen Köhlern gestattet werden konnte.[10]

3.

Spezielle Schutzbestimmungen wurden von den Markgenossen auch für ein ungestörtes Heranwachsen des Gehölzes erlassen. Eine am 15. Januar 1694 erfolgte Bekanntmachung verbot aus gegebenem Anlass, junge Bäume in der Mark zu schlagen, weil dadurch der Mark „in Ahnwachsung des jungen Geholtzes" großer Schaden zugefügt werde.[11] Der Anlass war, wie es eingangs der Verbotsbestimmung heißt, dass der Holzrichter (Richter des Markgerichts) und die Markgeschworenen (von den Markgenossen bestellte Markbeamte) „fast täglich" diesbezügliche Klagen vorbrachten. Allerdings war auch dieses Verbot schon früher öfters, aber offenbar ohne großen Erfolg, erlassen worden. Deshalb wurde dieses Mal bestimmt, dass die Übeltäter mit einer vom Markgericht nunmehr nach Belieben festzusetzenden Strafe belegt werden sollten. Um das Nachwachsen der Bäume zu sichern bzw. um deren vorzeitiges Schlagen zu verhindern, wurde von den Markgenossen am 9. Februar 1720 auch beschlossen, dass zukünftig alle Karren, die Holz aus der Mark transportierten, von den Markgeschworenen daraufhin zu kontrollieren seien, ob sich unter der Ladung nicht auch heimlich geschlagene junge Eichen- oder Buchenstämme befänden.[12] Der Schonung des Baumbestands der Mark diente ebenfalls das am 19. April 1671 von der Äbtissin und den Markbeamten erlassene Verbot, junge Bäume zur Verwendung als Hopfen- und Bohnenstangen in der Mark zu schneiden.[13] Denselben Schonungszweck hatte auch die Bestimmung vom 27. April 1687, die es untersagte, Maibäume aus der Mark zu nehmen.[14]

9 LAV NRW Abt. Westfalen: Stift Herdecke Nr. 174.
10 LAV NRW Abt. Westfalen: Kleve-Märkische Regierung, Landessachen Nr. 1308.
11 LAV NRW Abt. Westfalen: Stift Herdecke Nr. 183.
12 LAV NRW Abt. Westfalen: Kleve-Märkische Regierung, Landessachen Nr. 1308.
13 LAV NRW Abt. Westfalen: Stift Herdecke Nr. 174.
14 LAV NRW Abt. Westfalen: Stift Herdecke Nr. 174.

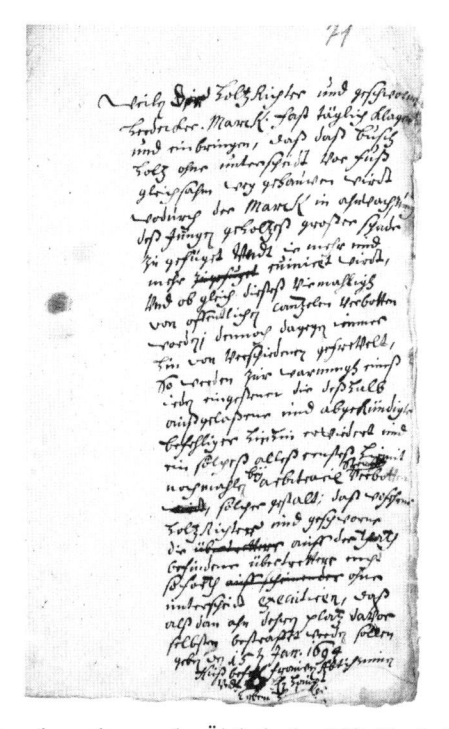

Abb. 2: Bekanntmachung des von der Äbtissin des Stifts Herdecke als Herrin der Herdecker Mark und den Haupterben (oberste Markgenossen) erlassenen Verbots vom 15. Januar 1694, junges Gehölz in der Mark zu schlagen – Original: Landesarchiv NRW, Abt. Westfalen: Stift Herdecke Akte Nr. 183 Bl. 71r

4.

Um eine zu rasche Dezimierung des Baumbestands in der Mark zu verhindern bzw. um ein Nachwachsen des Hochwalds zu ermöglichen, sind nachweislich auch immer wieder verschiedene Teile der Mark als Schongebiete festgelegt worden. In den 1670er und 1680er Jahren beispielsweise waren es die Kloetkämpe, die für längere Zeit gesperrt wurden. In einer entsprechenden Bekanntmachung vom 27. Juli 1687 heißt es dazu ausdrücklich, dass dies „zu

Verschonung der Marck" geschehe.[15] Bereits am 17. September 1673 war durch eine von sämtlichen Haupterben der Mark beschlossene Maßnahme angeordnet worden, dass die Viehhalter auch ihr Vieh aus den Kloetkämpen fernzuhalten und gegebenenfalls ihre Hirten entsprechend anzuweisen hätten, damit die Kloetkämpen „von den Bestialien nicht verdorben werden möchten".[16] Am 17. August 1674 wurde diese Anordnung wiederholt, damit, wie in der Anordnung zur Begründung ausgeführt wird, die Kloetkämpen „bewahret bleiben mögen".[17] Am 22. Januar 1729 beschlossen die Markgenossen, das Markgelände auf dem so genannten Cleff vorübergehend für jeglichen Holzeinschlag zu sperren. Selbst das Abschlagen von Zweigen war dort verboten. Zur Begründung wird in dem Beschluss ausgeführt, dass durch das vorausgegangene übermäßige Fällen von Bäumen dieser Bereich der Mark andernfalls gänzlich ruiniert zu werden drohe.[18] Auch eine zeitweilige Einstellung des Holzeinschlags sogar in der gesamten Mark ist verschiedentlich angeordnet worden. Ende Januar 1671 z. B. wurde im sonntäglichen Gottesdienst in der Stiftskirche in Herdecke und in der Ender Dorfkirche von der Kanzel den Markgenossen verkündet, dass sich jedermann bei der empfindlichen Strafe von einem Goldgulden vorerst weiteren Holzeinschlags in der Mark zu enthalten habe. Anlass war, dass man den Markwald durch ungeregelten und übermäßigen Holzeinschlag „ehelendig verhauen" hatte.[19] 1690 wurde die Mark sogar für mindestens ein Jahr gänzlich, nämlich auch für jegliche Nutzung durch das Vieh, geschlossen, um dem Baumbestand Zeit zu geben, sich zu erholen.[20]

5.

Noch auf eine andere Weise suchten die Markgenossen den Erhalt und das Nachwachsen der Markwaldung dauerhaft zu sichern. Jeder Markgenosse war nämlich verpflichtet, Eichen- und Buchensetzlinge (Potten) in der Mark zu pflanzen. Die Setzlinge zog man auf einem dafür reservierten Teil der Mark,

15 LAV NRW Abt. Westfalen: Stift Herdecke Nr. 174.
16 LAV NRW Abt. Westfalen: Stift Herdecke Nr. 174.
17 LAV NRW Abt. Westfalen: Stift Herdecke Nr. 174.
18 LAV NRW Abt. Westfalen: Stift Herdecke Nr.184.
19 Anordnung v. 21.1.167 – LAV NRW Abt. Westfalen: Stift Herdecke Nr. 174.
20 OTTO SCHNETTLER: Herdecke an der Ruhr im Wandel der Zeiten. Stift-Dorf-Stadt, Dortmund 1939, S. 165 Anmerkung.

den Buschenkämpen, heran.[21] Das „Eichenpotten" geschah zumeist gemeinsam an einem vorher dafür bestimmten Tag. Am Ostermontag des Jahres 1676 (29.3.) z. B. wurde durch „öffentlichen Kirchenschall" in Herdecke und Ende verkündet, dass am nächsten Mittwoch wieder ein „Eichenpotten" stattfinde. Dazu hatten sich sämtliche männlichen Markgenossen persönlich um 6 Uhr morgens, wenn mit der Glocke geläutet wurde, an der Linde auf dem Stiftsgelände in Herdecke bzw. auf dem Kirchhof in Ende bei Strafe von 1 Mark einzufinden, oder einen Vertreter zu schicken. Von dem Versammlungsplatz wurden die Personen dann an die ihnen zur Bepflanzung zugewiesenen, durch Holzeinschlag entblößten Stellen in der Mark entsandt. Bezüglich des Zwecks der Pflanzaktion heißt es in der Bekanntmachung ausdrücklich, dass dadurch „die Marck verbeßert (und) in guden Standt kommen müge".[22] Zu dem für den 23. April 1679 angesetzten „Eichenpotten" brauchten die Markgenossen aber erst um 7 Uhr morgens zu erscheinen.[23] Dagegen musste das für Dienstag, den 1. April 1651, vorgesehene „Eichenpotten" wegen „continuirlichen Regenwetters" abgesagt und auf Dienstag, den 15. April, verschoben werden.[24] Verschiedentlich ist das „Eichenpotten" für die Ender und Herdecker Markgenossen getrennt und zu unterschiedlichen Terminen durchgeführt worden. Laut der Bekanntmachung vom 4. April 1688 sollte das „Eichen- und Buchenpotten" für die Ender Markgenossen am Dienstag, dem 13. April, und für die Herdecker am darauffolgenden Donnerstag, dem 15. April, stattfinden.[25]

Zusätzliche „Eichenpotten"-Aktionen wurden angeordnet, wenn der Baumbestand der Mark durch ungewöhnliche äußere Umstände besonders stark geschädigt worden war. Derartige außergewöhnliche Schäden entstanden z. B. in Kriegszeiten, wenn sich einquartierte Truppen ihr benötigtes

---

21 Nach einer von den Kanzeln in der Kirche in Ende und in der Stiftskirche in Herdecke verkündeten Bekanntmachung vom 24.3.1674 der Äbtissin und der Markbeamten sollten am Donnerstag, den 28.3., auf dem Eichenkamp herangezogene Eichensetzlinge ausgemacht und „ahn andren bequemen Oerter" eingepflanzt werden – LAV NRW Abt. Westfalen: Stift Herdecke Nr. 174. Aus einer ähnlichen Bekanntmachung vom 22.3.1671 geht hervor, dass für Donnerstag, den 26.3., ein Eichenpotten angesetzt war, bei dem die Eichensetzlinge von den „Buschenkämpen" an andere „bequemliche ledige Plätzen" verpflanzt werden sollten. Hierzu hatten sich alle männlichen Herdecker Markgenossen mit den nötigen Gerätschaften versehen morgens um 8 Uhr unter der Linde vor der Abtei einzufinden, von wo sie „gesampter Hand" zu dem Einsatz ausziehen sollten – LAV NRW Abt. Westfalen: Stift Herdecke Nr. 174.
22 LAV NRW Abt. Westfalen: Stift Herdecke Nr. 174.
23 LAV NRW Abt. Westfalen: Stift Herdecke Nr. 174.
24 LAV NRW Abt. Westfalen: Stift Herdecke Nr. 174.
25 LAV NRW Abt. Westfalen: Stift Herdecke Nr. 174.

Feuer- und sonstiges Holz rücksichtslos aus der Markwaldung beschafften. Nach einer Bekanntmachung vom 3. April 1672 beispielsweise wurde zu dem Zweck, nämlich um die „in vorigen Kriegs Jahren leider verhawene Marck von Jahren zu Jahren wieder in Standt gebracht werden möge", ein „Eichenpotten" sämtlicher Markgenossen der Herdecker Mark für den 5. April angesetzt.[26]

6.

Doch genutzt haben all diese Maßnahmen und Vorschriften zum Erhalt der Mark vor allem als Lieferant des damals überaus wichtigen Rohstoffs Holz letztlich nichts. Auch in diesem Fall klafften die Norm und die Praxis weit auseinander. Weder die Pflanzaktionen noch die zahlreichen einschränkenden Nutzungsvorschriften haben eine nachhaltige Nutzung des Waldbestands der Herdecker Mark dauerhaft sicherzustellen vermocht. Selbst angesehene Personen unter den Markgenossen hatten nämlich keine Skrupel, sich heimlich Bau- und Brennholz aus der Mark zu verschaffen und zu diesem Zweck dort eigenmächtig Bäume zu fällen. Einer von ihnen war 1716 z. B. der aus einer führenden Herdecker Familie stammende und seit dem 22. April 1715 als einer der beiden Vorsteher des damaligen Fleckens Herdecke amtierende Dietrich Kaspar Kalle. Er hatte im März 1716 von seinem Knecht unerlaubt eine Karre voll Buchholz in der Mark schlagen lassen.[27] Zu den Holzdieben in der Herdecker Mark gehörte auch der lutherische Pastor in Ende. Ihn konnte auch das 8. Gebot („Du sollst nicht stehlen") nicht daran hindern, gleich mehrere Buchen in der Mark heimlich zu fällen und zu Brennholz zu machen, wofür er in dem am 10. Juli 1589 abgehaltenen Holzgericht eine empfindliche Geldstrafe von zwei Mark erhielt.[28] Auch sein Amtsbruder im benachbarten Dorf Wetter sowie der Bürgermeister der Freiheit Wetter z. B. hatten 1719 heimlich in der Herdecker Mark jeweils einen Eichenbaum fällen und zu sich nach Hause bringen lassen.[29] Wie die Namhaftmachung dieser beiden Holzdiebe bezeugt, haben auch Auswärtige immer wieder versucht,

---

26 LAV NRW Abt. Westfalen: Stift Herdecke Nr. 174.
27 LAV NRW Abt. Westfalen: Stift Herdecke Nr. 185 („Herdecker Marck Brüchten Protokolle..." 1716-1719).
28 LAV NRW Abt. Westfalen: Kleve-Märkische Regierung, Landessachen Nr. 1672 (Protokollbuch des Holzgerichts der Herdecker Mark).
29 LAV NRW Abt. Westfalen: Stift Herdecke Nr. 185 („Herdecker Marck Brüchten Protokolle..." 1716-1719).

sich unberechtigt Holz aus der Herdecker Mark zu verschaffen. Aber auch die Herrin der Herdecker Mark, die Äbtissin, scheute sich nicht, Holz aus der Mark zu stehlen oder vielmehr stehlen zu lassen. So wurden von den Knechten der Äbtissin Elisabeth von Elverfeldt am 27. und 28. März 1716 heimlich insgesamt vier junge Eichenbäume in der Mark gefällt und zur Abtei gebracht, wofür die Äbtissin im Holzgericht die dafür übliche Geldstrafe erhielt.[30] Doch das hielt sie nicht davon ab, auch im nächsten Jahr wieder Holz aus der Mark zu stehlen. Wie aus dem Protokoll des Holzgerichts vom 18. Juli 1717 hervorgeht, war ihr Knecht nämlich zweimal dabei ertappt worden, dass er eine Karre voll unerlaubt in der Herdecker Mark geschlagenen Buchenholzes zur Abtei gefahren hatte.[31] Doch bereits im Folgejahr wurde von den Knechten der Äbtissin erneut, dieses Mal im Markwald am Attenberg, eigenmächtig eine Karre voll Buchenholz geschlagen. Die Äbtissin stand hierin aber offenbar in einer langen Tradition. Auch ihre Amtsvorgängerinnen haben sich widerrechtlich Holz aus der Mark beschafft. Die Äbtissin Ida von Haffkenscheid war hinsichtlich des Holzdiebstahls in der Herdecker Mark nachweislich ebenfalls eine Wiederholungstäterin, wenn auch sie die Markfrevel selbstverständlich nicht selbst beging, sondern durch ihre Leute ausführen ließ. In dem Holting am 14. Juli 1580 wurde sie angeklagt, dass sie durch ihre Knechte widerrechtlich Eichen- und Buchenholz in der Mark habe schlagen lassen. Auch im nächsten Jahr zeigten die Markbeamten in dem am 6. Juni abgehaltenen Holzgericht an, dass von den Knechten der Äbtissin wiederum unerlaubt Eichen- und Buchenholz in der Herdecker Mark zum „Schaden der Marcke" geschlagen worden war. Dieselbe Anklage wurde erneut in dem Holzgericht am 12. Juni 1590 gegen die Äbtissin vorgebracht.[32]

Der ohne Rücksicht auf den Gemeinnutz und den Erhalt der Markwaldung durchgeführte eigenmächtige Holzeinschlag sowie die nachlässige bzw. fehlende Aufsicht über die Mark und die inkonsequente Ahndung der Markfrevel seitens der von den Markgenossen bestellten Markbeamten haben in der Neuzeit zu einer fortschreitenden Verwüstung auch der Herdecker Mark geführt.[33] Bezeichnend für die nicht mit der notwendigen Energie er-

30 LAV NRW Abt. Westfalen: Stift Herdecke Nr. 185 („Herdecker Marck Brüchten Protokolle..." 1716-1719).
31 LAV NRW Abt. Westfalen: Stift Herdecke Nr. 183.
32 Alle drei Holtingsprotokolle in LAV NRW Abt. Westfalen: Kleve-Märkische Regierung, Landessachen Nr. 1672 (Protokollbuch des Holzgerichts der Herdecker Mark).
33 Zu den Markfrevlern gehörten die Markbeamten selbst. So wurden Geschworene der Herdecker Mark in dem Holzgericht am 14.3.1691 angezeigt und bestraft, weil sie Holz aus der Mark ausgeführt und nach auswärts verkauft hatten, was nach der Markordnung eindeutig verboten war - LAV NRW Abt. Westfalen: Kleve-Märkische Regierung, Landessachen Nr.

folgenden Durchsetzung gerade der auf den Schutz und langfristigen Erhalt des Holzbestands der Mark zielenden Bestimmungen ist beispielsweise, dass die auf dem Holting am 6. Februar 1691 beschlossene erneute Bestätigung des bisherigen Holzrichters, des Stiftsamtmanns Philipp Caspar Roden, mit der ausdrücklichen Auflage erfolgte, dass Roden „künfftig fleißiger Achtung und Auffsicht auff die Marck geben solle". Außerdem wurde festgelegt, dass, wenn ihm Amtsversäumnisse nachgewiesen würden oder er Markfrevler nicht „gebührlich" bestrafen würde, er selbst betraft werden sollte.[34] Bereits Mitte des 18. Jahrhunderts war daher die Herdecker Mark „mehrentheils von Holz entblößet", wie die Markgenossen am 1. Oktober 1754 vor der königlichen Markenteilungs-Kommission in Hagen erklärten.[35] Ab 1755 bzw. 1765 ist die als „unwirtschaftlich" erachtete Herdecker Mark dann auch auf Anordnung des preußischen Königs, Friedrich II., aufgelöst und der Markengrund unter den ehemaligen Markgenossen aufgeteilt worden. Die einzelnen Parzellen gingen in das Privateigentum der früheren Markberechtigten über.[36]

1672 (Protokollbuch des Holzgerichts der Herdecker Mark).
34 LAV NRW Abt. Westfalen: Kleve-Märkische Regierung, Landessachen Nr. 1308.
35 LAV NRW Abt. Westfalen: Märkisches Forstamt Nr. 7.
36 S. zu dem Teilungsgeschäft H. VÖPEL, Die Herdecker Mark, S. 73-89

Günter Brakelmann

Das Reformationsjubiläum 1933 –
Luther und seine Deutschen*

Inhalt: 1. Die Kirchen als Adressaten der politischen Botschaft Hitlers, S. 213. – 2. Die evangelische Antwort auf Hitlers Ansprache an die Kirchen, S. 215. – 3. Das Bündnis von Nationalprotestantismus und Nationalsozialismus, S. 217. – 4. Protestantisch-kirchlicher Antisemitismus, S. 219. – 5. Protestantische Kulturkritik und nationalsozialistische Zeitkritik, S. 221. – 6. Zustimmung zu staatlicher Repression gegen „Staatsfeinde", S. 223. – 7. Kirchliche Zustimmung zu Hitlers Außenpolitik, S. 224. – 8. Hitler-Treue als das Gemeinsame aller protestantischen Lager, S. 224. – 9. Der so genannte Tag von Potsdam, S. 225. – 10. Nationale Revolution und lutherische Reformation, S. 227. – 11. Die Luther-Feiern 1933, S. 229. – 12. Die Luther-Feiern in Bochum, S. 232. – 13. Die Haltung der wissenschaftlichen Theologie, S. 234. – 14. „Luther und Hitler", S. 237. – 15. Luthers Judenfeindschaft und Hitlers Antisemitismus, S. 239. – 16. ... und die Gegenstimmen? S. 240. – 17. Ein Nachwort, S. 242.

Nur eine Vorbemerkung: Es geht im Folgenden nur um eine quellenorientierte Darstellung, wie 1933 im deutschen Protestantismus mehrheitlich das Thema Hitler - Luther verhandelt worden ist.

1.

Am Spätabend des 1. Februar 1933 verliest der neue, von Hindenburg ins Amt berufene Reichskanzler Adolf Hitler im Rundfunk einen „Aufruf der Reichsregierung an das deutsche Volk". Es fällt auf, dass dieser Aufruf durchsetzt ist mit vielen religiösen Vokabeln und christlichen Redewendungen. Er beginnt mit den Sätzen: *„Über 14 Jahre sind vergangen seit dem*

---

* Der hier gedruckte Text wurde in Vortragsform am 2. November 2017 im Rahmen der sogenannten Luther-Vortragsreihe beim VOHM im Märkischen Museum in Witten gehalten. Auf vielfachen ausdrücklichen Wunsch der anwesenden Mitglieder des VOHM wurde dieser Vortrag, obgleich schon veröffentlicht, in das MJbG 117 aufgenommen.

unseligen Tage, da, von inneren und äußeren Versprechungen verblendet, das deutsche Volk der höchsten Güter unserer Vergangenheit, des Reiches, seiner Ehre und seiner Freiheit vergaß und dabei alles verlor. Seit diesen Tagen des Verrats hat der Allmächtige unserem Volk seinen Segen entzogen. Zwietracht und Hass hielten ihren Einzug ... "[1]

Er zeichnet das Bild eines totalen moralischen und politischen Verfalls des deutschen Volkes unter dem Ansturm des Kommunismus. Er konstatiert: „*Angefangen bei der Familie, über alle Begriffe von Ehre und Treue, Volk und Vaterland, Kultur und Wirtschaft hinweg bis zum ewigen Fundament unserer Moral und unseres Glaubens, bleibt nichts verschont von dieser nur verneinenden, alles zerstörenden Idee. 14 Jahre Marxismus haben Deutschland ruiniert. Ein Jahr Bolschewismus würde Deutschland vernichten.*"[2]

Die Männer der neuen Regierung bezeichnet Hitler als nationale Führer, die Gott, ihrem Gewissen und dem Volk verantwortlich seien, um das Reich aus dem Elend zu neuer Größe zu führen. Hier und an anderen Stellen stellt Hitler sich unentwegt als einen Menschen und Politiker dar, für den es selbstverständlich ist, Christentum und christliche Moral zum Fundament des neuen Reiches zu machen. In seiner Sportpalastrede vom 10. Februar verspricht er: „*Wir wollen dieses geeinte deutsche Volk wieder zurückführen zu den ewigen Quellen seiner Kraft, wollen durch eine Erziehung von klein an den Glauben an einen Gott und den Glauben an unser Volk einpflanzen in die jungen Gehirne.*"[3]

Und am Ende dieser Rede ruft er pathetisch aus: „*... ich kann mich nicht loslassen von dem Glauben an mein Volk, kann mich nicht loslassen von der Überzeugung, dass einmal doch die Stunde kommt, in der die Millionen, die uns heute verfluchen, dann hinter uns stehen und mit uns begrüßen werden das gemeinsam geschaffene, mühsam erkämpfte und bitter erworbene neue Deutsche Reich der Größe und der Ehre und der Kraft, der Herrlichkeit und der Gerechtigkeit. Amen.*"[4] Hitler dürfte der erste Politiker gewesen sein, der eine Wahlrede mit Amen beschließt.

Und immer wieder betont er in den ersten Wochen und Monaten nach der Machtübergabe die moralisch-pädagogische Rolle der beiden großen Konfessionen beim Neuaufbau Deutschlands. Schon am 4. Februar wird verboten, in Wort und Schrift Religionsgesellschaften des öffentlichen Rechts

---

1 S. Max Domarus, Hitler, Reden und Proklamationen 1932-1945, Bd.1, 1. Halbband 1932-1934, Würzburg 1962, S. 191.
2 Ebd. S. 192.
3 Ebd. S. 206.
4 Ebd. S. 208.

zu beschimpfen oder verächtlich zu machen. Dies ging gegen die Freidenkerverbände und die kommunistische Gottlosenbewegung, die schärfsten Kritiker von Religion und Kirche.[5] Die Kirchen waren ihm für diese staatliche Hilfestellung im Kampf gegen den Atheismus sehr dankbar.

In den Wochen und Monaten nach dem 30. Januar gab es im ganzen Reich eine unendliche Fülle von sog. „braunen Gottesdiensten": Es gab Massentrauungen und Massentaufen zuvor aus der Kirche ausgetretener Nationalsozialisten. SA und andere NS-Formationen nahmen geschlossen an Gottesdiensten in Kirchen, an Waldgottesdiensten, an Feldgottesdiensten und Gedenkgottesdiensten teil. SA-Kapellen übernahmen musikalisch-liturgische Aufgaben. Bei nationalen Erinnerungsfeiern und NS-Einweihungsfeiern hielten Pfarrer religiös-patriotische Reden. Hier in Bochum hat der Altstadtpfarrer Dr. Siebold, der damals bekannteste Deutsche Christ unentwegt bei Aufmärschen, Treuekundgebungen, Erinnerungsfeiern, Einweihungen und Eröffnungsfeiern geredet. Aber nicht nur er, fast alle Prediger, auch wenn sie keine Deutschen Christen waren, haben die neue politische Situation begrüßt und in ihr eine neue Chance für die Volkskirche gesehen.

Geht man das NS-Tagesschrifttum dieser Zeit durch, so ist nichts von einer Polemik gegen die Kirchen oder gegen das Christentum zu finden. Es sieht so aus, als käme es zu einem neuen Schulterschluss, zu einem neuen Gleichschritt zwischen Nation, Volk und Kirche.

2.

Die evangelische Kirche ihrerseits ging nach kurzem anfänglichem Zögern mit ihren kirchenleitenden Organen auf die neue machtpolitische Situation ein.[6] Symptomatisch ist die sog. Osterbotschaft vom 11. April des EOK der Altpreußischen Union, zu der rund zwei Drittel der deutschen Protestanten gehörten: *„Die Osterbotschaft von dem auferstandenen Christus ergeht in Deutschland in diesem Jahr an ein Volk, zu dem Gott durch eine große Wende gesprochen hat.*

Mit allen evangelischen Glaubensgenossen wissen wir uns eins in der Freude über den Aufbruch der tiefsten Kräfte unserer Nation zu vaterländi-

---

5   S. INGO VON MÜNCH/UWE BRODERSEN, Gesetze des NS-Staates, Paderborn u.a. 1982, S. 64f.
6   Vgl. zum Ganzen KLAUS SCHOLDER, Die Kirche und das Dritte Reich. Bd. 1: Vorgeschichte und Zeit der Illusionen 1918-1934, Frankfurt/Main 1977.

*schem Bewusstsein, echter Volksgemeinschaft und religiöser Erneuerung. Die Kirche ist freudig bereit zur Mitarbeit an der nationalen und sittlichen Erneuerung unseres Volkes."*⁷ Es sieht so aus, als würden Glaubensgenossen und Parteigenossen sich zu gemeinsamer Arbeit an einer Neuwerdung des Volkes treffen. Die Kirchen erhofften sich neue Impulse für die Gemeindearbeit und für eine nationale Volksmission.

Nicht zu zählen sind in der evangelischen Publizistik dieses Jahres 1933 die Artikel, die den 30. Januar als Anbruch einer neuen politischen Zeit, verbunden mit einem Neuaufbruch der Kirche als Volkskirche, jubelnd begrüßen.⁸ Die Freude über den Untergang der ungeliebten Republik war bei Kirchenleitungen, evangelischen Verbänden und in der Pfarrerschaft sehr ausgeprägt. Die meisten evangelischen freien Verbände vollzogen ohne staatlichen Druck aus Überzeugung die Selbstgleichschaltung. Die Zurückhaltung oder entschiedene Ablehnung des Nationalsozialismus durch theologisch-liberale und religiös-sozialistische Kreise – nur sie waren traditionell gegen die völkische und nationalsozialistische Bewegung – gingen unter angesichts der Jubelgesänge des mehrheitlichen Kirchen- und Milieuprotestantismus.⁹ Liberale und Sozialisten waren nur eine kleine Minderheit in den Gemeinden und fehlten in kirchenleitenden Organen fast vollständig.¹⁰

Hitler gewann die Reichstagswahlen vom 5. März im Bündnis mit der Deutschnationalen Volkspartei, zu der die Mehrheit der kirchlichen Führungsgruppen gehörte. Seine Mehrheiten holte und bekam er in den protestantischen Regionen und Ländern des Nordens, allerdings nicht in den Großstädten.¹¹

---

7   S. GÜNTHER VAN NORDEN, Der deutsche Protestantismus im Jahr der nationalsozialistischen Machtergreifung, Gütersloh 1979, 60 f, s. weitere kirchliche Ansprachen ebd. 61 ff. - Ders.: Die Stellung der evangelischen Kirche zum nationalsozialistischen Staat im Jahre 1933, Düsseldorf 1963.
8   Vgl. GERHARD STOLL, Die evangelische Zeitschriftenpresse im Jahre 1933, Witten 1963.
9   Vgl. die Predigtsammlung von Pfarrer i. R. ANTON, Nationale Feiertagspredigten und Ansprachen, Leipzig 1935.
10 Vgl. KURT MEIER, Der evangelische Kirchenkampf, 1. Bd., Halle/S. 1976, besonders das Einleitungskapitel „Die politische Stimmungslage in der Evangelischen Kirche", S. 3-56. - Vgl. JÜRGEN F. FALTER, Hitlers Wähler, München 1991.
11 Zur Machtübergabe vgl. (in Auswahl): WIELAND ESSENHAGEN (Hg.), Die „Machtergreifung". Tagebuch einer Wende nach Presseberichten vom 1. Januar bis 6. März 1933, Darmstadt und Neuwied 1982. - WOLFGANG HEIN, Der Marsch zur Machtergreifung, Die NSDAP bis 1933, Düsseldorf 1980. - KARL-HEINZ JANSSEN, Der 30. Januar. Ein Tag, der die Welt veränderte, Frankfurt/Main 1983.

3.

Die Frage ist, welche tieferen Gründe es gegeben hat, dass die Regierung der „nationalen Erhebung", die sich bald als Regierung der „nationalen Revolution" interpretierte, ihre entscheidende Basis in Mehrheiten des kirchlichen Protestantismus und in Mehrheiten des nationalkonservativen Milieuprotestantismus gehabt hat. Natürlich gibt es ein Bündel von Gründen, die zu dem Bündnis von Nationalprotestantismus und Nationalsozialismus geführt haben.[12]

Große Übereinstimmungen und Ähnlichkeiten gab es zunächst in der kritischen Interpretation der geistesgeschichtlichen und politikgeschichtlichen Entwicklungen im 19. und im beginnenden 20. Jahrhundert. Geht man die zeitkritischen Analysen aus protestantischen Federn in Kirchenzeitungen, Broschüren und Büchern durch, so lassen sich folgende analytische Bewertungen für 1933 fast stereotyp immer wieder finden:

1. Das Jahr 1933 beendet eine deutsche und europäische Epoche. Es bedeutet die Überwindung des bürgerlichen Liberalismus. Dieser lebte von den „Prinzipien von 1789", der politischen und philosophischen Aufklärung. Diese setzten das Individuum mit seinen Rechten und Bedürfnissen in das Zentrum von staatlicher und gesellschaftlicher Organisation. Dieser individualistische Liberalismus führte zur Auflösung einer organisch gegliederten Gesellschaft als Gemeinschaft der von Natur und Geschichte ungleichen Menschen.

2. Dieser Liberalismus führte in Weltanschauung und Lebenspraxis der atomisierten Einzelnen zu Rationalismus, Materialismus und Atheismus. Die überkommene Religiosität, die dem Menschen Sinn für das eigene Leben und Sinn für das gemeinsame Leben gegeben hat, wurde aufgelöst zugunsten selbstmächtiger, selbst geschaffener Bindungen und Zuordnungen. Der Mensch wurde der autonome Schöpfer seines eigenen Ordo und seiner eigenen Ethik. Eine anthropozentrische Mentalität und Kultur wurden Wirklichkeit. Die Bindung an objektive Normen und Werte, wie sie etwa die 10 Gebote vermitteln, wurde aufgelöst zugunsten eines Verhaltens, das von menschlichen Bedürfnissen und Trieben bestimmt wurde. Unter dem großen

---

12 Vgl. GÜNTER BRAKELMANN, Nationalprotestantismus und Nationalsozialismus, in: Festschrift für Hans Mommsen „Von der Aufgabe der Freiheit", Berlin 1995, 337- 350 - DERS., Hoffnungen und Illusionen evangelischer Prediger am Beginn des Dritten Reiches. Gottesdienstliche Feiern aus politischen Anlässen, in: DETLEV PEUCKERT/JÜRGEN REULECKE (Hg.): Die Reihe fest geschlossen, Wuppertal 1981, S. 129-148.

Stichwort der neuzeitlichen Emanzipation wurde aber nichts anderes betrieben als eine systematische Selbstvergottung des Menschen. Sie aber führte zur Selbstzerstörung des Menschen.

3. Der weltanschauliche Liberalismus in Theorie und Praxis verband sich mit der politischen Doktrin des Demokratismus, der naturgegebene Ordnungen und natürliche soziale Zuordnungen zugunsten eines formalen Gleichheitsprinzips aufgab. Das demokratische Mehrheitsprinzip löste nach und nach die Balancen der persönlichen und gesellschaftlichen Ungleichheiten auf. Und das reine Mehrheitsprinzip zerstörte zudem die notwendigen Autoritäten im Zusammenleben der Menschen.

4. Die angewandten liberal-demokratischen Prinzipien zerstörten das jahrhundertealte praktische Sozialethos zugunsten eines egozentrischen Durchsetzungsprinzips. Ein rücksichtsloser Verdrängungswettbewerb war die Folge. Soziale Gesinnung und Verantwortung für den anderen, Dienst- und Opferbereitschaft für die Gemeinschaft verloren an Wert. Überhaupt setzte ein allgemeiner Wertezerfall ein. Der allgemeinen Gottlosigkeit korrespondierte eine allgemeine Morallosigkeit. Ein religiös-praktisches Ethos wurde durch ein substanzloses Pathos der menschlichen Selbstverwirklichung ersetzt.

5. Die Institutionen der Ehe, der Familie und des Staates verloren unter der Direktion einer säkularistischen Emanzipation ihre die Menschen und ihre Gesellschaft stabilisierenden Funktionen. Die Ordnungen besaßen keinen Eigenwert mehr für die Erhaltung und den Schutz einer wertorientierten gemeinsamen Kultur, sondern wurden zu unverbindlichen Größen, gestaltet nach eigenem und wechselndem Geschmack. Vor allem der Staat verlor seine fundamentale Rolle als obrigkeitlicher Garant öffentlicher Sittlichkeit. Er wurde seiner metaphysischen Verankerung beraubt wie seiner hoheitlichen Funktionen entkleidet.

6. Folge und Inbegriff des materialistischen und atheistischen Denkens waren die durch den bürgerlichen Liberalismus geistig vorbereiteten proletarischen Bewegungen des Marxismus, des Sozialismus und des Kommunismus. Sie alle sind nur verschiedene Ausprägungen des einen neuzeitlichen Urgebrechens: des Geistes der aufgeklärten Emanzipation.

7. Unter den Massenbedingungen der industriellen Gesellschaft schlug der liberale Individualismus um in den sozialistischen Kollektivismus. Beide aber, Liberalismus wie Marxismus in all seinen Spielarten, sind der Tod einer christlichen Lebens- und Kulturwelt. Dieses geistesgeschichtliche Gemälde als radikale Kritik an der Moderne ist in unendlichen Variationen anwesend im kirchlichen und theologischen Schrifttum, lange vor dem 30. Januar. Zeit- und Kulturkritik sind schon immer die Domäne kirchlicher Publizistik

gewesen. Sie ist auch in der Endphase der Republik und in der Frühphase des Dritten Reiches, was sie seit einem Jahrhundert (seit Wicherns Zeiten) im Durchschnitt immer gewesen war: - antiaufklärerisch, - antiliberal, -antidemokratisch, - antisozialistisch und antikommunistisch.

Mit diesem eigenen Erbe kann der größte Teil des Protestantismus in das „Wendejahr 1933" gehen und seinen Beitrag zur geistigen Fundierung der „nationalen Revolution" anbieten. Hitler musste nicht erst durch Agitation die Mehrheit der Protestanten gewinnen, sondern konnte sie abholen und einbinden in seine nationalistische Sammlungsbewegung.

4.

Die große Klammer nun, die sich um alle antithetischen Positionen zur Moderne legte, war der politische und kulturelle Antisemitismus, wie er sich seit den siebziger Jahren des 19. Jahrhunderts im Protestantismus entwickelt hatte. Dieser religiöse Antisemitismus machte für das Aufkommen aller modernen Irrtümer in Sonderheit das moderne emanzipierte Judentum verantwortlich:

- Juden sind die Agitatoren für den Geist des Liberalismus in Politik und Kultur, sie sind die Vorkämpfer für Demokratie und individuelle Menschenrechte.
- Sie propagieren einen lasziven ungebundenen Lebensstil, sie polemisieren gegen christliche Ethik, sie verspotten kirchliche Gebräuche und volkskirchliche Sitten, sie verbreiten in Presse und Literatur einen materialistischen und hedonistischen Geist, sie bringen schlüpfrige und kitschige Theaterspiele auf die Bretter und produzieren unmoralische Filme.
- Sie lösen alle zwischenmenschlichen Bande auf in ökonomische Zweckbeziehungen. Sie sind die Hauptträger des kapitalistischen Wirtschaftsgeistes und der ihm entsprechenden unbarmherzigen Praxis. Sie beuten Mittelstand, Handwerk und Arbeiterschaft aus zwecks Anhäufung ihres persönlichen Reichtums. Sie bestimmen Banken und Börsen und bringen alle ehrliche Arbeit in ihre Wucherhände. Sie bauen sich prächtige Villen und demonstrieren eine protzige Hofhaltung.
- Überdurchschnittlich sind sie an der Kriminalitätsrate beteiligt. Die kriminelle Unterwelt ist fest in ihren Händen. Im Krieg haben sie sich vor den Fronteinsätzen gedrückt, in der Heimat sich als Kriegsgewinnler unverschämt

bereichert. In der staatlichen Verwaltung und in privaten Sektoren haben sie sich gegenseitig die Posten zugeschoben.

- Ihrer Rolle im wüstesten Kapitalismus entspricht auf der anderen Seite ihre Rolle im revolutionären Marxismus und Sozialismus. Diese beiden sind Produkte des jüdischen Geistes eines Karl Marx und eines Ferdinand Lassalle. Führende deutsche Sozialdemokraten in der Kaiserzeit, in der Revolutions- und Republikzeit waren Juden, glaubens- und morallose Juden. Auch der Bolschewismus ist eine revolutionäre Filiale des weltweit agierenden Judentums, das die Weltherrschaft gewinnen will.

- In Kunst und Literatur sind die Juden die Hauptträger des sog. Kulturbolschewismus und die Agitatoren für Freidenkertum und Gottlosenbewegung.

Kurzum: Überall, wo sich der Säkularismus austobt und sein nihilistisches, zerstörerisches Werk betreibt, sind Juden in verschiedenen Kleidern und in verschiedenen Funktionen die führenden Geister. Sie inszenieren die „Entfesselung der Unterwelt", um die christlich-germanische Kultur zu zerstören als Voraussetzung für die Erringung der eigenen weltweiten Vorherrschaft. Diese antisemitischen Versatzstücke, diese Summe einzelner Beobachtungen, Behauptungen und Überzeugungen, Konstruktionen und Vorurteile sind nicht nationalsozialistischem Schrifttum, sondern zeitgenössischer kirchlicher Publizistik entnommen, die diesen Typos kulturantisemitischer Analysen, Polemiken und Feindschaften seit Adolf Stoeckers Zeiten entwickelt hat. Dieser Protestantismus kann auch hier wieder sein eigenes Arsenal an kulturellem und politischem Antisemitismus in den nun Staatsdoktrin werdenden Antisemitismus einbringen. Man hat durch Jahrzehnte hindurch mentalitätsmäßig ein Klima mit geschaffen, das die Zustimmung zur neuen Judengesetzgebung guten Gewissens ermöglicht hat.[13]

Dieser Protestantismus kann auch hier wieder sein eigenes Arsenal an kulturellem und politischem Antisemitismus in den nun Staatsdoktrin werdenden Antisemitismus einbringen. Man hat durch Jahrzehnte hindurch mentalitätsmäßig ein Klima mitgeschaffen, das die Zustimmung zur neuen Judengesetzgebung guten Gewissens ermöglicht hat.[14]

Was aber auffällt, ist die Tatsache, dass der Antisemitismus im Raum der Kirche nicht vorrangig rassischer Antisemitismus gewesen ist. Das unterscheidet ihn vom nationalsozialistischen Antisemitismus, der zentral

---

13 Vgl. GÜNTER BRAKELMANN, Adolf Stoecker als Antisemit, 2 Teile, Waltrop 2004.
14 Vgl. GÜNTER BRAKELMANN, Kirche und staatliche Judenpolitik 1933, in: Evangelische Kirche und Judenverfolgung, Waltrop 2001, S. 11-43. Vgl.: Die Lage der Juden in Deutschland 1933. Das Schwarzbuch -Tatsachen und Dokumente, Paris 1934, Frankfurt/Main u. a. 1983.

vom Rassengedanken her strukturiert ist. Wie bei Stoecker und anderen christlichen Antisemiten ist die Judenfrage zu Ende, wenn sich ein Jude zur Taufe entschließt, die christliche Lehre akzeptiert und nach christlicher Ethik leben will. Genau dies aber ist für den Rassenantisemiten nicht nachvollziehbar. Für ihn bleibt auch der getaufte Jude ein Rassejude mit unveränderlich destruktivem Charakter.

5.

Was zu konstatieren ist, ist also eine große Affinität zwischen nationalkonservativer protestantischer Kulturkritik und nationalsozialistischer Geschichts- und Zeitkritik. Beide Positionen sehen die Moderne vorrangig als eine Zeit des Verfalls, der nur in der Form einer radikalen geistigen Neubesinnung zu überwinden ist, begleitet von radikalen Zerstörungen der Institutionenwelt des bürgerlich-materialistischen Zeitalters mit seiner Tendenz zu atheistisch-materialistischen Zuständen. Der Weg zu einer neuen Lebenswelt kann deshalb nur radikal und total sein.

Die angstmachenden Untergangsgemälde, die NS-Denker und kirchliche Interpreten verbreiteten, bereiteten bei vielen Zeitgenossen den Boden für die Bereitschaft vor, sich auf den Denkstil und Handlungstypos Entweder-Oder einzulassen, ihre eigene Zeit als gleichzeitig religiöse und politische apokalyptische Entscheidungszeit zu interpretieren. So heißt es im evangelisch-lutherischen „Monatsblatt für Westfalen" zu den Reichstagswahlen am 5. und zu den Landtagswahlen am 12. März: „Die Fronten sind klar. Der 5. März und nach ihm auch der 12. März soll ein weithin hörbares Bekenntnis werden: Wir wollen Deutschland und nicht eine goldene, nicht eine schwarze, nicht eine rote Internationale; wir wollen Volksgemeinschaft und nicht Klassenkampf; wir wollen Gewissensfreiheit und im Lande der Reformation freie Bahn für das Evangelium; nicht aber Geistesknechtung durch Marxismus, Jesuitismus und Semitentum."[15]

Es geht gegen die Schwarzen, die Roten und die Goldenen (gegen Schwarz-Rot-Gold). Diese alle haben je auf ihre Weise Deutschland zerstört. Ein Neubeginn erfordert ihre Ausschaltung als geschichtlich wirkende Kräfte. Die eingeleiteten staatspolitischen Maßnahmen gegen den Marxismus,

---

15 In: Evangelisches Monatsblatt für Westfalen 1933, S. 91.

gegen die Linksparteien und gegen das Judentum mögen in Einzelfällen hart sein – das wird durchaus gesehen –, aber die politische Macht muss um ihrer Neuordnungsziele willen unbarmherzig durchgreifen. Der neue Staat kann den alten Mächten des Verderbens keine Existenzchance mehr geben. Entrechtung, Ausgrenzung und Ausweisung sind gebotene und von den Zielen her legitime Mittel zur Gesundung des Volkes. Der neue Staat steht bewusst nicht in der Tradition des europäisch-humanistischen und des aufgeklärt-menschenrechtlichen Denkens, sondern ist als revolutionärer Staat von der Geschichte auserwählt, ein neues Zeitalter durch scharfe Zäsuren zu eröffnen. Hanns Lilje schrieb 1933: *„Und wenn nicht alles täuscht, dürfen wir die deutsche Revolution als den Anbruch einer geschichtlichen Umwälzung hinnehmen, die für Europa eine ähnliche umgestaltende Wirkung haben wird wie jene vorausgegangenen großen europäischen Revolutionen."*[16]

Nationalsozialisten und viele Kirchenleute waren sich einig, dass das Jahr 1933 das Jahr 1789 – wie es Goebbels formuliert hat – aus der Geschichte ausradierte, dass das Ende des liberalen Zeitalters mit seinem Individualismus, Demokratismus, Sozialismus und Kommunismus gekommen sei.[17] Sie konnten deshalb einen übereinstimmenden Lobgesang auf den Mann anstimmen, der für die sog. Freiheitsbewegung des Nationalsozialismus stand: Adolf Hitler. Er wird folgerichtig auch in der kirchlichen Publizistik der Mann des Jahres.

Ein damals nicht unbekannter religiöser Publizist – Johannes Müller aus Elmau – hat das so formuliert: *„Adolf Hitler ist Organ und Werkzeug Gottes in dieser Zeitenwende, der von Gott bevollmächtigte Führer, der das deutsche Volk vor dem Untergang retten und seinen Bestand neu gründen soll, damit das deutsche Wesen genesen und sich schöpferisch entfalten und der Volkskörper in lebendiger Verfassung seiner Glieder nach den Gesetzen der Natur und der Wahrheit gesunden, wachsen, blühen und gedeihen kann. ... Das ist das, was Hitler Grundlage und Haltung, Art und Richtung gibt, was ihn empfänglich macht, Klarheit und Weisheit von Gott zu empfangen und ursprünglich, d.h. in Kraft des Urhebers seiner Sendung, das ihm anvertraute Werk zu vollbringen. ... "*[18]

Und weiter bei Müller-Elmau: Da Hitler Werkzeug Gottes ist, gebührt der Gefolgschaft unbedingter Gehorsam und Mannestreue. „Befehl und Gehorsam" wird das Strukturprinzip des Neuen. Der Führer muss von sei-

---

16 S. HANNS LILJE, Christus im deutschen Schicksal, Berlin 1933, S. 7.
17 Vgl. den Kommentar in „Licht und Leben" 1933, 7 15ff zur Volksabstimmung am 12. November, in: VAN NORDEN: wie Anm. 7, 299ff.
18 In: Grüne Blätter 1933, 152f.

nem Amtsauftrag, von seinem Geschichtsauftrag her „rücksichtslos" und „radikal" sein.

6.

Die politische Konsequenz aus dieser Interpretation des von Gott eingesetzten und beauftragten Werkzeugs ist die Bejahung seiner anlaufenden staatspolitischen und zivilrechtlichen Gesetzgebung. Es kann auf diesem Hintergrund nicht verwundern, dass von den Kirchenleitungen, die wie Müller in Hitler den gottgewollten Führer gesehen haben, kein Wort der Kritik gegen die Ausschaltung politischer Gegner durch die Verordnungen des Reichspräsidenten zum Schutze des deutschen Volkes, zum Schutz von Volk und Staat, zur Einziehung volks- und staatsfeindlichen Vermögens, zur Wiederherstellung des Berufsbeamtentums, zur Sicherung der Einheit von Partei und Staat, zum Heimtückegesetz und anderen Gesetzen und Verordnungen gesagt worden ist.[19] Die protestantische Mehrheit in Kirche und Gesellschaft sprach aus eigener innerer Überzeugung ein Ja zum autoritären Staat, der sich bald zum totalitären Staat entwickelte. Man hatte nichts einzuwenden gegen die Zerschlagung der politischen Weimarer Parteien, gegen die Aufhebung der Gewerkschaften und nichts gegen die Einlieferung der alten politischen Gegner in Konzentrationslager, die als „Umerziehungslager" bezeichnet wurden. In diese schickte man sogar Pfarrer und Diakone, um die Umerziehungsarbeit an den Insassen mit christlichen Intentionen zu durchziehen.[20]

Und schon gar nichts hatte man mehrheitlich gegen den Judenboykott am 1. April und gegen die ersten Gesetze und Verordnungen zur Ausschaltung von Juden aus dem Berufsleben und aus der Rechtsgemeinschaft. Zu all diesen Vorgängen der Erosion des Rechtsstaates hat die Amtskirche geschwiegen. Nicht, weil sie nicht reden konnte, sondern weil sie in tiefster Übereinstimmung mit den Intentionen des Neuen Reiches stand.

---

19 Vgl. die Gesetzestexte bei MÜNCH/BRODERSEN: wie Anm. 5.
20 Vgl. „Die Aufgaben der Kirchen in den Konzentrationslagern", in: „Wort und Tat", 1933, S. 155 und den Bericht „Im Konzentrationslager" in: „Licht und Leben" 1934, S. 36f.

7.

Außenpolitisch war die Übereinstimmung mit dem neuen System genauso gegeben. Hitlers Politik gegen das Versailler Diktat wurde fast emphatisch gefeiert und die Zustimmung zum Austritt Deutschlands aus dem Völkerbund im Herbst 1933 wurde in Kirchenzeitungen und Kirchengruppen mit Treuegelöbnissen zum Führer verbunden. Als Beispiel sei das Telegramm von Martin Niemöller an Hitler erwähnt: „In dieser für Volk und Vaterland entscheidenden Stunde grüßen wir unsern Führer. Wir danken für die mannhafte Tat und das klare Wort, die Deutschlands Ehre wahren. Im Namen von mehr als 2.500 evangelischen Pfarrern, die der Glaubensbewegung Deutsche Christen nicht angehören, geloben wir treue Gefolgschaft und fürbittendes Gedenken".[21]

Für die Wahlen am 12. November zum Reichstag und für die Abstimmung zum Austritt aus dem Völkerbund haben etliche Kirchenleitungen, nicht nur DC-Behörden oder nur der Reichsbischof Müller, Verlautbarungen herausgegeben. Sie zeigen eine völlige Identifizierung mit der Außenpolitik des Führers.

8.

In dieser Zeit tobten längst die innerkirchlichen Auseinandersetzungen zwischen den Deutschen Christen und der sich bildenden Bekennenden Kirche über die Inhalte von Theologie und Verkündigung und über die Fragen der Bildung einer Reichskirche. Aber es ist immer zu beachten, dass die innerkirchlichen Differenzen jetzt und auch später nicht die große politische Übereinstimmung im Ja zum Führerstaat aufgehoben haben. Politisch, innen- wie außenpolitisch, sind die Unterschiede zwischen Joachim Hossenfelder und Martin Niemöller in dieser Zeit nicht groß gewesen, während die theologischen und kirchenpolitischen Differenzen kaum zu überwinden waren. Hitlertreu wollten sie alle sein, auch die Frauen und Männer der BK. Der politische Hitler-Mythos blieb die große nationale Klammer in allen Kirchenwirren und Kirchenkämpfen. Nationalsozialisten, alte und neue, gab es bei den Deutschen Christen und bei Mitgliedern der kirchlichen Opposition. Man musste aber nicht Parteigenosse oder DCer sein, um überzeugter

---

21 S. VAN NORDEN: wie Anm. 7, S. 299.

Anhänger der Politik des Reichskanzlers Hitler zu sein, der für die meisten der Volkskanzler war. Man konnte zu dieser Zeit fest auf dem Boden einer biblisch- reformatorischen Theologie und der lutherischen wie reformierten Bekenntnisschriften stehen und den Führerstaat als „gute Ordnung Gottes" feiern. Man konnte die NS-Weltanschauung, soweit sie greifbar war, als unvereinbar mit theologischer Anthropologie und Ethik ablehnen, aber von der realen Politik des Führers überzeugt sein. Man konnte jeden Sonntag im Glaubensbekenntnis das Judesein Jesu Christi bezeugen und gegen alle Versuche der Arisierung der Testamente Widerstand leisten, aber gleichzeitig konnte man Verständnis für die Judenpolitik seines Staates aufbringen. Diese Widersprüche konnten 1933 noch nebeneinander bestehen.

Selbst innerkirchlich hatten auch viele bekennende Christen Schwierigkeiten, sich mit ihren Judenchristen solidarisch zu erklären. Sie forderten sie auf, sich öffentlich zurückzuhalten und auf kirchliche Ämter zu verzichten. So ist es dem Bochumer judenchristlichen Pfarrer Hans Ehrenberg ergangen, der bis 1933 ein bekannter Buchautor, Publizist und Redner war. Er verschwand weithin aus der Bochumer Öffentlichkeit. Er konzentrierte sich auf seine Gemeindearbeit.[22]

9.

Wie stark die Einbindung der Kirchen in das sich etablierende NS-System war, zeigte nun der sogennante Tag von Potsdam am 21. März, der von Goebbels inszeniert wurde. Es sollte die Versöhnung zwischen dem alten Preußen und dem neuen Deutschland sein. Der Generalsuperintendent der Kurmark, Otto Dibelius, hielt in der Garnisonkirche bei Anwesenheit von Hermann Göring und anderen evangelischen NS-Führern eine Predigt, die bei aller Zustimmung zur nationalen Neuwerdung auch schon einige mahnende Töne enthielt. Dibelius schloss aber seine Predigt mit den Gebetswünschen: *„Herr, lass uns wieder werden, was unsere Väter waren: durch Gottes Gnade ein geheiligtes Volk."* Und: *„Das ist heute unser Gebet: dass Gottes Gnadenhand über dem Bau des deutschen Reiches die Kuppel wölbe, die einem deutschen, einem geheiligten, einem freien Volk den Blick für immer nach oben zieht. Deutschland wieder und für immer: ein Reich, ein Volk, ein Gott! – Lass mich's*

---

[22] Vgl. GÜNTER BRAKELMANN, Hans Ehrenberg. Ein judenchristliches Schicksal in Deutschland, 2 Bde. Waltrop 1999.

*einmal noch erleben, Lass mich's einmal, Herr, noch sehen. Und dann will ich's ohne Grämen meinen Vätern melden gehen."*²³

Vom Inhalt her war diese Predigt von Dibelius eine Durchschnittspredigt in diesen Wochen des „nationalen Aufbruchs". Beschworen wurde die glorreiche Vergangenheit Deutschlands: Sie begann mit der lutherischen Reformation, sie ging über Friedrich den Großen zu den Befreiungskriegen, über Bismarck und die Reichsgründung von 1871 zu den Anfängen des Weltkriegs und erreichte nun ihren Höhepunkt in Hitler. Die Geschichtsreihe Luther – Friedrich der Große – Bismarck und Hitler wurde unzählig viel zelebriert und variiert. Sie steht natürlich gegen die andere mögliche Ahnenreihe: Französische Revolution von 1789 – deutsche Revolution von 1848/49 – die Republik von 1918. Hitler selbst bekannte am Ende seiner Rede in Potsdam: „Möge uns dann auch die Vorsehung verleihen jenen Mut und jene Beharrlichkeit, die wir in diesem für jeden Deutschen geheiligten Raum um uns spüren, als für unseres Volkes Freiheit und Größe ringende Menschen zu Füßen der Bahre seines größten Königs".²⁴

Der Potsdamer Chronist beschloss seinen Bericht mit den Sätzen: „Leise klingt das Niederländische Dankgebet durch das Gotteshaus, um endlich mit dem „Herr, mach uns frei!" den Weiheakt zu beschließen".²⁵ Millionen von Deutschen haben allein zuhause oder in großen Sälen die Übertragung des „Tages von Potsdam" gehört und an die große Versöhnung zwischen preußischer Tradition, die als protestantische Frucht verstanden wurde, und dem nationalsozialistischem Aufbruch geglaubt. Die Beteiligung kirchlicher Würdenträger, die Weihepredigt eines kurmärkischen Predigers, das gewaltige Orgelspiel und die Gesänge der Kirchenchöre vermittelten den Eindruck einer neuen Nähe von Staat und Kirche, von Nationalsozialismus und Christentum.

Auch in Bochum wurde dieser Tag feierlich begangen. Auf dem Kaiser-Friedrich-Platz gestaltete die Polizei eine Feierstunde. Anwesend waren – wie der Bochumer Anzeiger schrieb – *„die Polizeiführer, die Vertreter der Behörden und die Geistlichen beider Konfessionen"*. Ein Pfarrer Heimhardt betrat die grün ausgeschlagene Kanzel und führte u. a. aus: *„Den Männern, die heute in Potsdam zusammentreten, ist es heiliger Ernst, dass die christlichen Lebensgrundsätze im deutschen Volke zur Verwirklichung gelangen ... Möge Gott den neuen Männern Einsicht und Kraft geben, unser liebes deutsches Vaterland aus Not und Elend herausführen zu Freiheit, Wohlfahrt und Frie-*

23 S. van Norden: wie Anm. 7, S. 52-55.
24 In: Die national sozialistische Revolution 1933, bearbeitet von Axel Friedrichs, Berlin 1940, S. 41.
25 Potsdamer Chronik (Sammlung Brakelmann).

den!" Auch Pfarrer Rudolf Hardt hielt noch eine gleich gestimmte Rede, er betete das Vaterunser und die Kapelle der Polizei spielte das Altniederländische „Wir treten zum Beten". Am Abend gab es eine Riesenkundgebung und einen Fackelzug.[26]

In den folgenden Wochen sah Bochum eine Menge von Großveranstaltungen, von Vorbeimärschen und Weihestunden. Immer waren Bochumer Pfarrer im Talar als Redner dabei. Als SA-Standartenführer Otto Voß eine Führerschule auf der alten Zeche Gibraltar eröffnete, die vorher ein sog. wildes KZ mit seinen Demütigungen und Foltern politischer Gegner gesehen hatte, predigte Pfarrer Matthieu über das Führerprinzip, das nun wieder in den Vordergrund trete und führte nach dem Bericht der Zeitung aus: *„Dieses Prinzip sei nicht etwa heidnisch..., sondern sei tief verwurzelt im Evangelium und darum eine heilige christliche Sache. Der Redner sprach dann über das Wort aus Johannes von dem Hirten, dem Führer, der sein Leben lässet für die Schafe. Die Standarte sang den Choral „Großer Gott, wir loben Dich". Die SA-Kapelle spielte den Pilgerchor aus Tannhäuser. Die Feier unter freiem Himmel endete mit Gebet und Segen. ..."*[27]

Es kann nach den reichlich vorhandenen Quellen nur konstatiert werden: Die Mehrheit der Bochumer Pfarrer hat sich voll in den Dienst der religiösen Interpretation der „deutschen Revolution" gestellt. Sie gehörte zu ihrer Gefolgschaft.

10.

Hitler hat die reichsweite Unterstützung großer Teile der evangelischen Pfarrerschaft natürlich gekannt. Es erstaunt nicht, als Hitler in der Reichstagssitzung am 23. März in seiner Regierungserklärung erklärte: *„Die nationale Regierung wird in Schule und Erziehung den christlichen Konfessionen den ihnen zukommenden Einfluss einräumen und sicherstellen. Ihre Sorge gilt dem aufrichtigen Zusammenleben zwischen Kirche und Staat. Der Kampf gegen eine materialistische Weltanschauung und für die Wiederherstellung*

---

26 S. Bochumer Anzeiger vom 22. März, in: BRAKELMANN, Ehrenberg: wie Anm. 22, Bd. 2, S. 38-40.
27 Ebd. S. 41.

einer wirklichen Volksgemeinschaft dient ebenso den Interessen der deutschen Nation wie denen unseres christlichen Glaubens. "[28]

Es konnte nicht ausbleiben, dass in dieser ersten Phase einer hohen Übereinstimmung und einer immer wieder von beiden Seiten proklamierten Kombattantenschaft zwischen evangelischer Kirche und neuem Staat ein Thema an zunehmender Bedeutung gewann: das Verhältnis der nationalen Revolution von 1933 zur lutherischen Reformation von 1517, das Verhältnis des Protestantismus zur nationalen Befreiungsbewegung. Nach den Wahlen vom 5. März, die eine Mehrheit von 51,9 % für die vereinigte Rechte von NSDAP und DNVP gebracht hatte (NSDAP 43,9 %), rückten drei Namen immer mehr in die Mitte der Publizistik und der öffentlichen Rede: Hindenburg, Hitler und Luther.

Hindenburg wurde gefeiert als der fromme, charakterfeste Sachwalter des preußisch-deutschen Erbes, der durch seine Gewissensentscheidung den Weg in die deutsche Gesundung freigegeben hatte. Der preußische Protestant Hindenburg wurde für viele Protestanten die politisch-emotionale Brücke zum Ja für Hitler. Auf einem Wahlplakat hieß es: *„ Wenn Hindenburg sein Vertrauen Adolf Hitler schenken kann, dann kannst auch Du es!"* Der altgläubige Hindenburg hat dem gottgebundenen Hitler das Mandat gegeben, Deutschland aus dem Sumpf der „Verbrecherrepublik" zu befreien. Es hieß weiter: *„Gebt ihm vier Jahre Zeit! Dann wird Deutschland von Gaunern, Wucherern und Schiebern, Mordbrennern und Brandstiftern gesäubert sein! Der schaffende Mensch wird sich durch seiner Hände Arbeit wieder ernähren können! Vertraut wie Hindenburg – Adolf Hitler".* Das war Balsam in den Köpfen und Seelen von Menschen, die mit dem Kanon protestantischer Berufs- und Pflichtethik, in der Tradition einer sauberen Staatsverwaltung und staatsmännischer Dienstethik groß geworden waren. Sie konnten nur ihre Freude daran haben, wenn es auf dem gleichen Plakat über Hitler noch hieß: *„Für Euch, deutsche Volksgenossinnen und Volksgenossen arbeitet er! Er hat als Reichskanzler auf Gehalt und Pension verzichtet!".*[29]

---

28 S. Friedrichs: wie Anm. 24, S. 47.
29 Flugblatt (Sammlung Brakelmann).

11.

Der Jahreskalender wollte es, dass am 12. November 1933 des 450. Geburtstages Luthers gedacht werden konnte. Schon früh hatte man sich kirchlicherseits auf diesen Tag vorbereitet. Auch in Bochum kündigte die Synode dieses kirchliche Großereignis in Kooperation mit den kommunalen Behörden und den politischen Verbänden an. Es hieß: *„Neben dem Bekenntnis zu Luther und dem evangelischen Glauben wird der Verbundenheit zum neuen Staat Ausdruck gegeben werden "*[30] Die Lutherfeiern mussten aber nun wegen der Wahlen und der Abstimmung über den Austritt aus dem Völkerbund vom 12. auf den 19. November verschoben werden.

Deutschland hat auf allen kirchlichen und politischen Ebenen eine Fülle von Lutherfeiern auf Gemeinde- und synodaler Ebene, auf Provinzial- und Reichsebene gesehen. Millionen von Deutschen trugen an ihren Kleidern Lutherplaketten mit der Lutherrose. Zehn akademische Lutherfeiern hat es an deutschen Universitäten mit Reden bekannter Lutherforscher gegeben. In Eisleben und Wittenberg hat es zentrale Lutherwochen gegeben. Im Niveau und in den Inhalten hat es natürlich hier Unterschiede gegeben. Neben den mit wissenschaftlichem Anspruch auftretenden Vorträgen über den Reformator als Theologen hat es überwiegend Reden über Luther, den Deutschen, gegeben.[31] Und es hat den Feier- und Redetypos einer unmittelbaren Verschränkung von Luther und Hitler gegeben. Als Beispiel mag der „Aufruf zum Luthertag" der braunschweigischen Kirche gelten:

„Deutsche Volks- und Glaubensgenossen!
In der Schicksalswende des deutschen Volkes rüsten wir uns zum 19. November, dem 450. Geburtstag Martin Luthers. Der Führer selber hat aufgerufen zum letzten Einsatz für Deutschlands Ehre und Freiheit. In diesen schicksalsschweren Tagen begegnen sich Gegenwart und Vergangenheit. Der Reformator der Deutschen und der Kanzler des Volkes reichen einander die Hand. Ihnen beiden geht es um Deutschland.
So spricht der Führer: Wir haben nur einen Glauben und der heißt Deutschland.
Und es bekennt der Reformator:
Für meine Deutschen bin ich geboren, meinen lieben Deutschen will

---

30 S. Brakelmann, Ehrenberg: wie Anm. 22, Bd. 2, S. 44.
31 Vgl. Siegfried Bräuer, Das Lutherjubiläum 1933 und die deutschen Universitäten, in: Theologische Literaturzeitung 1983, 641 ff. – Wolfgang Fritz Haug (Hg.), Deutsche Philosophen 1933, Hamburg 1989.

ich dienen. Es geht um Deutschland und damit um unsere Zukunft. Woher aber strömt uns die Kraft und der Glaube an unser Volk? Gewiss, aus den herrlichen Kräften des menschlichen Geistes und Blutes! Gewiss, aus der jungfräulichen Scholle der deutschen Erde! Was von der Erde geboren wird, ist erhaben und groß, und wir wissen von ihr als einem kostbaren Geschenk unseres Gottes, der uns zum Dienst an ihr und unserem Volk verpflichtet. Größer und wunderbarer als Mensch und Erde ist Gott selbst. Der Glaube an Deutschland muss darum sich gründen im schöpferischen Urgrund alles Seins, in Gott.

Der Reformator wusste um das Geheimnis solchen Glaubens. Um solches Geheimnis weiß auch der Führer. Wissen wir um dieses Geheimnis?

Wir stehen in den Geburtswehen einer neuen Zeit. Deutschland ist erwacht und kämpft um seine Seele. Wer soll in diesem Kampfe Führer sein? Martin Luther oder Lenin? Am Materialismus zerbrechen noch immer die Völker. Wer darum sein Volk von ganzem Herzen liebt, muss das Werk des deutschen Reformators ehren, dessen ganzer Kampf der Freiheit deutschen Wesens und Glaubens galt.

Wir rüsten uns zum Luthertag in der Schicksalswende des deutschen Volkes. Der Führer ruft zum letzten Einsatz für Deutschlands Ehre und Freiheit. Wir stehen in der Entscheidung. Wie soll das Losungswort des neuen Kampfes heißen? Für uns als lutherische Menschen kann es nur lauten: Hie gut deutsch und evangelisch allewege!

Darum schließt die Reihen! Luthers 450. Geburtstag soll ein Bekenntnistag aller Evangelischen sein.

Für Gott und Volk!".[32]

In diesem Aufruf haben wir eine Reihe von geschichtstheologischen und schöpfungstheologischen Argumenten beieinander, die sich für eine politische Agitation bestens bündeln lassen.

Auf dem „Eislebener Luthertag" am 20. August stellte der Bundesdirektor des Evangelischen Bundes Wilhelm Fahrenhorst die Frage, was wohl Luther sagen würde, wenn er jetzt durch Deutschland ginge:

„*Und wenn Martin Luther auf seinem Wege dem „Führer" von heute begegnen würde, dem unser aller Herzen dankbar schlagen – tief würde er ihm in die Augen schauen, und beide Hände würde er ihm drücken: ‚Dank Dir, du deutscher Mann! Du bist Blut von meinem Blute, Art von meiner Art. Wir beide gehören eng zusammen!'*

---

32 Flugblatt (Sammlung Brakelmann).

Wahrhaftig, sie gehören zusammen, Martin Luther und Adolf Hitler, die Reformation von 1517 und die deutsche Erneuerung von 1933.

Die Parallele ist in der Tat überraschend. Damals wie heute die große Not, der das Volk zu erliegen drohte: dort die Not von Rom her, äußerlich die Ausplünderung Deutschlands zur Befriedigung immer gesteigerter klerikaler Ansprüche, innerlich die Qual der Seelen, denen die verderbte Kirche den Frieden Gottes nicht mehr zu geben wusste, es sei denn im Priester- oder im Mönchsberuf.

Hier die Not von Marxismus und Atheismus, vom Bolschewismus und Internationalismus her, die nicht ohne Mitschuld des Ultramontanismus[33] die deutschen Seelen zu verderben drohten.

Damals wie heute sandte Gott einen Mann als Retter: damals den Bergmannssohn von Eisleben, den Volkskanzler des Dritten Reiches heute.

In beiden erstand mit Urkraft die tragende Idee, das „Selig aus Gnaden", die Gewissheit der Frohbotschaft von der Gotteskindschaft aus der erbarmenden Liebe des himmlischen Vaters und das Bild des „freien Christenmenschen" im deutschen Manne Martin Luther und der geniale Gedanke, dass der Mensch gottgewollt leben müsse aus der blut- und schicksalsmäßigen Bestimmtheit seiner Nation heraus und dass national und sozialistisch keine Gegensätze, sondern zu vereinen seien, in Adolf Hitler.

In beiden lebt der unzerstörbare, von keinem Hemmnis und Widerstand zu bezwingende feste Glaube an die Kraft und den Sieg dieser Idee.

Das eherne Wormswort Luthers: „Hier stehe ich, ich kann nicht anders. Gott helfe mir!", klingt genauso auch aus Hitlers Kämpfen und Dulden, Ringen und Streiten heraus.

Und dieser Glaube findet ein überwältigendes Echo im Volke von 1517, ebenso wie in dem von 1933 und weckt einen Willen zur Hingabe, zu opfernder Gefolgschaft, der unwiderstehlich daherbraust wie der Bergstrom im Lenz, alles erfassend, alles mit sich fortreißend, alles besiegend.

Luther und Hitler, sie gehören zusammen und so grüßen wir auch hier den Führer, dankbar und treu".[34]

So und ähnlich ist es in Tausenden von Reden, Kommentaren und Gedichten nachzulesen. Entsprechend sind die Gebete formuliert. Sie sind politische Botschaft in liturgischer Sprache. Geschichtstheologische Konstruktionen

---

33 Eine politische Haltung des Katholizismus in deutschsprachigen Ländern und den Niederlanden, die im frühen 19. Jahrhundert entstanden ist und sich ausschließlich an Weisungen aus dem Vatikan in Rom gehalten hat.

34 In: Nationale Feiertagspredigten: wie Anm. 9, S. 34f.

sind die Domäne vieler Prediger und Beter. Seit Jahrhunderten ist in evangelischen Kirchen selten für Politiker so heiß gebetet worden wie für Hitler.

12.

Und wie war es in Bochum? Nach Gemeindegottesdiensten in den Ortsgemeinden trafen sich die Gemeindeglieder mehrerer Gemeinden an vereinbarten Stellen und zogen in fünf Kolonnen, angeführt von Musikkapellen der SA und von Posaunenchören und Fahnenträgern zum Sportplatz an der Krümmede.[35] Zum Reglement hieß es: Jeder Teilnehmer trägt ein Festabzeichen. Alle Gemeindeglieder flaggen. Marschiert wird in Sechserreihen, die Reihenfolge: Männer, Frauen, Jugendverbände und Schüler über 12 Jahre.[36] Auf großen Spruchbändern stand „Luther, der Soldat des Herrn" und „Christusglaube und deutsche Schicksalsgestaltung". Und ein Riesenlutherbild zierte den Sportplatz. In einem Zeitungsbericht hieß es: *„Feierlich klangen die Glocken ... es ist der ausgesprochene Wunsch und Wille des Führers im Dritten Reich, dass das Volk in seiner Gesamtheit erkenne, was der große Reformator, Sprachgestalter und Liedersänger für den deutschen Gedanken bedeutet ... so wird er aufs Neue zum Führer seinem Volke auf seinem Weg aus tiefer Verzweiflung zu neuem Licht der Hoffnung und Gottesnähe."* Es waren 25 bis 30.000 Bochumer, die mitzogen und an der Feier auf der Krümmede teilnahmen. Es sprachen zwei deutschchristliche Pfarrer: Paul Schmidt und Dr. Siebold. Über Schmidt hieß es: *„Er zeichnete Luther als den Soldaten Gottes. Als solcher lebt und wirkt er fort in allen Herzen über Jahrhunderte und weit über Deutschland hinaus als ein wahrer Prophet für die ganze Welt.* Nach dem Lutherlied *„Ein feste Burg ist unser Gott"* kam Dr. Siebold: *Er lenkte den Blick zu dem uns von Gott geschenkten Führer Adolf Hitler. Das deutsche Volk sei in den letzten Jahren führerlos gewesen und begann sich selbst zu zerfleischen. Und nun erlebte es seine große Stunde, dass durch den Schöpferwillen Gottes es sich besann auf seine Eigenart, seine Sendung in der Welt und seine Kraft aus Geist und Leben, aus Blut und Boden.*

---

35 Zum Folgenden s. BRAKELMANN, Ehrenberg: wie Anm. 22, Bd. 2, S. 44ff.
36 In: Bochumer Anzeiger vom 15.11. 1933; Einen Quellen-Bericht über die „Evangelische Altstadtgemeinde Bochum in kirchlichen Wochenblättern und lokalen Tageszeitungen 1933-1937, Bd. 1: Die Jahre 1933-1934 hat Georg Braumann 2003 vorgelegt. Diese Dokumentation und alle weiteren sind unverzichtbare Grundlage für die Bochumer Kirchengeschichte.

Und nun vernimmt das bis in die tiefsten Tiefen aufgewühlte deutsche Volk den neuen Ruf Gottes und wendet sich zu ihm an des Reformators Jubeltage, besinnt sich auf das heilige Erbgut seiner Väter. ... Leben und Bestehen des deutschen Volkes hängen ab von der Antwort, die das deutsche Volk seinem Gotte geben wird auf den Ruf, den er jetzt neu an dieses Volk ergehen ließ. ... Im Kampfe des Nationalsozialismus um die deutsche Seele und die Neugestaltung des deutschen Menschen im Dritten Reich stehe die reformatorische Kirche bewusst in der vordersten Frontlinie ... "

Am Abend des gleichen Tages gab es durch die Vereinigten Kirchenchöre der Altstadtgemeinde im Schützenhof die Aufführung des Oratoriums „Luther" von Heinrich Zoellner. Auch in anderen Gemeindesälen gab es weitere Lutherfeiern!

Eine besondere Gründung in Bochum am 14. November verdankt dieser Luther- und Hitlerbegeisterung ihre Existenz: die Evangelische Akademie.[37] In einem Bericht heißt es: *„Alles, was in der Stadt, in der Partei und bei den DCern Rang und Namen hatte, war bei der Gründungsfeier in der Verwaltungsakademie anwesend."* Der spätere Gemeindepfarrer in der Melanchthon-Gemeinde Dr. Klein führte nach einem Zeitungsbericht aus: *„Atheismus, Liberalismus, Individualismus, Materialismus seien vergangen. Das Alte sei vergangen, das Neue komme herauf. Es habe ganz andere Begriffe sogar vom Leben und Sterben und greife tief ein in das Volksleben. Ein Zeitalter der Tat breche an, in dem der Einzelne für das Volksganze zu stehen habe. Der Nationalsozialismus bedeute eine neue, große, deutsche Reformation. Eine Umwälzung, wie sie vor fast zweitausend Jahren geistig durch Christus für die Welt eingeleitet wurde, wie sie Luther in Deutschland heraufführte, als er das Evangelium neu errang für seine Deutschen. Das deutsche Volk stehe jetzt unter Hitler vor einer großen evangelischen Aktion, die aber nichts zu tun habe mit konfessionellem Streit oder irgendwelchem Ämterschacher, sondern ihre Kraft und Bedeutung nehme allein aus dem Evangelium. Die Evangelischen Akademien sollen nichts zu tun haben mit dialektischer Theologie, auch nichts mit Wissenschaft und sogar auch ohne Theologie, nur durch den Glauben (lautes Bravo). Zu solcher Arbeit gebe Gott sein Vollbringen."*[38]

Dr. Siebold wurde der erste Akademiedirektor. Der erste Vortragende in der Akademie war dann Dr. Wilhelm Lotz über das Thema „Der evangeli-

---

37 Vgl. GÜNTER BRAKELMANN, Die Evangelische Stadtakademie Bochum. Vorgeschichte und Geschichte bis 1993, in: MANFRED KELLER (Hg.), Gott und der Welt begegnen, Bochum 2003, S. 47-97.
38 S. BRAKELMANN, Ehrenberg: wie Anm. 22, Bd. 2, S. 56.

sche Mensch im nationalsozialistischen Staat". Im nächsten Jahr wurde er Bochumer Altstadtpfarrer und stärkte den DC-Flügel in Bochum.

Ähnlich und zum Teil noch radikaler wurde von anderen an anderen Orten gesprochen: Der deutschchristliche Bischof Friedrich Peter (nach dem Krieg Pfarrer in Westfalen) spitzte den Zusammenhang von Reformation und nationaler Revolution formelhaft zu, wenn er ausführte: *„Man entdeckt, dass der Nationalsozialismus die eigentliche Erfüllung des Reformationswerkes sei. Man bekundet, dass Martin Luther und Adolf Hitler für verwandte Sendungen auserlesen worden sind"*. Die missionarische Aufgabe sah er nun darin, *„auch den letzten Volksgenossen mit einem neuen Geist auszurüsten"*.[39]

Oder in Kurzform in der Zeitschrift der DC „Evangelium im Dritten Reich": *„Christentum und Marxismus wie Feuer und Wasser, jawohl, aber Christentum und Nationalsozialismus wie Ursache und Wirkung"*.[40] Oder der radikale deutsche Christ Siegfried Leffler (nach dem Krieg Pfarrer in Bayern) schrieb: *„Wie konnten die Deutschen innerlich – erlöst und frei geworden – auch anders als eine Nation bauen, einen preußischen Staat mit seiner strengen Dienst- und Pflichtauffassung, vom großen Kurfürsten über Friedrich den Großen bis zu Stein und Bismarck, ein deutsches Reich germanischer Nation von Bismarck bis zu seinem eigentlichen Schöpfer Adolf Hitler. So können wir uns Adolf Hitler nicht ohne Martin Luther denken. Und umgekehrt hätte Luthers Tat ohne die Erscheinung Adolf Hitlers 400 Jahre später nie ihren vollen Sinn für Deutschland erlangt"*.[41]

Halten wir fest: Gottes Wege mit Deutschland kulminieren im Lutherjahr im nationalrevolutionären Geschehen, das in Hitler sein Zentrum und im Hakenkreuz sein Symbol hat. Protestantische Geschichts- und Gebrauchstheologie hat die Ahnenreihe Luther – Friedrich der Große – Bismarck – Hindenburg – Hitler konstruiert.

13.

Einspruch von theologisch-wissenschaftlicher Seite hat es in dieser Zeit kaum gegeben. Die Freude über den Untergang der Republik, die eben für Liberalismus, Demokratie, marxistischen Sozialismus und Internationalis-

---

39 Peters (Sammlung Brakelmann).
40 Leffler ebd.
41 In: Deutsche Theologie 1933.

mus stand, war zu groß, um nicht der Versuchung widerstehen zu können, Luther gleichzeitig mit Hitler als die großen Sieger über das undeutsche und unchristliche Wesen des säkularistischen Zeitgeistes zu feiern. Vor allem Abrechnungen mit dem Liberalismus als der Ursünde der neuzeitlichen Emanzipation gehörten zur Tagesordnung. Der Theologe Walter Grundmann (nach dem Krieg Professor in der DDR) schreibt in der neuen Monatsschrift „Deutsche Theologie" einen Aufsatz mit dem Titel: „Die Neubesinnung der Theologie und der Aufbruch der Nation":

„Durch 14 lange Jahre hindurch verfiel unser Volk mehr und mehr, Ordnung auf Ordnung brach ein, Recht und Sitte, Treu und Glauben schwanden. Die Lebenskraft unseres Volkes schien zerstört. Der Bolschewismus stand vor der Tür. Das Ende des deutschen Lebens schien gekommen. In dieser Zeit richteten sich immer mehr Augen auf einen Mann, der in einer ungeheuren Gläubigkeit und mit einer an das Fantastische grenzenden Energie „Nein " sagte zu diesem Verfall und der in seine Gläubigkeit und seinen Willen immer mehr Menschen hineinzog, die in ihm den Retter erkannten, den Gott sandte, weil die Sendung unseres Volkes in der Geschichte noch nicht erfüllt war. Und aus dem Blick auf Adolf Hitlers Glauben und Willen wuchs in unserem Volke die Front derer, die Pflicht vor Recht, Dienst vor Ichsucht, Autorität und Gehorsam vor Freiheit und Selbstbestimmung stellten und in sich den Liberalismus zu zerstören begannen und das Leben neu gewannen. Von dieser Front sagt Adolf Hitler, dass hier Deutschland stehe. Die Entwicklung der deutschen Geschichte hat gezeigt, dass die auf Adolf Hitler gesetzte Hoffnung nicht trügt, dass er tatsächlich der Führer ist, seinem Volk den Weg zu bahnen zu einer neuen Zukunft. ... In diesem Geschehen in der Geschichte unseres Volkes hören wir Gottes Schritt und vernehmen wir seine Sprache."[42]

Auch andere akademische Theologen haben sich an der polemischen Aufarbeitung der liberalen, demokratischen und sozialistischen Irrtümer der deutschen Geschichte beteiligt, um dann Hitler und seine Revolution als epochalen Rettungsakt zu feiern. Und immer wieder ist es der Reformator, der mit seinem Wesen, seinem Deutschtum, mit seiner Obrigkeits- und Gesellschaftsauffassung, mit seiner Anthropologie und Ethik die geistigen Grundlagen für das kommende Reich legen soll. Das politische Gegenwartsereignis soll durch eine Rückbesinnung auf den wahren Luther seine religiös moralische Fundierung erhalten. So formulierte Hanns Rückert in seinem Vortrag „Luther, der Deutsche" in Tübingen: *„So möchte die evangelische Kirche den*

---

42   Ebd. Deutsche Theologie 1933: wie Anm. 40, S. 10.

Luthertag des Jahres 1933 als Symbol dafür nehmen, dass auch heute noch in Deutschland Luther und völkischer Frühling zusammengehören."[43]

Karl Heussi formulierte in seinem Vortrag „Luthers deutsche Sendung": „*Im Jahre 1933, in dem die deutsche Nation sich wiedergefunden hat, in dem eine ungeheure Revolution das ganze Volk erfasst hat, von innen her neu gestaltet, in dem durch den ehernen Willen eines gewaltigen Führers ein neuer deutscher Staat in riesenhaften Umrissen sich erhebt, – in diesem Jahr kann es für uns nur eine Art von Lutherfeiern geben.*"[44]

Ähnliche Themen wurden auch von den Theologen Heinrich Bornkamm, Friedrich Gogarten, Emanuel Hirsch, Friedrich Karl Schumann, Karl Fezer, Paul Althaus, Artur Weiser und anderen Theologieprofessoren verhandelt.[45] (Sie alle waren nach dem Krieg für viele Studierende die theologischen Lehrer).

Aber nicht nur Fachtheologen beteiligten sich an den Gesängen auf Luther und Hitler, sondern auch Historiker, Juristen und Philosophen. Am 11. November wurde in Leipzig auf einer Arbeitstagung eine „Kundgebung der deutschen Wissenschaft" zur Volksabstimmung und Reichstagswahl herausgebracht. Sie enthält ein Treuebekenntnis der „Repräsentanten deutschen Geisteslebens" zu Hitler. Darunter befanden sich Martin Heidegger und Ferdinand Sauerbruch.

Die zentrale Lutherfeier fand am 19. November in der Reichshauptstadt statt. Nach dem Hauptgottesdienst gab es im Lustgarten eine Massenkundgebung. Eine Kirchenzeitung berichtete: „*Bunt bewegt war das Bild der Massenkundgebung, der die evangelische Jugend durch die geschlossene Teilnahme ihrer Bünde das Gepräge gab. Unter den Klängen einer SA-Kapelle zogen die Fahnen der SA-Formationen der deutschen Christen, die zahllosen Fahnen und Wimpel der Jugend auf. Bischof Hossenfelder fasste*

---

43 Heussi (Sammlung Brakelmann).
44 Vgl. u. a. HEINRICH BORNKAMM: Volk und Rasse bei Luther, in: Volk, Staat, Kirche, Gießen 1933, S. 5-19. – FRIEDRICH GOGARTEN, Luther der Theologe, in: Deutsche Theologie 1933: wie Anm. 40, S. 1-10. – EMANUEL HIRSCH, Luthers Berufung, ebd. S. 24-34. – ARTUR WEISER, Das Alte Testament in der christlich-völkischen Gegenwart, ebd. 1934, S. 47-56. – WALTER GRUNDMANN, Die Neufassung der Theologie und der Aufbruch der Nation, ebd. S. 39-45. – HERMANN WOLFGANG BEYER, Im Kampf um Volk und Kirche. Reden und Aufsätze, Dresden 1934. – Vgl. auch: Robert P. Erickson, Theologen unter Hitler. Das Bündnis zwischen evangelischer Dogmatik und Nationalsozialismus, München-Wien 1986. – THOMAS KAUFMANN/HARRY OELKE (Hg.), Evangelische Kirchenhistoriker im „Dritten Reich", Gütersloh 2002. – MICHAEL LEY/JULIUS H. SCHOEPS (Hg.), Der Nationalsozialismus als politische Religion, Bodenheim b. Mainz 1997. – Claus-Ekkehard Bärsch, Die politische Religion des Nationalsozialismus, München 1998.
45 S. VAN NORDEN: wie Anm. 7, S. 132.

das Bekenntnis zu Luther in die Worte: Wir wollen das Erbe der deutschen Reformation, das unverfälschte Evangelium treu bewahren, um unserer Väter willen, um der Toten des Weltkrieges und der braunen Armee willen, um der Volksgenossen willen, die in Deutschland unter dem Führer Adolf Hitler das große Werk der Einigung geschaffen haben".[46]

In der Philharmonie fand ein Festakt des Reiches statt. Die Festrede hielt der Berliner Theologe Prof. Dr. Erich Seeberg. Er erklärte am Schluss seiner Darstellung der Theologie Luthers: *„Es ist von symbolischer Kraft, dass das gleiche Jahr ein Lutherjahr ist, in dem das deutsche Volk, wachgerüttelt von einem großen Führer daran geht, die westlichen und östlichen Verstrickungen, in denen sein Wesen gefangen war, abzuschütteln und das Gleichmaß von Wirklichkeit und Geist wieder herzustellen, das in Deutschland nach dem großen Kriege verloren gegangen war. Auch in dieser Hinsicht ist das, was ich heute geschildert habe, nicht gestorbenes Geschehen, sondern es ist gerade heute lebendige Geschichte. Luther ist Gegenwart und die Kraft seines Glaubens, die Tiefe seines Denkens und die freie Macht seiner Persönlichkeit werden so lange unsere Herzen ergreifen und unsern Geist aufwühlen, als der deutsche Geist der Kraft seines eigenen Wesens und der Tiefe des Christentums fähig bleibt".*[47]

14.

Wie tief auch im Bewusstsein vieler zeitgenössischer Protestanten, die keine Deutschen Christen waren, die Zusammengehörigkeit von Luther und Hitler gewesen ist, zeigt ein längerer Beitrag des Erlanger Kirchenhistorikers Hans Preuß in der Evangelisch-Lutherischen Kirchenzeitung, der Führungszeitschrift des deutschen Luthertums, von Oktober und November 1933 über „Luther und Hitler".[48] Preuß weiß natürlich um die Unterschiede der beiden „deutschen Führer", aber er macht einen biografisch-systematischen Vergleich zwischen ihnen:
- Beiden geht der Schrei nach einem großen Mann der Rettung voraus.
- Beide kommen aus dem unverdorbenen Volk.

---

46 Sonderdruck Berlin 1933, S. 24.
47 S. Hans Preuß: Luther und Hitler, in: AELK Nr. 42 und 43, 1933.
48 Dokumente zur Kirchenpolitik des Dritten Reiches, Bd. 1. Das Jahr 1933. München 1971, S. 14.

- Beide machen das ganze Elend ihrer Zeit durch: Luther den Jammer des ausgehenden Mittelalters und Hitler den Weltkrieg „erblindet, und das Grausen des Marxismus, also nationale und soziale Verderbnis in Potenz".
- Luther beginnt sein größtes Werk der Bibelübersetzung auf der Wartburg, Hitler schreibt „Mein Kampf" auf der Festung Landsberg.
- Luther zugute kommt die Buchdruckerkunst, Hitler „das Fabelwesen des Rundfunks".
- Beide lieben ihr Deutschland, sind erdverbunden, Feinde von Zins und Wucher und kämpfen leidenschaftlich gegen das Judentum.
- Beide haben große Liebe zu den Kreaturen, ihre Hunde kennt man mit Namen.
- Beide sind kinderlieb.
- Beide ehren die Frauen als die opferbereiten Mütter ihrer Kinder.
- Beide sind Künstler: Luther der Töne, Hitler der bildenden Kunst, Architektur und Malerei – beide Künstler des Wortes.
- Beide ehren die geschichtliche Vergangenheit und betonen den praktischen Wert der geschichtlichen Kenntnis.
- Beide betonen die Bedeutung der Antike für die deutsche Kultur.
- Beide sind Kämpfernaturen, zeigen in Konfliktsituationen konsequenten Charakter.
- Beide lehnen den Parlamentarismus ab.
- Beide kämpfen einen Zweifrontenkrieg: Luther gegen Rom und die Schwärmer, Hitler gegen die Schwarzen und die Roten.
- Beide müssen sich gegen die Schar der Verleumder und Lügner durchsetzen.
- Beide fühlen sich vor ihrem Volk mit Gott verbunden. Hitler nimmt den Namen Gott zwar selten in den Mund, er spricht von „Vorsehung", „Schicksal" oder „Himmel". „Aber manchmal bricht doch seine persönliche Verbundenheit mit dem persönlichen Gott ergreifend heraus." Er weiß, dass Gott ihn zur Erfüllung seiner Mission auserwählt hat.

Preuß zitierte aus der Königsberger Rede von Hitler am Vorabend der Wahl vom 5. März: *„Ich habe mich einer Idee verschrieben mit Leib und Seele und habe 14 Jahre lang gepredigt und heute muss ich sagen: Es kann nicht gegen den Willen der Vorsehung gepredigt worden sein, sonst hätte der gnädige Gott nicht ermöglicht, in 14 Jahren aus 7 Mann eine Bewegung aufzubauen, die heute Deutschlands Rettung ist. ... und wir sind alle stolz, dass wir durch Gottes gnädige Hilfe wieder zu wahrhaften Deutschen ge-*

worden sind."[49] Preuß zitierte noch weitere Ereignisse aus dem Leben und den Reden Hitlers, die seine persönliche Gläubigkeit erweisen sollen. Zuletzt zitierte er aus Hitlers 1. Mai-Rede: *„Herr, wir lassen nicht von Dir! – Nun segne unseren Kampf und unsere Arbeit und damit unser deutsches Volk und Vaterland! So rang er mit seinem Gott vor allem Volk unter dem flammenden Himmel.*"[50] Preuß will die persönliche Art von Hitler und Luther verglichen haben. Er fragte, ob man auch ihr Werk vergleichen könne: *„Inhaltlich natürlich nicht, denn jenes ist geistlich, dieses weltlich. Aber doch besteht auch hier eine grundlegende Parallele: Ihre Werke sind beide Mal Errettung aus deutscher Not."*

Luther warnte vor einer Vermischung von Religion mit Politik, Hitler will kein religiöser Reformator sein: *„Das alles darf nicht übersehen werden. Allein die Gemeinsamkeit je eines Rettungswerkes an Deutschland (und der ganzen Welt, wie bei Luther so bei Hilter) bleibt. Und zwar sind es Rettungswerke von solcher Bedeutung, dass das dankbare Volk in seinem Jubel beide Male, bei Luther wie bei Hitler, bis an die Grenze der Apotheose ging."*

Preuß schloss seinen Aufsatz mit den Sätzen: *„Man hat gesagt, das deutsche Volk habe dreimal geliebt: Karl den Großen, Luther und Friedrich den Großen. Wir dürfen nun getrost unsern Volkskanzler hinzufügen. Und das ist wohl die lieblichste Parallele zwischen Martin Luther und Adolf Hitler"*.

15.

Es fällt nun auf, dass in den öffentlichen offiziellen Reden nicht die Judenfeindschaft des späteren Luther mit dem Antisemitismus bei Hitler näher verglichen wird. Eine Ausbeutung der Schriften Luthers über die Judenfrage für die NS-Politik erfolgt erst in den kommenden Jahren. Die wenigen Autoren aus dem Jahr 1933 (meist Nationalsozialisten) halten es für einen forschungsgeschichtlichen und politischen Skandal, dass Luther als Antisemit kaum eine Wirkungsgeschichte im deutschen Protestantismus der letzten Jahrhunderte gehabt hat. Im Gegenteil: Deutschland wurde trotz latenter und hin und wieder ausbrechender Judenfeindschaft das Land der jüdischen Assimilation in die deutsche Kultur und das Land der jüdischen rechtlichen Emanzipation. Seit 1869 gab es verfassungsrechtlich die volle

---

49 S. Friedrichs: wie Anm. 24, S. 166.
50 S. K. Grunsky: Bekenntnisse Luthers zur Judenfrage, Stuttgart 1933, S. 5.

Rechtsgleichheit für Juden. Auch die Darstellung des Nationalsozialisten Dr. Karl Grunsky 1933 in seiner Reihe „Der Aufschwung", „Bekenntnisse Luthers zur Judenfrage" beginnt mit dem Satz: *„Vergebens blättert man in volkstümlichen Lutherausgaben, größeren wie kleineren, nach dem, was etwa gegen die Juden gesagt sein könnte. ...Die Stimmen, die Juda gelten, [sind] verhallt und verschollen."*[51] Und am Ende seiner Broschüre heißt es: *„Luthers Gedanken, bisher wenig beachtet, verdienen vor allem zunächst allgemein bekannt zu werden. Unwillkürlich vergleichen wir sie mit der Stellungnahme Adolf Hitlers ...".*[52]

Auch ein Karl-Otto von der Bach beendete seine Broschüre mit den Sätzen: *„Luthers weitsichtige Warnung [vor den Juden] ist an den Pfarrherrn wie an dem übrigen Volk spurlos vorübergegangen. Vier Jahrhunderte sind verloren, die von den also gekennzeichneten Juden weidlich ausgenutzt worden sind. Das deutsche Volk und besonders der Pfarrstand haben jetzt die Pflicht vor Gott und der deutschen Zukunft, das Versäumte nachzuholen, und nunmehr nach Aufklärung die bisherige Vogel-Strauß-Politik zu verlassen, auf den Bahnen der reifen Erkenntnis des großen Reformators zu wandeln."*[53]

Es kann nicht mehr Gegenstand unseres heutigen Beitrages sein zu fragen, ob und wie der Protestantismus das Versäumte nachgeholt hat.

16.

So weit ein kleiner quellenorientierter Gang durch das Jahr I der neuen nationalsozialistischen Zeitrechnung als „Wendepunkt" der deutschen politischen und religiösen Geschichte.[54]

Natürlich ist die Frage zu stellen: Gab es in Bochum und anderswo nicht andere Stimmen? Es waren wenige, aber es gab sie. Als Beispiel für Bochum sei Lic. Albert Schmidt herausgegriffen. Er war der wichtigste Partner und Freund von Hans Ehrenberg. Vor den Märzwahlen gab er ein Flugblatt heraus mit dem Titel „Narkotikum für das protestantische Deutschland". Er wendete

---

51   Ebd. S. 86.
52   Von der Bach
53   Vgl. WULF BLEY, Das Jahr I. Rhythmus und Tatbestände des ersten Jahres nationalsozialistischer Staatsführung, Berlin 1934.
54   S. MARTIN ROSOWSKI (Hrsg.), Albert Schmidt 1893-1945. Politische und pastorale Existenz in christlich-sozialer Verantwortung, Bochum 1994, S. 128.

sich gegen die propagandistische Emotionalisierung der Politik und konstatierte: *"Das protestantische Deutschland ist heute auf dem besten Wege, am 5. März im Rausch zu wählen, um dann hernach im politischen und kirchlichen Katzenjammer sich zu quälen"*[55]

Und im Mai hält er eine Predigt mit dem Titel „Der Christ und die Obrigkeit": Er gesteht, dass auch er für den neuen Kanzler gebetet habe, fuhr dann aber fort: *„… das bedeutet nicht, vor elementaren Rechtsverletzungen die Augen schließen. Gott verpflichtet seine Gläubigen zum Gehorsam und Achtung vor der obrigkeitlichen Regierung, aber er verpflichtet sie nicht dazu, auch die zu achten, die neben der geordneten Obrigkeit her sich Gewalt anmaßen, das Recht mit Füßen zu treten, und statt die Bürger und ihr Eigentum und Leben zu schützen, Eigentum und Gesundheit deutscher Menschen bedrohen. Im Gegenteil, hier gilt es für einen Diener der Kirche in entschlossenem Ernst den Staat an seine göttliche Verpflichtung zu mahnen, die dahin geht, die Guten zu schützen. Ich weiß, in welche Gefahr ich mich begebe, wenn ich spreche, wie ich spreche, aber weder die Rücksicht auf meine fünf Kinder noch die Rücksicht auf die Gefährtin meines Lebens, noch die Rücksicht auf meine greisen Eltern können mich davon abhalten, von dieser Stelle aus feierlich dagegen Verwahrung einzulegen, dass es noch in dieser letzten Woche möglich war, dass in der Nachbarschaft unserer Stadt ein mir nahe stehender evangelischer Familienvater, ein verdienter Frontsoldat, vor den Augen seiner Frau und Kinder und mitsamt seiner Frau in der Nacht von angeblichen Hütern der neuen Ordnung ohne Grund in seiner Wohnung überfallen und misshandelt worden ist. Über andere Misshandlungen, die mir als Pfarrer anvertraut wurden, habe ich geschwiegen, weil ich bei jenen Fällen noch nicht glaubte, dass Reden meines Amtes sei. Jetzt schweige ich nicht mehr. Wenn die berufenen Diener des staatlichen Rechtes nicht reden dürfen, dann müssen wir Diener Gottes als die berufenen Hüter des göttlichen Rechtes sprechen. Den Millionen, die heute in Freude schwimmen, sind ja Hunderte und Tausende meiner Amtsbrüder zu Dolmetschen ihrer hohen und begeisterten Gefühle geworden. Es wäre für die Zukunft der Kirche verhängnisvoll, wenn ihre Diener heute nur von dem Licht und nicht auch von den Schattenseiten unserer Zeit sprächen. So will ich heute ein Dolmetsch der Gefühle der Verfemten und Geächteten, der Verfolgten und Bedrückten, der Elenden und Geplagten sein."*[56]

---

55   Ebd. 156.
56   Ebd. 157-160.

So ist auch in Bochum gepredigt worden. Schmidt setzte diese Linie in seiner Luthergedächtnispredigt vom 10. November 1933 fort.[57] Er stellte nicht Luther, den Deutschen, sondern Luther, den Theologen, in die Mitte seiner Predigt. Sie ist ein Protest gegen die politische Instrumentalisierung Luthers für zeitgenössische Interessen, die den Reformator bis zur Unkenntlichkeit verbiegen konnten.

Ähnliches könnte man von Ehrenberg berichten, der in seinem VI. Bezirk mit einer Gemeindegruppe die Augustana durcharbeitete.[58] Aber diese beiden Ausnahmepfarrer, die schon 1933 in Konflikt mit den örtlichen Parteistellen gerieten, sollen heute nicht dargestellt werden. Der eine verlor sein Amt und kam 1938 ins Konzentrationslager Sachsenhausen, der andere verlor aus Solidarität mit Ehrenberg, die er auf der Kanzel in der Pauluskirche bekundet hatte, seine Pfarrstelle in Bochum.

17.

Klaus Scholder hat über die Frühphase der Kirche im Dritten Reich von einer Zeit der Illusionen gesprochen. Es wäre ein weiteres aufregendes Thema, den Prozess der Desillusionierung evangelischer Christen über die Kirchen- und Religionspolitik ihres anfänglich emphatisch begrüßten Retters zu beschreiben. Auch hier in Bochum. Aber genauso aufregend wäre es, die Gründe zu benennen, warum die politische Gefolgschaft des Führers bis zum bitteren Ende mehrheitlich im deutschen Protestantismus ungebrochen blieb. Jedenfalls war der Mythos Hitler erst zu Ende, als der Führer tot und der Krieg verloren war.

---

57 Vgl. Kapitel 2 „Der Pfarrer des 6. Bezirks und seine Gemeinde zu Beginn der ‚Wende'", in: BRAKELMANN/EHRENBERG: wie Anm. 22, Bd. 2, S. 100-106.
58 Eine Nachbemerkung: Nach 1945 hat es eine große Debatte um die Schuldfrage gegeben. Einen Überblick über diese Debatte bei BARBRO EBERAN, Luther? Friedrich „der Große"? Wagner? Nietzsche ... ? ... ?, Wer war an Hitler Schuld?, München 1983.

Bericht über das Geschäftsjahr 2016
(anlässlich der JHV 2017)

Zur Jahreshauptversammlung des Vereins war für den 16. März 2017 in den Konferenzraum des Märkisches Museums fristgerecht geladen worden. Über das Geschäftsjahr 2016 berichtete der Geschäftsführer des VOHM, da der Vorsitzende aus gesundheitlichen Gründen verhindert war.

Vorträge

Die Vortragsserie des Vereins hat diesmal wegen des Umbaus des Märkischen Museums im Veranstaltungscentrum der Sparkasse Witten stattgefunden, wofür sich der Vorsitzende im Namen des Vereins recht herzlich bedankte.

- 04.02.2016 Prof. Theo Grütter: „Der Erste Weltkrieg und das Ruhrgebiet"
- 01.12.2016 Dr. Stefan Pätzold: „Erinnerung und Identitätskonstruktion – Die Märker in Levolds Chronik"
- Der Vortrag von Dr. Ralf Molkenthin: „Wie die Industrie ins Ruhrgebiet kam" musste aus gesundheitlichen Gründen entfallen.

Die Vorträge waren durchschnittlich von 50-80 Zuhörern besucht.

Graf Engelbert-Gedächtnis-Essen

Das Graf-Engelbert-Essen fand am 8. April 2015, wie üblich, im Hause der Gesellschaft Casino statt und wurde von den musikalischen Beiträgen von Frau Uhlig und Herrn Makus, beide von der Musikschule Witten, gerahmt. Den launigen Gastvortrag hielt Dr. Ralf Molkenthin, anwesend waren rund 40 Vereinsmitglieder.

Studienfahrt

Die Studienfahrt wurde am 20. August 2016 durchgeführt. Eines der beiden Ziele war das Deutsche Klingenmuseum in Solingen, wo auch die Mittagsmahlzeit eingenommen wurde. Danach ging es weiter zum LVR-Industriemuseum Ratingen (Industriemuseum Cromford, ehemalige Maschinenspinnerei der Familie Brügelmann). Ca. 40 Vereinsmitglieder beteiligten sich an der Studienfahrt. Die Veranstaltung wurde in bewährter Weise von unserer Fahrtenleiterin, Frau Priebel, organisiert, der der herzliche Dank des Vorstands und aller Teilnehmenden gilt.

Märkisches Jahrbuch 116

Das Märkische Jahrbuch für Geschichte 116 (2016) enthält insgesamt elf Aufsätze. Der Umfang beträgt 292 Seiten bei einer Auflage von 700 Stück. Die Themen umfassen Regional-, Industrie- und Mittelalterliche Geschichte bis hin zu einem eher publizistischen Beitrag aus der jüngsten Vergangenheit: nämlich: Pätzold (Dorfkirche Stiepel), Fuchs (Tod des Wennemar von Brempt), Reininghaus (Bochum vor der Industrie), Seidler (Hammerschmiede Ibach), Thier (Öffentliche Sicherheit in der Grafschaft Mark in der Diskussion um 1800), Sollbach (Stiftsmühle in Herdecke), Fluck (Wittener Fotografen), Sollbach-Papeler (Glocken schweigen für den Krieg), Kreuzer (Katholizismus und NS in Bochum in der Frühphase des NS), Winkler (40 Jahre Krankenhausfunk in Witten).

Arbeitskreise

Mitglieder des Otto-Schott-Arbeitskreises haben unter der Leitung von Frau Rumpler letzte Verzeichnungsarbeiten an den Münzen und Medaillen der Sammlung Soeding wegen der Auslagerung zur Sparkasse Witten vorgenommen. Nun liegt erstmals ein Gesamtverzeichnis des Münzen- und Medaillenbestandes in Rohfassung vor, die später in eine verzeichnungsgerechte Form überführt werden kann. Dem Arbeitskreis gilt das ausdrückliche Lob des Gesamtvorstandes für die geleistete Arbeit. Der Arbeitskreis Kirchen (Herr Jacobi) und der Arbeitskreis zur Geschichte der Zentrums-Partei (Herr Hennemann) lassen ihre Arbeit momentan ruhen.

Bibliothek

Bei den Zugängen aus Ankauf und Schriftenaustausch vermeldet der Geschäftsführer die Aufnahme weiterer wichtiger historischer Werke im Umfang von 250 Werken für den Betrag von rund 1.800 Euro. Eine Liste liegt aus und kann eingesehen werden. Für Bindearbeiten wurden keine Gelder bereitgestellt.

Archiv

Für das Archiv konnten weitere Sachzeugnisse aus dem Tonarchiv des Krankenhausfunks des Diakoniewerks Ruhr neu aufgenommen werden. Diese hat der langjährige Leiter, Herr Michael Winkler, dem VOHM übergeben.

Mitgliederstand

Der Mitgliederstand zum 1. Januar 2016 betrug 368 Mitglieder. Alle Vereinsmitglieder bleiben weiterhin herzlich aufgefordert, neue Mitglieder für unseren Verein zu werben. Der Vorstand wird sich weitere Gedanken über Werbemaßnahmen machen. Ein erster Schritt war es 2016, neue Flyer über den VOHM zu erstellen. Der herzliche Dank für die gelungene graphische Gestaltung gebührt Herrn Wildvang.

Kassenbericht des Schatzmeisters

Der Kassenbericht des Jahres 2016 wird durch Herrn Michel vorgetragen. Das Guthaben am 01. Januar 2016 betrug 56.861,52 €. Die Einnahmen u.a. aus Beiträgen, Spenden, dem Zuschuss der Stadt Witten sowie durch Verkäufe (Jahrbücher, Bücher Witten, Sonderdrucke), Zinsen und sonstige Einnahmen im Jahr 2016 beliefen sich auf 13.835,80 €. Diesen Einnahmen standen Ausgaben in Höhe von 11.203,39 € gegenüber. Damit belief sich das Guthaben des Vereins zum 31. Dezembner 2016 auf 59.493,93 €. Aufgrund von ausstehenden Verbindlichkeiten in Höhe von ca. 3.500 € (sowie Forderungen von 145 €) betrugen die echten Eigenmittel 56.138,93 €. Im Vergleich zum Vorjahr hat der Verein ein Plus erwirtschaftet.

Erstaunen gibt es erneut darüber, dass das Jahrbuch in der Herstellung so preiswert ist. Der finanzielle Aufwand bezieht sich derzeit ausschließlich auf die reinen Kosten des Verlages. Langfristig gesehen wird sich das allerdings ändern und die hier zu erwartenden Kosten sind jeweils jahresperspektivisch neu einzukalkulieren.

Der Revisionsbericht

Herr Schidt verliest den Bericht der Kassenprüfung. Diese war von Frau Lange und Frau Molkenthin vorgenommen worden und lieferte ein ordnungsgemäßes Ergebnis. Die Prüferinnen schlagen die Entlastung des Vorstands vor. gleichzeitig wird die umsichtige Kassenführung durch Frau Ott erneut gelobt.

Wahl des Gesamtvorstands und der drei Kassenprüfer/Kassenprüferinnen

Der Ehrenvorsitzende, Prof. Heinrich Schoppmeyer, wird gebeten, als Wahlleiter zu fungieren. Auf Vorschlag erfolgt die Abstimmung im offenen Verfahren.

Herr Dr. Molkenthin kandidiert aus gesundheitlichen Gründen nicht für das Amt des Vorsitzenden. Herr Nowack schlägt für dieses Amt Herrn Dr. Dietrich Thier vor, der daraufhin (bei eigener Enthaltung) einstimmig gewählt wird.

Bestätigt und gewählt werden bei jeweils eigener Enthaltung:
- als stellvertretende Vorsitzende: Frau Dr. Kliner-Fruck
- als Geschäftsführer: Herr Priester
- als Schriftführerin: Frau Rumpler
- als Schatzmeister: Herr Michel
- als Beisitzer (Stadt): Herr Evertz, Herr Nowack, Herr Sander
- als Beisitzer (VOHM):
  Herr Därmann, Herr Jacobi, Herr Koetter, Herr Lippert
- als Kooptierte: Frau Priebel, Herr Hennemann
- als Kassenprüfer: Frau Priebel, Herr Kotzot, Herr Wildvang

Haushalt 2017

Der Haushaltsplanentwurf für 2017 wird vom Geschäftsführer vorgestellt. Er beinhaltet am 01.01.2017 auf dem laufenden Konto 667,44 €, auf dem Festgeldkonto 58.761,41 € und in der Porto- bzw. Verwaltungskasse 65,08 €. Dies ergibt in der Summe ein Guthaben von 59.493,93 €. Als große Einnahmeposten gelten die Mitgliedsbeiträge (ca. 7.000 €) und der Zuschuss der Stadt Witten (3.835 €). Die großen Posten hinsichtlich der Ausgaben im Jahr 2017 bestehen aus dem Jahrbuch 2016 (4.000 €) und dem Jahrbuch 2017 (8.000 €), dem noch zu planenden Beiheft Nr. 6 (10.000 € für das Projekt „Denkmalgeschützte Bauten in Witten", siehe Tagesordnungspunkt 7), der Medaillen- und Münzensammlung sowie einer zugehörigen Publikation (Präsentation und Publikation je 8.500 €), Ergänzungen für die Bibliothek / das Archiv (3.000 €) und Bindearbeiten (1.000 €). Eingeplant ist weiterhin eine Rücklage von 10.000 € für die Dauerausstellung. Demnach beträgt die Gesamtsumme an Ausgaben 60.743,93 €. Der Haushaltsplan für das Jahr 2017 wird mit einer Enthaltung angenommen.

Der Mitgliedsbeitrag für 2018 wird mit zwei Enthaltungen auf 20 € festgesetzt.

Dietrich Thier

Anschriften der Mitarbeiter am MJbG 117 (2017)

Prof. Dr. phil. Günter Brakelmann
Gropiusweg 35
44801 Bochum
guenter.brakelmann@t-online.de

Dr. phil. Klaus Fröhlich
Heintzmannstr. 153
44801 Bochum
klaus.froehlich@rub.de

Dr. phil. Thomas Parent
Adlerstraße 11a
44137 Dortmund
tommdortmund@freenet.de

Stephanie Pätzold M.A.
Archiv des Ennepe-Ruhr-Kreises
Theodor-Heuss-Straße 1
58300 Wetter (Ruhr)
Stephanie.Paetzold@stadt-wetter.de

Wulf Schade
Wielandstraße 111
44791 Bochum
w.schade@online.de

Prof. Dr. phil. Gerhard E. Sollbach
Waldstr. 2 A
58313 Herdecke
mariager@t-online.de

Ingrid Telsemeyer
LWL Landesmuseum für Industriekultur
Zeche Nachtigall
Grubenweg 5
44388 Dortmund
Ingrid.Telsemeyer@lwl.org

Vereinsanschriften:

Verein für Orts- und Heimatkunde in der Grafschaft Mark,
Märkisches Museum, Husemannstr. 12, 58452 Witten
Tel. 02302 581 2554
www.vohm.de

Konto des Vereins: Sparkasse Witten, IBAN: DE72 4525 0035 0000 0249 50

Vorsitzender: Dr. phil. Dietrich Thier
Geschäftsführer: Hardy Priester M.A.

Der Verein widmet sich seit 1886 der Erforschung der Geschichte der ehemaligen Grafschaft Mark, des Ruhrgebiets, Westfalens und der Orte der Region. Die Ergebnisse der Forschungen werden in Vorträgen und in den Publikationen des Vereins vorgestellt. Der Mitgliedsbeitrag beträgt z.Zt. 20 € im Jahr. Aufnahmeanträge werden auf Verlangen zugeschickt oder können an der Rezeption des Märkischen Museum während der Öffnungszeiten erbeten werden.

Redaktion des MJbG:
Dr. phil. Dietrich Thier (geschäftsführend); e-mail: dietrich.thier@rub.de
Dr. phil. Stefan Pätzold
Hardy Priester M.A.
Dr. phil. Olaf Schmidt-Rutsch